# 个人理财

主　编◎张　强　黄　明
副主编◎严瑞芳

GEREN LICAI

湖南人民出版社

# 前言

qianyan

改革开放以来，我国经济社会不断发展，普通家庭与个人日趋富有，人们理财增值意识逐渐增强。同时，随着我国经济市场化改革步伐的加快，住房、医疗、教育和社会保障体系改革不断深入，人口老龄化问题、就业问题、通货膨胀问题凸显，理财开始成为普通百姓的必修课。无论我们收入多寡，精心理财，使金钱增值，累积财富，已经成为一种我们必须掌握的生存技能。

编写团队根据个人理财课程教学改革的目标和思路，本着立足普通家庭和个人的理财需求，兼顾理财专业人员的原则，重新构建教材的知识体系，调整、充实课程教学内容。教材突出了主体性、实践性、开放性、动态性和发展性特点，按照“理财先导（即理财前导知识）—理财基础（即理财理论知识）—理财方法（即理财的各种技能）—理财应用（即理财案例分析）”四个层次编排与设计教学内容，旨在激发读者学习兴趣，以利于学生全面掌握课程知识体系，提高个人理财实际操作能力。

本书可供开放教育专科、本科生教学使用，也可作为高职高专院校投资理财、经济管理类专业的授课教材，以及供一般读者学习参考。

# 目录

mulu

# 第1章

# 个人理财前导知识

**本章重点**

1. 货币的时间价值理论及相关计算。
2. 生命周期理论在个人理财中的应用。
3. 个人资产负债表、个人损益表的编制及其应用。

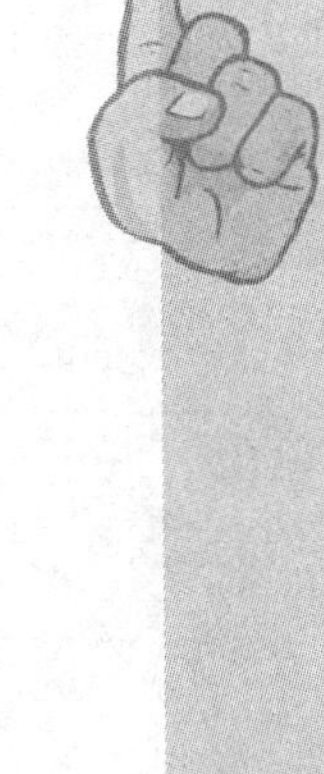

**学习目标**

1. 掌握货币时间价值理论，能进行相关计算。
2. 掌握年金的概念，能识别各种年金并进行相关计算。
3. 了解生命周期理论，重点掌握其在个人理财中的应用。
4. 明确个人理财风险和报酬的关系。
5. 重点掌握个人资产负债表、个人损益表的编制及在现实中的应用。
6. 了解我国金融市场的要素构成、机构体系及当前主要的金融产品。

# 1 利率与货币时间价值

## 一、利率概述

### （一）利率的定义

日常生活中人们经常接触到利率这个概念，如："中国人民银行决定，自2012年6月8日起下调金融机构人民币存贷款基准利率。金融机构一年期存款基准利率下调0.25个百分点，一年期贷款基准利率下调0.25个百分点；其他各档次存贷款基准利率及个人住房公积金存贷款利率相应调整。"如果把货币看作商品，利率就是货币这种商品的价格。无论是对企业进行财务管理，还是个人理财，如果不懂得利率及其相关知识，就如同做生意不知道行情一样。利率从本质上来说，是货币时间价值的相对数，是一个比值。在一段时间内：

利率=利息额/本金

利息额是本金的时间价值（绝对数）。假设用i表示利率，用I表示利息额，用P表示本金，则利率可用公式表示为：i=I/P。

**例1-1**

2011年1月1日将人民币10000元存入银行做定期储蓄，一年后，即2012年1月1日取出来，本金利息合计10500元，试计算银行存款的利率？

i=I/P

I=10500-10000=500元

P=10000元

i=500/10000=5%

### （二）利率的类型

按照不同的标准，利率可划分为多种类型，见下表：

表1-1 利率的类型

| 划分标准 | 类型 |
| --- | --- |
| 计算利息的时间 | 年利率，月利率，日利率 |
| 利率与物价的关系 | 名义利率，实际利率 |
| 在借款期内利率是否可以调整 | 固定利率，浮动利率 |
| 利息的计算方式 | 单利，复利 |
| 利率的决定方式 | 官定利率，市场利率 |
| 期限长短 | 短期利率，长期利率 |
| 利率的差异化 | 基准利率，差别利率 |

1. 按计算利息的时间来划分，可分为：

（1）年利率（年息）

（2）月利率（月息）

（3）日利率（日息）

它们之间的换算关系为：日利率×360=年利率=月利率×12

我们日常生活里可能听朋友说“借一万元给我用一个月，月息2分5厘”，即表示，这种民间借贷的月利率是2.5%，一个月后他兑现承诺，要还本付息：10000+10000×2.5%=10250元。

链接〉〉〉〉〉〉

**吴英案与民间借贷**

浙江吴英案因涉及中国民间借贷、民间融资等诸多法律问题而引发社会广泛关注，其背后深层次的原因是当前中国金融体系需要变革，以适应不断发展的民营经济。吴英案也使政府下决心于2012年年初在我国民间借贷最为活跃的浙江温州率先进行金融综合改革试验区建设。民间借贷利率实质上反映了社会资金供求关系。中国人民银行温州中心支行2012年5月起向社会公布温州市民间借贷监测利率，具体内容包括民间借贷利率月度指数和民间金融资金交易季度指数。

2. 按利率与物价的关系来划分，可分为：

（1）名义利率：名义利率=名义利息额/本金。名义利率不考虑物价（通胀）的因素。

（2）实际利率：实际利率=实际利息额/本金。实际利率是在名义利率的基础上，剔除了物价变动的影响。

**例1-2**

2011年年初存款10000元，定期一年，银行存款年利率5%，若2011年物价上涨4%，请计算该理财行为的实际利率？

$$实际利率=\frac{10000\times5\%-10000\times4\%}{10000}=1\%$$

这里仅考虑到通货膨胀对利息的影响，如果再考虑到通货膨胀率对本金的影响，实际利率又是多少？

$$实际利率=\frac{10000\times5\%-10000\times4\%}{10000\times（1+4\%）}=0.94\%$$

由此可见，在通货膨胀率较高的情况下，定期存款的个人理财方式不是最优的选择。如何做出最优的个人理财决策？这就是本书要给大家讲述的。

3. 按在借款期内利率是否可以调整，可分为：

（1）固定利率：指按借贷协议在一定时期相对稳定不变的利率。如我们到银行存定期，或者整存整取，我们和银行约定的利率在存期内是固定不变的。

（2）浮动利率：指按借贷协议在一定时期可以变动的利率。如城乡信用社贷款利率。

4. 按照利息的计算方式，可分为：

（1）单利利率：本金产生利息，而利息不产生利息的计息模式，简称单利。

（2）复利利率：本金产生利息，利息也产生利息的计息模式，简称复利。

5. 按利率的决定方式，可分为：

（1）官定利率：由政府金融管理部门或者中央银行确定的利率，称为官定利率或官方利率，也叫法定利率，是国家为实现政策目标采取的一种经济手段，它反映了非市场的强制力量对利率形成的干预。

（2）市场利率：是指由资金市场上供求关系决定的利率，是市场资金借贷成本的真实反映，市场利率因受到资金市场上的供求变化而经常变化。

6. 按期限长短，可分为：

（1）短期利率：指融资期限在一年以内的各种金融资产的利率，主要有商业票据利率、大额可转让存单利率、银行承兑利率等。

（2）长期利率：指融资期限在一年以上的各种金融资产的利率，如各种中长期债券利率、各种中长期贷款利率。

7. 按利率的差异化，可分为：

（1）基准利率：指金融市场上具有普遍参照作用的利率，其他利率水平或金融资产价格均可根据这一基准利率水平来确定。

（2）差别利率：指根据不同部门、不同期限、不同用途、不同种类以及不同借贷能力等实行不同的存、贷款利率。

### （三）利率的计算

1. 单利模式下的相关计算

用Pv表示现值，i表示利率，n表示计息期数，I表示利息，S表示终值，则：

S=Pv+I=Pv+Pv·i·n=Pv·（1+ i·n）

简记为：S= Pv·（1+ i·n）

值得注意的是，单利模式的计算公式涉及4个变量，从函数的角度，只要知道其中的3个变量，就可以计算出第4个变量。

**例1–3**

2011年1月1日将人民币10000元存入银行，3年后即2014年1月1日取出来，假定银行存款利率是5%，单利模式下的本利和是多少？

S= Pv·（1+ i·n）

S=10000·（1+ 5%·3）

S=11500元

2. 复利模式下的相关计算

用Pv表示现值，i表示利率，n表示计息期数，S表示终值，则：

S=Pv（1+i）·（1+i）·（1+i）……… 乘以n个（1+i）

即 S= Pv（1+i）n

同样，复利模式的计算公式涉及4个变量，从函数的角度，只要知道其中的3个变量，就可以计算出第4个变量。

**例1–4**

2011年1月1日将人民币10000元存入银行，3年后即2014年1月1日取出来，假定银行存款利率是5%，复利模式下的本利和是多少？

S= Pv（1+i）n

S=10000（1+5%）3

S=11580元

计算中（1+5%）3 我们可以通过查询n=3，i=5%的“一元复利终值系数表”得到1.158，从而省去了繁琐的计算过程。

通过上例我们发现，在复利模式下，利息也产生利息，俗称“利滚利”，得到的本利和大于单利模式下的本利和。这对于我们个人理财有何启示？

## 二、货币时间价值概述

货币时间价值是指货币随着时间的推移而发生的增值，也称为资金时间价值。如前所述，我们平时把钱存入银行，或者把钱借给别人，或者购买企业发行的债券，我们不但要收回本金，还要获得利息，利息就是这种“增值”。

为何会获得这种增值呢？一种观点认为，是因为货币的拥有者在某段时间内放弃了对货币的使用，而根据时间长短获得的一种报酬。西方持有该观点的学者称之为“忍欲”而获得的报酬（补偿）。因为持有货币的人本来可以去消费，但是他忍受住了消费的冲动，利息就是对于“忍欲”的报酬。初看这种观点很正确，但实际情况是否如此？假如你有人民币10000元，你既不存入银行，也不把钱借给别人，亦不购买企业发行的债券，就是把钱锁在保险箱里面，假设没被偷盗的话，你过50年再取出来，还是10000元，货币并没有随着时间的推移而发生半点增值。如果考虑到通胀因素导致的货币贬值，50年后的10000元已经大大的“缩水”了。

由此可见，货币产生时间价值的条件有两个：其一，货币的拥有者在某段时间内放弃了对货币的使用；其二，这些货币要用于投资。上述把钱存入银行，或者把钱借给别人，抑或购买企业发行的债券，都可以看做是投资行为，具体会因投资时间长短不一，投资风险大小不同，取得不同的投资回报。

**例1–5**

曼哈顿岛（Manhattan）位于美国东部哈德逊河下游，面积约60平方千米，是纽约市中心，百老汇就位于辖域范围内。曼哈顿区有发达的文化产业，在全美、全球具有极强的影响力。传说此岛是在1626年，用总价24美元的念珠和其他小玩意买下的。站在今天来看，这笔交易是否“很划算”？我相信大多数人会说：太划算了！24美元买个岛。但我们不要忘记，此24美元非彼24美元。因为交易发生在386年前，而不是现在。386年前的24美元，折算到现在值多少钱呢？我们来粗略计算一下。假定利率是8%，那么相当于24美元在复利模式下，以8%的利率“存了”386年！

S= Pv（1+i）n

Pv=24美元，i=8%，n=386

计算得出S=191329025571810.48美元，约合19万亿美元！

美国现在人口大约3亿，也就是说，站在“今天”来看，为了买曼哈顿岛，平均每个美国人“花了”6万多美元！现在大家是否觉得“很划算”？

货币时间价值的理论，揭示了在不同时点上的货币，它们之间的换算关系以及在一定条件下运动中的货币具有增值性的一种规律。

在学习货币时间价值理论及后续的年金等知识前，必须先搞清楚2个概念：现值和终值。

现值：一定量“未来”的货币，按规定利率折算为“现在”的价值，一般用P表示。

终值：一定量“现在”的货币，按规定利率折算为“未来”的价值，一般用S表示。

这组概念中的“现在”及“未来”，是一个相对的概念。为表述问题的方便，我们来画一个时间轴。

“现在” “未来”

请思考，2012年是“现在”还是“未来”？

借助时间轴，可这么理解，如果和2015年比较，2012年是“现在”；如果和2008年比较，2012年是“未来”。简单理解就是，时间轴左端的是“现在”，时间轴右端的是“未来”。

2008年 2012年 2015年

## 三、年金的计算

日常生活中，我们其实早已接触到年金，如：分期付款买房（俗称按揭），分期付款买车。只是我们没有意识到自己的这种消费（投资理财）行为属于“年金”的范畴而已。

年金（annuity）是指每隔相等的时间，收入或者支出相等金额的款项。我们把“相等金额的款项”记为A。年金按其每次收入或者支出款项发生的时点及次数的不同，可分为普通年金（后付年金）、即付年金（先付年金，预付年金）、递延年金（延期年金）、永续年金等类型。但无论哪种年金，都是建立在复利的基础上的。

普通年金是指每期期末收入或者支出相等金额的年金。普通年金是我们日常生活中最为常见的，上述预付年金、递延年金、永续年金等，都可以在普通年金的基础上推导（计算）出来。按照现值及终值的概念，普通年金可分为普通年金终值及普通年金现值。

请思考：假设你每年年底在银行存相同的金额，银行利率固定。（1）你每年存的钱到最后你存款的年底有多少？（2）你每年存的钱折到现在有多少？

### （一）普通年金终值及其计算

普通年金终值指一定时期内，将每一期相等的金额（A），都按复利换算到最后一期期末的终值，然后每笔终值加总，就得到该年金终值。

我们用下图来表述这个概念，请观察下图中“箭头”的方向。

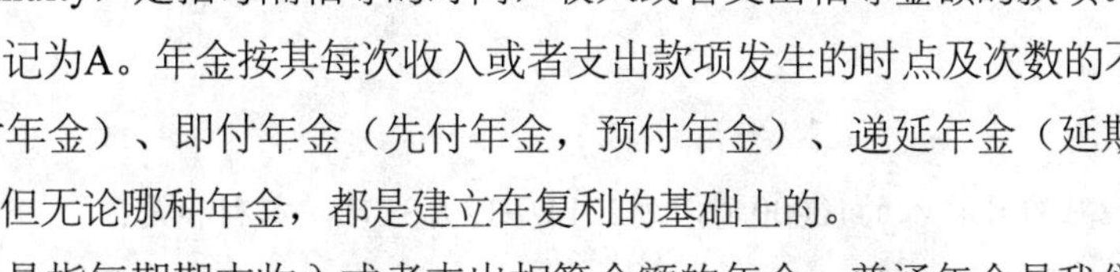


图1-1 普通年金终值计算图

注：图中每笔等额的款项都要折算到“未来”同一个时点，再加总求和得到普通年金终值。即：SA。

**例1–6**

2011年—2014年，在每年的12月31日，将人民币10000元存入银行，假定银行存款利率是5%，请问复利模式下，到2014年12月31日，该存款行为的本利和是多少？

在没有接触到普通年金终值概念之前，可以进行如下计算：

1. 2011年12月31日存入的10000元，到2014年12月31日，本利和是：

$S1=A(1+i)^{n}$

$S1=10000(1+5\%)^{3}$（此处请思考，为何n=3）

S1=11570元

2. 2012年12月31日存入的10000元，到2014年12月31日，本利和是：

$S2=A(1+i)^{n}$

$S2=10000(1+5\%)^{2}$

S2=11030元

3. 2013年12月31日存入的10000元，到2014年12月31日，本利和是：

$S3=A(1+i)^{n}$

$S3=10000(1+5\%)^{1}$

S3=10500元

4. 2014年12月31日存入的10000元，到2014年12月31日，本利和是：

$S4=A(1+i)^{n}$

$S4=10000(1+5\%)^{0}$

S4=10000元

该存款行为的本利和：

SA=S1+S2+S3+S4=11570+11030+10500+10000=43100元

问题在于，如果一直这样存款下去，存50年呢？存100年呢？通过计算S1直到S50，再加总；或计算S1直到S100，再加总，是可以解决问题，但未免太繁琐。是否可以从中找到规律性的东西？

用SA表示年金终值，i表示利率，A表示相等金额的款项，n表示期数，则有：

$SA=S1+S2+S3+\cdots\cdots+Sn$

$SA=A(1+i)^{n-1}+A(1+i)^{n-2}+A(1+i)^{n-3}+\cdots\cdots+A(1+i)^{0}$

经过推导得出：

$$SA=A\frac{(1+i)^{n}-1}{i}$$

$\frac{(1+i)^{n}-1}{i}$ 较复杂，称为“普通年金终值系数”，记为：（F / A，i，n）

对于具体的某个普通年金终值系数，可以通过查询“一元年金终值系数表”得到。那么，例1-6其实质是求普通年金终值的问题。

$$SA = A\frac{(1+i)^n - 1}{i}$$

SA=10000×4.31=43100元

（4.31通过查询n=4，i=5%的年金终值系数表得到）

值得注意的是，普通年金终值的计算公式可以变形。如将 $\frac{(1+i)^n-1}{i}$ 即普通年金终值系数看作是一个（整体）变量，则：SA，A，$\frac{(1+i)^n-1}{i}$ 只要知道其中的2个量，可以推导出第3个量。如：

$$A = SA/\frac{(1+i)^n - 1}{i}$$ 或：

$$A = SA/\frac{i}{(1+i)^n - 1}$$，把 $\frac{i}{(1+i)^n-1}$ 称为“偿债基金系数”，它是 $\frac{(1+i)^n-1}{i}$ 即“普通年金终值系数”的倒数。

**例1-7**

某人为了在5年后的今天买一台价值100000元的小汽车，如果银行的存款利率是10%，请问在这5年里，他每年年末需要往银行存入多少钱，5年后的今天他才可以圆汽车梦？

（100000元是汽车未来的价值，即SA=100000）

$$A = SA/\frac{(1+i)^n - 1}{i}$$

A=100000/6.105=16380元（6.105通过查询n=5，i=10%的一元年金终值系数表得到）

**（二）普通年金现值及其计算**

普通年金现值指一定时期内，将每一期相等的金额（A），都按复利换算到第一期的现值，然后每笔现值加总，就得到该年金现值。

我们用下图来表述这个概念，请观察下图中“箭头”的方向。

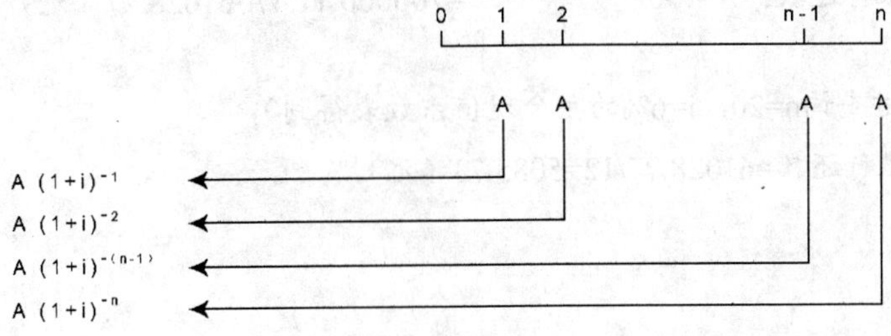


图1-2 普通年金现值计算图

注：图中每笔等额的款项都要折算到“现在”的同一个时点，再加总求和即得到普通年金现值。即：PA。

用PA表示年金现值，A表示相等金额的款项，i表示利率，n表示期数，则有：

$$PA=\frac{1-(1+i)^{-n}}{i}$$

$\frac{1-(1+i)^{-n}}{i}$较复杂，称为“年金现值系数”，记为：（P / A，i，n）

对于具体的某个普通年金现值系数，可以通过查询“一元年金现值系数表”得到。值得注意的是，普通年金现值的计算公式可以变形。如将$\frac{1-(1+i)^{-n}}{i}$看作一个整体，则在：PA，A，及$\frac{1-(1+i)^{-n}}{i}$这3个变量中，只要知道其中的任意2个，都可以推导出第三个量。

如：$A=PA/\frac{1-(1+i)^{-n}}{i}$。

**例1-8**

某投资项目于2000年年初动工，假设当年投产，从投产之日起每年可得收益40000元。按年利率6%计算，计算预期10年收益的现值。

$$PA=\frac{1-(1+i)^{-n}}{i}$$

PA=40000×7.36

PA=294400（元）

**例1-9**

某人准备买一套商品房，总计100万元。如果首付30%，银行提供20年的按揭贷款，利率为6%，则每个月要向银行还款多少？

购房要向银行贷款：

1000000×（1－30%）=700000（元）（70万是房子现在的价值，即PA=700000）

每年要向银行还款：$A=PA/\frac{1-(1+i)^{-n}}{i}$=700000/11.47=61028.77（元）

（11.47通过查询n=20，i=6%的年金现值系数表得到）

每月要向银行还款=61028.77/12=5085.73（元）

# 2. 生命周期理论

## 一、生命周期理论的主要内容

美国人伊查克·爱迪斯曾用20多年的时间研究企业如何发展、老化和衰亡。他在《企业生命周期》一书中，把企业生命周期分为10个阶段，即：孕育期、婴儿期、学步期、青春期、壮年期、稳定期、贵族期、官僚化早期、官僚期、死亡。

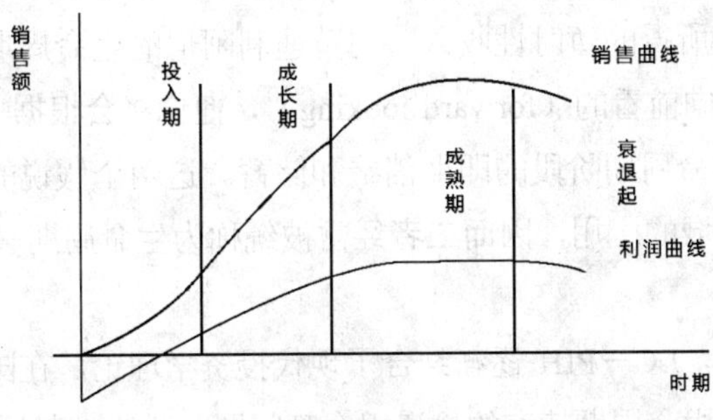


图1-3 企业的生命周期图

和企业一样，个人（家庭）也有其生命周期。生命周期理财理论认为消费者会根据一生的收入和支出来安排在各个生命阶段的即期消费和储蓄，目的是获得整个生命周期内的效用最大化。这个概念已经成为消费者行为研究和金融服务业产品设计的基本框架。

生命周期理财理论可以追溯到著名经济学家侯百纳（S.S.Huebner，1924）提出的生命价值概念。他强调，人的生命价值概念比仅仅承认人具有经济价值的意义更重要， 其内涵也更广泛。侯百纳认为，人的生命价值是指个人未来实际收入或个人服务减去自我维持的成本后的未来净收入的资本化价值。它不仅是一种状态，而且还涉及以下五个方面的概念：（1）人的生命价值应当被仔细地评估并加以资本化。（2）人的生命价值应当被看做财产价值的创造物。也就是说，人的生命价值是因，财产价值是果。（3）家庭是构成其成员的生命价值的经济单位。（4）人的生命价值及其保护，应当被视作代际转移的主要经济联系。（5）由于人的生命价值相对于财产价值而言具有重要意义，那么与财产有关的商业管理的科学原理如评估、补偿、折旧等理论和方法也应当运用到生命价值理论中去。

这样，侯百纳不仅把人的生命价值定义为个人净收入的资本化价值，而且还在定量上为评估其资本价值设计了三个基本步骤：第一，确定对家庭已赚的收入量，它包括基本收入（basic earnings）、奖励收入（incentive earnings）和花边收入（fringe earnings）；第二，确定个人服务期或在职期；第三，计算个人的生命价值。最后，他强调，人寿保险就是以保障人的生命价值所遭受的损失为己任。

生命周期理财概念的基础是生命周期理论。最初的生命周期模型是由弗朗哥·莫迪利·阿尼（Franco Modigliani，1952）提出，该模型将一生分为两个阶段：一个是退休前，它是积累财富的阶段；另一个是退休后，它是支出大于收入的阶段。它认为人们总是在一生消费不超过收入的约束下，试图使自己一生的效用最大化。消费者是在相当长的时间内计划消费和储蓄行为，以在整个生命周期内实现消费的最佳配置。也就是说，一个人将综合考虑其过去积蓄的财富、现在的收入、将来的收入以及可预期的支出、工作时间、退休时间等诸因素，决定一生中的消费和储蓄，以使消费水平在一生内保持在一个相当平稳的水平而不出现大幅波动。

弗里德曼（Friedman，1957）提出的永久收入假说指出人们的消费行为主要取决于永久性收入，而不是偶然所得的暂时性收入。与莫迪利阿尼的生命周期假说一样，永久收入假说也认为消费者总是向前看的（forward looking），他们将会根据一生的收入和支出相对平均地来安排在各个生命周期阶段的即期消费和储蓄。这两个假说的本质是个人跨时决策理论在储蓄（消费）领域的应用，因而二者经常被统称为生命周期—持久收入假说（LC－PIH）。

20世纪90年代以来，LC－PIH 逐渐结合了现代投资学理论，在国外的文献中出现了讨论个人（家庭）在不同生命周期持有的投资组合等问题。博迪、莫顿和萨缪尔森（Bodie，Morton and Samuelson， 1992）考虑了人们选择的工作量，假设个人开始具有的禀赋包括一定数量的金融资产和人力资本，该模型认为在每个时间点上，个人决定其消费的数量、金融资产投资在风险性资产上的比例以及将可能获得的劳动收入“消费”在闲暇上的比例，以达到终生预期效用贴现值最大化的目标。博迪（Bodie， 2002）回顾了生命周期理财的发展过程，并结合个人财务规划提出生命周期理财的新旧两种范式。在新范式下，个人通过多期的动态消费/投资决策，以实现在财富和闲暇终身消费基础上的效用最大化。他的分析重点不是对生命周期理财概念的历史考察，而是讨论发展趋势。在着眼未来的思路下，博迪还讨论了和生命周期理财概念有关的另外两个重要概念，即年金产品和资产负债管理。莫顿（Morton， 2003）介绍了家庭、年金、募捐基金的投资管理，认为要用理财计划和个性化产品代替现有工具；要求更多地使用金融工具，要考虑到人力资本、再投资利率对冲、死亡率、传统的保险和收入及财产税等因素来弥补现有的收益－风险分析中存在的不足。

此外，生命周期理财理论在实践过程中提出了以下一些重要的主张：

1. 个人财富不仅取决于其生命结束时的财富水平，而且取决于其在整个生命期间对商品和闲暇的消费。该主张对商业银行为客户提供贯穿整个生命周期的理财服务具有重要的指导意义。

2. 管理长期市场风险的最好方法是多期风险对冲，而不是“单期风险分散化”。该主张可用于指导个人理财业务中的投资规划和养老规划。

3. 组合管理中对衍生金融产品的定价可以也应该最大限度地利用信息，例如利率和暗藏的风险对互换和期权的价格有很大的影响。该主张对个人理财产品的定价和投资规划中投资组合的确定有很大的指导作用。

4. 个人劳动收入的水平、风险和波动性是个人生命任何一个阶段选择最佳的投资组合所需要考虑的首要因素。该主张正是为客户量身定做理财规划特别是在制定投资规划时需要参照的。

5. 习惯养成要求理财产品必须保障未来的消费水平，至少不低于以前最低生活水平下的消费水平。该主张指导了为客户提供因人而异的个人理财服务和理财产品的推荐。

6. 由于存在交易成本、代理问题和客户方面的专业知识缺乏等因素，动态的资产管理将由也必然由金融机构来完成，而不是让他们的零售客户自已去完成。该主张说明了金融机构在个人理财服务中的重要作用。

## 二、生命周期理论在个人理财中的应用

### （一）个人/家庭的生命周期

个人/家庭生命周期的概念最早是营销界在韦尔斯（Wells，1966）和古柏（Gubar，1966）研究个人生命周期的基础上提出来的。如果拿同一个单位、同样岗位和级别的两个年龄都是35岁、年薪都是10万元的工程技术人员进行比较，从理论上而言，两人的财务生命周期应是完全一样的。但是，甲工程师独身并且没有负担，俗称“一人吃饱全家不饿”；而乙工程师已婚并且有个10岁的小孩，妻子是一个小学教师，每年收入5万元。乙工程师的母亲与他们住在一起，同时负责带小孩，在没有其他更多的详细信息的情况下，我们也可以判断甲乙两个工程师的理财需求是截然不同的。如甲乙两工程师也许都需要重大疾病保险，但甲工程师由于不用供养别人而不需要人寿保险，这样甲工程师可以储蓄并更多地考虑各种投资。乙工程师因为有孩子需要抚养，其家庭经济状况会相对紧张。且步入中年后乙工程师和妻子应该增加存款为退休做准备。根据年龄和一些其他因素，我们可以按家庭生命周期把家庭分成以下几类。

表1-2　家庭生命周期分类

| 类别 | 特征 | 类别 | 特征 |
| --- | --- | --- | --- |
| 1 | 青年　单身 | 5 | 老年夫妇　子女独立 |
| 2 | 青年夫妇　无子女 | 6 | 老年　单身 |
| 3 | 夫妇两人　有子女 | 7 | 夫妇两人　退休 |
| 4 | 单身　有子女 | 8 | 单身　退休 |

表1-3　生命周期不同阶段的理财要素及侧重点

| 理财要素 | 生命周期中不同阶段理财要素的重要性 | | | | | | | |
| --- | --- | --- | --- | --- | --- | --- | --- | --- |
| | 1 | 2 | 3 | 4 | 5 | 6 | 7 | 8 |
| 预算 | H | H | H | H | M | L | L | L |
| 所得税 | L | M | M | M | H | H | M | M |
| 风险管理 | L | M | H | H | M | L | M | L |
| 债务管理 | M | M | H | H | M | L | L | L |
| 投资 | L | M | L | L | H | H | M | M |
| 退休计划 | L | L | L | L | M | H | H | H |

注：L表示不重要；M表示中等重要；H表示很重要。

以表中第4类家庭生命周期的普通单亲家庭为例，就储蓄规划而言，单亲家庭由于经济上相对紧张，因此储蓄规划非常重要；就投资规划而言，单亲家庭通常很少有闲钱去投资；就保险规划而言，单亲家庭的风险管理是很重要的问题，因为如果单亲母亲（或单身父亲）致残或死亡，整个家庭会失去依靠；就退休规划而言，单亲家庭通常较少考虑退休计划。

**（二）个人/家庭在不同生命阶段的理财策略**

实践中，根据所处人生阶段的不同，人们往往同时拥有短期和长期的目标。针对不同生命阶段和目标关注时间长短的不同，应该选择不同的个人理财服务或产品，制定不同的个人理财策略。

表1-4　人生不同阶段及其特点

| 人生阶段 | 时间段 | 特　征 |
| --- | --- | --- |
| 单身期 | 参加工作至结婚 | 刚参加工作，收入低、花销大，未来家庭资金积累期 |
| 家庭与事业形成期 | 结婚到新生儿诞生 | 家庭成员增加，家庭负担增加，属于家庭消费区，家庭建设支出较大 |
| 家庭与事业成长期 | 子女出生到子女完成大学教育 | 经济收入增加，消费也增加，主要开支有：家庭建设开支、医疗保健、子女教育培养、子女生活费用等 |
| 退休前期 | 子女参加工作至家长退休 | 家庭稳定，子女完全独立，资产增加，负债减少，财富积累高峰期 |
| 退休期 | 退休后这段时间 | 责任的接力棒交给下一代，以安度晚年为目的 |

表1-5　人生不同阶段理财规划的目标及优先顺序

| 财务规划周期 | 理财目标 | 理财规划优先顺序 |
| --- | --- | --- |
| 单身期（20—25岁） | 1. 租赁房屋 | 1. 职业规划 |
| | 2. 满足日常支出 | 2. 现金规划 |
| | 3. 偿还教育贷款 | 3. 投资规划 |
| | 4. 储蓄 | 4. 大额消费计划 |
| | 5. 小额投资（积累经验） | |
| 家庭与事业形成期（26—40岁） | 1. 购买房屋、家具 | 1. 急用款规划 |
| | 2. 子女智力开发、营养费 | 2. 房产规划 |
| | 3. 减少债务 | 3. 保险规划 |
| | 4. 建立应急基金 | 4. 现金规划 |
| | 5. 增加收入 | 5. 大额消费规划 |
| | 6. 购买保险 | 6. 税务规划 |
| | 7. 储蓄 | 7. 子女教育规划 |
| | 8. 建立退休基金 | |
| 家庭与事业成长期（40—50岁） | 1. 购买房屋、汽车 | 1. 子女教育规划 |
| | 2. 子女教育费用 | 2. 保险规划 |
| | 3. 分散投资 | 3. 投资规划 |
| | 4. 增加收入 | 4. 退休规划 |
| | 5. 购买保险 | 5. 现金规划 |
| | 6. 养老金 | 6. 税务规划 |
| 退休前期（50—60岁） | 1. 提高投资收益的稳定性 | 1. 退休规划 |
| | 2. 养老金 | 2. 投资规划 |
| | 3. 资产传承 | 3. 税务规划 |
| | | 4. 现金规划 |
| | | 5. 资产传承规划 |
| 退休期 | 1. 保障财产安全 | 1. 退休规划 |
| | 2. 遗嘱 | 2. 资产传承规划 |
| | 3. 建立信托 | 3. 现金规划 |
| | 4. 准备善后费用 | 4. 投资规划 |
| | | 5. 税务规划 |

1. 青少年阶段

青少年阶段的主要任务是学习。部分在校学生在假期做社会兼职，但由于没有大额、稳定的收入，既对各种投资理财产品缺乏切身的理解，也没有足够的抵御风险的能力，所以这个阶段的理财策略是储蓄。

2. 单身阶段

这一阶段指已独立工作但未成婚的青年人。这时候，年轻的单身男女大多有自己独立的收入，尽管收入水平一般不高，但由于没有什么经济负担，可支配收入比较多。但单身青年大多具有以自我为中心的消费倾向，其消费和开支会比较大且有很强的随意性，“月光族”是该人群的典型代表，如何理性消费并制定节财计划很重要。个人进修、结婚创业等亦会是这类人的主要理财目标。他们可承受风险（波动、损失）的能力最强，所以理财策略中，股票可占他们的投资组合中的一个很大的比例，甚至可用一小部分做投机用途以增加收益，而存款和债券则可较低。该阶段个人理财按照优先顺序如下排列：节财计划 >

资产增值计划 > 应急基金 > 购置住房。

3. 新婚阶段

这一阶段指从准备结婚至新婚无子女时期。这一时期是家庭的主要消费期。经济收入增加且生活稳定，家庭已经有一定的财力和基本生活用品。为提高生活质量往往需要较大的家庭建设支出，如购买一些较高档的用品；贷款买房的家庭还须一笔大开支——月供款。该阶段理财目标的选择可能更着重在家庭的建设和未来生育子女准备资金积累。该阶段个人理财按照优先顺序如下排列：购置住房 > 购置硬件 > 节财计划 > 应急基金。

4. 家庭成长阶段

这一阶段是指青年夫妇生育到子女上大学前的这段时间。在家庭成长阶段，多数家庭无法单独留出资金为未来的目标进行积累。但是，家庭成员的增加将会促使父母开立小孩账户或者为了他们未来的教育资金而进行储蓄。在这一阶段里，家庭成员不再增加，家庭成员的年龄都在增长，家庭的最大开支是保健医疗费、教育、智力开发费用。同时，随着子女自理能力的增强，父母精力充沛，又积累了一定的工作经验和投资经验，投资能力大大增强。该阶段个人理财按照优先顺序如下排列：子女教育规划 > 资产增值管理 > 应急基金 > 特殊目标规划。

5. 子女成长阶段

这一阶段是指子女开始上大学到毕业时的这一段时间。这一阶段里子女的教育费用和生活费用猛增，财务上的负担通常比较繁重。该阶段应把子女的教育费用和生活费用作为理财重点，以及考虑到子女可能出国的安排。该阶段个人理财按照优先顺序如下排列：子女教育规划 > 债务计划 > 资产增值规划 > 应急基金。

6. 家庭成熟阶段

这一阶段是指子女毕业参加工作到夫妇两人退休前的时期。这一阶段里夫妇两人自身的工作能力、工作经验、经济状况都达到高峰状态，子女已完全自立，债务已逐渐减轻，理财的重点是扩大投资。该阶段个人理财按照优先顺序如下排列：资产增值管理 > 养老规划 > 特殊目标规划 > 应急基金。

7. 退休期

这一阶段指退休后到的时间。这一阶段主要的目的是安度晚年，投资和花费通常都比较保守，可承受风险（波动、损失）的能力较弱，未来投资时间较年轻时中长期理财时间短，故股票投资的比重应降低，存款及债券的比重应增加。同时，应留意投资组合的套现能力，以备有需要时（如紧急医疗等）能够有足够现金应急。该阶段个人理财按照优先顺序如下排列：养老规划 > 遗产规划 > 应急基金 > 特殊目标规划。

# 3. 风险与报酬

## 一、个人理财风险和报酬的关系

在日常生活中所讲的“风险”，实际上是指危险，意味着损失或失败，是一种不好的事情。其实，风险不仅可以带来超出预期的损失，也可以带来超出预期的收益（报酬）。风险是“预期结果的不确定性”。风险不仅包括负面效应的不确定性，还包括正面效应的不确定性。

**（一）常见的风险分类**

1. 本金损失的风险。不论是因为市场因素还是经营的优劣，只要可能损失本金，就有这类风险。如股票及期货的投资，经常导致个人投资者本金损失。

2. 收益损失风险。是指投资无法带来预期的收益，如收不到租金或无法分配到股利等类型风险。

3. 通货膨胀风险。也称为购买力风险。得到了预期收益额，但因通货膨胀，钱不值钱，原来可以买1000斤大米，现在同样的钱只能买到750斤大米，即购买力损失。

4. 时机风险。有股票买卖经验的人都知道，适时进出，低买高卖是赚钱的好办法，但真正能掌握这样时机的人很少。除股票外，房地产、债券和其他投资性较高的投资品，受这种风险的影响也比较大。

5. 流动性风险（变现风险）。指投资无法在需要时变换为现金。银行存款、短期债券和多数股票一般都可以很快变现，所以流动性风险较低。而房地产和一般收藏品就不容易变现，流动性风险较高。

6. 利率风险。对于负有债务的人而言，利率上升会使利息风险加重。

7. 纳税风险。所得税支出会减少实际投资收益，对于重税的国家，这项因素的风险绝不可忽视。

8. 管理风险。是指需要花费时间和精力对投资品进行管理。例如买幢房子用于出租，需要招揽房客、签约及后续的系列工作，就存在此类管理上的风险。

我们的个人理财活动经常是在有风险的环境下进行的，冒风险意味着投资者希望得到与该风险相对称（匹配）的收益，即报酬。否则，就不值得去冒风险。很明显，个人理财风险和报酬是成正比的关系。

## （二）目前主要的个人理财工具及其特性

表1–6　主要的个人理财工具及其特性

| 个人理财工具 | 流动性 | 风险 | 报酬（收益） |
|---|---|---|---|
| 银行存款 | 高 | 很低 | 很低 |
| 国债 | 较低 | 很低 | 略高于定期存款 |
| 证券 | 高 | 很高 | 很高 |
| 基金 | 低 | 中等 | 中等 |
| 银行理财产品 | 低 | 较低 | 较低 |
| 外汇 | 高 | 高 | 中等 |
| 房地产 | 很低 | 较低 | 中等 |
| 贵金属 | 较低 | 低 | 中等 |
| 期货期权与彩票 | 极低 | 极高 | 极高 |

1. 银行存款

风险很低，但报酬也很低，银行存款的利率一般低于同期的通货膨胀率。如2011年12月CPI同比涨4.1%，同时期银行一年期存款利率为3.5%。

2. 国债

公认的最安全的投资工具，几乎无风险，往往报酬略高于定期存款。如2011年10月发行的凭证式（四期）国债，一年期年利率为3.85%。

3. 证券

主要指股票，典型的高风险、高报酬投资工具。

4. 基金

基金是介于证券与储蓄之间的一种投资工具，具有中高报酬、中低风险的特征，基金的报酬率远高于存款但风险相对低于股票。

5. 银行理财产品

主要指由银行发行的各种结构性存款理财产品和集合信托理财产品。这类产品往往与特定的投资工具挂钩，类似于特定投资用途的定期存款，风险往往低于基金与股票。

6. 外汇

既包括了手中持有的各种外汇资产，也包括了以外汇为主要投资对象的外汇实盘交易、虚盘交易、杠杆交易等。

7. 房地产

房地产的流动性较差，变现能力弱，变现周期长，但从长时间来说房地产的风险远低于证券，报酬也居于中等水平。

8. 贵金属（金银等）

风险低、报酬中等，但是流动性低，变现能力较差。

9. 期货期权与彩票

是所有投资工具与产品中风险最高的，但是报酬也是最高的。

## 二、如何衡量风险和报酬

### （一）单项投资的风险计量

1. 风险与收益的基本知识

前述货币时间价值是指在没有风险及通胀条件下的投资收益率，它不涉及风险的问题。但现实中风险是客观存在的，市场经济是风险经济。风险的大小随时间而变，它与不确定性是有区别的。风险与收益是一种对称关系，它要求等量风险带来等量收益，也即风险收益均衡。

（1）资产收益率的含义和计算

资产收益率是指资产的价值在一定时期的增值。其计算公式为：

单项资产收益率=收益额/期初市价=（利息或股息收益＋资本利得）/期初市价=利息收益率或股息收益率＋资本利得收益率

（2）资产收益率类型

①实际收益率

是指股息率和利得收益率之和。

②预期收益率（期望值）

是指可能实现的收益率。由于投资者在购买资产时，并不能确切知道在持有期末的收益率，因此，持有期末的收益率是一个随机变量。对于一个随机变量，我们关心的是它可能取哪些值及其相应的概率大小。

在实际中，有些经济现象的概率和收益事先可以预测，有些概率和收益事先不可以预测，下面分不同情况对收益率计算进行介绍。

一种：概率和收益事先可以预测

$$E(R)=\sum_{i=1}^{n} p_i R_i$$

二种：概率和收益事先不可以预测

根据历史数据计算

$$E(R)=\sum_{i=1}^{n} p_i R_i$$

根据历史样本数据计算

$$R=\frac{\sum R}{n}$$

2. 单项资产投资的风险计量

是指某种资产收益的各种可能值偏离其期望值的可能性及其幅度。

一种：概率和收益事先可以预测

（1）计算单项资产预期收益率

是指根据各种资料估算资产收益率的几种可能的结果，并估计各种可能结果发生的概率，据此量化资产的期望收益率和风险。预期收益率不代表将来可能获得的收益，只是反映了对一切可能的有关信息进行合理分析后对资产获利能力的一种估计。其计算公式为：

$$E\text{（}R\text{）}=\sum_{i=1}^{n}P_iR_i$$

公式中：

$E$（$R$）——预期收益率

$R$——各种可能的投资收益率

$P$——收益率事件发生的概率

（2）计算预期收益率标准差

风险理论认为：实际发生的收益率与预期收益率的偏差越大，投资于该证券的风险也就越大，因此对单个证券的风险，通常用统计学中的标准差来表示，其计算公式如下：

$$\sigma=\sqrt{\sum_{i=1}^{n}\left[R_i-E\ R\ \right]^2\times P_i}$$

公式中：

σ——投资收益的标准差

经济意义：

标准差愈大，离散程度愈大，风险愈大；

标准差愈小，离散程度愈小，风险愈小。

**例1-10**

投资者张某2012年1月1日以每股10元的价格购入A公司的股票，2013年1月1日，当年预期股息为0.2元。预期股票价格为11元的概率是50%，收益率为10%；上升为12元的概率是25%，收益率为20%；下降为8元的概率是25%，收益率为-20%。

要求：根据上述资料进行投资的风险计量。

解：计算预期收益率

$$E(R)=\sum_{i=1}^{n}p_iR_i$$

$=0.1\times0.5+0.2\times0.25-0.2\times0.25$

$=5\%$

计算预期收益率标准差

$$\sigma=\sqrt{\sum_{i=1}^{n}[R_i-E\ R]^2\times P_i}$$

$$=\sqrt{0.25(0.2-0.05)^2+0.5(0.1-0.05)^2+0.25(-0.2-0.05)}$$

$=15\%$

二种：概率和收益事先不可以预测

在实际生活中，预测股票可能的收益率，并准确地估计其发生的概率是非常困难的。

为了简便，可用历史的收益率为样本，并假定其发生的概率不变，计算样本平均收益率，并将实际收益率与平均收益率相比较，以此确定该证券的风险程度，其计算步骤如下：

（1）计算预期收益率

$$\overline{R}=\frac{\sum R}{n}$$

（2）计算预期收益率标准差

$$\sigma=\sqrt{\frac{\sum[(R-\overline{R})]^2}{n-1}}$$

**例1-11**

假设B公司股票近3年的收益率分别为20%、30%和－20%。

要求：根据上述资料进行投资风险计量。

解：计算预期收益率

$$R=\frac{\sum R}{n}=\frac{20\%+30\%-20\%}{3}=10\%$$

计算预期收益率标准差

$$\sigma=\sqrt{\frac{(0.2-0.1)^2+(0.3-0.1)^2+(-0.2-0.1)^2}{3-1}}=0.07$$

3. 单项资产投资风险计量在实际中的运用

**例1-12**

有A、B两种股票，两种股票的收益率及其概率分布情况如下表所示。

| 项目实施情况 | 该种情况出现的概率 | | 预期收益率 | |
|---|---|---|---|---|
| | 股票A | 股票B | 股票A | 股票B |
| 好 | 0.20 | 0.30 | 15% | 20% |
| 一般 | 0.60 | 0.40 | 10% | 15% |
| 差 | 0.20 | 0.30 | 0 | -10% |

要求：根据上述资料进行风险计量。

解：分别计算A、B股票的预期收益率

A股票预期收益率=0.2×0.15+0.6×0.1+0.2×0＝9%

B股票预期收益率=0.3×0.2+0.4×0.15+0.3×（-0.1）＝9%

从计算结果可以看出，两种股票的预期收益率都是9%。但是否可以就此认为两个项目风险是等同的呢？我们还需要了解概率分布的离散情况，即计算标准离差。

分别计算A、B股票的标准差

A股票标准差$=\sqrt{0.2(0.15-0.09)^2+0.6(0.1-0.09)^2+0.2(0-0.09)^2}=0.049$

B股票标准差$=\sqrt{0.3(0.-0.09)^2+0.4(0.15-0.09)^2+0.3(-0..1-0.09)^2}=0.126$

计算结果表明：B股票的风险要高于A股票的风险。

从上述分析可知：两种股票的预期收益率都是9%，且B股票的风险要高于A股票的风险；则根据“收益一定，风险最小”的投资决策基本原则，应选择A股票进行投资。

**（二）投资组合的风险计量**

投资组合是由多种资产，如证券、债券、股票等按照一定的比例构成的一个投资搭配。根据马科维兹假设，投资组合的目的在于通过分散投资，降低风险，确保收益。这是现代投资组合理论的基本点。确定合适的投资组合，首先要明确投资组合的收益和风险的计算。

1. 投资组合预期收益率计算

（1）投资组合预期收益率的含义

是指各种投资资产可能收益率的加权平均数，其权数是各种投资资产在整个投资组合总额中所占的比例。

（2）投资组合预期收益率计算公式

组合预期收益率=Σ（某种资产可能收益率×该种资产投资额所占权重）

$$\overline{R_P}=\sum E(R)\times W$$

式中：

$\overline{R_P}$——组合预期收益率

$E(R)$——某种资产预期收益率

$W$——投资资产所占权重

**例1-13**

王某准备投资下列两种股票。

| 证券名称 | 概率 | 可能收益率 | 权重 |
|---|---|---|---|
| 证券1 | 0.5 | 25% | 0.5 |
| | 0.5 | 5% | |
| 证券2 | 0.5 | 6% | 0.5 |
| | 0.5 | 14% | |

要求：计算两种证券组合预期收益率。

解：首先分别计算两种证券的可能预期收益率

证券1可能预期收益率=25%×0.5+5%×0.5=15%

证券2可能预期收益率=6%×0.5+14%×0.5=10%

然后计算两种证券组合预期收益率

$$\overline{R_P}=\sum E(R).W$$

$=15\%\times0.5+10\%\times0.5$

$=12.5\%$

计算结果表明：两种证券组合预期收益率为12.5%。

从以上计算可知：投资组合预期收益率只能说明收益，不能说明风险，如果要作出投资的决策，必须对该种资产组合进行风险分析。

2. 两种资产组合风险的计量

（1）资产组合标准差计算

投资组合的总风险由投资组合预期收益率的标准差来衡量。如果我们仅考虑只有两种资产的组合，则投资组合标准差的计算公式为：

$$\sigma_p=\sqrt{W_1^2\sigma_1^2+2W_1W_2COV\ (R_1R_2)+W_2^2\sigma_2^2}$$

式中：

$\sigma_P$——资产组合标准差

$\sigma_1$——资产1标准差

$\sigma_2$——资产2标准差

W——投资权重

COV（$R_1R_2$）——两种资产方差

从上式可知：

①组合风险取决于两个因素：

一是组内各证券的风险（$\sigma_1$，$\sigma_2$）；

二是各个证券之间的关系[ COV（$R_1R_2$） ]。

②当投资数量趋于无穷大时，则预期收益率的方差影响程度趋于零。因此，充分的投资组合，只受证券之间协方差的影响。

经济意义：资产组合标准差愈大，投资总风险愈大；资产组合标准差愈小，投资总风险愈小。

在两种资产组合风险的计量中，最重要的涉及以下几个方面：

（1）协方差的计算

协方差是两个变量（资产收益率）离差之积的预期值，反映两种资产的相关程度与变动方向的指标。其计算方法有二：

方法一：利用历史资料计算，其计算公式如下：

$$COV(R_A,R_B)=\sum_{i=1}^{n}p_i[R_A,-E(R_A)][R_B,-E(r_B)]$$

式中：

$(R_{1i}-\overline{R_1})$ 表示证券1的收益率在经济状态$i$下对其预期值的离差。

$(R_{2i}-\overline{R_2})$ 表示证券2的收益率在经济状态$i$下对其预期值的离差。

经济意义：协方差为正，表示两种资产的收益率呈同方向变化；协方差为负，表示两种资产的收益率呈反方向变化。

**例1–14**

某投资组合由等权重的股票1和股票2组成，两种股票各自的收益率如下表所示：

| 年份 | 股票1的收益率$R_1$（%） | 股票2的收益率$R_2$（%） |
|---|---|---|
| 1 | 5 | 25 |
| 2 | 15 | 15 |
| 3 | 25 | 5 |

第一步，计算两种股票的预期收益率

$$\overline{R}_1=\frac{5\%+15\%+25\%}{3}=15\%$$

$$\overline{R}_2=\frac{25\%+15\%+5\%}{3}=15\%$$

第二步，计算两种股票的协方差

$$=\frac{(5\%-15\%)(25\%-15\%)+(15\%-15\%)(15\%-15\%)+(25\%-15\%)(5\%-15\%)}{3}$$

$$=-0.0067$$

根据协方差的经济意义，协方差为负，表示两种资产的收益率呈相反方向变化。本例中股票1和股票2的收益率就是呈反方向变动。

方法二：利用两个资产的相关系数计算，计算公式如下：

$$COV\ (R_1R_2)=\rho_{1.2}\sigma_1\sigma_2$$

式中：$\rho_{12}$——两种资产的相关系数

**例1-15**

已知相关系数为-0.67，要求根据上述资料计算协方差。

第一步，计算两种股票的标准离差

股票1的标准离差：

$$\sigma_1=\sqrt{\sum_{i=1}^{n}\frac{(R_{1i}-\overline{R_1})^2}{n-1}}=\sqrt{\frac{(5\%-15\%)^2+(15\%-15\%)^2+(25\%-15\%)^2}{3-1}}=10\%$$

股票2的标准离差：

$$\sigma_2=\sqrt{\sum_{i=1}^{n}\frac{(R_{2i}-\overline{R_2})^2}{n-1}}=\sqrt{\frac{(25\%-15\%)^2+(15\%-15\%)^2+(5\%-15\%)^2}{3-1}}=10\%$$

第二步，计算两种资产的协方差

$$COV\ (R_1R_2)=-0.67\times 10\%\times 10\%=-0.0067$$

从计算过程可知：两种资产的关系是由相关系数决定的。

（2）相关系数计算

相关系数是用来描述投资组合中各种资产收益率变化的数量关系，即一种资产的收益率发生变化时，另一种资产的收益率将如何变化。由于各方面的原因，协方差的意义很难解释，至少对于应用是如此。为了使其概念能更易于接受，可以将协方差标准化，将协方差除以两个投资方案投资报酬率的标准差之积。

我们将这个数称为这两个投资项目的相关系数，它介于-1和+1之间。其计算公式如下：

$$\rho_{12}=\frac{COV\ (R_1R_2)}{\sigma_1\sigma_2}$$

当相关系数=+1时，两个变量完全正相关，两个资产收益同向变动，此时，组合标准差最大，两项资产的风险完全不能相互抵消，所以这种组合不能降低任何风险。

当相关系数=-1时，两个变量完全负相关，两个资产收益反向变动。此时，组合标准差最小，两项资产的风险可以充分相互抵消，因此，这种组合可以最大程度地抵消风险。

在实际中，两项资产的收益率具有完全的正相关和完全的负相关的情况几乎是不能的。绝大多数资产两两之间都具有不完全的相关关系，多数情况下大于零，因此，会有资产组合的标准差小于组合中各资产标准差的加权平均。

**例1-16**

根据前例的资料，计算两种股票的相关系数。

第一步，计算两种股票的标准离差

股票1的标准离差：

$$\sigma_1=\sqrt{\sum_{i=1}^{n}\frac{(R_{1i}-\overline{R_1})^2}{n-1}}=\sqrt{\frac{(5\%-15\%)^2+(15\%-15\%)^2+(25\%-15\%)^2}{3-1}}=10\%$$

股票2的标准离差：

$$\sigma_2=\sqrt{\sum_{i=1}^{n}\frac{(R_{2i}-\overline{R_2})^2}{n-1}}=\sqrt{\frac{(25\%-15\%)^2+(15\%-15\%)^2+(5\%-15\%)^2}{3-1}}=10\%$$

第二步，计算股票1和股票2的相关系数

$$\frac{-0.0067}{10\%\times10\%}=-0.67$$

计算结果表明：股票1和股票2的收益率呈反方向变动。

（3）计算资产组合标准差

根据上述资料，计算两种股票投资组合的总风险

$$\sigma_p=\sqrt{W_1^2\sigma_1^2+2W_1W_2COV\ (R_1R_2)+W_2^2\sigma_2^2}$$

$$\sigma_p=\sqrt{0.5^2\times10\%^2+2\times0.5\times0.5\times(-0.0067\ )+0.5^2\times10\%^2}=0.0406$$

以上仅从公式应用来说明资产组合风险的计算方法，为了方便投资者通俗、直观地掌握资产组合风险计量，特举两例进行说明。

**例1-17**

假定王某拟购买两种股票进行投资组合，其资料如下：

| 项目 | 股票1 | 股票2 |
|---|---|---|
| 预期收益率 | 0.14 | 0.08 |
| 标准差 | 0.2 | 0.15 |
| 投资比例 | 10% | 90% |
| 相关系数 | 0.6 | |

要求计算：

（1）两种股票组合预期收益率

（2）两种股票协方差

（3）两种股票组合标准差

（4）单项股票标准差加权平均值

解：（1）计算两种股票组合预期收益率

$$\overline{R_P}=\sum E(R)\times W=0.14\times10\%+0.08\times90\%=0.086$$

（2）计算两种股票协方差

$$COV\ (R_1R_2)=\rho_{1.2}\sigma_1\sigma_2=0.6\times0.2\times0.15=0.018$$

（3）计算两种股票组合标准差

$$\sigma_p = \sqrt{W_1^2\sigma_1^2 + 2W_1W_2COV\ (R_1R_2) + W_2^2\sigma_2^2}$$

（4）单项股票标准差加权平均值

$$\sigma_p = \sqrt{0.1^2 \times 0.2^2 + 2 \times 0.1 \times 0.9 \times 0.018 + 0.15^2 \times 0.9^2} = 0.1479$$

$$\overline{\sigma} = \sigma_1 W_1 + \sigma_2 W_2 = 0.2 \times 0.1 + 0.15 \times 0.9 = 0.155$$

计算结果表明：资产组合标准差小于单项股票标准差加权平均值，说明该种资产组合可以降低投资风险。

**例1-18**

李某拟对下列两种资产进行投资组合，其资料如下：

| | | 正常年份 | | 危机年份 | 投资比例 % |
|---|---|---|---|---|---|
| | | 牛市 | 熊市 | | |
| | 概率 | 0.5 | 0.3 | 0.2 | |
| 收益率 % | A公司股票 | 20 | 10 | -20 | |
| | B公司股票 | 2 | -10 | 40 | |

第一种组合：全部购买A公司股票

| | | 正常年份 | | 危机年份 | 投资比例 % |
|---|---|---|---|---|---|
| | | 牛市 | 熊市 | | |
| | 概率 | 0.5 | 0.3 | 0.2 | |
| 收益率 % | A公司股票 | 20 | 10 | -20 | 100 |
| | B公司股票 | 2 | -10 | 40 | |

（1）计算预期收益率

$$E\ (R) = \sum_{i=1}^{n} P_i R_i = 0.5 \times 20\% + 0.3 \times 10\% + 0.2 \times (-20\%) = 9\%$$

（2）计算收益率标准差

$$\sigma = \sqrt{\sum_{i=1}^{n} p_i [R_i - E(R)]^2}$$

$$\sigma = \sqrt{0.5 \times (20\% - 9\%)^2 + 0.3 \times (10\% - 9\%)^2 + 0.2 \times (-20\% - 9\%)^2} = 0.1513$$

第二种组合：等权重投资A、B股票

| | | 正常年份 | | 危机年份 | 投资比例 % |
|---|---|---|---|---|---|
| | | 牛市 | 熊市 | | |
| | 概率 | 0.5 | 0.3 | 0.2 | |
| 收益率 % | A公司股票 | 20 | 10 | -20 | 50 |
| | B公司股票 | 2 | -10 | 40 | 50 |

（1）计算可能收益率

A公司股票

$$E(R)=\sum_{i=1}^{n}P_iR_i=0.5\times20\%+0.3\times10\%+0.2\times(-20\%)=9\%$$

B公司股票

$$E(R)=\sum_{i=1}^{n}P_iR_i=0.5\times2\%+0.3\times(-10\%)+0.2\times40\%=6\%$$

组合预期收益率

$$\overline{R_P}=\sum E(R)\times W=9\%\times0.5+6\%\times0.5=7.5\%$$

（2）计算标准差

①分别计算两种股票标准差

A公司股票

$$\sigma=\sqrt{\sum_{i=1}^{n}p_i[R_i-E(R)]^2}$$

$$\sigma=\sqrt{0.5\times(20\%-9\%)^2+0.3\times(10\%-9\%)^2+0.2\times(-20\%-9\%)^2}=0.1513$$

B公司股票

$$\sigma=\sqrt{\sum_{i=1}^{n}p_i[R_i-E(R)]^2}$$

$$\sigma=\sqrt{0.5\times(2\%-6\%)^2+0.3\times(-10\%-6\%)^2+0.2\times(40\%-6\%)^2}=0.1778$$

②计算两种股票协方差

$$COV(R_A,R_B)=\sum_{i=1}^{n}p_i[R_A,-E(R_A)][R_B,-E(r_B)]$$

=0.5（0.2－0.09）（0.02－0.06）+0.3（0.1－0.09）（－0.1－0.06）+0.2（－0.2－0.09）（0.4－0.06）

=－0.0224

③计算两种股票组合标准差

$$\sigma_p=\sqrt{W_1^2\sigma_1^2+2W_1W_2COV(R_1R_2)+W_2^2\sigma_2^2}$$

$$\sigma_P=\sqrt{0.5^2\times0.1553^2+2\times0.5\times0.5\times(-0.0224)+0.5^2\times0.1778^2}=0.0492$$

④计算AB股票标准差加权平均值

$$\overline{\sigma}=\sigma_1W_1+\sigma_2W_2=0.1513\times0.5+0.1778\times0.0.5=0.1645$$

（3）进行投资决策

单独投资A股票：预期收益率9%，收益率标准差为0.1513；等权重投资A、B股票：组合预期收益率7.5%，投资组合标准差为0.0492。B股票标准差加权平均值为0.1645。

从上述数据可知：

单独投资A股票收益率虽高，但风险较大；等权重投资A、B股票，收益率虽低，可风险较小，而且投资组合标准差小于AB两种股票标准差加权平均值，说明该种投资组合可以降低风险。

**（三）实际运用简述**

在实际中，投资的成败首先取决于我们对风险的认知程度。只有冷静对待自己的风险偏好，下工夫认识清楚自己的风险承受能力，并据此选择与此相匹配的理财产品，才能在有效控制投资风险的前提下，最终实现其投资目标。投资者应明了风险偏好并不等同于风险承受能力，风险承受能力才是个人理财规划当中一个重要的依据。投资者愿意承受更多的风险只能说明他的风险偏好，但绝不等同于他实际上具有较高的风险承受能力。如果一个投资者在高收益的诱惑之下，根本不考虑自己的风险承受能力，投资一些完全不符合自身收益风险特征的理财产品，一旦出现风险损失，将会带来不良后果。

# 4. 财务报表

资产负债表、损益表、现金流量表原本是企业的三大财务报表（报告），用于综合反映企业的财务状况、经营成果、现金流量等信息，从而为企业所有的利益相关方使用及决策。从某种角度上看，一个家庭可以看做一个企业，如何对家庭这个“企业”进行基于财务角度的很好的经营管理，正是我们这本教材所要讨论的主要内容。

## 一、资产负债表

**（一）资产负债表概述**

个人（家庭）资产负债表是反映个人（家庭）在某一时点上财务状况的静态的会计报表，它相当于我们在某个时点上对这个家庭拍了一张照片。家庭资产负债表在理财中，如优化个人（家庭）消费结构、帮助个人（家庭）资产快速增值、建立个人（家庭）信用评价体系等方面发挥着重大的作用。其内容主要有：

1. 家庭资产

（1）投资资产/生息资产（现金、存款、股票、投资住房、收藏品……）。这类资产一般用于投资，会产生收益。

（2）自用资产/个人消费资产（家具、电器、自用住房、珠宝首饰……）。这类资产供家庭成员使用，一般不产生收益，相反，它们会随着时间的流逝而贬值（折旧）。

2. 家庭负债

（1）按期限可分为流动负债（信用卡透支、应付租金）和长期负债（住房贷款、消费贷款）。

（2）按用途可分为投资负债和消费负债。

3. 家庭净资产

家庭净资产=家庭资产－家庭负债

家庭资产负债表结构如下表：

**表1–7 个人（家庭）资产负债表**

20××年×月×日

| 家庭资产 | 金额（元） | 家庭负债 | 金额（元） |
|---|---|---|---|
| 现金和活期存款 | | 流动负债 | |
| 定期存款 | | 信用卡透支 | |
| 股票 | | 应付租金 | |
| 债券 | | 应付保费 | |
| 基金 | | 应付电话上网费 | |
| 保单 | | 应付所得税 | |
| 外汇 | | | |
| 信托 | | 长期负债 | |
| 房产（自用） | | 房屋贷款 | |
| 房产（投资） | | 汽车贷款 | |
| 黄金及集藏 | | 其他贷款 | |
| 其他 | | | |
| 资产合计 | | 负债合计 | |
| 家庭净资产 | 资产合计－负债合计 | | |

**（二）如何解读个人资产负债表**

通过个人（家庭）资产负债表可以清楚地了解以下情况：

1. 反映个人资金来源的构成，包括债务和权益，个人与外部发生的经济往来关系等。

2. 反映个人的财务实力、短期偿还债务的能力，资产结构的变化情况和财务状况的发展趋向，并据此做出评定估价。

3. 提供个人资产评估的主要资料，规范地表明个人的财产状况。

4. 得出个人净值（净资产）。个人净值就是总资产与总负债的差值。因此家庭资产负债表又叫资产净值表，或净资产表。

5. 进行财务分析，可得出收支比率、消费与投资比率、现金流量、投资收益率、投资结构、资产负债率等，从而为投资理财决策提供基本依据。

## 二、损益表

### （一）损益表概述

个人（家庭）损益表就是反映在一段时间内家庭收入、支出及余额的财务状况。据此可得出这段时间的理财成果，同时它又是做家庭收支预算的基础。由于个人（家庭）一般采用收付实现制，假设交易与现款收付同时发生，所以损益表同时也就是现金流量表。

其主要内容有：

1. 收入

（1）工薪收入：人力资本创造的收入。如：工资、薪金、奖金、年终加薪、劳动分红、津贴、补贴等。

（2）投资收入/理财收入：已有资产衍生出的收入。如：利息、股利、房租、资本利得、资产增值等。

2. 支出

（1）消费支出：衣食住行、教育、娱乐、医疗、保障型保险支出，一般不计提折旧、不摊销费用。

（2）投资支出：投资导致的费用支出。如：债务利息偿付支出、投资手续费等。

（3）资产负债调整支出：形成资产或减少债务。如：投资现金流出、偿还债务、投资型保险支出。资产负债调整支出，不反映在损益表上，直接反映在资产负债表上。

3. 盈余/赤字

盈余/赤字=收入－支出

家庭损益表结构如下表：

表1–8　个人（家庭）损益表　　20××年×月

| 收入项目 | 金额（元） | 支出项目 | 金额（元） |
|---|---|---|---|
| 工薪收入 | | 消费支出 | |
| 利息收入 | | 衣食住行 | |
| 股息收入 | | 教育培训 | |
| 红利收入 | | 文化娱乐 | |
| 财产租赁收入 | | 医疗保健 | |
| 财产转让收入 | | 交际花费 | |
| 经营收入 | | 通信费用 | |
| 其他收入 | | 债务利息偿付支出 | |
| 收入合计 | | 保费支出 | |
| | | 其他支出 | |
| | | 支出合计 | |
| 盈余/赤字 | 收入合计－支出合计 | | |

### （二）综合解读个人资产负债表及损益表

**例1-19**

贾先生夫妇共同拥有固定资产（自用房）价值63万，1万元银行存款，价值6万元的汽车。实物投资方面，拥有价值79200元的22亩林木。同时，有住房贷款6万元。贾先生夫妇年工资收入共84000元，年租金收入20400元。支出见损益表。请分析这对夫妇的财务状况是否合理？

首先编制其家庭资产负债表如下：

| 家庭资产 | 金额（元） | 家庭负债 | 金额（元） |
|---|---|---|---|
| 银行存款 | 10000 | 住房贷款 | 60000 |
| 固定资产（自用房） | 630000 | | |
| 汽车 | 60000 | | |
| 林木投资 | 79200 | | |
| 资产合计 | 779200 | 负债合计 | 60000 |
| 家庭净资产 | 719200 | | |

其次编制其家庭损益表如下：

| 收入项目 | 金额（元） | 支出项目 | 金额（元） |
|---|---|---|---|
| 工资 | 84000 | 日常支出 | 13870 |
| 租金收入 | 20400 | 交通费用 | 8000 |
| | | 人寿和其他保险 | 130 |
| | | 子女教育费用 | 3000 |
| | | 住房贷款支出 | 15600 |
| 收入总计 | 104400 | 支出总计 | 40600 |
| 盈余/赤字 | 63800 | | |

其家庭财务指标分析如下：

资产负债比率=负债总额/总资产=60000/779200=0.08

负债收入比率=偿债支出/税后收入=15600/104400=0.15

流动资产保障率=流动性资产/每月支出=10000/（40600/12）=2.96

自由储蓄比率=结余/税后收入=63800/104400=0.61

净资产投资比率=投资资产/净资产=（79200+10000）/719200=0.124

其家庭财务分析结论如下：

1. 家庭资产负债结构较为稳健。

2. 负债收入比例合理，负债支出有保障。

3. 现金流量比较充足，支出保障情况较好。

4. 净资产投资比率不高，自用住房资产占家庭资产比重较大。

## 三、现金流量表

### （一）现金流量表概述

1. 现金流量表的概念

个人或家庭的现金流量，是指某一段时期内个人或家庭现金流入和流出的数量。个人或家庭的日常经济活动，主要是指消费、投资和筹资，是影响现金流量的重要因素，但并不是所有的经济活动都影响现金流量。比如，将现金存入银行、购买3个月内到期的公司债券等。但如果用现金购买家电、长期债券等，会影响现金流量净额的变动。

2. 现金流量表的的内容和结构

个人或家庭的现金流量表的编制要包括：记录收入和支出日记账、整理日记账等资料、确定本期现金和现金等价物的变动额、分析原因和分类编制、附注披露、最后汇总等步骤。其中，关键的环节是确定本期现金与现金等价物的变动额，即“现金净变动额=期末余额−期初余额”。

表1-9　家庭现金流量样表

20××年×月

<table>
<tr><th colspan="3">项目</th><th>金额（元）</th><th>所占总收入比例</th><th>备注</th><th>小计</th></tr>
<tr><td rowspan="17">现金收入</td><td rowspan="4">固定收入</td><td>工资</td><td></td><td></td><td></td><td></td></tr>
<tr><td>奖金</td><td></td><td></td><td></td><td></td></tr>
<tr><td>津贴</td><td></td><td></td><td></td><td></td></tr>
<tr><td>其他</td><td></td><td></td><td></td><td></td></tr>
<tr><td></td><td colspan="4">小计</td><td></td></tr>
<tr><td rowspan="6">财产经营收入</td><td>生产经营</td><td></td><td></td><td></td><td></td></tr>
<tr><td>租赁收入</td><td></td><td></td><td></td><td></td></tr>
<tr><td>其他</td><td></td><td></td><td></td><td></td></tr>
<tr><td>其他</td><td></td><td></td><td></td><td></td></tr>
<tr><td>其他</td><td></td><td></td><td></td><td></td></tr>
<tr><td colspan="4">小计</td><td></td></tr>
<tr><td rowspan="5">其他收入</td><td>收回债务</td><td></td><td></td><td></td><td></td></tr>
<tr><td>银行利息收入</td><td></td><td></td><td></td><td></td></tr>
<tr><td>其他</td><td></td><td></td><td></td><td></td></tr>
<tr><td>其他</td><td></td><td></td><td></td><td></td></tr>
<tr><td colspan="4">小计</td><td></td></tr>
<tr><td colspan="5">收入小计</td><td></td></tr>
<tr><td></td><td rowspan="7">日常消费支出</td><td>饮食支出</td><td></td><td></td><td></td><td></td></tr>
<tr><td></td><td>日用品支出</td><td></td><td></td><td></td><td></td></tr>
<tr><td></td><td>服装鞋帽支出</td><td></td><td></td><td></td><td></td></tr>
<tr><td></td><td>文化娱乐支出</td><td></td><td></td><td></td><td></td></tr>
<tr><td></td><td>医疗支出</td><td></td><td></td><td></td><td></td></tr>
<tr><td></td><td>其他</td><td></td><td></td><td></td><td></td></tr>
<tr><td></td><td colspan="4">小计</td><td></td></tr>
<tr><td></td><td rowspan="4">投资支出</td><td>购买股票支出</td><td></td><td></td><td></td><td></td></tr>
<tr><td></td><td>购买债券支出</td><td></td><td></td><td></td><td></td></tr>
<tr><td></td><td>房地产投资</td><td></td><td></td><td></td><td></td></tr>
<tr><td></td><td></td><td></td><td></td><td></td><td></td></tr>
</table>

**续表**

| 项目 | | | 金额（元） | 所占总收入比例 | 备注 | 小计 |
|---|---|---|---|---|---|---|
| | 其他 | | | | | |
| | | 小计 | | | | |
| | 其他支出 | | | | | |
| | | | | | | |
| | | | | | | |
| | | | | | | |
| 支出总计 | | | | | | |
| 现金净流量=现金收入－现金支出 | | | | | | |

实际上，上表只是给出的一个样表，家庭现金流量表没有固定的形式，所列项目也具有较大的灵活性，每个家庭可以根据实际情况编制适合自己的现金流量表。

**表1-10　某人2011年11月及12月的现金流量表**

| 年 | 2011 | |
|---|---|---|
| 月 | 11 | 12 |
| 一、期初可动用余额 | 1800 | 3750 |
| 二、现金流入 | | |
| 现金收入 | 2500 | 3000 |
| 不可预见现金收入 | | |
| 现金流入小计 | 2500 | 3000 |
| 三、现金流出 | | |
| 定金 | | |
| 首付 | | 78064.76 |
| 月供 | | 1421.04 |
| 租金 | 550 | 550 |
| 其他费用（取暖，物业费） | | |
| 不可预见费用 | | |
| 现金流出小计 | 550 | 80035.8 |
| 四、净现金流量 | 1950 | -77035.8 |
| 五、期末资金余额 | 3750 | -73258.8 |

### （二）如何解读个人现金流量表

在日常生活中，如果我们运用现金流量表，可以很直观地看到我们个人或者一个家庭的各项收入来源和各项支出项目，并且对各部分所占的比例有所了解，这样我们可以根据收支状况来有针对性地进行开源或者节流计划。实际上，我们进行家庭或者个人理财的过程中，编制现金流量表有很多好处。它可以让我们一目了然地看到一段时间内的收入和支出情况，可以让我们制定更加合理的消费和投资决策，减少不必要的消费支出，增加收益高的投资比例。

## 四、财务报表的功能和局限性

我们平时在进行个人理财的时候，不得不与企业的财务报表打交道。如我们准备购买某上市公司的股票，我们要事先阅读该企业的财务报表。所以我们必须对企业财务报表的功能及其局限性有一个理性、客观、全面的了解。

**（一）财务报表的功能**

会计最主要的作用就是提供决策信息，而财务报表是企业对外提供的会计信息的核心部分，它既服务于企业内部的管理者，又服务于企业外部与企业利益相关的各个方面。

1. 对企业本身来说

（1）财务报表信息有助于企业管理人员分析、检查企业的经营活动是否符合制度规定；

（2）考察企业资金、成本、效益等计划指标的完成程度；

（3）分析、评价经营管理中的成绩和不足，采取措施提高经济效益；

（4）运用财务会计报告的资料和其他资料进行分析，为编制下期计划提供依据。

2. 对投资者、债权人和其他利害相关人来说

企业的投资者作为企业风险资本的提供者，是企业外部最主要的会计信息使用者。财务会计报表信息将作为投资者判断投资风险和投资报酬、确定投资方向、考量经营管理者受托责任履职情况、决定企业的人事安排与待遇等方面的重要依据之一。

3. 对财政、税收、银行和审计部门来说

（1）财税部门，了解企业资金筹集和运用是否合理，检查企业税收、利润计划的完成与解交情况，以及有无违反税法和财经纪律的现象，以更好地发挥财政、税收的监督职能；

（2）银行部门，考查企业流动资金的使用情况，分析企业银行借款的物资保证程度，研究企业资金的正常需要量，了解银行借款的归还以及信贷纪律的执行情况，充分发挥银行经济监督和经济杠杆作用；

（3）审计部门，了解企业财务状况和经营情况及财经政策、法令和纪律执行情况，从而为进行财务审计和经济效益审计提供必要的资料。

4. 对主管部门来说

（1）考核所属单位的经营业绩以及各项经济政策的贯彻执行情况，并通过所属单位同期指标的对比分析，总结成绩，推广先进经验；

（2）对于发现的问题，分析原因，采取措施，克服薄弱环节；

（3）在一定范围内反映国民经济计划执行情况，为国家宏观管理提供依据。

**（二）财务报表的局限性**

1. 财务报表信息不完整，披露不充分

现行财务报表不能客观、完整地反映企业的各项经济活动。目前财务报表主要是以历史成本为基础反映过去的财务状况和经营成果，强调的是对已经发生的生产经营活动结果的总结。当今世界，企业所处的环境已发生较大的变化，出现的一些新的资产形式、经营方式、前瞻性、不确定性信息以及潜力巨大的无形资产等无法在现行财务报告中得到反

映，无法满足信息使用者预测的需要，这种不完备的会计信息就会成为培育市场主体、支撑市场体系发育的不可忽视的障碍，因而作为会计信息系统终端产品的财务报告的“增容”，是我国经济对外开放逐步提高的客观要求。其次，现行财务报告模式把重点放在存货、厂房、设备等实物性资产上，但对知识资本、知识产权、人才资源等无形资产未能予以揭示。随着知识经济的到来，这些无形资产才是企业在市场竞争中取胜的关键性因素。在一些高新技术企业和大型企业中，无形资产在总资产中所占比重及所起的作用已不容忽视，然而传统的财务报表对此却无法充分反映，致使其市场价值与财务报告中的资产价值严重背离，这就使得现行财务报表无法反映企业应有的实力与规模，不能有效满足信息使用者基于无形资产的决策需求。

2. 财务报表时效性差，（披露的）会计信息滞后

根据会计分期假设，现行财务报告体系采取定期报告的制度，一般按年、月编制。在经济较为稳定的情况下，信息使用者可以大致准确地预测企业下一年甚至以后几年的财务状况。而如今，企业间竞争加剧、金融工具日新月异、经济情况瞬息万变，企业的经营类型、经营风险和财务风险也会适时改变。这种情况下，信息使用者要求会计信息能够随着业务变化而变化。报送滞后的过时信息无助于决策，甚至有害于决策，信息披露不及时会加大外部会计信息使用者的决策风险。

3. 报表披露方式单一

现行财务报告体系主要借助标准的、通用的、固定格式的财务报告模式，通过提供数据形式的报表，对一些重要项目进行附注说明的形式将企业的财务信息传递给使用者。然而这种通用式的报告不可避免地忽略了各种不同使用者之间对企业信息需求上和使用上的差别性，不能满足信息使用者的个性化需求。就使用者而言，有的习惯于利用综合信息，有的习惯于利用明细信息，有的喜用文字信息，有的喜用图表等直观信息，因此如何妥善解决信息使用上的差异问题，给未来信息披露方式提出了挑战。

4. 企业财务信息的披露内容不完整

现行财务会计报表体系对外提供的企业财务信息不够完整，主要表现在：（1）运用统一货币计量原则提供历史信息，缺乏预测信息、人力资源价值、管理员工的素质等信息。在当前全球通胀的大背景下，对基于“货币计量”、“币值稳定”等基本假设的传统会计产生重大冲击。（2）不能提供有差别的财务报告。例如某些大型企业的分支机构因行业不同、区域不同，其利润率、物价水平、发展机会、未来前景和投资风险各有差异，通用报告过于笼统，无法揭示各分公司所面临的风险和机会。（3）对企业履行社会责任的信息，在财务报告中长期被忽视。现行财务报告只注重企业自身经济利益，而不注意反映与企业息息相关的社会、环境等相关信息。在新形势下，信息使用者不仅关注企业自身的经营状况，更关注企业的社会贡献率、环境保护、资源保护等社会责任的履行情况，因为由企业履行社会责任导致的管制成本足以影响企业日后长远的经营业绩，甚至导致企业破产。

## 5. 金融市场

金融市场又称为资金市场，包括货币市场和资本市场，是资金融通的市场。资金融通，是指在经济运行过程中，资金供求双方运用各种金融工具调节资金盈余的活动，是所有金融交易活动的总称。资金融通简称为融资，一般分为直接融资和间接融资两种。直接融资是资金供求双方直接进行资金融通的活动，也就是资金需求者直接通过金融市场向社会上有资金盈余的机构和个人筹资；间接融资是资金需求者采取向银行等金融中介机构申请贷款的方式筹资。金融市场对经济活动的各个方面都有着直接的深刻影响，如个人财富、企业的经营、经济运行的效率，都直接取决于金融市场的活动。

### 一、金融市场的要素构成

一个完备的金融市场，应包括以下要素：

1．资金供应者和资金需求者。包括政府、金融机构、企业事业单位、居民、外商等，即能向金融市场提供资金，也能从金融市场筹措资金的单位或个人。这是金融市场的基本要素。

2．信用工具。这是借贷资本在金融市场上交易的对象。如各种债券、股票、票据、可转让存单、借款合同、抵押契约等，是金融市场上实现投资、融资活动必须依赖的标的。

3．信用中介。这是指一些充当资金供求双方的中介人，起着联系、媒介和代客买卖作用的机构，如银行、投资公司、证券交易所、券商和经纪人等。

4．金融市场的价格。指它所代表的价值，即规定的货币资金及其所代表的利率或收益率的总和。

## 二、我国的金融机构体系

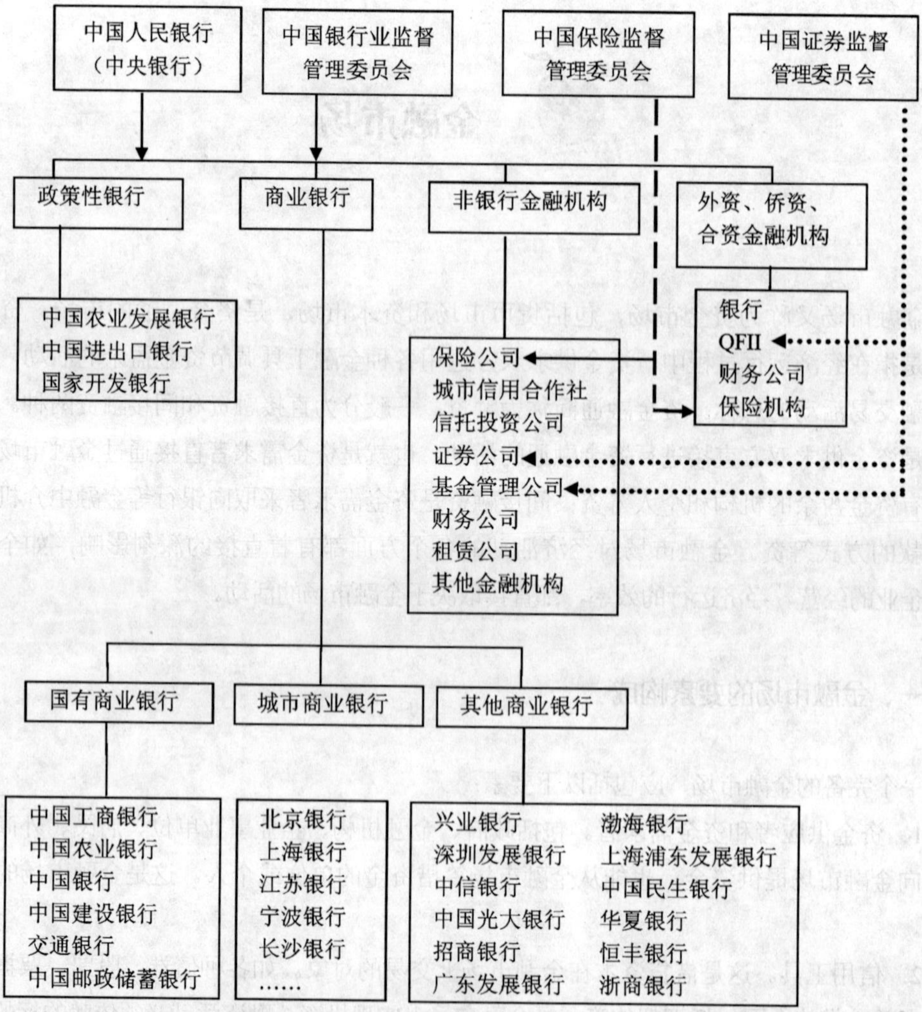


图1-4 我国的金融机构体系图

当前，我国金融机构按其地位和功能可分为三大类：中央银行、金融监管机构、经营性金融机构。主要体系说明如下：

中央银行。中国人民银行是我国的中央银行，1948年12月1日成立。在国务院领导下，制定和执行货币政策，防范和化解金融风险，维护金融稳定，提供金融服务，加强外汇管理，支持地方经济发展。

金融监管机构。我国金融监管机构主要有：中国银行业监督管理委员会，简称中国银监会，2003年4月成立，主要承担由中国人民银行划转出来的银行业的监管职能等，统一监督管理银行业金融机构及信托投资公司等其他金融机构；中国证券监督管理委员会，简称中国证监会，1992年10月成立，依法对证券、期货业实施监督管理；中国保险监督管理委员会，简称中国保监会，1998年11月设立，负责全国商业保险市场的监督管理。按照我国现有法律和有关制度规定，中国人民银行保留部分金融监管职能。

国家外汇管理局。成立于1979年3月13日，当时由中国人民银行代管；1993年4月，根据八届人大一次会议批准的国务院机构改革方案和《国务院关于部委管理的国家局设置及其有关问题的通知》，国家外汇管理局为中国人民银行管理的国家局，是依法进行外汇管理的行政机构。

国有重点金融机构监事会。监事会由国务院派出，对国务院负责，代表国家对国有重点金融机构的资产质量及国有资产的保值增值状况实施监督。

政策性金融机构。政策性金融机构由政府发起并出资成立，为贯彻和配合政府特定的经济政策和意图而进行融资和信用活动的机构。我国的政策性金融机构包括三家政策性银行：国家开发银行、中国进出口银行和中国农业发展银行。政策性银行不以盈利为目的，其业务的开展受国家经济政策的约束并接受中国人民银行的业务指导。

经营性金融机构。我国的商业性金融机构包括银行类金融机构、证券类金融机构和保险类金融机构三大类。

银行类金融机构。包括商业银行、信用合作机构和非银行金融机构。商业银行是指以吸收存款、发放贷款和从事中间业务为主的营利性机构，主要包括国有商业银行(中国工商银行、中国农业银行、中国银行、中国建设银行、交通银行、中国邮政储蓄银行)、股份制商业银行(中信银行、中国光大银行、华夏银行、中国民生银行、广东发展银行、深圳发展银行、招商银行、兴业银行、上海浦东发展银行、恒丰银行、渤海银行、浙商银行等)、城市商业银行、农村商业银行以及住房储蓄银行、外资银行和中外合资银行。信用合作机构包括城市信用社及农村信用社。非银行金融机构主要包括金融资产管理公司、信托投资公司、财务公司、租赁公司等。

证券类金融机构。是指为证券市场参与者（如融资者、投资者）提供中介服务的机构，包括证券公司、证券交易所、证券登记结算公司、证券投资咨询公司、基金管理公司等。

保险类金融机构。是指专门经营保险业务的机构，包括国有保险公司、股份制保险公司和在华从事保险业务的外资保险分公司及中外合资保险公司。

## 三、金融产品概述

金融产品指的是各种具有经济价值，可进行公开交易或兑现的非实物资产，也叫有价证券，如现金、汇票、股票、期货、债券、保单等。

1．基金。从广义上说，基金（Fund）是指为了某种目的而设立的具有一定数量的资金。在现有的证券市场上的基金，包括封闭式基金和开放式基金，具有收益性功能和增值潜能的特点。

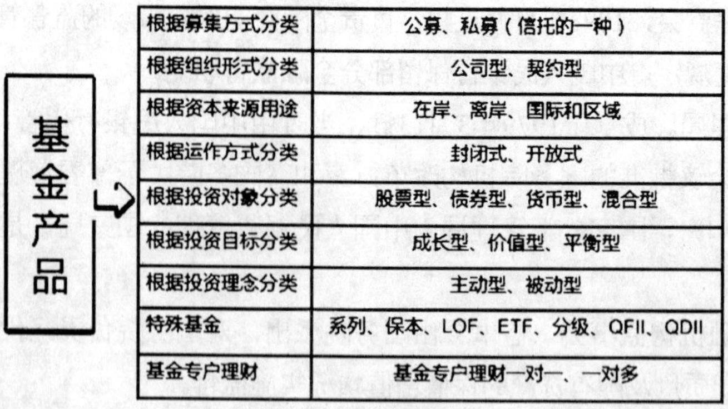


图1-5　基金产品

2. 信托。信托（Trust）即受人之托，代人管理财物。是指委托人对受托人的信任，将其财产权委托给受托人，由受托人按照委托人的意愿，以自己的名义，为受益人的利益或其他特定目的进行管理或处分的行为。

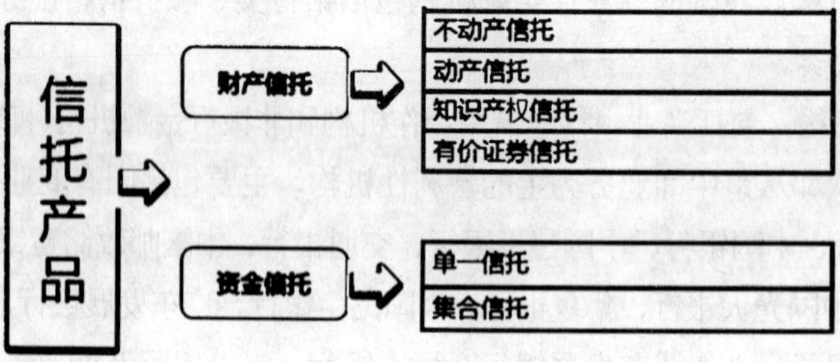


图1-6　信托产品

3. 期货。期货（Futures）与现货相对。期货是现在进行买卖，但是在将来进行交收或交割的标的物，这个标的物可以是某种商品（例如黄金、原油、农产品），也可以是金融工具，还可以是金融指标。交收期货的日子可以是一星期之后，一个月之后，三个月之后，甚至一年之后。买卖期货的合同或者协议叫做期货合约。买卖期货的场所叫做期货市场。投资者可以对期货进行投资或投机。对期货的不恰当投机行为，例如无货沽空，可以导致金融市场的动荡。

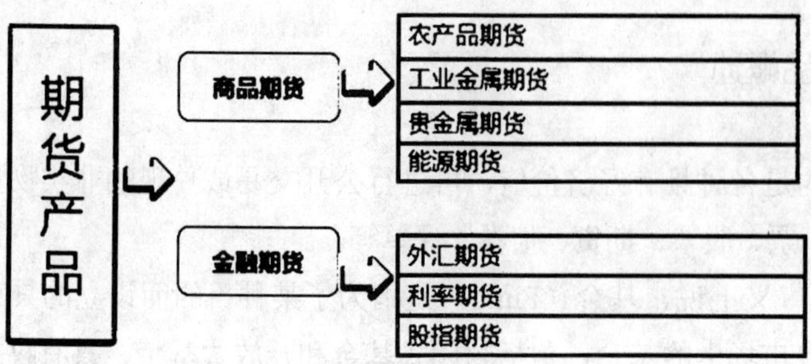


图1-7　期货产品

4. 保险。保险（Insurance）是指投保人根据合同约定，向保险人支付保险费，保险人对合同约定的可能发生的事故，因其发生所造成的财产损失承担赔偿保险金责任，或者当被保险人死亡、伤残、疾病或者达到合同约定的年龄、期限时承担给付保险金责任的商业保险行为。

保险产品

|  |  |
|---|---|
| 按保险标的分类 | 财产保险、责任保险、信用与保证保险、人身保险 |
| 按保险实施方式分类 | 强制保险、自愿保险、普通保险、社会保险 |
| 按其他方式分类 | 原保险与再保险（保险顺序）、个人与商务保险（投保者性质） |
| 保险合同的分类 | 补偿性保险合同与给付性保险合同、定值保险合同与不定值保险合同 |

图1-8　保险产品

5. 银行产品。银行产品，从契约角度看，是一份记载了参与金融交易各方权利和义务的合约，合约的条款可能是显性的，也可能是隐含的。对银行产品的理解，一种是广义的观点，认为银行产品的组成要素包括银行运作方式、金融工具和银行服务体系；另一种是狭义的观点，认为银行产品包括本身是商品的金融工具以及伴随“支持性商品”而提供的服务，或者把银行产品等同于金融工具。

银行产品

|  |  |
|---|---|
| 按本金与收益是否保证进行分类 | 保本固定收益型、保本浮动收益型、非保本浮动收益型 |
| 按标的货币进行分类 | 外币理财、人民币理财、双币理财 |
| 按投资方式与方向分类 | 货币型理财产品、债券型理财产品、银行信托理财产品、新股申购类理财产品、结构性理财产品 |

·银监会2011年11月份叫停1个月期限内银行超短期理财产品

图1-9　银行产品

6. 券商集合理财产品。指的是由证券公司发行的、集合客户的资产，由专业的投资者（券商）进行管理的一种理财产品，也称为集合资产管理业务。它是证券公司针对高端客户开发的理财服务创新产品。

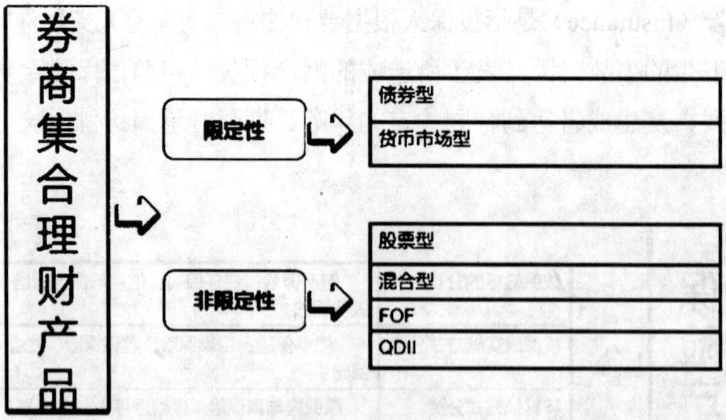


图1-10　券商集合理财产品

7. 外汇。是货币行政当局（中央银行、货币机构、外汇平准基金和财政部）以银行存款、财政部库券、长短期政府证券等形式所保有的、在国际收支逆差时可以使用的债权。包括：外国货币、外币存款、外币有价证券（政府公债、国库券、公司债券、股票等）、外币支付凭证（票据、银行存款凭证、邮政储蓄凭证等）。

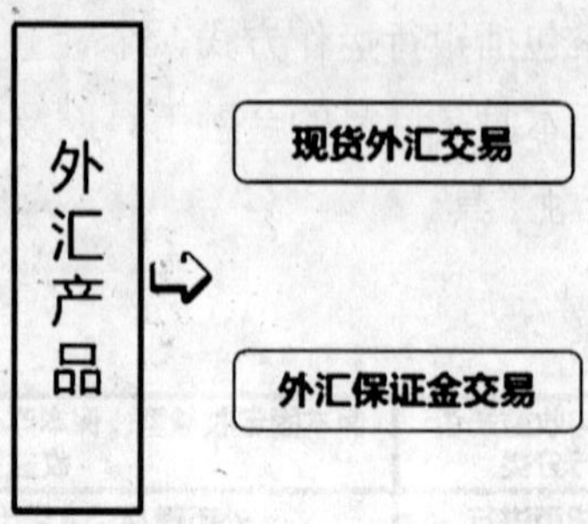


图1-11　外汇产品

## 6 案例分析

**案例资料1-1**

长沙的罗先生与太太均为30岁，硕士毕业。罗先生是摄影记者，罗太太是中学教师，结婚1年尚未有子女。家庭资产：罗先生与太太存款各为7万元，名下股票各有5万元和3万元，合计资产22万元，无负债。罗先生月收入4500元左右，罗太太月收入5500元，目前无自有住房，月租金支出1000元，另外，月生活支出约3000元。夫妻双方月缴保费各500元，为20年期定期寿险，均为29岁时投保。夫妻两人都善于投资，预期收入成长率可望比一般同年龄者高。预计平均成长率均有5%，而储蓄率可以维持在50%。

**问题思考：**

1. 买房：3年后买一套120平方米的房子，预计装修费用在15万元左右。

2. 教育：准备孩子20年后接受高等教育的费用，做好供其到研究生毕业的经费准备。

3. 退休养老：25年后准备退休，存足退休后30年的安逸无忧的晚年生活费用。

**分析线索：**

罗先生家庭月总收入达1万元，年度盈余达6万元，储蓄率达到了50%，家庭无负债，财务状况还不错。但是资产的收益性不高，60%的资产都分布在低收益的存款上。同时，目前的资产配置过于单一，资产配置只有存款和股票，收益性资产都集中在股票上，风险过于集中。而且，虽然目前是两人世界，但在未来的几年里，家庭负担将会非常重。按照2年后生小孩、3年后购房的短期计划，在不久的将来，面临着小孩的抚养费和教育金筹备及房贷的沉重负担，属于无近忧但有远虑的小家庭，非常有必要早做规划，以期达到所有家庭理财目标。

1. 建立家庭紧急备用金。以准备3个月的固定支出总额为标准。虽然家庭目前月支出5000元，但不久的将来面临生育费用和月供房贷，建议另准备每月2000元的超额支出，共建立家庭紧急备用金：7000×3=21000元。1万元存银行活期存款保持其流动性，其余购买货币市场基金或是流动性强的人民币理财产品，在保持流动性、安全性的前提下，兼顾资产收益性。

2. 巧付购房首付款和装修费。建议购买市郊目前单价每平方米6000元左右的房子。目前市郊房价是稳中有微升，以2%的房价成长率来看，3年后总房款为76.4万元左右。首付30%为23万元，余款53.4万元做20年按揭，以当前5.51%的贷款利率来看，月供需3676元。根据罗先生家庭的财务状况来看，3年后年收入结余新增19.4万元。可将前3年的结余投资累计值加上已有生息资产20万元，作为首付款和装修费用。

3. 尽早规划子女养育和教育金。2年后小孩的生育费用，建议从家庭紧急备用金中提取。以5%的预期投资报酬率来计算，年储蓄须达到7886元（月储蓄681元）。教育费用是一个长期支出，尤其是高等教育费用比较高，不过，考虑到其准备时间比较长，可以做一些期限相对较长而收益相对较高的投资，提高资金回报率。

4. 全面规划和补充保险。考虑到罗先生的工作性质，建议投保意外险50万元，定期寿险10万元，根据身体状况可考虑投保大病险和医疗补充保险。罗太太工作稳定，所在中学医疗保险等福利健全，考虑到2年后小孩生活费用将增加，现投保险种和保额可不作调整。

5. 长期投资打算的退休规划。罗先生夫妇计划25年后退休，并且希望在退休后30年内保证每个月有现值4000元的家庭支出，过上中等以上水平的晚年生活。假设通胀率为2%，退休后投资报酬率为4%，现值为4000元的月支出相当于25年后的6562元。预计退休后双方可领取养老金共4000元左右，退休金缺口为2592元。考虑到通货膨胀因素，退休后的实际投资报酬率仅为2%。因此，要保证30年的退休生活衣食小康，到退休时须准备70万元的退休金。依照5.2%的预期投资报酬率、22年投资期来看，月投资须1426元。考虑到退休规划的长期性，也具有较大的弹性，可作长期投资打算，投资风险和收益相对较高的产品。

6. 合理配置投资组合。罗先生夫妇可对资产进行以下比例的配置：活期存款5%，人民币理财产品或货币基金20%，债券20%，偏股型基金或股票55%。各投资收益率预计为货币0.58%，人民币理财产品或货币基金2.5%，债券4%，股票型基金或股票7%。该投资组合的报酬率为5.2%。随着将来股市回暖和高收益投资理财产品增多，可灵活调整，从而提高资产投资回报。

**案例资料1-2**

今年25岁的张小姐在事业单位工作，每月有固定收入3000多元。由于一直无理财计划，她的工资几乎是“月月光”。张小姐决定制定一个保险计划，强制自己每月存钱。

**分析线索：**

随着越来越多“80、90后”的年轻人进入创业期，其寻求未来保障的欲望也越来越强烈。像张小姐这样20多岁、刚刚有经济基础、未来发展前景看好的年轻人，首先考虑的应该是意外险和重疾险等健康险，再搭配其他投资类险种。

1. 收入10%用于买保险。目前，不少年轻人认为保险是中老年人的理财内容，年轻人应该将金钱用于享受生活或者投资收益更大的理财产品。正是出于这种想法，缺乏理财计划的年轻一族要么成为“月光族”，要么在高风险投资中用尽了有限的储蓄。“80、90后”的年轻人的事业和生活刚刚起步，自身抵御经济风险的能力较弱，又往往承担着对家人的重大责任，因此需要借助保险来分散风险。工作不久的年轻人每个月拿出10%的收入参与保险计划是比较合理的，既不至于降低原有生活水平，也为自已的将来做一个好的保障。

2. 意外险和医疗险必保。20至29岁的年轻人处于事业上升期，面对的压力、危险相对较大。因此，购买一份人身意外伤害保险非常必要，如仍有余力，可考虑再买一份健康医疗保险。对于刚毕业不久的年轻人，应该加大消费型重大疾病险的比例，待到35至40岁以后，可考虑增加储蓄型重疾险的比例。而重疾险的保障额度在10万元至30万元之间比较合适。

3. 搭配购买投资型保险。有稳定收入和一定储蓄的年轻人，也可以通过保险做一些投资理财，逐步积累自己的资产。投资型保险产品可以根据风险程度细分为投连险和万能险。这两类产品客户都可以根据自身风险状态和资金状况来调整保额和保费，非常自由和灵活。其中，投连险通常设有多个账户，具备多种保障功能，但需要客户自己来承担一部分投资风险。而万能险的核心优势是缴费支取灵活，客户可以在一定范围内调整保障额度而无需重新投保。比如投保人可以在具备可保性的前提下提高保额，或者可以根据自己的需要降低保额，十分适合收入在一定基础上忽高忽低，未来经济情况不太明朗而又需要保障的年轻人。

## ※思考与练习

**一、问答题**

1. 货币时间价值的内涵是什么？

2. 按照生命周期理论，你当前的家庭属于哪个阶段？理财策略应该是什么？

3. 请评述财务报表的功能及局限性？

4. 简述我国金融机构的主要体系？

**二、案例分析题**

王先生，45岁，任某公司部门经理，月工资8000元，年底一次性奖金30000元。妻子40岁，注册会计师，公司财务主管，月工资5000元，年底一次性奖金20000元。儿子18岁，在私立国际学校读高三，年教育费用支出45000元。现有一套住房，价值60万元，欠公积金贷款10万元，每年需偿还2万元。贷款买了一辆车，价值20万元，每年偿还19000元，尚欠95000元。有古玩收藏品5万元，银行活期存款5万元，定期一年存款10万元。股票现值10万元，三年期国债15万元。一年的膳食费用3万元，通讯费用1万元，医疗费用7000元，水、电、煤气费支出8000元。另外，衣物购置花费1万元，维修费用1000元，旅游费用3万元。请编制家庭（个人）资产负债表、家庭（个人）损益表、家庭（个人）现金流量表，对王先生家庭的财务状况进行分析，并给出合理的理财建议。

# 第2章

# 个人理财概述

**本章重点**

1. 什么是个人理财?
2. 个人理财有哪些工具种类，各有哪些优缺点?
3. 个人理财应遵循哪些基本原理?
4. 个人理财规划的基本流程是怎样的?

**学习目标**

1. 了解个人或家庭理财的必要性和理财作用。
2. 熟悉各种理财工具的特点。
3. 在把握自己的基本财务状况和风险偏好的基础上，学会根据实际情况设定合理的理财目标。
4. 掌握理财规划的一般步骤，学会综合运用各种理财工具设计出比较完善的理财组合方案。

# 1. 个人理财基本知识

**引例：你的理财能力有多强?**

理财能力对于每一个现代人来说都是必不可少的生活技能之一，理财能力的高低很大程度上决定了你最终的成就。下面一个小测试就是检验一下你的理财能力的发展水平，请不要做太多犹豫，选出你第一眼看中的那个答案。

1. 我现在手头上有多少钱?

A. 我精确地知道　B. 我知道个大概　C. 我完全没有概念

2. 我知道的投资项目?

A. 5个以上　B. 2—5个　C. 只知道放在银行生利息

3. 我的钱主要用在何处?

A. 做了好几项投资　B. 全花光　C. 全存在银行

4. 我一个月花掉的钱?

A. 有计划　B. 不透支就不管　C. 心中没数

5. 买大件商品时，我会怎么做?

A. 货比三家，全面搜集资料　B. 选品牌　C. 能用就行

6. 逛商场时我会怎么做?

A. 有计划地购买，巧妙利用打折

B. 大致买些需要的东西，随性而行

C. 狂买很多东西，回家才后悔发现很多都是没用的

7. 别人给我好看的旧衣服时，我会怎么做?

A. 欣然接受　B. 勉强收下但不穿　C. 怕面子上不好看而坚决不收

8. 对于请客吃饭，我的看法是什么?

A. 量力而行，不给自己添负担

B. 在可操纵的范围内尽量挑好的

C. 为了面子不顾口袋，借钱也得请

9. 买房时，我会如何筹钱?

A. 按揭买房，量入为出　B. 攒钱一次付清　C. 看中就买，没钱找人借

计分：A－2；B－1；C－0

得分和结果：

0－4分：建议先仔细阅读本书，先不着急掌钱袋子，对于理财，你还需要学习很多东西。

5－9分：你已经意识到钱是需要费心打理的，但你也需要多关注你的钱袋子，多看看周围的人是如何管理自己的资源的，你的理财能力有待进一步提高。

10－13分：你已经具有一定的理财能力，但有些地方你可能还不太在意，如果你对你花出去的每一块钱都多一份关注的话，你会发现原来你身边还有不少资源有待开发呢！

14－18分：你的理财能力非常强，可以说，你懂得如何充分利用身边的资源，使其发挥最大的作用。

## 一、个人理财（Financial Planning）的概念

### （一）什么是个人理财

个人理财就是为了实现个人的人生目标和理想而制定、安排、实施和管理各方面总体协调的财务计划的过程。个人理财又叫理财规划、理财策划、个人财务规划或财富管理等。中国金融教育发展基金会金融理财师标准委员会（FPCC）对于个人理财的定义是：针对个人或家庭在人生发展的不同时期，依据其收入、支出状况的变化，制定财务管理的集体方案，实现人生各个阶段的目标和理想。

掌握个人理财概念，需要把握如下几点：

1. 广义的个人理财既包括我们个人自己理财，也包括由专业机构的专业理财人员提供理财服务。本书是围绕前者进行讨论的。

2. 个人理财不是仅仅针对我们的某个生命阶段，而是针对我们的一生。

3. 个人理财不是一个产品，而是一个过程。

理财小贴士

**居民理财的常见误区**

误区一：理财就是赚钱

财产的保值增值是理财目标之一。理财是善用钱财，理财的最终目标是使财务状况处于最佳状态，从而提高生活品质。

误区二：理财就是投资

投资只是理财的一部分。理财规划的内容除了投资计划，还有税务计划、退休计

划、遗产计划等。

误区三：理财就是节省

理财不是节省，虽然节俭是美德，应该坚持，但仅仅依靠节俭很难成功地实现理财目标。

误区四：理财可以一夜致富

真正的理财绝对无法一夜致富。理财注重的是长期收益，是对将来的财务和生活做到未雨绸缪。

误区五：钱交给理财规划师后可以高枕无忧

理财是需要客户的积极参与的。因为理财策划不同于代客理财，它是一个规划师与客户互动的过程，双方需要沟通交流，客户在规划中有最终的决策权。

误区六：我没财可理

只要你有经济收入就应该尝试开始理财。事实上富人正是因为理财才会变得有钱；穷人越是没钱就越需要理财。“积少成多，聚沙成塔。”这样才能给自己的财富大厦添砖加瓦。

误区七：我没时间理财

这纯粹是借口。成功的人并不拥有更多的时间，只是他们知道如何更有效地利用时间。每天花点时间好好规划理财，使家庭财务保值、增值，不正是可以改善生活水准吗？

误区八：我不需要理财

不论你收入是否真的很充足（除非你的家产跟比尔·盖茨或李嘉诚有一拼，可以不用理财。其实钱越多越需要打理，如果不理财，恐怕一辈子也不可能像这两人那么富有。而且，不论是盖茨，还是李嘉诚，他们都绝对是一流理财高手），你都有必要理财，合理的理财能增强你和你的家庭抵御意外风险的能力，也能使你的手头更加宽裕，生活质量更高。

误区九：理财要随大众

每一个人的情况不一样，所以相应的理财方案也不会相同。股神巴菲特喜欢在别人恐慌时大量购买股票，在别人疯狂抢购时抛售股票。其实理财越是随大众，就越有可能亏损。

误区十：会理财不如会挣钱

理财能力跟挣钱能力往往是相辅相成的，你必须通过合理的理财手段增强自己的风险抵御能力，在达成目的的同时，又保证自己的经济安全。

### （二）个人理财与公司理财的区别

个人理财与公司理财相比较，有许多相同的地方，都是量入为出，善用现有资源增值。但个人理财也具有自身的特点，如表所示：

表2-1 个人理财与公司理财特征比较

| 比较项目 | 个人理财 | 公司理财 |
| --- | --- | --- |
| 理财主体 | 家庭或自然人 | 企业 |
| 理财目标 | 规避个人财务风险，提高个人生活质量为目标 | 规避公司财务风险、实现企业价值最大化 |
| 理财内容 | 现金规划、储蓄规划、投资规划、保险规划、税收筹划、退休规划以及遗产规划等 | 预算、筹资、投资、控制、分析 |
| 风险承受能力 | 独立承担所有的经济后果，承担无限责任，风险承受能力相对较弱 | 有相对雄厚的财力，为追求较高利润能承担较高的风险 |
| 理财的周期 | 个人生命周期 | 持续经营假设 |
| 收益与风险的权衡 | 风险优于收益 | 风险与收益同等考虑 |
| 理财决策环境影响因素 | 家庭、个人本身偏好，经济条件，家庭成员构成、个人职业、社会地位等 | 企业文化、治理结构和财务状况 |
| 行业管理 | 有专门的行业组织 | 企业内部行为 |
| 法律法规依据 | 关于家庭或个人财产保护、社会保障、保险、遗产和个人的社会责任等方面的法律法规，如《物权法》、《个人所得税法》 | 规范和指导公司行为方面的法规，如《公司法》、《证券法》等 |

### （三）个人理财的作用

理财就是用有限的投资去获取更大的收益，让你保持财务的平衡和风险的有效控制，去实现其经济价值的最大化。对个人或家庭而言，个人理财的作用主要体现在：

1．平衡生活收支

这是个人理财的基本目的。我们一生中会面临的一个矛盾就是收入与支出不相匹配的矛盾。一方面是收支的时间可能不相匹配，另一方面是收支的数量可能不匹配。无论是短期的年度收支计划，还是长期的退休养老计划，如何实现其间的收支平衡，正是个人理财要研究的问题。个人理财可以帮助人们合理安排和管理现金流，以保证满足个人的日常消费支出。

2．提高生活品质

个人理财可以帮助人们通过投资行为保值增值个人资产，积累充分的财富以供支配，满足人们追求更高层次生活品质的需要。

3．规避意外风险

天有不测风云，我们生活中总会发生一些意想不到的事情，如失业、疾病伤残、意外死亡等微观风险；还有如通货膨胀、金融风暴、政治动荡等宏观风险，这些风险给我们的财务安全带来不同程度的冲击。个人理财可以帮助人们事先采取有针对性的财务防范措施来达到保障的目的，以转移风险，应对突发事件造成的财富损失。

4．对抗通货膨胀

近年来，通货膨胀每年以4%至8%左右上升，这一数字意味着，我们手头的现金，如果不用于投资，每年就会减少4%－8%。为了对抗通胀带来的钞票贬值，我们要善于理财。

5．降低税收负担

理财规划的一部分就是帮助你合法地降低必须缴纳的所得税金额。虽然交税是每个公民应尽的义务，但在法律容许下，有方法可以在同一收入之内少缴些税款，省下的钱用来投资增值，何乐而不为？在产业上，如有需要转给子女名下，也可以透过适当的理财安排，而减少税项的负担，使子女收益更多，减少无谓的支出。

6．实现资本增值

个人理财就是根据我们的资产状况和对风险的承受能力，合理而科学地将资产投资到股票、债券、保险和储蓄等金融品种中，以实现个人资产的最优分配。通过对股票、债券、保险、储蓄投资比例的不同分配，可以实现自己资产的保值与增值。

7．解决老有所养

随着老龄化社会的到来，现代家庭呈现出倒金字塔结构。及早制定适宜的理财计划，保证自己晚年生活独立、富足，是现代人将面对的共同问题。

8．保障资金安全

资金的安全包括两个方面的含义：一是保证资金数额完整；二是保证资金价值不减少，即保证资金不会因亏损和贬值而遭受损失。

## 二、个人理财的工具

目前国内有很多理财工具，这些工具各有什么特征？哪些工具适合我们个人投资？在本书的后续内容中将为大家详细解答。为了帮助大家了解这些理财产品，我们在这里以表格的形式做一些简单实用的介绍：

**表2-2　各种理财工具优缺点比较一览表**

| 理财工具 | 优点 | 缺陷 |
| --- | --- | --- |
| 储蓄 | 获取稳定的利息收入，方便、灵活、安全，被认为是最保险、最稳健的理财工具 | 相对于其他投资，收益即利息收入较低。同时，存款利息往往无法弥补通货膨胀所带来的资金贬值 |
| 债券 | 属于收益相对稳定、风险较低的投资品种，国债投资收益不必缴纳印花税、利息税等各种税费；交易成本低，一般购买国债只收取2‰手续费 | 个人投资者难以介入收益较高的企业债、可转换债券等品种。企业债虽然利息较高，但要交纳20%的利息税，且存在一定的信用风险 |

续表

| 理财工具 | 优点 | 缺陷 |
| --- | --- | --- |
| 基金 | 专家理财，避免个人投资的盲目性；注重投资组合，分散基金投资风险；费用相对低廉；透明度相对较高（开放式基金） | 收益不固定，而且是不保本的，基金适合长期投资；系统性风险难以避免 |
| 保险 | 保障功能、避税功能、强制储蓄；分红型保险在一定程度上可以抵御通货膨胀和利率波动；不被冻结，真正实现个人资产的保全；还可以办理保单贷款 | 总体收益不高，算是稳健投资；流通性差；短期不见利，领取时限较长，一般要到20年乃至40年以后再领取；退保会有很大的损失 |
| 股票 | 入市门槛低，波动幅度小，风险预期收益高，而且流通性不错 | T+1交易，有可能被套牢；只能做多；有庄稼操纵，控股厉害；中国市场不成熟，受国家政策、小道消息、国际市场、期货等影响很大 |
| 外汇 | 成本低廉，只收取点差，即千分之一交易费用；不受金额、币种限制，不受时空影响；T+0交易，可随时买卖；没有庄家 | 种类繁多不利于分析；一般是外汇保证金交易，外汇保证金交易把收益和风险都放大了，如果操作不当就会面临巨大亏损的风险 |
| 期货 | 保证金交易，高杠杆，高资金利用率；T+0，交易灵活；双向交易，使保值成为可能性 | 受外围市场影响较大，易出反向跳空缺口，缺乏持续行情；资金风险相对较高，需很强的心理承受能力；交易时间相对零散；入市门槛较高，大大提高了风险度 |
| 信托 | 风险低，收益较高，投资领域广；产品横跨货币、资本、实业三个领域；专家理财 | 门槛较高，一般需要100万资金作为起步；投资期限一般为1—2年，投资期间变现能力差 |
| 黄金 | 是对抗通胀的理想武器之一，无时间限制，24小时可以交易；价格信息公开透明，不会被人为操纵，而且交易时段比较分散 | 金价波动大，受国际上各种政治、经济因素，以及各种突发事件的影响，金价经常处于剧烈的波动之中，需要投资者有一定的经济、金融知识 |
| 收藏 | 具有安全性、可靠性；陶冶情操，提高生活品位；极具增值潜力，其收益性至少是几倍，甚至几百倍、乃至上万倍 | 需要有专业知识，因为不是任何藏品都有升值潜力的 |
| 房地产 | 具有相对稳定的价值，有较好的保值增值的功能；由于土地资源的稀缺和不可再生性，以及居民需求和生活质量的提高，这使房地产具有不断升值的潜力 | 流动性较差，一般是长期投资项目；而且投资金额比较大，一般动辄数十万，或上百万；同时具有政策风险和道德风险，可能给房地产投资都带来损失 |

表2-3 各理财工具综合比较一览表

| 理财工具 | 储蓄 | 债券 | 基金 | 保险 | 股票 | 外汇 | 期货 | 信托 | 黄金 | 收藏 | 房地产 |
|---|---|---|---|---|---|---|---|---|---|---|---|
| 风险 | 低 | 低 | 中 | 低 | 高 | 高 | 高 | 低 | 中 | 中 | 中 |
| 收益 | 低 | 中 | 中 | 低 | 高 | 高 | 高 | 中 | 中 | 中 | 中 |
| 流动性 | 高 | 中 | 中 | 低 | 高 | 高 | 高 | 低 | 低 | 低 | 低 |
| 准入门槛 | 无 | 低 | 低 | 低 | 低 | 高 | 高 | 高 | 低 | 高 | 高 |

这些工具各有优缺点，我们要了解每种产品的投资特性，根据自己的风险承受程度和财务状况选择理财工具，并做一些合理的配置整合。

## 三、个人理财的基本原理

在个人理财战场上，无论是新手，还是老手，都必须面对这样一个现实：自身状况和将面临的财务挑战不能用一个简单公式就能解决，而必须了解其背后隐藏的逻辑和基本原理。只有了解了这些基本原理后，才能把它应用到自己的生活中去，才有足够的能力进行个人理财，从而有更多更好的机会积累财富，实现自己的理财目标。

1. 尽早投资，持之以恒

由于复利的魔力，如果年限越长，收益率越高，复利的效果就越明显，两者的差异会更大。例如，你的财务目标是在60岁前积累300万元现金资产，假设年收益率是10%，我们从25岁开始平均每月只需要投入922元，但如果是从30岁开始，每月投入就要增加到1520元。这足以证明尽早投资并持之以恒的重要性。

2. 组合投资，科学配置

不要把全部鸡蛋放在同一个篮子里；也不要把全部篮子挑在一个肩膀上。合理的资产配置应该是首先分析其投资对象，确定风险特征，考虑资产的流动性，根据自己的实际情况和个人生活偏好和特点来选择投资对象。将资产配置在风险不同的产品上，根据自己的资产规模可考虑股票、基金、债券、银行存款、房地产、黄金或艺术品及其他实物投资。只有这样的组合，才能平衡收益风险，使家庭资产在避免损失的情况下平稳增长。

**理财小贴士**

**合理的投资理财组合**

说到理财有方，一定要得法，在理财方法中，有一个非常重要的原则就是要设计合理的理财组合，这样才能有效地增值财富，下面的几种组合是根据不同家庭的实际情况列出的，希望能给你一些实用的建议。

投资“一分法”——适合于贫困家庭。选择现金、储蓄和债券作为投资工具。

投资“二分法”———低收入者。选择现金、储蓄、债券作为投资工具，再适当考虑购买少量保险。

投资“三分法”———适合于收入不高但稳定者。可选择55%的现金、储蓄或债券，40%的房地产，5%的保险。

投资“四分法”———适合于收入较高，但风险意识较弱、缺乏专门知识与业余时间者。其投资组合为：40%的现金、储蓄或债券，35%的房地产，5%的保险，20%的投资基金。

投资“五分法”———适合于财力雄厚者。其投资比例为：现金、储蓄或债券30%，房地产25%，保险5%，投资基金20%，股票、期货20%。

3. 知己知彼，健康理财

“知己”指必须了解自己或家庭的财务状况、风险承受能力、投资偏好和理财需求；“知彼”就是要具备理财基本知识，清楚理财工具的风险和收益，了解市场的行情变动和国家宏观景气状况等。在知己知彼的情况下，选择适合自己的理财种类。

**理财小贴士**

**家庭理财六句格言**

健康投资是最佳的首选投资项目，健康是生命的基本保证和追求人生理想的前提条件。

投资理财的最佳顾问是你自己，不要盲从别人，不要迷信专家。

投资要有战略眼光，短线投资目光不能短视，长线投资也要有辩证的发展眼光。

金钱在于运动，金钱的本质在于流动，钱是不能休眠的。

投资没有常胜将军，市场经济瞬息万变，投资也有不测风云。

金钱本身无清浊之分，金钱不是万能的，赚钱要适度。

4. 宁可小赚，不要大赔

对于长期理财来说，持续稳定的收益大大优于大涨大跌的收益。资产配置追求的是“提高确定性”，也就是说对于赚钱概率大的资产，加大其配置的比例；对于赚钱概率小的资产，哪怕后来证明可以带来很高收益，也要降低配置比例甚至不予配置。“股神”巴菲特的年平均投资收益率在26%左右，但通过40余年的积累，他却成了世界首富，充分证明了在投资领域“宁可小赚，不要大赔”。

5．充实自己，理性投资

个人理财是非常专业的一门功课，需要花大量的时间去学习和研究。对于投资者而言，懒惰可能导致失败，需要在理财前多充实自己，对自己的理财模式和理财品种非常熟悉，不盲目听信他人，签订合同要细心。巴菲特曾说过：投资必须是理性的，如果你不了解它，就不要投资，如果盲目跟风是要吃苦头的。

6．控制欲望，不可贪婪

贪婪是理财的大忌。投资希望获得收益理所当然，但欲望不能过度。买一只股票，涨了舍不得卖，跌了也舍不得卖，直到套牢的例子比比皆是。在任何时候，一定要“让理性战胜欲望”，自觉远离贪婪，时刻给自己留一份清醒，才是个人理财的长胜之道。

7．量入为出，量力而行

这是古老的收支法则。即在理财时，你一定要综合考虑短期与长远的生活安排，科学安排收支计划，不能坐吃山空，也不能寅吃卯粮；要合理考虑自己家庭的风险承受能力和预期收益目标，不要盲目制定过高的理财规划。如有人为了住上宽敞的大房子，借了大笔贷款，可是自己收入少得可怜，还贷后所剩无几，每天节衣缩食，被人戏称为“房奴”。

8．没有最好，只有最适合

理财产品很多，没有最好的，只有最适合自己的。高风险的产品可能带来高回报，会受到风险承受能力强的人的追捧，但对于那些抗风险能力差的人，这样的产品并不适合。不应该只看到别人的高收益，而忽视了遭受损失的严重后果。投资者应正确评估自己，选择适合自己的理财产品。不同收入、年龄段和职业的人由于抗风险能力各不相同，家庭财产状况有差别，选择适合自己的理财方案尤为重要。

9．先理自己，保护家庭

个人理财，必然先理好自己，再保护家庭。首先应该购买保险来保障你的人身，为你的退休做好准备。要提高自己的能力，实现自我增值。尽快找到渠道来提高自己的收入，还得花一定的时间与精力了解并且熟悉市场，做到有的放矢，避免盲目投资。其次是要保护好你的家庭。在死亡保险、人寿保险、夫妻理财制度等方面应有所考虑，要考虑好遗产的分配和转让问题，以利于维护家庭的和睦，享受更多的税收便利。

10．投资理财不等于投机发财

投资理财是一种长期的、理性的、专业化的投资行为。如果投资者过于集中单一产品，这样会导致风险集中；更不能听信无风险、高收益、“一夜暴富”的神话，否则可能会落入非法金融机构的陷阱，让你血本无归。

11．收益风险相匹配

理财中投资与风险始终是对孪生兄弟，两者不可分隔，高收益高风险，低收益低风险，这是投资的“铁则”。不论你投资证券，不动产，还是黄金等等，风险和收益都是相匹配的，没有无风险的投资。一方面防止受到利益诱惑而上当受骗，另一方面也要把风险控制在自己可承受的范围，从而设定相应的收益目标。

12. 把握时间价值和机会成本

同样的一块钱，在昨天、今天、明天的价值是不同的。请大家记住这个公式：FV = PV×（1+r）n。现值（PV）表示目前的价值，未来值（FV）指未来的价值，贴现率（r）可以理解为投资人要求的投资回报率，也可以看做是借贷（融资）的成本利率（如贷款利率），期间（n）表示现值和未来值之间的时间，一般以年为单位计算。用这个公式就能够计算自己的投资回报率。然后，将多个理财、投资方案进行比较，选择最适合的投资回报。

机会成本通俗点说，就是在作出一项选择的同时，所放弃的机会中最高那个成本。投资的时候，经常遇到选择问题：是该买基金还是买股票？是否提前还贷？投资黄金还是债券？在面临这些选择的时候，机会成本是一个很好的衡量标准，它能帮助你更好地判断。

# 2. 个人理财的基本流程

**引例：从百万富翁到看门老头**

德国多特蒙德足球场边有一间矮小的看门人房屋，里面住着一对老夫妇。男主人每天的工作就是清扫球场，在比赛之前修整草坪。很多来这里看球的球迷都熟悉这位和蔼的老头。可是几乎没人知道，这位老头当年曾是叱咤球场的大球星，过着百万富翁的奢华生活。现在这位老伯每天都在追悔当年的奢侈，重复着“如果当年我节省一点……”之类的话。

事实上，从百万富翁沦为看门老头的例子不在少数。也许这当中的变迁有太多不可预知的因素，但有一点可以确定：如果制定了科学合理的理财规划，善于根据收入选择不同的理财手段，那么即使到了收入相对减少的晚年，也不用担心有这样惨淡的景况了！“你不理财，财不理你”。既然个人理财如此重要，在进行理财活动时，应该如何进行科学设计呢?

## 一、个人理财的基本流程

个人理财规划是一个正在进行中的过程，它会随你的财务状况和身份的变化而变化。

个人理财规划的一般步骤是：

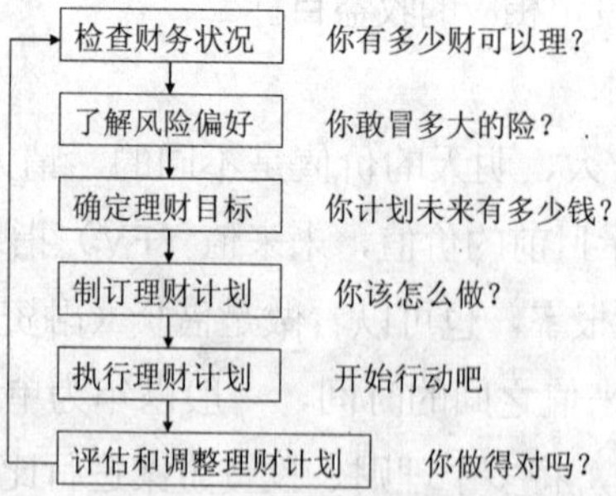


图2-1　个人理财规划的步骤

第一步：检查财务状况

检查你当前的财务状况是个人理财的起点，看一看你到底有多少财可以理？你过去有多少资产？哪些是固定财产？流动资本有多少？所需还的债务又有多少？有多少可以用来再投资？你未来会有多少收入？平时的总支出是多少？总支出分布在哪些领域或方面？你能承受多大的投资亏损？……如果你对上面的问题了解清楚了，才能认清自己的情况，从而不至于过于盲目。但是，要掌握上述情况，需要你每晚花几分钟将一天的消费记入账簿或输入电脑，做好详细的财务记录，这是保持个人财务健康的第一步。如何记录？我们在第一章中有详细讲解。

### 财务健康报告自我检查表

这份财务健康检查表是初步测试你的财务健康状况，以便对自己的财务健康有初步的了解。

1. 你是否接受过个人理财的正规课程或训练？

2. 你是否知道个人理财包括现金及预算管理，税务管理，风险管理，资产以及债务管理，投资管理，退休管理，遗产策划等等？

3. 你（个人／家庭）是否进行每个月收支的预算以及每个月实际的收支记录？

4. 你是否准备好相当于六个月的个人或家庭开支的应急储备金？

5. 你每个月的储存比率（包括存款及定期投资）是否达到你每月收入的20%？

6. 假设你万一不幸离世，你的家庭是否有足够的财产及收入支付现有的负债及将来的生活开支？

7. 假如你不幸严重伤残或重疾导致失去工作或自我照顾能力，你的家人是否有足够的财产及收入支付现有的负债、将来生活开支以及额外之医疗费费用？

8. 你（个人／家庭）是否有一个详细的资产负债表，并每年至少检讨一次？

9. 你（个人/家庭）每个月的债务（包括房屋按揭、信用透支、分期付款）是否不超过每月收入的30%？

10．你（个人／家庭）的总负债是否不超过总资产的50%？

11．你投资前是否制定明确的投资目标、回报要求、投资期限及风险承受程度？

12．你是否有浏览理财网站的习惯？

13．你是否有阅读财经刊物的习惯？

14．除了基本保险外，你是否已经为自己制定了退休储蓄计划？

15．你是否已经计算过你与配偶的退休生活所需要的总费用？

16．你是否已经为子女进行教育规划而且预备好了相关的费用？

17．你是否安排了遗产分配计划及立下遗嘱？

18．你其他的财务计划（如购房、股票基金、期货信托等）是否已在进行中及达到原定增长进度？

19．在这问卷前，你是否了解你个人的财务健康状况（如问题一到十八提及的范围）？

20．你是否认为自己的理财知识、能力及经验足以管理自己的财富以及控制财务风险？

得分和结果：

答“是”18条以上：

你的财务健康良好，应可以达到财务自由及一生富足。

答“是”14至17条：

你的财务健康基本合格，但需要改善，以达到健康良好水平。建议认真学习本书，并寻找独立的个人理财专家协助。

答“是”10至13条：

你的财务状况不健康，比较难以独立解决。建议认真学习本书，并尽快寻找独立的个人理财专家帮忙。

答“是”9条以下：

你的财务健康已亮起危险讯号。请立即寻找独立的个人理财专家，再作详细分析。

第二步：了解风险偏好

风险偏好是人们对风险的态度，即个人的主观意愿是否接受风险。人们的风险偏好基本分为保守型、轻度保守型、中立型、轻度进取型、进取型五类。保守型的投资者相对来说以定息资产配置为主，很少资产配置或不配置成长性资产；轻度保守型、中立型、轻度进取型投资者会逐步增加高风险的成长性资产的配置比例，相应减少定息资产的配置比例；而进取型投资者的成长性资产配置最多，定息资产基本上属于从属地位，潜在的风险最大，收益也可能越高。

## 风险偏好调查问卷

1．下面几个陈述中最清楚地描述了你的投资目标的是：

A. 你希望确保本金的安全；并且现在需要定期从投资中得到现金收入（如利息收入等）

B. 你希望本金能得到一定程度的增值，同时也能承受小额本金损失；并且也希望定期获得一些现金收入

C. 你希望得到长期的可观的资本增值，同时也能承受一定程度的本金损失；并且你不太在意目前是否能得到定期的现金收入

2．你计划中的投资时间是多久？

A. 2年之内（短期） B. 2—5年（中期） C. 6年以上（中长期或长期）

3．当你将你的一大笔钱进行投资以后60天，它的价格下跌了20%。假设该投资项目的基本状况没有改变，你将会怎样做？

A. 卖掉该项投资以避免更多的担忧，同时尝试别的投资

B. 什么也不做，等待该项投资涨回来

C. 买入更多。因为这项投资以前是很好的；现在更是便宜的买入机会

4．你正在为你15年后的退休而进行投资。你将会怎样选择？

A. 投资于银行存款，放弃投资高额利润的可能性，从而专注于本金的保证

B. 50%投资于银行存款，50%投资于股票基金，希望得到一些投资上涨收入，同时以稳定的银行存款的形式为你自己提供某种保障

C. 投资于高风险、高收益型的基金，这种基金的净值在本年度内可能会大幅波动，但是在5—10年内有获得可观收益的可能性

5．你为增加退休后的资金保障而进行投资的价值，在你刚买入后的一个月内上涨了25%。同样，假设基本状况没有改变。当你已经达到了预定投资目标后，你将会怎样做？

A. 卖掉这个投资，落袋为安 B. 保持这个投资，希望得到更多的收益

C. 买入更多，因为它可能会涨得更高

6．你刚刚得到了一个获得一笔奖金的机会。你希望是以下哪种形式？

A. 仅仅是2000元现金收入

B. 你有50%的可能性赢得5000元；而另外50%的可能是什么也得不到

C. 你有20%的可能性赢得15000元；而另外80%的可能是什么也得不到

7．一个好的投资机会来了，但是你不得不借入资金来买它。你会借入资金吗？

A. 决不 B. 可能 C. 肯定会

8．假设你最初有1000元，在投资5年后，你的投资可能会产生如下的三种结果。你希望得到哪种结果？

A. 最差1010元，最好1210元 B. 最差870元，最好1460元

C. 最差640元，最好2000元

9. 一群知名的地质学家组成了一个探索金矿的研究小组，若探索成功，可回报5～10倍，如果失败，则血本无归。估计成功率是20%。假如你有足够资金，你会否投资？

A. 不会　　B. 会，以一个月的薪金作为投资

C. 会，以三个月的薪金作为投资　　D. 会，以六个月的薪金作为投资

10. 你刚刚有足够的储蓄实现你自己一直梦寐以求的旅行，但是出发前三个星期，你忽然被解雇。你会：

A. 取消旅行

B. 选择另外一个比较普通的旅行

C. 依照原定的计划，因为你需要充足的休息来准备寻找新的工作

D. 延长路程，因为这次旅行可能成为你最后一次豪华旅行

以上问题，你选择的A项越多，你的抗风险能力越差，你的投资风格就应该越稳健。反之，你选择的C项越多，你就越偏好风险，你的投资风格就可以更激进一些。

表2-4　不同风险偏好的理财模式

| 风险偏好 | 理财建议 |
|---|---|
| 保守型 | 适合收入水平低、闲置资金少、家庭负担大、抗风险能力较差的家庭，如无固定工作的家庭和年龄较大的退休家庭。回避投资风险是其主要目标，因此应首选银行储蓄、国债等等风险较小的理财品种 |
| 稳健型 | 适合有一定经济基础、有可靠的工资收入来源，具备基本的风险承受能力的家庭，如人到中年的工薪家庭。注意风险防范，追求稳定收益，将储蓄和金融投资相结合是稳健型理财的特点，家庭资金的大头以银行储蓄为主，其余部分则可尝试进行股市和汇市的投资，争取家庭理财有较好的回报 |
| 积极进取型 | 适合经济实力强、收入丰厚、闲置资金充裕、抗风险能力较强的家庭，如城市白领、中产阶级家庭，以及企业经理阶层。获取高收益回报是其主要目标，家庭理财安排上可以考虑以债券、汇市、基金等投资性金融产品为主 |
| 冒险型 | 适合财务目标较高、家庭负担不大、愿意承担较大风险并且希望能够尽快改善财务状况的家庭，如正处于创业期的年轻家庭。进行高风险投资以期获得较大投资收益是其特点，家庭理财可以考虑以股票、期货、基金等较高风险金融品种为主，进行组合投资 |

第三步：确定理财目标

理财规划的第三步就是要确定你的理财目标。只有当你明确了目标，然后分析和判断自己是否愿意为实现目标进行必要的理财管理时，你才能最终实现这些目标。理财目标并不是一成不变的，所有的目标都是动态的。在不同的阶段，理财目标也是不一样的，它应该有长期、中期、短期之分。在设定具体目标时，有几个原则必须遵循：一是要符合生涯

目标。通过理财，在财务上保证生涯规划的实现；二是要有明确的期限。要明确何时达到这个目标，否则目标就没有任何意义；三是要具体量化目标。将理财目标用实际数字表示，含糊不清的目标没有意义；四是要将目标实体化。假想目标已达成的情景，这样可以加强人们想要达成的动力；五是要区分优先级别。因为每个人的财务资源都是有限的，可能无法达成最初设定的所有目标；六是要有现实可行性。理财目标应建立在收入和生活状况的基础上，脱离实际去追求遥不可及的理财目标可能会危及整个理财活动；七是保证内部一致性。各个分目标之间是相互关联的，不要相互矛盾。人生各阶段理财目标详见第一章第二节。

第四步：制定理财计划

个人理财计划就是当个人理财目标制定好后，将每个财务目标做成周密、具体和详细的计划。一个有意义的理财计划应包括完成时间表、地点、参与人员、理财方式、操作步骤、量化的目标、可控的预算、资金来源、节税金额等。即使每个人的计划都有所不同，但是都要尽量符合以下原则：灵活性，能够应对生命中的变故和突发事件；流动性，确保在需要钱的时候能够及时获得现金；保障性，以适当的比例购买保险，为无法遇见的事故或灾难提供保障；税负最小化，即要考虑税收因素的影响。

第五步：执行理财计划

理财规划的执行是一个严谨、科学的过程。为确保取得良好的效果，执行一个理财规划，必须要坚持一定的原则和方法：准确性原则，包括准确了解理财计划中指定的理财产品的信息和产品所属公司的信息，以便能够在规避风险的同时获得较好的收益；及时性原则，要及时落实各项行动措施，防止因各种因素的变化而影响计划实施的效果。

第六步：评估和调整理财计划

随着经济等环境和理财主体状况的变动，个人理财计划也应该以规避风险为宗旨，及时进行调整，以保证家庭资产的保值和增值。因此，在制定了一个比较满意的个人理财计划后，还要不断了解市场信息，获取有效资源，实时调整自己的投资策略，以充分适应市场变化。所以整个理财规划过程是一个循环的、动态的过程，理财主体至少需要每年依据理财环境和要求的变化重新确定理财目标并对理财计划进行评价和修正，进行绩效管理，根据市场的变化做调整。

**理财小贴士**

**家庭理财十大技巧**

1. 在建立家庭资产的起步阶段，应当选择一个基本上没有风险的投资机构，最好是采取银行储蓄的方式积累资金。

2. 购买住房是一种建立终生资产的投资行动，应当在深思熟虑后谨慎进行。

3. 在采取为获得不动产而进行的任何行动之前，都应当考虑好自己的资金支付能力和支付方式等问题。

4. 建立一个家庭资产情况一览表，这可以使你随时了解家庭资产的变化和有关法规的变化。

5. 尽量使你的家庭资产多元化。在家庭资产的结构中，要做到固定资产、货币资产和金融资产这三者大体处于合理、协调的状态。

6. 使你的家庭资产保值增值。家庭的每一份资产都应当根据其确定的目的，通过各种途径，使其保值增值。

7. 使你的家庭资产“活”起来。如果你为家庭资产选择的是中长期投资，那就很难考虑到这一点，只有采用短期投资方式才能达到这种目的。

8. 你应当关心税制的执行和变化情况，如果有必要应改变你的家庭积蓄策略，必须果断行事。适时调整投资方向和注重投资安全，有利于家庭理财规避风险。

9. 要时刻为你的退休做好准备。退休前你最好用其他一些投资方式来弥补社会保障措施的不足，以确保安度晚年。

10. 切实保护好你的家庭。在疾病保险、伤害保险、人寿保险、财产保险、夫妻理财制度等方面都应当有所考虑，作出统筹安排。

## 二、理财规划师理财的基本流程

理财规划可以分为六步标准的流程，那就是：建立客户关系、收集客户信息、评估客户财务状况、制订理财方案、执行理财方案、持续理财服务。

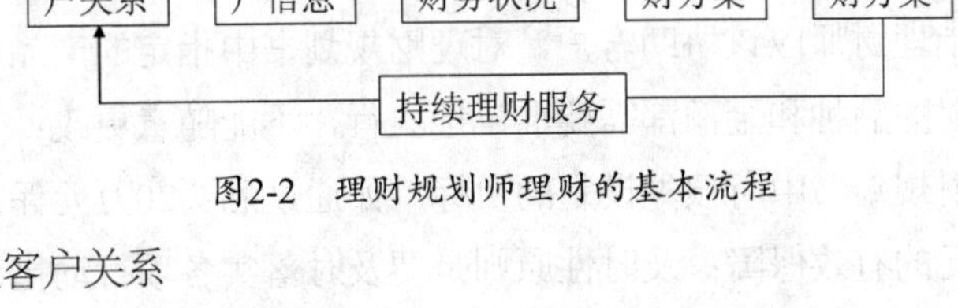


图2-2　理财规划师理财的基本流程

第一步：建立客户关系

作为理财规划整个工作流程的第一个环节，“建立客户关系”成功与否直接决定了理财规划业务是否可以得以开展。建立客户关系的方式多种多样，包括但不限于电话交谈、互联网沟通、书面交流和面对面会谈等。需要特别注意的是，在建立客户关系的过程中，理财规划师的沟通技巧显得尤为重要。除了语言沟通技巧以外，理财规划师还要懂得运用各种非语言的沟通技巧，包括眼神、面部表情、身体姿势、手势等。此外，理财规划师作为专业人士，在与客户交谈时要尽量使用专业化的语言。而在涉及投资回报率等财务指标方面，则不应该给出过于确定的承诺，避免因达不到目标而承担不必要的法律责任。

第二步：收集客户信息

收集和整理客户的财务信息和与理财有关的非财务信息，是分析客户财务状况的前提，是制定理财方案的关键一步。需要收集的客户信息主要包括客户的财务信息、非财务信息和期望的理财目标。财务信息包括客户收支信息、资产负债信息、社会保障信息、保险信息、遗产管理信息等；非财务信息主要是指家庭成员的基本情况及个人信息。如客户本人及家庭重要成员的心理和性格分析，客户及家庭重要成员风险偏好分析，客户及家庭理财观念、习惯分析等；期望理财目标是指客户通过理财规划想要实现的目标和满足的期望，一般包括现金准备，综合投资需求，保险、债券、股票、基金类投资需求等。

第三步：评估客户财务状况

理财规划师在提出具体的理财计划之前必须客观地分析和评估客户的现行财务状况，并对客户未来的财务状况进行预测。理财规划师对客户现行财务状况的分析主要包括客户家庭资产负债表分析、客户家庭现金流量表分析以及财务比率分析等。其中资产负债表分析主要是分析客户家庭资产和负债在某一时点上的基本情况。现金流量表分析是指理财规划师可以对客户在某一时期的收入和支出进行归纳汇总，为进一步的财务现状分析与理财目标设计提供基础资料。需要分析的基本财务比率包括：结余比率、投资与净资产比率、清偿比率、负债比率、即付比率、负债收入比率和流动性比率等。

第四步：制定理财方案

理财规划师在进行理财规划时，要综合考虑每一具体项目的规划，运用掌握的专业知识，结合客户的实际情况，最后形成整体理财方案。理财师应与客户进行充分讨论，力求让客户对理财师的分析与建议有充分的理解和把握，以便于客户做出科学的决策。理财师也应听取客户的意见，对理财建议进行合理修改。

第五步：执行理财方案

为了确保理财计划的执行效果，理财规划师应遵循三个原则：准确性、有效性、及时性。准确性原则是指理财师应该协助客户，对理财规划书中指定的产品和数量进行准确的执行。对其投资理财的品种和金额都需要准确地执行，不能随意更改；有效性原则是指计划的执行应达到理财规划书中所预先设定的目标。如通过购买20万元保额的定期寿险，马上就可以新增20万元的有效保障；及时性原则是要及时落实各项行动措施，防止因各种因素的变化影响计划实施的效果。理财计划要真正得到顺利执行还需要理财规划师制定一个详细的实施计划。在这个实施计划中，理财规划师首先要确定理财计划的实施步骤，然后根据理财计划的要求确定匹配资金的来源，最后理财规划师还需要列出理财计划实施的时间表。

在执行理财计划这一步骤中，理财规划师还需要注意以下的一些问题：①不论是在实施计划制定的过程中，还是在完成之后，都应当积极主动地与客户进行沟通和交流．让客户亲自参与到实施计划的制定和修改过程中来；②执行理财计划必须首先获得客户的执行授权；③妥善保管理财计划的执行记录。理财方案本身也不是一成不变的，执行理财方案过程中，当理财方案的假设前提发生变化或者客户的财务情况发生重大变化时，理财方案需要随时调整，因此，理财方案的制订和执行都是一个动态的过程。

第六步：持续理财服务

理财服务并不是一次性完成的。未来的预估不可能完全准确，客观环境会不断发生变化，客户个人的经济条件、理财目标也会发生变动。如果理财规划方案不相应变化，会导致方案的最终效果与当初的预定目标产生较大的差异。因此在完成方案后很长时期内，仍需要理财规划师根据新情况来不断地调整方案，帮助客户更好地适应环境，达到预定的理财目标。持续理财服务包括定期对理财方案进行评估以及不定期的信息服务和方案调整。

**链接〉〉〉〉〉〉**

**理财规划师**

理财规划师（Financial Planner）是为客户提供全面理财规划的专业人士。按照中华人民共和国人力资源和社会保障部制定的《理财规划师国家职业标准》，理财规划师是指运用理财规划的原理、技术和方法，针对个人、家庭以及中小企业、机构的理财目标，提供综合性理财咨询服务的人员。理财规划师既可以服务于金融机构，如商业银行、保险公司等，也可以独立执业，以第三方的身份为客户提供理财服务（私人理财顾问）。

据了解，1997年，美国理财师年薪的平均数是11万美元，相当于大公司的中层经理。不同的是，他们中的很多人每年仅工作600小时。2001年，美国在包括总统等职位在内的“工作职位评鉴”排名中，理财师位列第一。香港理财规划师年最高收入达200多万港元。国家理财规划专家委员会秘书长刘彦斌认为，国内理财规划师的年薪“应该在10万到100万元人民币之间”。参考我国的宏观经济形势，不难预见理财规划师将成为继律师、注册会计师后，国内又一个具有广阔发展前景的金领职业。

理财规划师国家职业资格认证（ChFP）是由中华人民共和国劳动和社会保障部颁发的职业资格证书，是唯一一个由政府权威机构颁发的理财规划师证书。证书采用全国统一编号，可登录人力资源和社会保障部官方网站国家职业资格工作网查询真伪。理财规划师国家职业资格认证分为三个等级，即助理理财规划师（国家职业资格三级）、理财规划师（国家职业资格二级）、高级理财规划师（国家职业资格一级）。

## 3. 案例分析

**案例资料2-1**

马先生与董女士均为外企职员，家中有一个8岁男孩。夫妇俩的税后家庭年收入约为40万元，2007年他们购买了一套总价为90万元的复式住宅，该房产还剩10万左右的贷款未还，因当初买房时采用等额本息还款法，马先生没有提前还贷的打算。夫妇俩在股市的投资约为70万（现值）。银行存款25万左右。支出情况：每月用于补贴双方父母约为2000元；每月房屋按揭还贷2000元，家庭日常开销在3000元左右，孩子教育费用1年约1万元左右，为提高生活情趣，马先生有每年举家外出旅行的习惯，约12000元。夫妇俩对保险不了解，希望得到帮助。董女士有在未来5年购买第二套住房的家庭计划（总价格预计为80万元）。此外，为接送孩子读书与自己出行方便，夫妇俩有购车的想法，目前看好的车辆总价约在30万。夫妇俩想在十年后（2021年）送孩子出国念书，综合考虑各种因素后每年需要10万元各种支出，共6年（本科加硕士）。

**问题思考：**

为马先生家庭设计理财规划综合方案。

**分析线索：**

1. 财务状况分析：

（1）编制资产负债表

资产负债表

| 日期： 2011-12-31 姓名：马先生与董女士家庭 | | | |
|---|---|---|---|
| 资产 | 金额（元） | 负债 | 金额（元） |
| 现金 | | 住房贷款 | 100000 |
| 活期存款 | 250000 | 其他负债 | 0 |
| 现金与现金等价物小计 | 250000 | | |
| 其他金融资产 | 700000 | | |
| 个人资产 | 900000 | | |
| 资产总计 | 1850000 | 负债总计 | 100000 |
| 净资产 | 1750000 | | |

（2）编制现金流量表

**现金流量表**

| 日期：2012-1-1至2012-12-31　姓名：马先生与董女士家庭 | | | | | |
|---|---|---|---|---|---|
| 收入 | 金额（元） | 百分比 | 支出 | 金额（元） | 百分比 |
| 工资＋奖金 | 400000 | 100% | 按揭还贷 | 24000 | 23% |
| 投资收入 | | | 日常支出 | 36000 | 34% |
| 收入总计（+） | 400000 | 100% | 其他支出 | 46000 | 43% |
| 支出总计（-） | 106000 | 26% | 支出总计 | 106000 | 100% |
| 结余 | 294000 | 74% | | | |

（3）财务状况的比率分析

①财务比率表

| 结余比率 | 0.74 |
|---|---|
| 投资与净资产比率 | 0.4 |
| 清偿比率 | 0.95 |
| 负债比率 | 0.05 |
| 即付比率 | 2.5 |
| 负债收入比率 | 0.06 |
| 流动性比率 | 28 |

②财务比率分析：

从以上的比率分析中，我们可以看出：

结余比率高达0.74，说明有很强的储蓄和投资能力。

投资与净资产比率一般在0.4左右，投资略显不足。

清偿比率高达0.95，一方面说明资产负债情况及其安全，同时也说明还可以更好地利用杠杆效应以提高资产的整体收益率。

负债收入比率为0.06，低于参考值0.4，说明短期偿债能力可以得到保证。即付比率2.5，高于参考值0.7，随时变现资产，偿还债务的能力很强。但过高的数值显示该家庭过于注重流动资产，财务结构仍不尽合理，流动性比率也同样说明了这个问题。

（4）财务状况预测

该家庭现在处于事业的黄金阶段，预期收入会有稳定的增长，投资收入的比例会逐渐加大。同时，现有的支出也会增加，保险医疗的费用会有所增加。购车后，每年会有一笔较大的开销。目前按揭贷款是唯一的负债，随着时间的推移，这笔负债会越来越小。

（5）财务状况总体评价

马先生家庭的偿债能力较强，结余比例较高，财务状况较好。其缺陷在于活期存款占总资产的比例过高，投资结构不太合理。该家庭的资产投资和消费结构可进一步改善。

2. 确定理财目标

（1）现金规划：保持家庭资产适当的流动性

（2）保险规划：增加适当的保险投入进行风险管理。（短期）

（3）消费支出规划——购车：近期内购买一辆总价约在30万的车。（短期）

（4）消费支出规划——购房：在未来5年购买第二套住房的家庭计划（总价格预计为80万元）。（中期）

（5）子女教育规划：十年后（2021年）送孩子出国念书，每年需要10万元各种支出，大约6年（本科加硕士研究生），共需60万元。（长期）

（6）马先生和董女士夫妇的退休养老规划。（长期）

3. 制订理财规划方案

（1）现金规划

现有资产配置中，现金/活期存款额度偏高，对于马先生夫妇这样收入比较稳定的家庭来说，保持三个月的消费支出额度即可，建议保留30000元的家庭备用金，以保障家庭资产适当的流动性。这30000元的家庭备用金从现有活期存款中提取，其中10000元可续存活期，另外20000元购买货币市场基金。货币市场基金本身流动性很强，同时收益高于活期存款，是理想的现金规划工具。

（2）保险规划

建议每年购买不超过4.5万元的保险费用（家庭可支配收入的15%），具体如下：

A. 寿险：寿险保障约500万，预计年保费支出30000元。

B. 意外保障保险：保障额约250万（意外保障额度等于未来支出的总额）。预计年保费支出5000元。

C. 医疗保障保险（主要是重大疾病保险，额度为夫妇每人约40万，孩子约20万，采用年交型，购买消费型保险）。预计年保费支出4000元。

D. 住院医疗和手术费用保障（作为重大疾病保险的补充保险，额度按住院每天80元的标准，收入按照每人每次1万元，其他费用保障依据具体需求分析）。预计年保费支出4000元。

（3）消费支出规划——购车

以马先生家庭目前的经济状况来看，建议在半年内买车，可以从存款中支取220000元，另外80000元从半年的收入结余中支取。购车后，预计每年的汽车花费为30000元。

（4）子女教育规划

儿子高等教育共需600000元的资金，假定投资回报率为6%，则每年投入50000元即可。

（5）消费支出规划——购房

由于每年结余较大，建议五年半后一次性付清第二套房的房款80万元，假定投资收益率3%，半年后开始，五年内每年需投入150000元用于短期债券市场基金。

（6）退休养老规划

在接下来的五年半里，除最初的半年付购车款外，每年会有19000元的现金结余，可选择偏股型基金进行长期投资。期初的700000元金融资产及每年的19000元持续投入，在10年之后会有1640000元的资金（预期未来10年股票类资产的收益率为7%）。五年半之后房贷还完，会有150000元的闲置资金，可以将它再投资于平衡型基金（预期收益率为5%），在5年后会有830000元的资金。那么，在10年后会有2470000元的资金用作养老。

4. 理财方案的预期效果分析

（1）现金流量预测

**现金流量表（一）**

| 收入 | 金额（元） | 支出 | 金额（元） |
|---|---|---|---|
| 工资＋奖金 | 400000 | 按揭还贷 | 24000 |
| 投资收入 | | 日常支出 | 36000 |
| 收入总计（+） | 400000 | 其他支出 | 46000+45000+15000+80000+50000<br>+75000=265000 |
| 支出总计（-） | 106000 | 支出总计 | 106000+45000+15000+80000+50000+75000=265000 |
| 结余 | .29000 | | |

**现金流量表（二）**

| 收入 | 金额（元） | 支出 | 金额（元） |
|---|---|---|---|
| 工资＋奖金 | 400000 | 按揭还贷 | 24000 |
| 投资收入 | | 日常支出 | 36000 |
| 收入总计（+） | 400000 | 其他支出 | 46000 |
| 支出总计（-） | 381000 | 支出总计 | 106000+45000+30000+50000+150000=381000 |
| 结余 | 19000 | | |

（2）资产负债情况预测

**资产负债表**

| 资产 | 金额（元） | 负债 | 金额（元） |
|---|---|---|---|
| 现金 | | 住房贷款 | 60000 |
| 活期存款 | 10000 | 其他负债 | 0 |
| 货币市场基金 | 20000 | | |
| 现金与现金等价物小计 | 30000 | | |
| 短债基金 | 75000 | | |
| 偏股型基金 | 79000 | | |
| 股票 | 700000 | | |
| 其他金融资产小计 | 854000 | | |
| 房产 | 900000 | | |
| 车产 | 300000 | | |
| 个人资产小计 | 1200000 | | |
| 资产总计 | 2084000 | 负债总计 | 60000 |
| 净资产 | 2024000 | | |

（3）财务状况变动的综合评价

通过以上规划的执行，马先生家庭的理财目标基本可以得到实现，财务安全得到保障的同时，整体资产的收益率在客户的风险承受范围内也比较理想。如果财务状况稳定，可于一年后对本理财规划建议进行调整。

## ※思考与练习

### 一、简答题

1. 学完这一章后，你会制定怎样的理财策略？你要避免出现哪些理财问题？

2. 列出理财规划的几个步骤，并列出在现阶段对应每个步骤你要完成的理财任务。

3. 理财目标要具体量化、明确期限、现实可行、有优先级别等，根据这些特征，请你为自己制定5个理财目标。

### 二、案例分析题

1. 宋先生今年28岁，任某国有大型企业部门经理职务，月收入5000元；其妻子26岁，在某市属公办幼儿园上班，月收入3000元。他们有个两岁的孩子，孩子平均每月花费800元。双方父母独立生活，均有退休金。但家庭需付双方父母生活费每月500元，共计1000元。家庭每月的基本生活开销为1500元，朋友往来以及玩乐等每月花费1000元。此外，每年年终，夫妻各有一笔2万元的双薪奖金。丈夫每年住房公积金余额为2.5万元，妻子每年住房公积金余额为1.8万元。年底家庭开支主要为拜访双方亲戚及外出旅游，约需1万元左右。另外，家庭有3万元定期存款（还有3年到期）和2000元活期储蓄。宋先生一家居住一套三室两厅房子，市值50万元，已付全款。另购两室一厅房子一套，未交房，市值30万，已付全款。夫妻二人都参加了社会养老、医疗、失业保险，但未购买任何商业保险。宋先生希望在小孩5岁前实现购车的梦想。

要求：请对宋先生的家庭财务状况进行理财分析并为其家庭设计理财规划综合方案。

第3章

# 个人储蓄及信贷理财

**本章重点**

1. 储蓄的种类和储蓄方法。
2. 消费信贷产品的种类以及如何进行个人信贷理财。
3. 使用信用卡应注意的问题以及如何进行信用卡理财。

**学习目标**

1. 了解储蓄的基本知识。掌握日常生活中经常接触到的储蓄存款工具，做到根据自身情况合理储蓄。
2. 了解信贷的基本知识，熟悉消费信贷产品的种类并能有效利用，做到根据自身情况合理理财。
3. 了解信用卡相关基本知识，熟悉信用卡的分类并能合理选择适合自己的信用卡。
4. 了解信用卡使用过程中应注意的问题，做到合理利用信用卡理财。

# 1. 个人储蓄理财

**引例：合理储蓄理财，拒陷财务困境**

李先生洗漱好，正准备喝摆在桌上的牛奶，手机铃声就响了。他拿起手机一看，发现是老家的来电。接通电话，话筒里传来老父亲的声音。父亲对他说："你姐姐的小孩儿马上就要上大学了，需要8000多元的入学费，不巧的是，你姐夫又遇到了麻烦，肾脏出了问题，要住院治疗，医生初步估计要20000多元的手术费，你赶快寄笔钱来救急。"李先生满口答应道，"好好，我立即寄钱回去"。挂了电话，李先生却犯了难。作为白领一族的他，因为没有谈女朋友，没有结婚买房的压力等，对自己的收入从来没有概念，平时工资都是放在工资卡里，用时取出来，对于支出从来不做规划，剩余的工资也不及时取出进行定期存款和投资，一年下来发现自己根本攒不下多少钱。他把现金和存折都找了出来，算来算去怎么也凑不够20000元，他开始犯愁起来。

## 一、储蓄的基本知识

储蓄是最安全的理财手段，居民可以放心地将自己生活开支之外的收入安全地存放在银行里，而不必担心钱会损失。但是由于其安全性高的特性，使得储蓄理财的收益性并不高，尤其是通货膨胀严重的时期，存在银行里面的钱看起来是越来越多，其实购买力却越来越小。即使如此，对于国人来说，储蓄依然是一种非常重要的理财手段，尤其是对年轻人来说，储蓄是资本积累的过程。资本积累是所有投资理财手段和技巧的基础，所以个人一定要养成良好的储蓄习惯。

储蓄通常被理解为居民个人在银行或各种金融机构的存款，是个人收入中扣除消费支出后的剩余。它既不包括企业单位在银行的存款，也不包括居民个人的手持现金和购买的有价证券。我国目前的储蓄概念是：居民为了某种目的把暂时闲置的货币存入银行或其他各种金融机构的一种信用行为。

**理财小贴士**

**有备无患合理储蓄**

从个人和家庭理财的角度来衡量，建议把资金财产分成三个部分：

第一部分是应急钱。应该留3到6个月的生活费。用于应对突然失业，家里突然有人生病等意外开支。这些钱可以放在银行里面做活期储蓄，不求收益，但求安全和流动性，保证随时可以拿出来花。

第二部分是自家的保命钱。应该放全家3－5年的生活费。要保证只会赚不会赔，可以定期储蓄等。在任何情况下，都不应该用这部分钱去买股票型基金和股票。

第三部分是闲钱。所谓闲钱，就是5－10年不用的钱。闲钱是可以全部用来投资的，但投资是有风险的。因此，只能拿自家的闲钱来做投资。

## 二、储蓄工具

现在国内银行为居民储蓄提供了很多储蓄品种，每个银行自己还有一些特色的存款品种，本书介绍几种常用的储蓄工具。

- 中国储蓄存款
  - 活期储蓄
    - 活期存折储蓄
    - 活期支票储蓄
    - 旅行支票储蓄
  - 定期储蓄
    - 整存整取定期储蓄
    - 零存整取定期储蓄
    - 存本取息定期储蓄
    - 整存零取定期储蓄
    - 大额可转让定期存单储蓄
    - 积零成整定期储蓄
  - 定活两便储蓄
    - 住房储蓄
    - 代发工资储蓄
  - 外币存款
    - 活期个人外币存款
    - 定期个人外币存款
  - 邮政储蓄

图3-1　储蓄品种简图

### （一）活期储蓄存款

活期存款是一种不限存期，凭银行卡或存折及预留密码可在银行营业时间内通过柜面或通过银行自助设备随时存取现金的服务。人民币个人活期存款采用积数计息法按照实际天数计算利息，按季结息，按结息日挂牌活期利率计息，每季末月的20日为结息日。未到结息日清户时，按清户日挂牌公告的活期存款利率计息到清户前一日止。人民币活期存款以1元为起存点，外币活期存款起存金额为不低于人民币20元的等值外汇，多存不限。开户时由银行发给存折或者银行卡存取。

理财小贴士

**什么样的货币可以用于活期储蓄？**

1. 暂不用作消费支出的货币收入；

2. 预备用于购买大件耐用消费品的积攒性货币；

3. 个体经营户的营运周转货币资金，在银行为其开户、转账等问题解决之前，以活期储蓄的方式存入银行。

**积数计息法**

就是按实际天数每日累计账户余额，以累计积数乘以日利率计算利息的方法。积数计息法的计息公式为：

利息=累计计息积数×日利率

累计计息积数=账户每日余额合计数

### （二）定期储蓄存款

1. 整存整取存款

是指开户时约定存期，整笔存入，到期一次整笔支取本息的一种个人存款。人民币50元起存，外汇整存整取存款起存金额为人民币50元的等值外汇。人民币存期分为三个月、六个月、一年、二年、三年、五年六个档次；外币存期分为一个月、三个月、六个月、一年、二年五个档次。人民币整存整取定期存款采用逐笔计息的方法，按存入日挂牌公告的相应期限档次整存整取定期存款利率计算利息，利随本清。若遇到利率调整，不分段计息。如果因为资金需要要提前支取，提前支取的部分按照支取日挂牌公告的活期储蓄存款利率计算利息，未提前支取的仍然按照原存单利率计算利息。逾期支取的，超过存单约定存期的部分，除了自动转存的，按支取日挂牌公告的活期储蓄利率计算利息。

理财小贴士

**自动转存**

是定期存款自动转存的简称，即定期存款到期后，客户如不前往银行办理转存手续，银行可自动将到期的存款本息按相同存期一并转存，不受次数限制，续存期利息按前期到期日利率计算。

2. 零存整取存款

指开户时约定存期、分次每月固定存款金额，到期一次支取本息的一种个人存款。起存金额为5元，存期分为一年、三年、五年。零存整取定期存款采用积数计算利息的方法，按照存入日挂牌公告的相应期限档次零存整取定期储蓄存款利率计算利息，利随本清。如遇利率调整，不分段计息。零存整取的开户手续与活期储蓄相同，只是每月要按开户时约定的金额进行续存，中途如有漏存，应在次月补齐，未补存或者漏存次数超过一次的，构成违约，对违约后存入的部分，支取时按照活期利率计算利息。储户提前支取时的手续比照整存整取定期储蓄存款有关手续办理。利息按存款开户日挂牌零存整取利率计算，到期未支取部分或提前支取按支取日挂牌的活期利率计算利息。

3. 整存零取定期储蓄存款

是指存款开户时约定存款期限和支取方式，一次存入本金，固定期限分次支取本金和利息的一种个人存款。整存零取存款1000元起存，存期分为一年、三年、五年。按存入日挂牌公告的相应期限档次整存零取储蓄存款利率计息。遇利率调整，不分段计息，利随本清。

4. 存本取息定期储蓄存款

是指本金一次存入，约定存期及取息期，存款到期一次性支取本金，分期支取利息的业务。一般是5000元起存，存款存期分为一年、三年、五年。存本取息定期存款取息日由客户开户时约定，可以一个月或几个月取息一次；取息日未到不得提前支取利息；取息日未取息，以后可随时取息，但不计复息。利息按照存入日挂牌公告的相应期限档次存本取息储蓄存款利率计算。遇到利率调整，不分段计息。提前支取本金时，按照整存整取定期存款的规定计算存期内利息，并扣除多支付的利息。存本取息定期存款采用逐笔计息法计算利息。

理财小贴士

**巧用定期存款**

定期存款通常是生活中长时间不需要动用的款项。如何让定期存款获得更多的利息呢？

1. 高利率时期，存期要“中”，即将5年期的存款分解为1年期和2年期，然后滚动轮番存储，可以以利生利，达到好的收益效果。

2. 低利率时期，存期就要“长”，能存5年的就不要分段存取，因为低利率情况下的储蓄收益特征是：存期越长，利率越高，收益越好。

### （三）定活两便储蓄存款

人民币定活两便储蓄存款是存款时不确定存期，一次存入本金随时可以支取的业务。起存金额为50元。定活两便储蓄采用逐笔计息的方法计算利息。存期不满三个月的，按天数计付活期利息；存期三个月以上（含三个月），不满半年的，整个存期按支取日定期整存整取三个月存款利率打六折计息；存期半年以上（含半年），不满一年的，整个存期按支取日定期整存整取半年期存款利率打六折计息；存期在一年以上（含一年），无论存期多长，整个存期一律按支取日定期整存整取一年期存款利率打六折计息。打折后低于活期存款利率时，按活期存款利率计息。

### （四）个人通知存款

个人通知存款是指在存入款项时不约定存期，支取时提前通知银行，约定支取存款日期和金额的一种个人存款方式。个人通知存款分为一天通知存款和七天通知存款，起存金额为5万元。与活期存款相比，通知存款的利率比较高，相同存期的投资收益要高许多。以2012年7月6日挂牌利率计，在存期相同的情况下，人民币一天通知存款年利率比活期存款高0.45%，七天通知存款年利率比活期存款高1%，其利率低于整存整取三个月人民币定期存款，但是其流动性远远高于定期存款。居民为了方便，可在存入款项开户时即提前通知取款日期或约定转存存款日期和金额。个人通知存款需一次性存入，可以一次或分次支取，但分次支取后账户余额不能低于最低起存金额，当低于最低起存金额时银行给予清户，转为活期存款。支取时，其中一天通知存款需要提前一天向银行发出支取通知，并且存期最少需两天；七天通知存款需要提前七天向银行发出支取通知，并且存期最少需七天。

**理财小贴士**

**通知存款好处知多少**

通知存款是一个“老品种”，它是介于定期存款和活期存款之间的储种，但是很多储户对它并不了解，不知道它的很多特色。

1. 利率高。较活期储蓄利率高。

2. 资金灵活。适合拥有大额存款，短期内需要支取该款项的客户。

3. 智能理财，省心高效。通知到期日，系统自动将客户的一卡通中已经办理取款通知的通知存款转入活期账户，为客户节省了时间，提高了资金利用效率。

4. 自助完成，方便灵活。现在可以通过网上银行、电话银行等服务渠道方便地办理相关的一卡通通知存款或者通知转账操作。

**（五）储蓄一本通**

现在很多银行都提供储蓄一本通存款业务，储蓄一本通是指银行为存款人签发的一种将本外币个人存款集中于一本存折上，用于记载个人多个存款账户资金活动状况的个人存款凭证。储蓄一本通分活期一本通和定期一本通。

**（六）大额可转让定期存款**

大额可转让定期存单是由商业银行发行的、可以在市场上转让的存款凭证。大额可转让定期存单分为记名和不记名两种，期限一般为14天到一年，金额较大（如美国为10万美元）。在我国大额可转让定期存单储蓄是一种固定面额、固定期限、可以转让的大额存款定期储蓄。发行对象既可以是个人，也可以是企事业单位。大额可转让定期存单无论单位或个人购买均使用相同式样的存单。两类存单的面额均有100元、500元、1000元、5000元、10000元、50000元、100000元、500000元共八种版面。购买此项存单起点个人是500元，单位是50000元。存单期限共分为3个月、6个月、9个月、12个月四种期限。大额可转让定期存单是银行发行的具有固定期限和一定利率，并且可以转让的金融工具。这种金融工具的发行和流通所形成的市场称为可转让定期存单市场。可转让大额定期存单市场的主要参与者是货币市场基金、商业银行、政府和其他非金融机构投资者，市场收益率高于国库券。

**（七）住房储蓄**

住房储蓄是为城镇居民和职工（含三资企业中的中方职工）申请住房贷款而开办的专项储蓄。居民可以为了获得住房贷款进行有计划有目的的住房储蓄。住房储蓄的优点是可以获得较低利率的住房贷款，住房贷款的利率可以在跟银行签订合同的时候确定下来，以后就可以不受市场利率的影响。目前国内有中德住房储蓄银行在开展此项存款业务的经营。

**（八）教育储蓄**

教育储蓄是指个人为其子女接受非义务教育〔指九年义务教育之外的全日制高中（中专）、大专和大学本科、硕士和博士研究生教育〕积蓄资金，每个月固定存入一定金额，到期支取本息的一种定期储蓄。教育储蓄的对象为在校小学四年级（含四年级）以上学生。三个学习阶段可分别享受一次2 万元教育储蓄优惠。教育储蓄最低起存金额为50 元，本金合计最高限额为2 万元。存期分为一年、三年、六年。

下面用表格3-1对以上所讲的储蓄工具进行一个简单的比较：

表3-1 储蓄工具对比表

| 储蓄品种 | 起存金额 | 存期 | 支取方式 | 计息方式 |
|---|---|---|---|---|
| 活期存款 | 1元起存 | 不限 | 随时支取 | 按天计息，以计息日挂牌活期利率计息 |
| 整存整取 | 50元起存 | 三、六个月、一、二、三、五年 | 到期支取，提前支取，提前支取部分按活期计息 | 逐笔计息，按存入日挂牌公告的相应期限档次整存整取定期存款利率计算利息 |
| 零存整取 | 5元起存 | 一年、三年或五年 | 约定期限支取 | 积数计息，以存入日挂牌公告的相应期限档次零存整取定期储蓄存款利率计息；如遇利率调整，不分段计息 |
| 整存零取 | 1000元起存 | 一年、三年、五年 | 固定期限，分次支取 | 按存入日挂牌公告的相应期限档次整存零取储蓄存款利率计息；遇利率调整，不分段计息 |
| 存本取息 | 5000元起存 | 一、三、五年 | 取息日客户开户时确定 | 利息按照存入日挂牌公告的相应期限档次存本取息储蓄存款利率计算；遇到利率调整，不分段计息 |
| 定活两便 | 50元起存 | 无确定存期 | 随时可以支取 | 存期不满三个月，按天数计付活期利息；存期三个月以上（含三个月），不满半年的，整个存期按支取日定期整存整取三个月存款利率打六折计息，以此类推 |
| 个人通知存款 | 50000元起存 | 一天、七天通知存款分别最少存两天和七天 | 一天通知存款和七天通知存款分别提前一天和七天通知银行取款 | 按通知存款利率计算 |
| 教育储蓄 | 50元起存 | 一、三、六年 | 到期支取 | 利率优惠 |
| 大额可转让存单 | 固定面额 | 三、六、九、十二个月 | 到期支取 | 存单到期后一次还本付息，逾期部分不计付利息 |

## 三、储蓄计息与计税

### （一）储蓄计息的基本规定

储蓄存款利息是储户在银行存储一定时期和一定数额的存款到期后，银行按国家规定的利率支付给储户的除本金以外的那部分资金。计息公式为：利息=存款本金×存期×利率，其中存款本金为储户存款时所存入的金额，存期为存款的期限，利率为相对应的利率。应该注意的是目前所公布的利率大部分都是年利率，计算利息时要根据需要换算成月利率和日利率，换算方法为：月利率=年利率÷12，日利率=年利率÷360或月利率÷30。

对于利息的计算还有一些基本的规定：

第一，储蓄利息按单利计算，不计复利，支取时利随本清。计息金额起点为元，元以下的角分不计利息。利息金额算至厘位，计至分位，分位以下四舍五入。

第二，分段计算利息时，各段利息应先保留到厘位（厘位以下不再保留），各段相加得出的利息总额计至分位，再将分位以下的厘位四舍五入。计算存期时算头不算尾：从存款当日起息，算至取款的前1天为止。即存入日应计息，取款日不计息。

第三，存期每月按30天计算，不论大月、小月、平月、闰月，每月均按30天计算存期。到期日如遇节假日，储蓄所不营业的，可以在节假日前1日支取，按到期计息，手续按提前支取处理。

**表3-2　人民币储蓄存款利率一览表（2012年7月6日）**

| 项目 | 调整后年利率% | | |
|---|---|---|---|
| 活期存款 | 0.35 | | |
| 定期存款 | 整存整取 | 三个月 | 2.85 |
| | | 半年 | 3.05 |
| | | 一年 | 3.25 |
| | | 二年 | 3.75 |
| | | 三年 | 4.25 |
| | | 五年 | 4.75 |
| | 零存整取 | 一年 | 2.85 |
| | 整存零取 | 三年 | 2.90 |
| | 存本取息 | 五年 | 3.00 |
| 定活两便 | 按一年以内定期整存整取同档次利率打六折执行 | | |
| 协定存款 | | 1.15 | |
| 通知存款 | 一天 | 0.80 | |
| | 七天 | 1.35 | |

### （二）储蓄计税的基本规定

储蓄利息的计税是分为几个阶段的，在1999年10月31日前的个人利息所得，不征收个人所得税；在1999年11月1日至2007年8月14日个人存款产生的利息所得按照20%的比例税率征收个人所得税；在2007年8月15日后个人存款产生的利息所得按照5%的比例税率征收个人所得税；2008年10月9日（含）以后的个人存款利息所得，暂免征收个人所得税。

## 四、如何进行储蓄理财

最近几年我国的CPI指数比较高，物价涨幅比较大，处于通货膨胀时期，如果通货膨胀率高于储蓄利率，则存在银行等金融机构里面的钱实际上利率是负的。处于这种负利率时代下，储蓄理财可以从以下几个方面着手：

### （一）储蓄规划的策略

1. 少用活期存款储蓄

活期存款支取灵活，可以随用随取，就像是自己的钱包一样，可以应付我们的日常开支，灵活性很强，但是利息却很低，所以居民日常要减少活期储蓄。一旦自己的银行卡或者存折结余了较大的存款，应该及时取出转存为定期存款或者其他类型的存款。

2. 存期尽可能的要长

储蓄的利率与存储的时间是成正比的，要想获得较多的收益，就要尽量增加储蓄的时间。

3. 存钱不要中断

养成储蓄的习惯，定期进行储蓄，储蓄本身就是财富积累的一个过程，积少成多，所以储蓄最好不要中断。

4. 选择正确的投资工具

现在银行推出的储种很多，日常生活中储蓄要选择合适的储蓄工具。像支出、收入都是需要随时取、随时存的，可以选择活期储蓄，活期储蓄灵活性非常高，就像存放在自己钱包中的钱一样，可以支付日常生活费用，随用随取。

**（二）选择灵活的储蓄方式**

1. 目标储蓄法

如果家里想购买一件高档商品或操办某项大事，就应该根据家庭经济收入的实际情况建立切实可行的储蓄指标并制定攒钱措施，为购进这件商品或者是办这件大事进行专门的存款准备。

2. 增收储蓄法

日常生活中，有时候我们会有一些固定收入之外的收入，如遇上增薪、获奖、稿酬、亲友馈赠等，这时应该就当没有这些收入，立马将钱存入银行。

3. 阶梯储蓄法

如果是高薪族，储蓄就要讲究搭配，如果把钱存成一笔存单，一旦利率上调，就会丧失获取高利息的机会；如果把存单存成一年期存单，利息又太少。为克服这些储蓄方法的不足，可以采用"阶梯储蓄法"，这种储蓄方法不仅流动性强而且可以获得高利息，可谓一举两得。具体操作方法为：如果手中有10万元，可以分成5份，每份两万元，分别存为一年、两年、三年、四年（三年加一年）、五年定期，五份存单到期后都转为五年定期。这样一来，你有了五张五年定期存单，只不过它们到期的时间分别相差一年。这种储蓄方法是等量保持平衡，既可以跟上利率调整，又能获取五年期存款的高利息，而且不管什么时候需要用钱，都可以取出一部分出来，其他钱还能继续享受五年定期的高利息。这是一种中长期投资方法，适合家庭积累养老金、子女教育基金等。

4. 十二张存单储蓄法

又称月月存储法。对于白领一族或者拿固定工资的居民，可以将每月节余的款项按照一定期限存入银行，做成一个定期存单，切忌直接把工资留在工资卡里，因为工资账户都是活期存款，利率很低，如果大量的工资留在工资账户里面，无形之中就损失了一大笔利息收入。每月的定期存款单可以设为一年，每月都这么做，一年下来就有12张存期相同的存单，到期日分别相差1个月。到第二年，每个月都会有一张存单到期，一旦有急用，就可以支取到期或期限最近的存单，也不会损失利息，让其他存单继续享受“定期存款利率”待遇。如果没有急用这些存单可以自动续存，而且到了第二年起，可以将每个月要存的钱添加到当月到期的那张存单当中，重新做成一张面额更大的存单，继续滚动存款。

十二存单法的优点在于，从第二年起每个月都会有一张存单到期供你备用，如果不用就可以加上新存的钱继续做一张新的存单。这种方法既能使存款人比较灵活地使用存款，而且还能得到定期存款的利息，是一个两全其美的做法。如果你可以坚持下去，日积月累就会得到一笔数目不小的存款。

5. 利滚利储蓄法

“利滚利”储蓄法又叫做“驴打滚”储蓄法，是存本取息储蓄法和零存整取储蓄法有机结合的一种储蓄方法。现举例说明此种储蓄方法的操作过程：如果你现在有三万元钱，你可以先考虑存本取息储蓄，一个月后，取出存本取息储蓄的第一个月的利息，再用这第一个月的利息设一个零存整取储蓄户，以后每个月把利息取出来后，存入零存整取储蓄，这样不仅存本取息储蓄得到了利息，而且其利息在参加零存整取储蓄后又取得了利息，可谓是“鸡生蛋、蛋生鸡”。这种方法尤其适合工薪家庭，只要长期坚持一定会得到丰厚的回报。

6. 四分储蓄法

四分储蓄法又叫“金字塔”法，如果你持有1万元，可以分别存成4张定期存单，存单的金额呈金字塔状，以适应急需时不同的数额。可以将1万元分别存成1000元、2000元、3000元、4000元4张1年期定期存单。这样可以在急需用钱时，根据实际需用金支取相应额度的存单，可避免只需取小数额却不得不动用大存单的弊端，以减少不必要的利息损失。

上面介绍了6种储蓄方法，现将其中的几种用表3-3的形式加以比较：

**表3–3 储蓄方式对比表**

| 储蓄方式 | 操作方法 | 适合额度 | 存款期限 | 适合类型 |
| --- | --- | --- | --- | --- |
| 阶梯储蓄法 | 一笔存款分为几个账户，每个账户存期间隔一段固定时间，比如一年 | 较大额度款项 | 中长期存款 | 家庭积累养老资金、子女教育资金 |
| 十二张存单储蓄法 | 每月存一张定期一年的存单，一年下来有十二张存单，第二年每月到期一张，不影响资金流动性，可以减少利息损失 | 基本是每月收入剩余款项 | 短期 | 家庭积累每月剩余资金，有利于小额资金的积累 |
| 利滚利储蓄法 | 存本取息和零存整取相结合 | 较大额度款项 | 中期存款 | 对于较大额度的存款，可以使存款和利息同时生息 |

## 五、案例分析

**案例资料3-1**

凌小姐28岁了，结婚三年打算明年要孩子，夫妻月收入15000左右，每月支出5000元左右，每月剩余约10000元，他们打算为孩子储蓄一笔养育资金，并使收益达到最大化。

**问题思考：**

1. 根据凌小姐的实际情况，通过对储蓄方法的选择实现凌小姐储蓄理财的利益最大化。

2. 阐述所选储蓄工具的生息过程。

3. 阐述所选储蓄工具的优势所在。

**分析线索：**

1. 凌小姐和丈夫属于工薪阶层，他们每月的储蓄额为10000元，为了在生育宝宝时获得更多的资金，应该使所存的资金尽可能的获得更多的利息，减少利息损失。因此可以考虑用使利息也生利息的方法进行存款。

2. 凌小姐可以先设立一个存本取息的账户（假设为A折），每月一张定期存单，一个月后可以将存本取息账户的利息取出再设立一个零存整取的账户（假设为B折），以后每月可以从A折取息存入B折，这样不仅存本取息得到了利息，利息还可以再生利息，可谓利滚利。

3. 利滚利存款方法的优越性非常明显，应用此种储蓄方法不仅可以使存本取息储蓄获得了利息，而且其利息在参加零存整取储蓄后又获得了利息，可谓是鸡生蛋、蛋孵鸡，使一笔钱获得了两份的利息，带来了丰厚的回报。这种储蓄对工薪家庭来说是非常合适的。

# 2. 个人消费信贷理财

**引例：按揭购车，钱生钱**

小王本来想去4S店以全款买一辆轿车，但到了4S店，销售人员却告诉他，该车可采用按揭的方式购买。听了相关政策后，小王有点儿心动。因为全款购车，一次就要支付20万左右，但如果按揭，首付只需要支付6万元，其余的14万可以在5年内还清。仔细地算了这笔账，小王最终决定按揭买车。因为当时小王一位朋友在外地有个投资项目，正急缺资金，如果小王能投资，一年左右便能收回成本，而且还有一笔非常丰厚的分红。于是小王将除首付款外的余钱投到了朋友的项目上。朋友工程完工后，不但将10多万的投资款还给了小王，还给了小王近10万元的分红。小王的按揭不仅为自己省了不少的钱，还为自己赢得了利润。

## 一、消费信贷的基本知识

### （一）信贷的涵义

信贷是银行利用自身实力和信誉为客户提供资金融通或代客户承担债务，并以客户支付利息、费用和偿还本金或最终承担债务为条件的一种经营行为。个人信贷是指对个人发放的贷款，是对个人提供的信用，而不是专指针对消费用途而发放的贷款。个人消费信贷是商业银行、金融公司、信用社等金融机构和零售商向消费者发放的用于购买最终商品和服务的贷款，是消费者在资金不足的情况下，以贷款来购买消费用品的一种特殊的消费方式。

### （二）信贷六要素

1. 对象（借款人）：《贷款通则》定义的借款人是经工商机关核准登记的企（事）业法人、其他经济组织、个体经济组织、个体工商户或中华人民共和国具有完全民事行为能力的自然人。

2. 金额：是指贷款的金额。

3. 利率：当前银行发放贷款的利率，个人类利息的扣收方式是1年以上按月本息等额偿还。

4. 期限：从贷款发放到贷款全部偿还完为止。

5. 用途：指信贷资金的流向。不同的信贷业务有不同的用途，银行在办理信贷业务时会注意其资金流向是否合法、真实等。

6. 担保：指借款人还款或履行责任的第二来源，包括信用担保和物权担保。

### （三）消费信贷的特点

1. 贷款投向的个人性。指该信贷以自然人为特定信用对象，而非一般的法人或组织。

2. 贷款用途的消费性。指该类信贷用途以消费性需求为目的，而非以经营营利为目的。

3. 贷款额度的小额性。指该类信贷一般只有较小信用额度，通常在1000元至50万元之间，不大量占用银行的信贷资金。

4. 贷款期限的灵活性。指该类信贷期限灵活，买方信贷一般在6个月至5年，卖方信贷期限相对较长，如个人住房贷款期限最长可达30年。

5. 贷款资金的安全性。指该类信贷都有抵（质）押物担保或保证，信贷资金的安全性一般都能有保证。

**（四）消费信贷的优缺点**

消费信贷是即时提供商品和服务的工具，是灵活的资金管理方式，安全而便利。消费信贷使我们可以在现在享受未来的商品和服务，可以在资金短缺时也能购买到自身所需要的商品，可以建立信用等级。但消费信贷是把双刃剑，它的缺点也体现得很明显：它不仅成本较高，还会增加我们的心理负担，甚至使我们抵制不住诱惑而过度消费。

## 二、消费信贷产品种类

目前，我国商业银行个人消费信贷处于起步阶段，种类还不是很多，主要有以下几类：

**（一）个人信用贷款**

是银行为解决借款人临时性的消费需要发放的，期限在一年以内、额度在2000元至2万元且不超过借款人月均工资性收入6倍的、无须提供担保的人民币信用贷款，该贷款一般不能展期。但也有例外的情况，如招商银行推出的个人信用贷款额度最高可达300万元，期限最长可达两年。

**（二）个人综合消费贷款**

是贷款人向借款人发放的用于指定消费用途（住房装修、购买耐用消费品、旅游、教育等）的人民币担保贷款，借款限额最低为2000元，最高为50万元，贷款期限一般为6个月至3年期，最长不超过10年，不得展期。

**（三）助学贷款**

助学贷款有国家助学贷款、生源地信用助学贷款和商业助学贷款。其中，国家助学贷款资助力度和规模最大，是助学贷款的主要内容。国家助学贷款是由政府主导、财政贴息、财政和高校共同给予银行一定风险补偿金，银行、教育行政部门与高校共同操作的专门帮助高校贫困家庭学生的银行贷款。借款学生不需要办理贷款担保或抵押，但需要承诺按期还款，并承担相关法律责任。

助学贷款的学费贷款按年发放，生活费贷款按月发放。助学贷款执行中国人民银行同期公布的同档次基准利率，不上浮。学生在校期间的利息由财政全部补贴，毕业后的利息由学生和家长（或其他法定监护人）共同负担。学生毕业后实际偿还的利息，将按照当年同期利率执行。国家助学贷款额度按照每人每学年最高不超过6000元的标准，总额度按正常完成学业所需年度乘以学年所需金额确定，具体额度由借款人所在学校按本校的总贷款额度，学费、住宿费和生活费标准以及学生的困难程度确定。贷款期限最长不超过10年。

**（四）个人汽车消费贷款**

是贷款人向在特约经销商处购买汽车的借款人发放的贷款，再由购买汽车者分期向银行归还贷款本息的一种消费贷款业务。此贷款方式要求借款人首先在贷款银行存入首期车款，目前多数银行的车贷规定首付比例最低为车价的20%。借款金额最高不超过车价的80%，期限最长不超过5年。其还款方式采用月均等额还款法，即按月等额还本付息。

目前我国已有多家汽车金融公司可以提供购车贷款服务，其对车贷申请人在户口、车辆牌照等方面设限相比商业银行要少，批贷时间也相对较短。除此之外，利用信用卡分期付款来购车也越来越受到广大消费者的欢迎。招商银行的“车购易”、民生银行的“购车通”、建设银行的“购车分期付”，都是各银行信用卡中心推出的专项购车分期付款计划。

链接〉〉〉〉〉〉

**信用卡分期购车**

信用卡分期购车是银行推出的一种信用卡分期业务。持卡人可申请的信用额度为2万一20万；分期有12个月、24个月、36个月三类；信用卡分期购车一般不存在贷款利息，银行只收取手续费，不同分期的手续费率各有不同。

各行推出的信用卡分期付款都有自己的门槛：招商银行须首付30%余下车款才能分期，工商银行则称可全额分期，有些银行部分车型还可零手续费。此外，不同车型不同期限的分期费率不同，有的银行只有指定车型可分期。

信用卡分期购车的手续流程：（1）提出申请；（2）银行进行贷前调查和审批；（3）通知借款人签订借款合同、担保合同、抵押合同，并办理抵押登记和保险等手续；（4）银行发放贷款（由银行直接转到汽车商的账户中）；（5）借款人将首付款交给汽车商，并凭存折和银行开具的提车单办理提车手续。

**（五）个人耐用消费品贷款**

是贷款人向借款人发放的、用于其本人或家庭购买耐用消费品的人民币担保贷款。可用贷款在特约商店购买的个人耐用消费品，是指单价在3000元以上、正常使用寿命在2年以上的家庭耐用商品，如家用电器、电脑、家具、健身器材、乐器等物品（不包括汽车、住宅、装修材料）。贷款金额的起点不得低于人民币3000元（含3000元），最高贷款额度不得超过人民币5万元（含5万元），且不超过所购商品价格总额的80%。还款期限最短期限为半年，最长不超过三年（含三年）。贷款利率按中国人民银行规定的同期贷款利率执行。

理财小贴士

**个人耐用消费品贷款的操作流程**

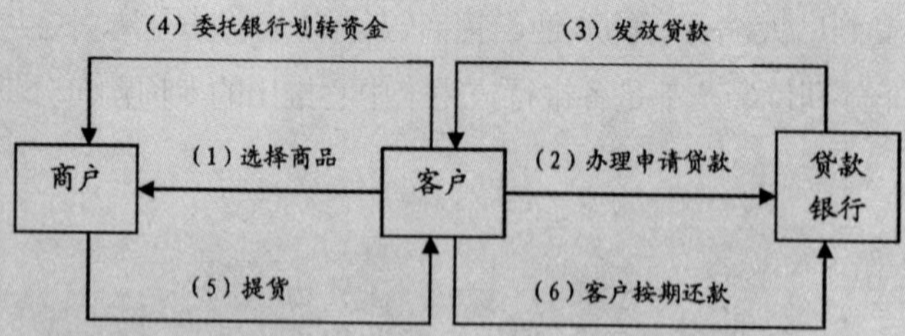


**（六）定期存单小额质押贷款**

是为了解决储户的资金困难，以未到期的存单做抵押向储户发放的一种小额贷款业务。此贷款不仅可以解决临时的资金周转问题，而且可以避免因定期储蓄提前支取以活期利息来计算所带来的部分利息的损失。其期限最长不得超过一年，贷款起点为1000元，最高限额为10万元，贷款金额不得超过质押存款总额的80%，到期一次还本付息。

**（七）个人住房贷款**

即个人住房按揭贷款，是贷款人向借款人发放的用于在中国大陆境内城镇购买、建造、大修各类型住房的自然人发放的贷款。以贷款人认可的抵押、质押或者保证，在银行存入首期房款，借款金额最高为房款的80%、期限最高为30年的人民币专项贷款。个人住房贷款又分为自营性个人住房贷款、委托性个人住房贷款和个人住房组合贷款三种。

表3-4　各类消费信贷产品的比较

| 种类 | 贷款起点 | 最高限额 | 期限 | 适用人群 | 备注 |
|---|---|---|---|---|---|
| 个人短期信用贷款 | 2000元 | 2万元 | 一年以内 | 有临时性的消费需要的个人 | 不得超过借款人月均工资性收入的6倍 |
| 个人综合消费贷款 | 2000元 | 50万元 | 6个月至三年期，最长不超过10年 | 有指定消费用途需求的个人 | 属于担保贷款 |
| 助学贷款 | 无 | 每人每学年最高不超过6000元，总额度及具体额度依情况而定 | 最长不超过10年 | 我国境内的（不含香港和澳门特别行政区、台湾地区）全日制普通本、专科生（含高职生）、研究生和第二学士学位学生 | |

续表

| 种类 | 贷款起点 | 最高限额 | 期限 | 适用人群 | 备注 |
|---|---|---|---|---|---|
| 个人汽车消费贷款 | 车款的20% | 车款的80% | 最长不超过5年 | 在特约经销商处购买汽车的借款人 | 分期还贷 |
| 个人耐用消费品贷款 | 3000元 | 5万元且不超过所购商品价格总额的80% | 半年，最长不超过三年 | 在特约商店购买个人耐用消费品的个人 | 不包括汽车、住宅、装修材料 |
| 定期存单小额质押贷款 | 1000元 | 10万元，不得超过质押存款总额的80% | 最长不得超过一年 | 有临时资金周转问题的储户 | 到期一次还本付息 |
| 个人住房贷款 | 无 | 房款的80% | 最多为30年 | 在中国大陆境内购买、建造、大修住房的个人 | 必须提供担保 |

## 三、如何进行个人消费信贷理财

随着社会的发展和个人理财意识的增强，个人消费信贷理财逐步被人们所重视。合理的消费信贷可以使我们花明天的钱，办今天的事，有效克服我们因暂时资金不足导致的困难。那么具体我们应该怎么做呢？

### （一）评价自己的信贷能力

我们都有短期或长期的对资金和信用的需求，例如短期的资金不便、不可预料的意外等。在决定是否借钱之前，需要问这样三个问题：我需要贷款吗？我能支付借款吗？我有借款的资格吗？

老一辈的人讲究“有多大的头戴多大的帽子”，是反对贷款消费的，而新时代的我们在理财观念上应该与时俱进，应该在特别需要的情况下适当贷款消费，但也绝不能走到另一种极端。在考虑贷款时，我们应该注意以下两个问题：第一，财力所及的就不应贷款，何必因此增加利息损失呢？要知道“天下没有免费的午餐”，通过贷款消费一年下来的利息也是相当可观的。当然，若有更高收益的投资途径的情况下，贷款也无可厚非。第二，贷款不是越多越好，力所能及的情况下，不应被眼前看似较少的首付款迷惑，否则很可能陷入无力还贷的窘境。

因此，在借贷前，要对自己的借贷能力进行评估，即应先考察自己能否在满足所有的基本生活开支以后还能够每月还款。尽管评估很困难，但还是有一些准则可以遵循：

1. 债务/收入比率：每月应偿还债务/每月收入。专家建议一般情况下，最好不要超过45%。

2. 债务/资产比率：即总债务/资产净值。一般来说，比较好的状态是33%－50%。比率越大，风险就越大。

做人做事但求心安，贷款只是实现必要目标的权宜之计，也是鞭策自己的动力，我们在贷款时一定要合理评价自己的信贷能力，做到量入为出。

**（二）保持良好的信用级别**

很多向银行申请贷款买房、买车，或者是申请信用卡的朋友都有过这样的经历：银行在业务办理过程中，经过申请人授权以后，会查询申请人个人信用报告，作为了解申请人信用状况的重要依据。如果信用报告上记录有逾期还款等负面记录，将会在一定程度上影响业务的顺利办理，甚至导致业务申请被银行拒绝。

那么我们应该如何改善和维护自己的信用记录呢？修补及维护信用的关键是准时还款。如果预计要晚付，应立即与银行联系，解释原因，争取分期付款。如果已经晚付，则可自己或委托律师与银行协商还款计划，减少欠债额，减免利息及将晚付记录清除。

**理财小贴士**

**个人信用在房贷中很重要**

对于申请个人住房贷款的客户，银行不但要查看申请人个人信用报告，还要查看其配偶甚至部分直系亲属的信用报告。因此，我们在保持自身良好信用记录的同时，也要经常提醒家人重视还款行为，做到及时足额还款，从而避免不必要的负面记录。

**（三）了解信贷的相关政策**

随着经济全球化的进一步深化，我国经济越来越受到世界经济的影响，世界经济发展的周期性使得我国的经济政策在不断发生着变化，各银行的信贷政策也会随之变化。如果我们能提前认识到经济的变化而可能导致的信贷政策的变化，我们就可以适当提前或推迟我们的贷款计划，这样不仅可以更有效地利用贷款，更能避免因信贷政策变化导致的还款压力的增大。例如，当经济下行压力增大，企业发展前景不明朗，信贷需求不足时，与之相比，房贷业务具有稳定而大量的信贷需求，又有首付和房产抵押，风险较小，为刺激个人消费信贷，房贷业务加大优惠力度的可能性较大，有时会出现房贷利率九折、八折等折扣，甚至有的银行为刺激本行业务的增多会提供房贷利率七折的优惠。当我们能提前或及时了解到这样的信息时，我们就可以在进行房贷时节省很大一笔开支，并且有效减轻还贷压力。

**（四）计算信贷的相关成本**

如果决定要借款了，那么在进行借款时首先要考虑信贷成本的大小来决定信贷行为。在具体计算信贷成本时，需要牢记三个关键概念：融资费用、贷款利率和贷款期限。

融资费用是指在为使用信贷而偿付的总金额，包括利息以及融资过程中需要承担的其他费用，如服务费、与信贷业务相关的保险费等。

贷款利率用来计算贷款周期内的贷款成本，一般用年利率作单位。利率高，算出的成本也高。各家商业银行在执行贷款时，会以央行发布的基准利率为参考，根据市场风险和竞争环境作适当的调整。一般出于竞争的考虑，大多数金融机构都提供贷款利率的优惠，所以，我们在贷款时要“货比三家”。

贷款期限是指贷款人将贷款贷给借款人后到贷款收回时这一段时间的期限。它是借款人对贷款的实际使用期限。按贷款期限的长短，可以将贷款分为短期贷款和中长期贷款。我们根据贷款期限的长短可以科学合理地安排贷款，使信贷资产的安全性和效益性都能得到保证。同时，贷款期限与利息支付紧密相连，关注贷款期限可以使我们更仔细地核算借款成本，减少不必要的占款时间。也可以更合理地分配贷款额度，提高贷款使用的整体效益。

**（五）选择合适的贷款方式**

贷款方式是指对信贷资金需求的供应方式。当我们进行不同的贷款项目选择时便伴随着各种贷款方式的选择。选择合适的贷款方式可以有助于我们进行理财规划，使我们更好地达到用明天的钱办今天的事的目的。

现如今，买房买车贷款成为很多人的贷款首选。近年来，国家不断出台宏观调控政策，这些政策对社会生活的多个领域都产生了深远影响，房地产业也不例外，甚至在总体调控之前就已开始越来越收紧。当我们选择房贷时，应密切关注近期宏观调控政策给购房带来的一些影响，巧用银行推出的一些新的按揭方法，结合自身实际，找到适合自己的房贷方式。

**理财小贴士**

**三种常见的房贷方式**

个人住房贷款的方式有很多，如公积金贷款，个人商业贷款，组合贷款等。对于已参加交纳住房公积金的居民来说，贷款购房时，应该首选住房公积金贷款。住房公积金贷款具有政策补贴性质，贷款利率很低，不仅低于同期商业银行贷款利率(仅为商业银行抵押贷款利率的一半)，而且要低于同期商业银行存款利率。同时，住房公积金贷款在办理抵押和保险等相关手续时收费减半。

未缴存住房公积金的人，可以申请商业银行个人住房担保贷款，也就是银行按揭贷款。只要在贷款银行存款余额占购买住房所需资金额的比例不低于20%，并以此作为购房首期付款，且有贷款银行认可的资产作为抵押或质押，或有足够代偿能力的单位或个人作为偿还贷款本息并承担连带责任的保证人，就可申请使用银行按揭贷款。

而组合贷款则是公积金贷款和商业贷款同时使用，一般是在个人贷款超过当地规定的公积金贷款的最高上限才使用的，如购买高档住宅，须贷款50万元，而当地公积金管理中心规定公积金最多贷款40万元。这样的话，剩余的10万元将使用商业贷款，同时利息也不能享受公积金贷款的利息。

在进行车贷时，选择合适的车贷方式也很重要。相比较而言，汽车金融公司车贷比银行车贷门槛要低，而且手续简洁，一般不对户口所在地有要求，也不需要担保，并且一站式在4S店解决，便捷性很强。消费者在无不良信用记录的前提下，具备稳定的收入和较强的还款能力，即可申请汽车金融公司车贷。而办理银行车贷，购车者需提供一系列证明资料，包括购车人户口本、结婚证、身份证、学历证明、房产证复印件及居住证明、收入证明原件等，同时还需要车商或者第三方担保以及质押物，有的银行甚至对申请人的职业也有限制，比如要求公务员、律师等。信用卡分期购车审批手续相对简单，除了身份证明及收入证明等基本材料，最重要的一项审批是持卡人征信记录，只有征信记录良好的持卡人才能获得分期资格。汽车金融公司审批流程最简单，最快当天可提车。

**（六）选择合适的还贷方式**

在选择贷款的同时，面对各种还贷方式，应该权衡自己的经济实力和实际状况来进行选择。目前主要有到期一次还本付息法、等额本息还款法、等额本金还款法、额外还款法等几种还款方式。

一般，每月有固定收入或有稳定收入来源的人都使用等额本息还款的方式，等额本息还款方式是在还款期内每期偿还的贷款本金和利息之和不变，但每月还款额中的本金比重逐期增加、利息比重逐期减少的还款方式。目前我国国内有的银行已经开始提供双周加速还款的业务，坚持双周供。它是在等额本息还款的基础上，提高还款频率，即每月还款两次，每次还款为原来月还款额的二分之一，这样可以有效缩短付款期限和减少贷款利息。

等额本金还款方式是每期偿还的贷款本金固定不变，但所付贷款利息逐期减少，还款期内每期还贷额逐期递减的一种还款方式。此种方式最大的优点就是它所支付的利息最少，比较适合已有一定积蓄的人。

额外还款是一种部分提前还款的还款方式，方法是在正常的还款计划中增加额外还款的次数，以减少当期的本金余额。这种方法可以有效地减少整个贷款的融资成本，同时缩短还款期限。额外还款的时间可以很自由，可以在任何时候偿还任何金额。比较经典的额外还款方法是每年的年底，在正常的还款计划中增加一笔还款，还款金额等于每期的本息还款。这种方法的好处是不用像加速还款那样交纳费用，而且额外还款的时间、金额、次数也很自由。所以它是节省利息、缩短贷款时间的一种最有效的手段。

**表3-5 各种还贷方式的优缺点比较**

| 还贷方式 | 优点 | 缺点 |
|---|---|---|
| 一次还本付息法 | 还款利息最少 | 还款负担最重 |
| 等额本息还款法 | 还款负担不变，易于管理 | 利息比等额本金还款法高，初期还本金较少，利息负担较重 |
| 等额本金还款法 | 还款负担逐渐减轻，而且所付的全部利息较低 | 初期还款负担较重 |
| 额外还款法 | 还款方式相对比较自由，可以根据实际收入随时调整 | |

## 四、案例分析

**案例资料3-2**

刚毕业的小王在上海找到一份收入普通的工作，每个月能有6000元进账。前一年他还存点儿钱用于将来的打算，当看到周围的人都有车时，他贷款买了车子。因为工作卖力又专注，晋升如愿以偿了，小王的工资涨到9000元了。涨了这么多薪水，小王于是策划了一次旅游来奖励自己，由于没有详细的规划，旅游花去了小王一大笔钱。不过还好，这次旅游收获不小，他遇到了自己心仪的人。于是，回去后他就开始展开追求，这又是一大笔钱，但也算是物有所值了，小王最终走入了婚姻的殿堂。为了风光地结婚，小王又按揭买了新房，付完首付的他连买好点家具的钱都没有了，于是又贷款买了家里的很多家电。婚后的生活让小王不堪重负。

**问题思考：**

1. 小王用到了哪几种信贷种类？

2. 小王哪些做法不可取？

3. 给小王设计一种更好的理财规划。

**分析线索：**

1. 小王首先用到了个人汽车消费贷款，其次用到了个人住房贷款，最后又用了个人耐用消费品贷款。

2. 小王在消费和贷款方面很多都不可取：

（1）小王不应该为了攀比而贷款买车，这笔花费完全可以省去；

（2）在旅游时，小王没有详细的规划，存在浪费；

（3）不应该为了结婚而那么着急地买房，让自己很早就走到了房奴的地步，特别是平时花钱不注意节省，家电也贷款购买，婚后肯定会面临巨额的还贷压力，降低生活的质量。

3. 小王在刚工作的前两年不应该考虑买车的情况，而应该有个理财规划来为自己存一定的积蓄，以备将来使用；在旅游时可以有详细的规划，这样既可以享受旅游带来的满足，又不会带来不必要的浪费；在考虑结婚的时候，小王应该和未婚妻一起商量安排将来的生活，可以先结婚，而缓一两年再买房，待有一定积蓄时，先付首付。由于夫妻二人有稳定的收入，可以选择等额本息还款的方式来还房贷，并且可以在每年年末有奖金时，用这笔钱来进行额外还款，这样可以缩短还款期限，减少还款利息。在买房以后，可以用已有的一些积蓄来购买大部分家电，而对于一些商家搞促销活动的家电，选择一两件用个人耐用消费品贷款来购买，减轻当时购置家电时的负担。最后，当工作几年两人生活宽裕以后，可以考虑买车，这时也应该比较全额支付现款买车还是用汽车贷款买车，以符合当时的经济状况。

# 3. 个人信用卡理财

**引例：**

王先生今年35岁，是北京的一名普通工薪人员，每月有稳定薪金5800元。每月发放的工资都存在储蓄卡上，同时他又申请了一张信用卡，用于消费。平时王先生出门只随身携带少量现金以备应急或在不能刷卡的场所使用，而在能刷卡的场所一概刷卡。遇到紧急情况还能透支，只要在免息期内还上欠款，银行就不会收取利息。这样算下来，工资存着可以赚利息，而利用免息期透支消费，花银行的钱又不用掏利息，两边划算。

近来，王先生又选择了稳健型的基金来进行理财。其具体做法是：信用卡账单日为每月的5日，还款日为每月的23日，在账单日后消费享受的免息期长达50天，于是，王先生每个月集中在6日用信用卡透支购买基金，而每月还款前一天则赎回基金归还信用卡的钱。这样，王先生每月不用自己掏一分本金，就能享受50天的收益，而且每月都是花上几分钟在网上或打电话完成的，方便而有益。

## 一、信用卡的基本知识

### （一）信用卡的概念

信用卡是商业银行向个人和单位发行的，凭此向特约单位购物、消费和向银行存取现金，具有消费信用的特制载体卡片，其形式是一张正面印有发卡银行名称、有效期、号码、持卡人姓名等内容，背面有磁条、签名条的卡片。关于信用卡我们还需要了解其信用额度、免息还款期、最低还款额、提款利息、免息分期付款、信用卡利率等相关概念。

1. 信用额度。是指银行在批准信用卡的时候给予的一个最高透支的限额，持卡人只能在这个额度内刷卡消费，超过了这个额度就无法正常刷卡消费。信用卡额度可以调整，大部分银行会在开卡6个月后进行第一次永久额度提升，再过6个月后进行再次永久额度提升。

2. 免息还款期。最短20天，最长可达50多天。对信用卡的非现金交易，从银行记账之日起至还款到期日之间为免息还款期。在此期间，客户只要还清对账单上的本月月结欠款，便无须为其消费项目交付利息和延滞金。还款后客户的信用额将会自动恢复，信用额的恢复与欠款的金额有直接联系。值得注意的是透支提现不享受免息优惠。

3. 最低还款额=本月月结欠款的10%+未偿还的上期最低还款额。

4. 提款利息。客户提取卡内存款时无须支付。透支提现时，自交易日起，银行将按日息万分之五逐日计收，直至还清全部透支提现额为止。

5. 免息分期付款。是指信用卡持卡人，在一次性进行大额消费的时候，对于该笔消费金额可以平均分解成若干期数来进行偿还，而且不用支付任何额外的利息。

6. 信用卡利率。信用卡利率按年设定，按月计算。某些信用卡利息按天计算，每月收取。例如，假设信用卡的年利率为18%，将银行规定的18%的年利率除以12即可得到月利率，即1.5%。

理财小贴士

**ATM取款时信用卡被吞的原因**

1. 密码错误输入超过银行规定次数（一般为3次）可能会造成吞卡。所以请牢记密码，特别是办新卡时不要疏忽。

2. 信用卡已超过有效期或已经被列入止付名单，在ATM上使用时会被吞掉。

3. 持卡人在ATM上操作完毕后忘记取卡，30秒后ATM会将卡自动吞入。

4. 操作失误、卡磁条损坏、ATM机故障等原因也可能造成信用卡被吞掉。

### （二）信用卡的分类

信用卡是一种特殊的信用凭证，其种类繁多，按不同的分类方式可分为以下种类：

1. 按发卡组织分：维萨卡、万事达卡、美国运通卡、中国银联卡（中国大陆）、JCB卡、Discover发现卡（美洲）、联合信用卡（中国台湾）、大来卡、NETS（新加坡）等。

2. 按币种分：单币卡、双币卡。

3. 按信用等级分：普通卡（银卡）、金卡、白金卡、无限卡等。

4. 按是否联名发行分：联名卡（发卡机构与营利性机构合作发行）、标准卡（非联名卡）、认同卡（发卡机构与非营利机构合作发行）。

5. 按卡片形状及材质分：标准卡、迷你卡、异形卡、透明卡等。

6. 按信息储存介质分：磁条卡、芯片卡。

7. 按卡片间的关系分：主卡、附属卡。

8. 按持有人的身份分：个人卡、公务卡、公司卡（含单位卡、商务卡、采购卡）。

9. 按理财角度分：

（1）融资类信用卡。即用来融资的信用卡，高额度是其必须具备的属性。如交通银行和中信银行发行的信用卡，因为其信用额度比较高，应该排在融资类信用卡的榜首。

（2）积分类信用卡。即积分比较值钱，积分兑换的礼品比较有价值的信用卡。在此类信用卡中，招商银行的信用卡应该排在榜首。

（3）折扣类信用卡。国外的信用卡在刷卡购物的时候折扣比例是很大的，但是，目前国内的联名信用卡虽然种类众多，但实际上的折扣优惠非常有限。

（4）免息类信用卡。超长免息期，并且信用卡账单可以随意调整是免息类信用卡应有的属性。工商银行和农业银行的信用卡免息期比较长。

（5）增值服务类信用卡。如机场贵宾服务、免费打高尔夫、免费医疗体检服务、免挂号费服务等，兴业银行的信用卡在增值服务这一块做得较好。

（6）身份象征类信用卡。白金卡，钻石卡，俱乐部信用卡，是身份象征类信用卡的代表。如招商银行和民生银行的顶级白金卡，非常彰显身份。

**（三）信用卡与借记卡的区别**

信用卡又称贷记卡，其主要作用是小额透支贷款，用来消费。而借记卡，通常称为储蓄卡。其主要作用是储蓄存款，主要用于储蓄存款、ATM提现、转账、各类缴费。可以看出，银行发行这两种卡，各有不同用途。正常情况下，个人最好既拥有借记卡又拥有信用卡，储蓄卡用来储蓄取现，信用卡用来消费，这样就可以做到专卡专用，而不会产生额外的负担了。

信用卡与借记卡的区别很明显，具体有：信用卡是先消费后还款，借记卡是先存款后使用；信用卡可以透支，借记卡不可以透支；信用卡有循环信用额度，借记卡没有循环信用额度；信用卡持卡人在最后还款日前全额还款的，购物消费享有免息还款期，借记卡没有免息期；信用卡存款不计息，借记卡存款按活期储蓄利率计；信用卡发卡需要符合相关条件，借记卡只要有身份证就可以了。

**（四）使用信用卡的好处**

1. 使用信用卡可以享受在购物消费中的结算服务，避免了出门带现金的麻烦和危险，不仅可以省去结账过程中点钱找零的麻烦，还能有效防止收到假币的情况，增强安全感。

2. 使用信用卡消费，可以获得广泛的消费折扣、消费积分奖励，还有机会获得高额的购物保障。如果货品因意外损毁、遗失或被盗而受损失，均可获得赔偿。

3. 使用信用卡可以从发卡机构获得一定的信用贷款及免息使用资金，同时，还可以享受发卡机构赋予会员的其他权益及服务。

4. 使用信用卡可以建立自己的信用记录，在未来与银行打交道时可享受一定优惠，并且政府的一些相关政策正在陆续出台中，信用记录良好的人会在未来的金融服务中享有一定的好处。

5. 使用信用卡可以方便理财，并且享受到多种结账方式，省事又省钱。实践统计：长期使用信用卡较使用现金对比，可节省15%－20%的消费支出。

理财小贴士

**使用信用卡的认识误区**

1. 信用卡比现金更“安全”。由于许多银行发行的信用卡都不设密码，一旦丢失意味着很大的损失，所以携带信用卡出行要特别注意，一旦发现丢失要即时挂失。

2. 提前存入款项待扣。有人嫌每个月到银行还款麻烦，就提前将一笔钱存进信用卡里，专家表示，这种做法不可取。因为存入的钱不仅没有利息，想取出来还得花手续费。

3. 信用卡提现手续费较高。除非万不得已，一般不要用信用卡提现。如果应急，取现后一定要尽快还款。因为各家银行都有规定，取现的资金从当天或第二天就开始按每天万分之五的利率“利滚利”计息。

4. 信用卡是“面子”的象征。有些人为了要面子，在银行开展活动的时候，一下子办理了几家银行的信用卡，与朋友吃饭的时候拿出来“炫耀”。但过一段时间就把这些卡束之高阁，这万万不可取，因为信用卡有年费问题，一直不缴费银行会“利滚利”计息，最后会来律师函，严重的还会构成诈骗罪。

**（五）信用卡的使用流程**

1. 客户申领信用卡。客户向发卡银行申领信用卡时，需填写信用卡申请表。客户按照申请表的内容如实填写后，在递交填写完毕的申请书的同时还要提交有关资信证明。

2. 审核发卡。发卡银行接到申请人交来的申请表及有关材料后，要对申请人的信誉情况进行审查。申请人申领信用卡成功后，发卡行将为持卡人发卡，并在发卡银行开立单独的信用卡账户，以供购物、消费和取现后进行结算。

3. 激活信用卡。每家银行都给出了多种新卡激活方式，其中，最常见的就是网上在线激活、电话语音自助服务和手机短信激活。很多银行都表示，卡片未激活前，该卡暂未生效，因此未激活的信用卡是不应该收年费的。可是，在执行过程中，部分商业银行对未激活或者未使用的信用卡都要收取一定年费。如果欠交年费，逾期信息就会记录在个人信用报告中。在现实生活中，如果不打算使用信用卡，最好将未激活且还未产生年费的信用卡及时注销。

4. 持卡购物消费。信用卡特约商户或银行受理信用卡后，要审查信用卡的有效性和持卡人的身份。商户、银行确认信用卡有效，根据与发卡行签订的合同与银行联系，请求授权。发卡银行收到授权通知后，根据持卡人存款账户的存款余额及银行允许透支的协议情况发出授权指令，答复是否同意进行交易。特约商户最后确认持卡人可以使用信用卡进行消费时，由持卡人在签账单上签字，经商户认证无误后，特约商户须向持卡人提供货物或服务。对于使用密码机制的信用卡，在输入密码且校验无误后，特约商户须向持卡人提供货物或服务。

5. 清算资金。特约商户将持卡人签署的签账单或取现单提交给收单行，与收单行进行清算，收回垫付的资金。收单行在向特约商户付款时扣除了一定的手续费，由收单行向发卡行提出付款请求。如果发卡行对交易无异议，则向收单行支付款项，同时通过预扣的方式与收单行分享业务的手续费。发卡行在每个月末或约定日期向持卡人发出对账单，即付款通知书，持卡人对账单上的交易无疑问后向发卡行支付相应的款项。

**（六）使用信用卡应注意的问题**

1. 理性消费。不要被银行或商家的奖励措施或促销手段冲昏了头脑而盲目消费，要控制购买欲望，如果过度消费，到期不能还款，会支付很高的利率，导致个人财务状况恶化。

2. 按时还款。专家认为，信用卡应该多发挥其透支、循环消费等功能，但一定得记住按时还款，否则，每天万分之五的罚金会让我们的透支代价高昂，得不偿失。

3. 避免取现以及跨行取款。有些银行的信用卡取现会花手续费，跨行取款的手续费一般最少为1%，持卡人一定不要忽视这个问题，一旦取款额度偏大，就会花费一笔不小的手续费，给自已造成不必要的损失。

**表3–6　各行信用卡本地取现收费政策**

| 银行名称 | 取现收费政策 |
|---|---|
| 中国邮政储蓄银行 | 交易金额的1%，最低2元（金卡最低10元）；跨行加收2元 |
| 中国工商银行 | 在本行取现金，不收取手续费；在他行柜台取现收取每笔1%、最低1元最高50元的手续费；跨行ATM取现每笔2% |
| 中国建设银行 | 无论信用卡里是否有存款，信用卡取现手续费每笔千分之五，最低2元最高50元，每天最多取2000元；信用卡透支取现时的利息为每天万分之五 |
| 中国银行 | 本行ATM取现每笔1%，最低费用8元手续费；本行柜台取现每笔1%，最低费用10元手续费 |
| 中国农业银行 | 本行预借现金，交易金额的1%，最低1元；他行预借现金，交易金额的1%+2元/笔，最低3元 |
| 交通银行 | 透支取现时，收取每笔1%的手续费，最低费用10元，利息为每天万分之五；信用卡本身有存款时，每笔手续费为千分之五 |
| 招商银行 | 无论信用卡里是否有存款，信用卡取现手续费每笔1%，最低10元，每天最多取1000元；信用卡透支取现时的利息为每天万分之五 |
| 中国民生银行 | 本行取现免费；他行取现收取每笔1%、最低1元的手续费 |
| 中信银行 | 提现按提现金额的3%收取手续费，最低人民币30元 |
| 兴业银行 | 提现金额的2%，最低人民币20元/笔（不分同城异地） |
| 广发银行 | 按取现金额的2.5%收取，最低人民币15元 |
| 上海浦东发展银行 | 取现额的3%，不低于人民币30元 |
| 中国光大银行 | 按取现金额的1%收取，每笔最低收取人民币3元，最高收取人民币200元 |
| 深圳发展银行 | 取现金额的2.5%，最低25元人民币/笔 |
| 华夏银行 | 按交易金额的1%收取，最低收取人民币5元 |
| 平安银行 | 按交易金额的2.5%收取，最低人民币25元/笔 |

4. 还款日以款项到达账户为准。信用卡还款时应该注意，自动存款机还款和跨行还款不是即时到账的，是要1－3天才到账的，所以为了稳妥起见，持卡人可以提前两三天还款，并最好问清楚，还款后款项何时到达账户，从而做到心中有数。

5. 关注年费问题。当考虑申请信用卡的时候，需要注意的是，银行通常只是免前一两年的年费，以后的年费会通过刷卡消费或以积分方式来换取，所以，在使用时应密切关注自己信用卡的有效期限和每年的年费收取情况。如果到期没有缴纳年费，银行可能会自动扣款，而且所扣款项将被作为持卡人的透支提现，会被计算高额利息。

**表3–7　各银行免受年费优惠政策**

| 银行名称 | 免年费政策 |
|---|---|
| 中国邮政储蓄银行 | 金卡首年免，刷满6次免次年；普卡无条件免年费 |
| 中国工商银行 | 首年免年费，刷卡5次，不限金额，免当年年费 |
| 中国建设银行 | 首年免年费，刷卡3次，不限金额，免次年年费 |
| 中国银行 | 首年免年费，刷卡5次，不限金额，免次年年费 |
| 中国农业银行 | 首年免年费，刷卡5次，不限金额，免次年年费 |
| 交通银行 | 首年免年费，刷卡6次，不限金额，免次年年费 |
| 招商银行 | 首年免年费，刷卡6次，不限金额，免次年年费 |
| 中国民生银行 | 首年免年费，刷卡8次，不限金额，免次年年费 |
| 中信银行 | 批卡后1月内刷1次免首年年费，刷卡5次免次年年费 |
| 兴业银行 | 首年免年费，刷卡或取现5次，不限金额，免次年年费 |
| 广发银行 | 首年免年费，刷卡6次，不限金额，免次年年费 |
| 上海浦东发展银行 | 普卡金卡及部分白金卡（加速积分卡、简约卡）刷卡6次免次年年费，标准白金卡、联名白金卡凭积分免年费 |
| 中国光大银行 | 首年免年费，刷卡3次，不限金额，免次年年费 |
| 深圳发展银行 | 首年免年费，刷卡6次，不限金额，免次年年费 |
| 华夏银行 | 首年免年费，刷卡5次，不限金额，免次年年费 |
| 平安银行 | 首年免年费，刷卡6次，不限金额，免次年年费 |

6. 了解最低还款金额机制。银行一般有规定10%的最低还款额，有些人认为按照最低还款额还款就行了，信用不受影响。然而银行这么一条看起来似乎人性化的规定，如果结合银行全额罚息的规定来看的话，就不那么简单了。许多家银行的信用卡使用章程中规定，如果选择最低还款额，就不能再享受还款免息待遇，也就是说哪怕你欠了一毛钱，整笔透支款所享受的免息待遇就完全失效了。银行是允许你每个月最低还10%，但如果你真这么做了，却又要全额罚息，所以我们在使用信用卡时一定要注意这个问题。

7. 了解足额还款的重要性。当我们有了信用卡欠款，在选择还款的时候，我们可以选择全额还款，也可以选择不足额还款，甚至可以选择最低还款额还款。但是我们应该注意到，没有全额还款的信用卡欠款都不能享受免息期。信用卡透支消费的利息是从每笔透支消费的记账日开始计算，每天万分之五的利率。持卡人的还款额超过最低还款额，但还达不到全额，所需支付的利息都是按照应还款额乘以万分之五的利息来计算的。如果连最低还款额都达不到，就会因此产生滞纳金，除此之外还会对持卡人的个人信用造成不良记录。只有全额还款，才能享受所有账单透支金额的免息期。因此，我们在有信用卡欠款时最好按时全额还款。

## 二、如何利用信用卡理财

### （一）信用卡消费理财

1. 支出管理指导消费

了解自己的收入及支出形态，是理财的基本动作。信用卡每月的结账单会逐笔列出消费的日期、商店及金额，再与自己平日消费中保留的单据进行核对无误后，加以整理分析，累积一段时间，即可对自己的消费形态有个基本的认识。哪些该消费，哪些可以延后消费，哪些根本不必消费，有了认识之后可以看出每项支出的必要性，从而控制自己的消费行为，做到理性消费，减少浪费。

2. 信用卡透支省利息

我们都知道信用卡都有免息期，就是可以提前消费，过几十天再还钱，这段时间银行免收利息，这样就相当于我们向银行贷了笔最长约两个月的无息贷款，我们可以利用免息的好处，让这笔钱替我们赚钱。

**表3–8　各银行标准卡免息期比较**

| 银行名称 | 免息期 |
|---|---|
| 中国邮政储蓄银行 | 20—50天 |
| 中国工商银行 | 25—56天 |
| 中国建设银行 | 20—50天 |
| 中国银行 | 20—50天 |
| 中国农业银行 | 25—56天 |
| 交通银行 | 25—56天 |
| 招商银行 | 20—56天 |
| 中国民生银行 | 25—56天 |
| 中信银行 | 20—50天 |
| 兴业银行 | 20—50天 |
| 广发银行 | 25—56天 |
| 上海浦东发展银行 | 25—50天 |
| 中国光大银行 | 20—50天 |
| 深圳发展银行 | 20—50天 |
| 华夏银行 | 20—50天 |
| 平安银行 | 20—50天 |

3. 关注银商优惠活动

一般情况下，各家银行会选择在节假日与商场合作，推出刷信用卡购买商品可以享受折扣优惠的活动，我们只要留心就可以用信用卡享受优惠而为我们省下一大笔消费支出。

刷卡用餐打折，也是银行长期以来推行的优惠活动，使用信用卡，不但可以享受价钱折扣，而且有的餐厅会赠送精美的菜品或酒水。如今，信用卡消费优惠活动最热门的可以说是商旅优惠。如果你经常出差，那么一定要好好利用信用卡提供的机票打折优惠。并且，银行多与信誉度高、规模大的旅行社进行合作，推出国内外多条旅游路线供持卡人选择。这样一来，持卡人就不必再为挑选哪家旅行社而苦恼，也不必为手头流动资金不足而担心。

4. 巧妙避免手续费用

信用卡的使用在国内没有本地和异地之分。而在今天竞争激烈的信用卡市场，很多家银行对持卡人取款都不再收取手续费，对于经常出差的人士来说，使用信用卡消费和取现就可以节省一笔手续费，而且避免了外出携带大量现金的麻烦和危险。

另外，需要汇款的时候，也可以利用信用卡免手续费这一特点。比如，工作在外的儿女给家乡的父母汇款、父母给求学在外的儿女汇款等，如果通过银行转账就要扣除手续费，而利用信用卡就可以省掉这笔支出。一个大学生一年在外求学，生活费加学费大概20000元，大学四年按照每半年汇款一次计，就可以至少省下400元手续费。

**（二）信用卡投资理财**

1. 利用信用卡进行短期小额借款。一般的信用卡额度可以到1万元以上，如果消费每月是10000元，使用信用卡消费，钱自然就可以存下来了。信用卡免息期最少是20天，最长56天。也就是说10000块钱是可以存到银行产生利息的。按照当前7天通知存款的利息计算，按最长免息期算，将有20多元钱的利息。

2. 通过信用卡购买保险产品。这样既可以有效使用信用卡，又可以方便地购买到保险产品，进行保险产品的投资，一举两得。

3. 巧用信用卡分期业务，用银行的钱投资生钱。凭信用卡办理的分期业务有多种多样。以建行的信用卡为例，凭信用卡可以申请办理消费分期和账单分期等。假如你计划装修房子，预计装修费用大约20万元，同时，你手头上有一个投资项目，投资期限为两年，预期到期的收益率可以达到10%，但目前手头上的可用资金仅有22万元，在这种情况下，你便可以申请办理信用卡的家装分期业务了，假设目前2年期额家装分期费用为6%，那么，你就可以额外获得4%的投资收益了，达到了利用银行的钱投资生钱的目的。

4. 关注发卡行的新业务。有些银行会与某项基金进行合作，密切关注这类消息可以在基金新推出之际，使用信用卡方便地买卖基金，并且此时还可以享受到一定幅度的价格折扣。并且使用此业务时有一个最大的好处，就是可以通过电话或是网络进行，坐在家中，打打电话，敲敲键盘，就可轻松投资，既免去了路途劳顿之苦，又不用担心错过重要信息。

## 三、案例分析

**案例资料3–3**

在一家事业单位上班的李明和他的未婚妻虽然收入不错，但都是典型的“月光族”，平时赚多少花多少，现在打算结婚了却没什么存款，连一些大家电都添置不了。就在他发愁的时候，朋友指点了，这不是小case嘛，天上有馅饼，看你想不想接了。李明忙问怎么办。朋友说，很简单，完全可以去大商场买这些大件儿，然后分期付款，而且还免利息。李明一拍脑门，仿佛突然开窍似的，带着妻子去了苏宁、国美等商场，把全自动洗衣机、双开门冰箱、液晶彩电等心仪的物件抱回了家。看到未婚妻对着一台新出的笔记本两眼放光，李明一高兴，把笔记本也拎回了家——反正买一件是刷，买十件也是刷！虽然花了2万多，但两人心里还是美滋滋的，他们自己出了零头，剩下的两万12个月分期付款，每个月只要还2000块钱，这对他们来说轻松多了。

可第一期对账单寄过来后，李明傻眼了：每期的2000元变成了2156元，也就是说，12个月下来，他要多花1872元。这让李明很是不爽，以为受骗了。其实银行并没有骗他，朋友也没有骗他，只是在免担保、免利息、零首付的背后，还有其他"隐性成本"。分期付款不是绝对的免费午餐，每个月多出来的156块是分期付款的手续费，分期的次数越多，手续费就越高。李明妻子一听说要每个月多还一百多块，一年要多还1872块，这个价格有点儿贵了，她建议省点钱，提前还掉欠款，而打电话跟客服咨询时，对方却说，要提前还款也可以，但必须在下一个还款日前把商品余额和剩余的各项手续费一次性还清，此外，还要加收一定的提前还款手续费。李明一听就气愤了，提前还钱还要多收钱，这是什么世道啊!

**问题思考：**

为什么李明银行信用卡分期付款的馅饼变成了陷阱？

**分析线索：**

虽然各家银行信用卡分期付款的手续费标准不一样，但计算方法大致相同。细算一下就会发现，大多银行的分期付款手续费率，跟银行一年的贷款利率差不多。假设分期付款的金额为1200元，分12期，每期还100元，手续费为0.6%/月，每月实际扣除金额为：100+1200*0.6%=107.2元，但是，消费者并不会一直都欠银行1200元，到最后一个月，实际只欠银行100元，但银行仍按1200元来收取手续费。如果不考虑其他因素，可折算的年利率为7.2%，这比一年贷款利率多出了不少，除了手续比贷款稍微方便外，分期付款等于是高利息贷款了。

## ※思考与练习

### 一、问答题

1. 在进行储蓄理财时，你的储蓄计划可能受哪些因素的影响？

2. 如何合理地进行个人信贷理财？请根据自身情况设计合适的信贷理财规划。

3. 如何进行信用卡理财？

### 二、案例分析题

1. 李先生是刚刚从大学毕业的公司白领，目前没有大的开销，所以李先生的工资基本都是只放在工资卡里，没有什么理财方案。消费支取没有什么预算，所以支取完之后年末并不能剩下多少。请为李先生设计一个储蓄理财方案。

2. 2011年2月27日，刘某在中国银行办理了金额为10万元的个人综合消费贷款，借款期限为36个月，自2011年2月27日起，至2014年2月27日止。该笔贷款按季度共分12期偿还。抵押物为借款人刘某的住房，2011年2月19日经房地产评估有限公司评估，当日可实现的市场价值为30万元。合同签订后，中国银行如约全额发放贷款，但刘某却自第1期开始就未按期归还借款，只是在2011年10月份归还了1000元。在借款人第3期未如约归还借款后，中国银行将刘某诉至法院，请求提前归还全部贷款。请问刘某应该怎么做？

3. 小红学习一向刻苦，在高考中取得了优异的成绩，被一所重点大学录取。但小红家庭贫困，父母之前没有对其进行很好的教育资金规划，现在一时拿不出来供小红读大学的学费，家里人一筹莫展。请问小红应该怎么做？

4. 王女士是一家公司的程序设计员，最近计划用10000元去买一台更好的电脑，准备去取出她的活期存款来进行购买。但听了朋友的建议后，她先用信用卡刷卡消费而不是立即取出现金购买，在最后还款日前及时还上了信用卡里的钱。请问王女士为什么这样做？

第4章

# 个人银行理财产品理财

**本章重点**

1. 个人银行理财产品的概念、主要类型、基本特点。
2. 个人银行理财产品收益计算方式、影响因素。
3. 个人银行理财产品的选择技巧。
4. 如何有效地进行个人银行理财规划。

**学习目标**

1. 通过本章学习，对个人银行理财产品的基本情况有初步了解，能够根据自己的收入水平和风险承受能力选择合适的理财产品。
2. 熟悉选择购买银行理财产品的方法，了解购买过程中要注意的关键点。
3. 掌握个人银行产品理财的规划步骤、规划中的误区。

# 1. 个人银行理财产品基本知识

**引例：初识银行理财产品**

2004年2月，光大银行首开先河，发行了内地第一个外币理财产品“阳光理财A计划”；当年10月，又推出国内首个人民币理财产品“光大阳光理财B计划”。之后招商、华夏、中信、民生、兴业等多家银行跟进，四大国有商业银行也在2005年初开始推出各自的人民币理财产品。国内商业银行争相发展理财产品业务由此拉开帷幕。“阳光理财A计划”一经推出就引起了业内的极大关注，并获得了广大投资者的一致认同，成为百姓理财的一道亮丽风景线。在短短5个月时间内共发售8期产品，累计销售72.94亿元。同时外币结构性存款在国内理财市场也是一枝独秀，当年累计共发售11期，销售量达3.07亿美元。

自2004年第一支银行理财产品问世以来，境内商业银行发行的个人理财产品无论是产品种类还是发行规模均实现了快速增长。数据统计显示，截至2011年11月，我国境内商业银行共发行理财产品22379款，较2004年仅发行114款产品增长了约200倍，总发行规模也突破了8万亿（如下图所示）。

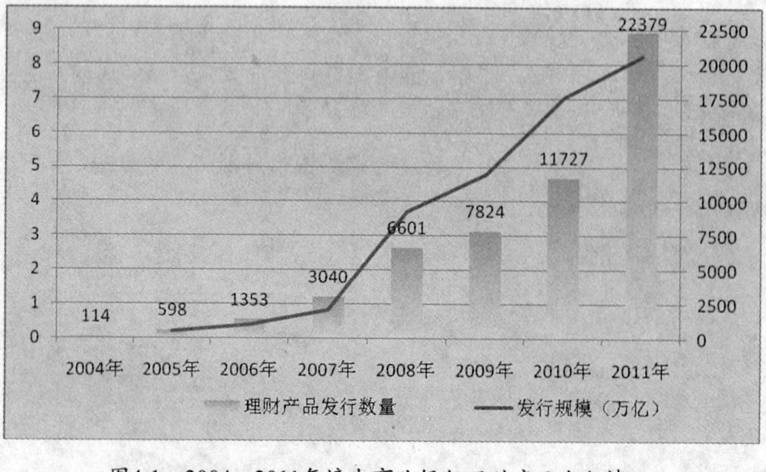


图4-1　2004—2011年境内商业银行理财产品发行情况

我国个人银行理财市场的快速发展符合当前居民对财富保值增值的需要，也是商业银行应对利率市场化、推行业务多元化的必然选择。随着经济的快速发展，居民的财富迅速积累，普通民众的理财意识不断增强，迅速积累的居民财富需要寻求合适的投资渠道以达到保值增值的目的。在银行实际存款利率持续为负的宏观环境下，商业银行个人存款外流严重，面临着巨大的吸储压力。一般来说，个人银行理财产品收益高于银行定期存款利率，投资者可以根据个人偏好进行选择，以控制投资收益和风险；而个人理财业务占用资金少，监管制度相对宽松，大力发展个人银行理财业务，既能极大地满足投资者的需求，也有利于引导居民储蓄资金向个人银行理财产品迁移。

## 一、个人银行理财产品概述

### （一）什么是个人银行理财产品

商业银行个人理财业务又称“私人银行业务”（private banking）、“个人银行业务”（personal banking service）或“商业银行零售金融产品业务”，是目前发达国家商业银行利润的重要来源之一。主要指商业银行依据自己的专业特长及技术优势，根据客户的资产状况及风险偏好，为客户提供专业的财务分析、财务规划、资产管理等金融中介服务，通过设计出相应的理财方案，对客户收入、支出及个人资产进行配置，以实现其个人理想与目标。它是一种建立在委托－代理关系基础上的综合性金融服务。

链接〉〉〉〉〉〉

**商业银行个人理财业务与理财产品**

根据2005 年9 月银监会公布的《商业银行个人理财业务管理暂行办法》，商业银行个人理财业务可分为理财顾问和综合理财服务两类。在理财顾问服务中，客户根据商业银行提供的理财顾问服务管理和运用资金，并承担由此产生的收益和风险。在综合理财服务中，客户授权银行代表客户按照合同约定的投资方向和方式，进行投资和资产管理，投资收益与风险由客户或客户与银行按照约定方式承担。我们常说的理财产品是指在综合理财服务中银行销售的理财计划。

个人银行理财产品是商业银行开展个人理财业务的载体和工具，即由商业银行自行设计或与其他金融机构共同设计并发行，将募集到的资金根据产品合同约定投入相关金融市场及购买相关金融产品，获取投资收益后，根据合同约定将投资收益分配给投资人的一种理财产品。

### （二）个人银行理财产品的种类

按照不同的分类标准，我们可以将个人银行理财产品分为不同的类型。

1．按本金与收益是否保证分类

可以分为保证收益理财产品和非保证收益理财产品。

保证收益理财产品指商业银行按照约定条件向客户承诺支付固定收益，银行承担由此产生的投资风险，或者银行按照约定条件向客户承诺支付最低收益并承担相关风险，其他投资收益由银行和客户按照合同约定分配，并共同承担相关投资风险的理财产品。保证收益理财产品又可以分为保本固定收益理财产品和最低收益理财产品，保本固定收益理财产品主要投资固定收益工具，或者进行固定收益工具组合投资，组合中各种投资工具的占比取决于客户的风险偏好，主要投资工具包括债券、货币市场产品如同业拆放或者CD、结构性存款等。如民生银行的“安心理财计划”，在投资组合中，60%为美国国债，40%为稳健型结构性产品。保证最低收益产品指银行按照合同约定事项支付投资者全额本金、最低固定收益的理财产品。该类产品的主要特点为银行承诺支付本金和最低收益，这部分收益所产生的风险由银行承担；其他或有投资收益则按合同约定进行分配，但投资者需承担这部分收益为零的风险。

链接〉〉〉〉〉〉

**保本固定收益并非完全无条件**

为防银行高息揽储，2008年5月颁布的《中国银监会办公厅关于进一步规范商业银行个人理财业务有关问题的通知》规定，“金融机构理财产品不得许诺固定收益”，因而，在保证固定收益理财产品的合约中，往往存在着允许银行在特定时间或特定条件下提前终止产品的规定，而投资者并不享有这种权利。因而，投资者并不是完全无条件地获得固定收益。

非保证收益理财产品包括两种：一种是保本浮动收益理财产品，指商业银行按照约定条件向客户保证本金支付，本金以外的投资风险由客户承担，并依据实际投资收益情况确定客户实际收益的理财产品。另一种是非保本浮动收益理财产品，指商业银行根据约定条件和实际投资收益情况向客户支付收益，并不保证客户本金安全的理财产品。

2．按标价货币分类

可以分为外币理财产品、本币理财产品和双币理财产品。

标价货币是指允许用于购买相应银行理财产品或支付收益的货币类型。外币理财产品只能用美元、港币等外国货币购买，人民币理财产品只能用人民币购买。国内理财产品市场的发展始于外资银行发行的外币理财产品，外资银行凭借自身强大的海外投资能力，提供了多种投资主题，如新兴市场股票、水资源篮子股票等，帮助投资者在风险相对较低的情况下，把握资本市场的投资热点。

双币理财产品是将人民币理财产品和外币理财产品进行组合的创新，其发展主要源于人民币的升值预期形成的投资机遇。目前该类理财产品在国内的运作模式主要包括以下两种：（1）投资本金由本、外币两种货币组成，以人民币理财产品和外币理财产品的模式运作，到期后分别以原币种支付本金及收益，以招商银行发行的该类产品最为著名，也称招商银行模式；（2）以人民币作为投资本金，将此本金产生的利息兑成外币以外币理财模式运作，以外币返还本、外币理财的整体收益，也称光大银行模式。

3. 按照产品期限分类

可以分为超短期产品（委托投资期限1个月以内）、短期产品（委托投资期限1至3个月）、中期产品（委托投资期限3个月至1年）、长期产品（委托投资期限1年以上）以及开放式产品（产品可以每天或者在约定的日期申购、赎回）。通常，期限越短，流动性风险越小；反之，则流动性风险越大。

4. 按投资方向分类

可以分为货币市场类产品（投资于同业拆借、短期证券市场、债券衍生市场）、资本市场类产品（投资于股票、债券、基金）、产业投资类产品（投资于信贷资产类、股权投资类）。

5. 按投资对象和基础资产分类

可以分为债券类产品、银信合作理财产品和结构型理财产品。

债券类理财产品指募集资金的投资对象包括银行间债券市场上流通的国债、政策性金融债、央行票据、企业短期融资券等。目前，我国个人投资者无法直接投资央行票据与企业短期融资债券，此类理财产品的发行为我国客户提供了分享货币市场投资收益的机会。这种理财产品流动性强，投资风险小，结构相对简单，客户预期收益稳定，适合风险承受能力低的投资者购买。

银信合作理财产品，指银行和信托公司签订协议，由银行向社会公开发售理财产品，再将募集的资金用于购买信托计划并作为单一委托人指定资金用途的理财模式，主要包括新股申购信托计划、转让贷款、信托贷款和票据购买四种形式。

**链接〉〉〉〉〉〉**

**银信合作理财产品简介**

目前国内信托公司的业务主要分成三大块：资产管理、部分投资银行业务和自营业务。资产管理业务是信托公司最核心的业务，可以采用委托和信托两种方式经营资产管理业务，包括经营资金、不动产、动产及其他财产等信托业务。投资银行业务包括证券承销、公司理财、企业并购、投资咨询、基金管理等。自营业务包括同业拆放、贷款、融资租赁和投资等业务。

银信合作理财产品原本隶属商业银行表外资金业务，在银行理财产品体系中一直占据主导地位。为防止其规模急剧扩张对冲货币政策效果，2010年7月银监会紧急叫停整顿，该类理财产品进入了转型升级阶段。

结构型理财产品，也称挂钩型理财产品，指通过运用金融工程技术手段将多种基本产品，包括股票、利率、汇率等金融产品，以及一些实物产品，衍生金融工具相互组合在一起，形成的综合性金融产品。结构性产品的最终收益率与相关市场或产品的表现挂钩，具有高风险、高收益的特点。根据挂钩资产的属性，又可以分为外汇挂钩型、利率挂钩型、股票挂钩型、QDII基金挂钩类理财产品、人民币汇率挂钩类理财产品等。

（1）外汇挂钩型理财产品。这类产品盯住的风险因素是可自由兑换货币的汇率，它的回报率取决于一组或多组外汇的汇率走势，挂钩标的是一组或多组外汇的汇率。

（2）利率挂钩类理财产品。这类理财产品主要是指在货币市场上进行交换和交易，并由银行发行的理财产品。挂钩标的一般是伦敦银行同业拆放利率，收益不高但非常稳定，投资期限固定，不得提前支取。

（3）股票挂钩类理财产品。股票挂钩类理财产品又称联动式投资产品，指通过金融工程技术，针对投资者对资本市场的不同预期，以拆解或组合衍生性金融产品如股票、一揽子股票、指数、一揽子指数等，并搭配零息债券的方式组合而成的各种不同报酬形态的金融产品。

（4）QDII基金挂钩类理财产品。QDII是Qualified Domestic Institutional Investors的简称，即合格境内机构投资者，指在我国境内成立，经有关部门批准允许从事境外证券市场的股票、债券等有价证券业务的机构。该类理财产品投资标的主要为基金，一般是通过商业银行将人民币资金兑换成外币，然后由商业银行在国外投资，到期后将投资收益及本金结汇成人民币后分配给投资人。

**链接〉〉〉〉〉〉**

**QFII**

QFII（Qualified Foreign Institutional Investors）机制是指外国专业投资机构到境内投资的资格认定制度。与QDII制度相对应。QFII是一国在货币没有实现完全可自由兑换、资本项目尚未开放的情况下，有限度地引进外资、开放资本市场的一项过渡性的制度。

从2003年保监会发布《关于保险外汇资金投资境外股票有关问题的通知》，到

2006年《商业银行开办代客境外理财业务管理暂行办法》发布，我国QDII完成了从试点到制度的转变。

一般而言，保证收益型理财产品风险相对较小，收益稳定，适合保守型投资者投资，而非保证收益型理财产品的收益率没有保障，风险较高，适合进取型投资者或者是经济实力较强的投资者投资。外币理财产品的收益率受汇率波动的影响，特别是近几年来人民币升值的压力较大，所以购买外币理财产品需要承受的风险较人民币理财产品要大，进取型投资者更可能购买外币理财产品，而保守型投资者更倾向于购买人民币理财产品。

此外，理财产品投资的对象不同，其风险收益状况也存在着很大的差别。债券类理财产品主要投资于低风险的国债、金融债和中央银行票据，这类票据信用等级高、流动性强，一般的债券型理财产品的收益率为2%－4%，适合既追求资金流动性又需要稳健收益的投资者购买；银信合作类理财产品风险相对较低，收益率较高，一般为4%－6%，适合风险中立者购买；结构性理财产品是近几年兴起的热门理财产品，其收益由挂钩的标的资产决定，优质稳健的该类产品收益率可以达到6%－8%，当然，也有出现收益率为0的情况，需要投资者有较好的风险承受能力，适合进取型的投资者购买。

表4-1　个人银行理财产品示例

| 产品名称 | 产品简介 | 起始金额 | 期限 | 预期年化收益 | 隶属类别 | 风险及收益状况适宜人群 |
|---|---|---|---|---|---|---|
| 安心理财计划 | 民生银行发行，投资组合包括60%为美国国债，40%为稳健型结构性产品（30%为收益递增的结构性存款和与利率区间挂钩的结构性存款，10%为汇率相关的结构性产品） | 300万美元 | 2年 | LIBOR+0.35%（或转化为固定利率） | 保证收益型理财产品 | 风险小、收益稳定<br>保守型投资者 |
| 心心相印一招银进宝之点贷成金222号 | 招商银行发行，主要指投资组合的回报，容易受到市场利率的变化、投资组合的运作情况以及投资管理方投资能力的影响，在最不利的情况下，甚至可能损失本金 | 10万元 | 45天 | 4.3% | 非保证收益性理财产品 | 风险较大、收益波动较大<br>进取型投资者 |
| 交通银行“得利宝”新绿澳元1年产品F110173 | 交通银行发行，委托币种为澳大利亚元，100%保本，根据客户等级不同，收益浮动区间存在差异，最高为6.80% | 8500澳元 | 1年 | 0.00%—6.80% | 外币理财产品 | 受汇率影响，风险较大，收益波动较大<br>进取型投资者 |

续表

| 产品名称 | 产品简介 | 起始金额 | 期限 | 预期年化收益 | 隶属类别 | 风险及收益状况适宜人群 |
|---|---|---|---|---|---|---|
| 中银日积月累一日计划 | 中国银行发行，主要投资于国内债券市场，为投资者提供类似于活期存款的流动性的现金管理产品 | 5万元 | 无固定期限 | 1.68% | 人民币理财产品 | 风险相对较小、收益波动较小<br>保守型投资者 |
| “聚汇宝”B计划0504期期2号港币产品 | 深圳发展银行发行，主要收益来源于货币市场工具、投资级别较高的债券、票据及存放类金融产品 | 6万港币 | 3个月 | 2.0% | 债券类理财产品 | 风险小、收益稳健<br>保守型投资者 |
| “建行财富”信托贷款类理财产品09年第89期 | 中国建设银行发行，募集资金投资于中国建设银行一江苏锡宜高速公路有限公司信贷资产信托项下信托受益权 | 20万元 | 210天 | 3.2% | 银信合作类理财产品 | 风险较小、收益较高<br>风险中立型投资者 |
| 中国银行0407“美元汇聚宝”日进斗金理财计划 | 中国银行发行，采取分段设计收益率的方式，前两年收益率与美元6个月LIBOR挂钩，每个收益期设定一个LIBOR观察区间，若当天LIBOR处于区间内就按3.4%的年率计息，否则收益为零；后两年采用固定收益率3.4% | 1000美元 | 4年 | 4% | 结构性理财产品 | 风险大、收益波动大<br>进取型投资者 |

### （三）个人银行理财产品的特点

与商业银行及其他金融机构发行的金融产品相比，个人理财产品表现出以下几个特点：

1. 集合理财，专业管理

个人银行理财产品是将众多投资者的资金集中起来进行共同投资，通过汇集众多投资者的资金，积少成多，有利于发挥资金的规模优势，降低投资成本，共担风险，共享收益。

2. 产品期限趋于中短期化

产品期限中短期化是当前理财产品表现出的一大特点。由于国内投资环境有了明显的改善，居民个人可供选择的投资机会越来越多，产品流动性要求也相应提高，而产品短期化有利于提高流动性，降低机会成本。而人民币升值预期是产品短期化的另一个重要动因。自2008年开始，发行期限在6个月以内的短期产品迅速增加，占当年发行理财产品的56%；到2009年，这种趋势更加明显，半年期以内的理财产品占全年发行理财产品的71.2%；2011年，期限在6个月以下的理财产品市场占比达到86.24%。在众多短期理财产品中，时间最短的只有一周。

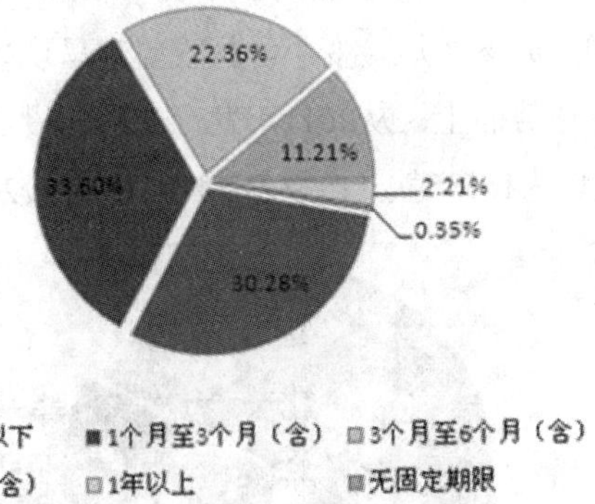


图4-2　2011年商业银行理财产品的期限结构图

3. 产品定位趋向高端化，并且有加强趋势

《商业银行理财产品管理办法》（以下简称办法）规定，商业银行应当根据理财产品风险评级、潜在客户群的风险承受能力评级，为理财产品设置适当的单一客户销售起点金额。风险评级为一级和二级的理财产品，单一客户销售起点金额不得低于5万元人民币；风险评级为三级和四级的理财产品，单一客户销售起点金额不得低于10万元人民币；风险评级为五级的理财产品，单一客户销售起点金额不得低于20万元人民币。从办法的规定来看，个人银行理财产品的申购起点为5万，但从实际情况来看，从2008年开始，部分商业银行发行的个人理财产品就已经打破了5万元门槛的惯例，以10万－50万元作为投资起点，特别是股份制银行和外资银行，就2012年1－5月，股份制银行发行的投资起点为10万元（含）以上的产品占其发行产品总量的比例为51.14%，外资银行发行的投资起点为10万元（含）以上的产品占比为75.23%。

**链接〉〉〉〉〉〉**

**理财产品投资起点提升**

从2009年12月开始，交通银行提高了大部分普通理财产品的投资起点，其“得利宝新蓝”、“得利宝海蓝”和“得利宝辉黄”等系列理财产品的申购门槛均已提升至10万元。此外，招商银行的“金葵花招银进宝之信贷资产464号理财计划”和华夏银行的“慧盈14号海外基金挂钩理财产品”的申购资金要求已增至20万元；而中信银行发行的“理财快车计划0824期4号人民币产品”的投资起点已经达到50万元。

4. 人民币理财产品逐渐占据主导地位

我国银行理财产品的发展始于外币理财产品，但随着国内商业银行的逐步介入，人民币理财产品发展迅速，特别是在2008年金融危机后，外部环境的恶化，外币理财产品开始逐步萎缩，而国内经济又稳步成熟，风险变小，且收益也呈现多样化，能够满足投资者的多元化需要，人民币理财产品逆势而上。从2011年发行产品的投资币种来看，人民币理财产品占据绝对主导地位，发行数量为16535款，市场占比86.23%，较2010年增长近4个百分点。

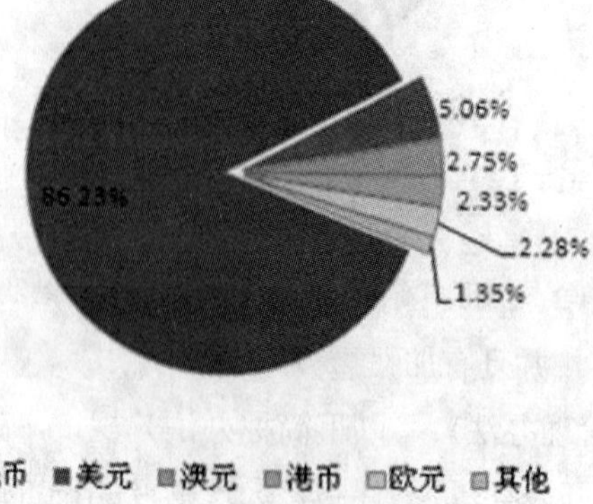


图4-3　2011年商业银行发行理财产品投资币种结构图

**（四）银行理财产品与保险理财产品的区别**

目前国内多数银行都有自己的银行理财产品和代理销售的保险理财产品，许多投资者并不清楚这两种产品的差别，甚至将二者混为一谈。银行理财产品和保险理财产品可以从以下四个方面进行区分：

1. 理财侧重点不同

从本质上讲，购买银行理财产品属于投资的范畴，投资面临着本金和收益损失的风险，因此，银行理财产品不具备保障功能。而保险理财产品则含有死亡保险的保障功能。

2. 资金收益情况不同

银行理财产品采取的主要是单利，即一定期限、一定数额的存款会有一个相对固定的收益空间。不论是采取固定收益还是浮动利息，在理财期限内，银行理财产品都采取单利。保险理财产品则不同，大都采取复利计算。即在保险期内，投资账户中的现金价值以年为单位，进行利滚利。在保险理财产品中，变额寿险可以不分红，也可以分红（目前国内大多属分红型），若分红，会承诺一个收益底限，分红资金或用来增加保单的现金价值，或直接用来减额缴清保费；万能寿险也会承诺一个资金收益底限，通常为年收益的4%或5%；而变额万能寿险则不会承诺，资金盈亏完全由投保人承担。在选择变额万能寿险时要注意，某些代理人所出示的“资金收益表”只是保险公司以前的盈利情况，并不代表今后的“一定的”收益。

3. 支取的灵活程度不同

银行理财产品都有固定的期限，如果储户因急用需要灵活支取，会有利息损失。保险理财的资金支取情况分几种：一是可以灵活支取，如在合同有效期内，投保人可以要求部分领取投资账户的现金价值，但合同项下的保险金额也同时按照比例相应地减少，会影响保障程度。如果全部支取，要扣除准备金账户的费用损耗，因为已经享受了一段时间的死亡保障，因此只返还保单现金价值，会造成较大损失。现实中，很多保险公司的万能寿险产品为了满足保户的理财需求，在账户管理上讲求“保障少、投资多”的策略，如投资者可以缴纳10万元的保费，其中只需拿出2000元用作责任准备金即可，其余9.8万元用来理财，并且可以灵活支取。二是不可以随时支取，直到保险期满时，死亡保障金和投资账户的现金价值才能一次返还。

4. 期限长短不同

银行的理财产品一般都趋向于中短期型，而银行代理的保险理财产品作为保险产品，虽然缴费期短，但一般都属于长期理财产品。根据金融界网站的统计，2012年2月发行的理财产品中，产品期限延续了中短期化的趋势，1－3月以内的理财产品依然占据主流。1个月以下的理财产品，占总发行量的10%；1－3个月理财产品，占总发行量的50%；3－6个月的理财产品，占总发行量的23.30%，期限在6个月以下的理财产品比例占理财市场发行量的超过八成。虽然近期通过银行保险理财渠道，一些保险公司陆续推出了保险期限较短且一次性缴费的保险理财产品，但保监会对这些期限较短的银行保险理财产品监管较严，银行代理的保险理财产品的期限大多集中在五年、十年和十五年三种类型。

**表4-2　银行理财产品和保险理财产品的区别**

| 区别 | 银行理财产品 | 保险理财产品 |
|---|---|---|
| 理财侧重点 | 不具备保障功能 | 含有死亡保险的保障功能 |
| 资金收益情况 | 银行理财产品采取的主要是单利，即一定期限、一定数额的存款会有一个相对固定的收益空间 | 保险理财产品都采取复利计算，即在保险期内，投资账户中的现金价值以年为单位，进行利滚利 |
| 支取的灵活程度 | 银行理财产品都有固定的期限 | 资金支取情况分两种：一种可以灵活支取；另一种不可以随时支取 |
| 期限长短不同 | 银行的理财产品期限趋向于中短期 | 银行代理的保险理财产品一般期限较长 |

## 二、个人银行理财产品的收益与风险

### （一）个人理财产品的收益

随着银行理财产品种类的日益多元化，理财产品收益的计算及相关影响因素也开始变得复杂。

1. 收益率的计算

（1）对单一型理财产品而言，由于其产品结构比较简单，一般可用基础资产收益率扣减一定的基点（银行收取的管理费用或者获利基点），作为理财产品的预期收益率。其收益率可以表示为：

理财产品的收益=基础资产收益×（1－折扣率）

其中，折扣率指银行收取的管理费用或者其他需要在基础资产收益的基础上扣减的费用。

（2）结构型理财产品的产品要素相对复杂，其挂钩的标的资产通常不止一种，而不同的标的资产和理财产品设计结构方式都会影响收益的计算，因此收益的计算存在较大差异。以外汇结构性存款理财产品为例，如中行“汇聚宝”、工行“汇财宝”等，该类理财产品类似于一个零息票债券和期权的组合，其收益与约定的外国货币的利率相挂钩，但汇率变化会对收益率造成较大的影响。其中，零息票债券用于保证投资本金的安全，期权则用于保证汇率变动时获取收益。用以下公式表示：

$$1+\min\{k,\ \max\left(\left(ST/St-1\right)e,\ \lambda\right)\}$$

其中，k表示保本型产品的最高收益率，ST/St－1表示股票等挂钩资产收益率，e表示参与率，即挂钩资产价格上升时，投资者可从收益率上涨中获得的分享比例。（ST/St－1）e表示投资者从收益率上涨中获得的实际收益率。λ表示保本型产品的最低收益率，即保本率。λ等于0意味着完全保本，λ小于0意味着部分保本。

2．个人银行理财产品收益的影响因素

不同类型理财产品收益差异很大，影响因素也千差万别。总体来说，理财产品的收益受挂钩资产、产品期限以及发行理财产品银行的信用等级、经营管理能力的影响。

（1）投资或挂钩的资产

通常挂钩资产的风险越低，理财产品的收益率也越低。在各种金融资产中，国债和央行票据的信用等级最高，相对应的风险最低，收益率也最低；而金融债和信托产品的信用等级较高，收益率较前者稍低。另一方面，风险越高，理财产品的收益率就越高。企业债、短期融资券和股票的信用等级相对较低，风险较高，因此收益率也较高。而风险较大的理财产品基本上都是挂钩于股票、基金、指数、汇率的结构性理财产品，而其中以直接购买股票、基金的证券投资类产品的风险最大，出现零收益或负收益的情况最多。

（2）产品期限

影响个人银行理财产品收益的另外一个因素是客户将资金委托给银行的投资期限即产品的存续期。不同的理财产品的签约日期、生效日期和最终清偿日期之间的关系会因法律规定或合约规定而不同。期限一方面体现了投资理财产品的流动性，另一方面也体现了市场的风险因素。首先理财产品的期限设计会影响到资金的流动性，进而影响到理财产品的收益率，长期理财产品的流动性溢价比短期产品要多。但是对理财产品收益率的判断不能单纯从期限上看，不同投资市场行情对期限不同的理财产品的收益也会产生不同的影响。一般来说，弱势市场上，短期理财产品的数量较多。这是因为短期产品流动性较强，由于市场流动性紧张的因素，货币市场利率不断走高，货币市场利率的上升，直接带动了短期理财产品收益率的上涨。

（3）发行银行的信用级别、经营管理能力和创新能力

商业银行信用评级（Bank' s Credit Rating）是对一家银行当前偿付其金融债务的总体金融能力的评价，是对银行内在的安全性、可靠性的判断，对于存款人和投资者评估风险报酬、优化投资结构、回避投资风险等具有重要的参考意义。一般来说，产品的发行银行信用等级越高，提供给产品的预期收益率会较高，主要是因为高信用等级的银行具有较好的盈利能力，风险控制能力等，其理财产品出现零收益和负收益的情况也相对较少。如2010年占据超额收益前五名的个人银行理财产品均为城市商业银行发行，主要源于客户辐射范围较小，品牌效应远不及国有大型商业银行和股份制商业银行，所以给出的预期收益率较高，通过压缩自身的利润空间来吸引投资者。

此外，理财产品的收益还受到银行经营管理能力和开发设计的影响。理财产品作为一种集合资金理财计划，采取团队运作、专家理财的方式进行，所以银行理财团队的管理水平以及专业水平也直接影响了理财产品的收益。另外，理财产品的收益受银行开发设计能力的限制，我国受多年分业经营所限，银行在产品设计上往往依赖于海外金融机构，导致商业银行自主创新能力不强，各家银行提供的理财产品同质现象非常严重，这也是国内理财产品收益不高的一个直接原因。

**（二）个人银行理财产品的风险**

与银行存款不同，商业银行个人理财产品从本质上讲属于金融投资品的范畴，投资就必然存在风险，投资者在享受银行理财产品提供保值增值功能的同时，还必须对所面临的风险有清醒的认识。投资者购买个人银行理财产品面临以下几个方面的风险。

1. 市场风险

市场风险指因股市价格、利率、汇率等的变动而导致价值未预料到的潜在损失的风险，包括权益风险、汇率风险、利率风险以及商品风险等。商业银行个人理财产品的收益与所投资的金融工具，包括股票、债券、 外汇、基金、衍生产品等的市场价格密切相关，而这些金融工具受利率、汇率等宏观因素的影响，价格波动性往往很大，因此，也带来理财产品未来收益的不确定性。

2. 政策性风险

商业银行个人理财产品在国内的发展尚不足十年，监管部门对银行理财产品的监管仍处于探索阶段，监管制度尚处于完善阶段，缺乏系统健全的程序和措施，在面对突发事件、政策变动的不确定性强时，新政策的出台容易对银行个人理财产品产生较大影响，是不可忽略的重要风险。例如，银信合作理财产品是银行理财产品的重要组成部分，从属于商业银行资产负债表表外业务，是商业银行规避监管部门信贷规模指标限制、发放隐性贷款的重要方式，2009年以来发展势头非常迅猛。据数据统计，截至2010年6月28日，银行理财产品平均到期收益率为2.8%，其中银信合作理财产品的平均收益率高达3.4%，远均高于当时2.25%的一年期定期存款利率，产品得到投资者的普遍欢迎。但2010年7月，银监会紧

急叫停该类理财产品并进行规范化监管后，该类理财产品的发展受到了极大的限制，对商业银行来说，之前发行银信合作产品而形成的资产，必须损耗相当数量的资本金来将其并入表内，势必会降低其资本充足率，给资产负债结构的调整带来较大的影响。

3. 操作风险

操作风险发生的可能性几乎遍布银行的所有业务环节，是商业银行与生俱来的内生性风险。从产生的原因来看，主要源自商业银行工作人员越权或从事职业道德不允许的或风险过高的业务导致银行和客户的损失。对个人银行理财产品而言，这种风险主要集中于产品营销过程中。一些银行在宣传产品时通常预计的都是最高收益率，是理论上可能的收益率。但营销人员难以坚持投资人利益优先的基本准则，在业务指标的压力下，通常首先想到的是推销自己机构的产品，向不具备风险承受能力和专业知识的客户销售风险较高的产品，违反真实告知原则，营销宣传的风险揭示也不充分，导致客户在未能全面了解理财产品风险的情况下作出错误判断，给商业银行带来潜在的信誉风险，也侵犯了投资者的权益。

**理财小贴士**

**警惕“推销理财产品，只言收益不讲风险”**

2007年陆先生在客户经理的游说下购买了一款理财产品，一年下来收益竟然为零。陆先生表示，当初推销理财产品时，银行工作人员说得天花乱坠，甚至口头承诺该产品最低收益比银行同期存款利率高。结果一年下来，声称特点为“收益高”的这款理财产品收益竟然为零。而银行客户经理对此的解释是，出现零收益的理财产品属于正常现象，合同上已经对风险进行了提示。

4. 流动性风险

流动性风险是指因资产变现的难易程度所导致产品资产净值变动的风险。如理财产品合同规定在投资期限内不得提前赎回或终止，则投资者的资金的流动性将会受到影响。目前，国内银行理财产品的流动性风险比较突出，大部分理财产品不能提前赎回，变现能力较银行存款差。另一方面，银行理财产品在管理期间能否进行质押在很大程度上也影响产品的流动性。总的来说，由于提前赎回条款和提前终止条款以及产品管理期间质押性质的规定，使得个人银行理财产品在管理期的流动性很受限制，存在流动性风险。

# 2. 个人银行理财产品理财

**引例：如何有效投资银行理财产品**

上班族李女士预定了一套商品房，总房款120万元人民币，计划2个月后通过银行按揭贷款方式与开发商签订购房协议，为此，李女士准备了36万元的首付款（总房款的30%）。由于离实际签约缴款还有一段时间，李女士希望在不影响届时用款需要的情况下，通过银行理财，获得更高的收益。于是李女士申请了民生银行"钱生钱B"理财账户。2个月（60天）后，开发商通知李女士签署购房协议，李女士随即将该笔资金转入开发商指定账户，顺利签署完购房协议。在申请"钱生钱B"理财账户后，李女士总计获取利息600多元，是活期利息的近3倍。通过 "钱生钱B"理财账户，既保证了李女士的用款需要，又享受到了比活期利息高得多的利息收益。

## 一、个人银行理财产品的选择

随着国内银行理财产品市场的快速发展，可供选择的理财产品很多，面对市面上林林总总的银行理财产品，投资者容易产生眼花缭乱、目不暇接的感觉。个人银行理财产品并不存在绝对的优劣之分，投资者应该根据自身需求，选择适合自己的理财产品。总体来说，投资者可以从以下几点入手：

**（一）检测自身风险承受能力**

投资个人理财产品是有风险的，投资者首先需要明确的就是自身的风险承受能力。就本金保障而言，目前市场上的理财产品可分为保本和不保本两种，在产品收益方面分为固定收益和浮动收益。一般来说，保本固定收益类型的产品风险等级最低，可视为固定存款，适合保守型的投资者。与其相对的不保本产品，收益一般为浮动型，这种产品风险等级较高，但往往预期收益很可观，适合于进取型的投资者。介于两者之间的保本浮动收益型产品应该最受广大投资者青睐。

在保证不损失本金的情况下有机会获得高于定存的收益，适合稳健型的投资者。那么，对于不同产品的风险等级作出了分类之后，投资者需要考量一下自己的风险偏好。这一点就比较困难，不过目前一些银行的理财产品在销售时，需要投资者填写风险承受能力调查问卷。投资者可以通过填写问卷来评估出各自的风险偏好。这样，在购买理财产品时可以减少一些盲目性。

**（二）了解银行理财产品**

在理财市场日益成熟的今天，如何对适合的银行理财产品进行准确定位，需要从多个方面进行考虑，其中，风险与收益是最重要的两个考量因素：一是收益率高于同期银行定期存款；二是尽可能降低投资风险。

1. 认清产品类型

如前文所述，目前个人银行理财产品的分类方法不同，种类也很多。投资者在选择银行理财产品时，应首先弄清楚产品类型、风险多大、什么样的情况会导致亏损，同时再结合自身的风险承受能力等因素，选择适合的理财产品。一般而言，建议初次购买理财产品的客户，尤其是中老年客户，可以先考虑保证收益型理财产品，或者固定收益型产品。

2. 看清产品投资对象

所谓看清产品投资对象，就是要了解产品投资的挂钩对象，也就是通常所说的投资标的，这在投资理财中也是非常重要的一环。因为产品的预期收益往往是根据投资市场的表现来决定，这些投资品种包括汇率、利率、黄金、信托项目等。

**链接〉〉〉〉〉〉**

**金土地1号**

中国农业银行在2007年11月推出的一款名为“金土地1号”的农产品价格挂钩型产品，产品的收益与小麦、玉米、大豆的期货价格挂钩。该产品在发售不到5个月里，市值已经达到了114%。

在不同时期和不同的市场环境下，投资者有不同的选择。如果投资者看好某些投资领域但不懂操作技巧，不愿冒太大风险，或无法直接进行投资，就可以选择挂钩这些领域的理财产品。一般来说，银行都有自己的理财专家团队，能够较为准确地把握金融市场的走向，并相应地推出一些理财产品。投资者如果认同银行的观点，则可以购买理财产品。例如，时下商品价格的飞速增长众人皆知，特别是农产品价格和一些稀有金属的价格，购买与此类商品价格挂钩的理财产品则不失为好的投资策略。

3. 明确产品流动性

投资者在选择投资品种时，首先要对资金利用时间有明确估计。对个人投资者来说，理财产品的期限一般不宜过长，以2－3年为佳。投资者需要认真考虑流动性问题，即对于一些中长期的理财产品，投资者是否享有提前赎回权。流动性安排不但给投资者在产品亏损时及时止损的机会，且在产品市值上升时投资者能够兑现收益，落袋为安。

4. 看清收益关键字

在确定个人风险承受能力及理财产品风险等级后，投资者要认清预期收益。值得注意的是，不要把预期收益错当成实际收益，预期收益是银行认为在正常的市场走势下获得的收益，但银行并没有保证支付的义务。在理财产品说明书中我们经常能看到“预期收益”的字眼，这不是一种保证的收益，而是对理财产品收益的一种预估值。为了使预期收益显得好看，一些理财产品说明书上还将整个产品存续期的总收益写上，因此能出现“预期总收益80%”之类的惊人数字。其实，我们对产品收益的考量一般要看年收益率。如果说一个5年期的产品收益率为50%，那么其年收益率约为10%。投资者在选择银行理财产品时要多留意“预期收益”或“年收益率”之类的关键字眼。

**链接〉〉〉〉〉〉**

**理财收益计算**

某款7天理财产品预期收益率为5%，投资起点是10万，不考虑其他因素，按当前的年化收益率5%来计算，运作7天后，如果投资资金为10万元，实际收益仅为95.9元。这是因为理财收益=投资金额×年化收益率×理财天数/365，而不能简单地用10万元×5%计算。

5. 仔细对比收益率

投资者在银行购买理财产品时，经常会面临如何在不同期限的同类型理财产品中，选择更高收益的理财产品的问题。这时只需注意收益率的计算方法，即可以解决这样的难题。

**理财小贴士**

**如何对比收益率**

以一款年收益率为6%和一款15个月到期收益率为7%的理财产品为例，从绝对收益来看15个月的理财产品的收益率明显更高，但通过简单计算实际收益便一目了然：把后一款产品15个月的收益率换成年收益率，仅为7%×12/15=5.6%，收益低于前一种产品。

同样的理财产品，不同银行提供的预期收益可能存在一定的差异。中小股份制银行由于网点数量等硬件因素不如大型国有股份制银行，为了应对市场竞争，理财产品的收益率一般要比国有股份制银行高一些。同是中小股份制银行，由于运作经验、产品渠道的不同，理财产品的收益也略有差距。因此，在购买理财产品时，一定要进行综合衡量。

当然，预期收益率并不是越高越好，还要看产品的设计结构，以及是否有保本、保收益的承诺。比如同样是“打新股”的理财产品，有的是由银行委托专业投资机构用客户募集的资金进行新股申购，有的则采取跟随策略，即除募集客户的资金之外，投资机构自己也会拿出一定自有资金，共同进行新股申购，同时客户享受优先受益权，优先保证客户的最低收益。这种产品的预期收益一般低于前者，但由于这种产品具备了保证收益的机制，所以追求稳妥的投资者，可以选中购买此类产品。

**（三）选择个人银行理财产品时要注意的关键点**

1. 银行理财产品的起息日

与银行储蓄何时存入何时便开始计息不同，银行理财产品发行时一般要公布发行日和起息日。理财产品的发行日短则7天左右，长则30天左右。也就是说，某款产品可能月初就开始发行，但次月初才开始按理财产品的收益率计息，其间即使签订了理财协议，但因为资金一直存在投资者的银行卡上，只能按照活期计息。

对投资者而言，购买理财产品的金额一般都大于5万元，如果签订理财协议时距离起息日大于7天，可以先转成通知存款，这样这几天便可取得比活期高数倍的利息收益。同时，如果银行开通了网上存储通知存款，或者周计划、理财通等自动理财业务，理财者还可以通过网上银行或自动理财协议对自己的资金进行打理，既不耽误理财产品的正常起息，又省去了到银行转存和支取的劳顿之苦。

2. 银行理财产品的“在途时间”

银行理财产品的“在途时间”，包括产品募集期和产品期满后的结算阶段，会降低资金实际收益。在募集期间，理财产品的付息方式是以活期利息计算的，一般为7－14天。这一过程越长，资金在账上闲置的时间就越长，利用效率自然降低。不过，由于银行采用先到先得的销售模式，因此不想错过投资机会的投资者不得不在募集早期投入资金。在产品期满后，本金收益的返还也需要花上一定时间。一般情况下，这个产品清算期在2－7天不等，在合同中会写明。在这段时间内，投资者无法获得任何收益。

以上两项时间相加，理财产品的在途时间可能达到9－21天，甚至高于产品本身运作的时间。如此一来，产品的实际收益率就会被摊薄。所以，在产品期限、预期收益相同的情况下，选择在途时间较短的更合适。

3. 银行理财产品的购买方式

部分银行为方便客户，在进行必要风险控制的前提下，开通了网上购买银行理财产品业务。只要开通网上银行业务，就可以通过网银的“投资理财”界面，直接购买该银行发行的理财产品。初次购买理财产品，一般要先通过网上进行风险属性测评，测评通过后，便可以直接购买产品了。需要提醒大家注意的是，网上购买理财产品不能打印理财协议，只能查询自己的申请和成交委托，如果不放心可以到银行柜台打印相关委托和购买证明。

4. 银行理财产品的手续费率

选择银行理财产品时，投资者不仅需要关注预期收益率的高低，还要重视手续费的高低。手续费这一成本的高低关系到投资者实际的收益状况。例如，投资方向为货币市场工具的理财产品一般只收取一定比例的管理费用和销售费用。投资者需要弄清，产品预期收益中是否已经将管理和销售费用的比例扣除。投资于海外证券市场的QDII准基金类理财产品则参照了基金的操作方式。当投资者购买该产品时，需要按照一定的比例（1.2%－1.5%）扣除产品的认/申购费用，赎回时则需要交纳赎回费。此外，银行理财产品需要把一部分收益作为报酬支付给管理人，这些费用也直接关系到投资者实际的收益状况。

5. 银行理财产品的自动终止条款

提前终止条款也会对投资产生影响，因为尽管它有着保护投资者既有收益的作用，但也可能改变投资者原有的投资计划，以及实际的绝对收益。例如，原本计划的一笔投资为期2年，但中途自动终止了，这样一来，投资者不得不另谋出路，为资金做其他选择。因此，若合约中有此设置，投资者还应有所准备，注意把握该产品的最新动向。

## 二、个人银行理财产品理财

从国外先进的理论和实践经验来看，理财规划是要为自己及家人建立一个安心富足健康的生活体系，实现人生各阶段的目标和理想，最终达到财务自由的境界，即首先是安排好当前的生活，将资产做合理的分配。银行理财产品作为投资理财的一个重要的组成部分，对实现理财规划的目标起到的作用不可小觑。在银行理财产品规划中，不仅要考虑财富的积累，还要考虑财富的保障，即对风险的管理和控制，因为在人生的旅途上面临各种各样的风险和意外，在我们的经济生活中也存在各种系统性风险。

### （一）银行理财产品规划五部曲

如果说树立银行理财意识是银行理财之路的起点，那么做好自己的银行理财产品规划则是在银行理财之路上迈出了第一步。银行理财产品规划就是根据投资人的现有资产状况、未来收支状况以及风险偏好为基础，通过按照科学的方法重新摆布资产、运用财富，从而更好地管理财富、实现理财和生活目标。

银行理财产品规划一般由五大步组成：

第一步，回顾自己的资产状况，包括存量资产和未来收入及支出的预期，这是最基本的前提。

第二步，理清自己的理财目标，知道自己想要干什么，有什么样的生活目标和理财目标。该目标是一个量化的目标，需要具体的金额和时间。

第三步，清楚自己的风险承担能力。风险承担能力不仅包括投资者心理上承受的风险和损失，还包括个人和家庭承担投资理财风险的能力。例如，有的投资者因为自己偏好于风险较大的投资工具，把钱全部都放在股市里，而没有考虑到他有父母、子女，没有考虑到家庭责任，这个时候他的风险偏好偏离了他能够承受的范围。

第四步，做好个人投资资产的配置。根据前面的资料决定如何分布个人或家庭资产，调整现金流以便达到目标，修改不切实际的理财目标，比如，用多少钱投资短期银行理财产品，用多少钱购买票据类银行理财产品，用多少钱购买QDII银行理财产品等。在做好了这个资产分配的工作后，然后才是投资操作层面，进行具体的投资品种和投资时机的选择。

选择一套合适的银行理财产品，对分散投资风险是非常重要的。银行理财产品的收益和风险可以通过一个“金字塔”体系来区分，也就是在银行理财资产组合底部以稳健型投资理财为基础，如短期银行理财产品；中部是增值性投资理财；顶部以QDII银行理财产品和非保本理财产品等高风险、高回报理财产品为主。典型的银行理财产品体系如图4-4：

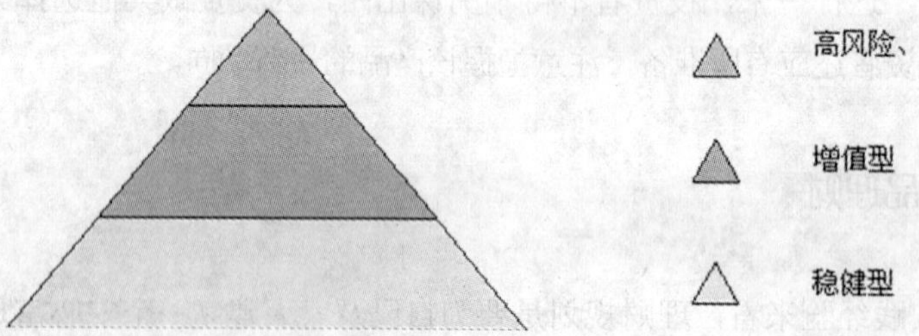


图4-4 “金字塔”银行理财产品体系

第五步，做好绩效的跟踪。金融市场总是处于不断变化中，投资者的财务状况和未来的收支水平也在不断地变化，投资者应该做好定期投资绩效的回顾，不断调整银行理财产品规划，这样才能更好地保障自身资本安全，达到资产增值和财务自由的目标。

**（二）个人银行理财规划“四大”误区**

随着中国经济的快速发展，理财观念正在深入人心。与此同时，银行理财产品市场也有了长足发展。但许多投资者在投资前并未对银行理财产品进行详细的调查了解。由于不了解，市场出现了很多对银行理财产品的抱怨声音，甚至引发不少纠纷。投资者如何正确选择银行理财产品，避免走入个人银行理财产品选择的误区非常重要。

**链接〉〉〉〉〉〉**

**产生理财产品选择误区的原因**

从主观上讲，不少投资者对投资的理财产品并不了解，却又懒得去看说明，仅仅关注理财产品是否保本，一听保本当即拍板就买，而不关注收益实现的可能性。其实，很多理财产品最大的风险是收益性风险，而非本金风险。

客观上，理财者在读产品说明或听银行客户经理解说后也容易产生误解，如每个客户经理的所站角度和表达方式不同，理财者的理解能力也不同，造成讲出的内容五花八门，理财者理解上产生偏差。

误区一：银行理财产品跟存款一样。

理财的真正含义应当是对个人资产的合理配置，而理财的真正目的，是使自己的资产在抵御通胀的前提下，实现增值。随着银行理财产品的快速发展，银行已经形成了一条从短期到长期，从低风险至高风险的产品线，理财者可根据自己的风险偏好以及预期收益，从众多产品中选取不同风险等级的产品，形成合理的组合，来达到资产保值增值的目的，而不是单单凭借对金融机构的信任或不信任来盲目选择理财产品。

银行理财产品之所以不同于存款，还与其流动性有着一定的关系，对于存款，储户可随时支取，定期转活期，储户也只是损失部分利息收益。而很多银行理财产品并不是每日都开放赎回业务，对于急需用钱的投资者来说，即使投资者本人愿意承受收益的损失，也不一定能提前终止合同，因此投资前一定要进行详细计划。

误区二：预期年化收益就是实际收益。

“收益性”是投资者在选择理财产品时最为关注的指标之一。一般来说，预期年化收益率不等同于实际的投资收益率，预期的年化收益仅仅是依据一定理论模型与预期市场状况计算出来，如前文所述，实际收益受挂钩资产、产品期限、发行银行信用等诸多因素的影响，这些因素并未静止不变。除去固定收益类理财产品，多数理财产品都存在浮动收益，很难做到完全跟预期收益一模一样。

另外，对于一年期或一年期以上的银行理财产品来说，预期年化收益率的概念比较好理解，即一年后到期的收益率；而对于少于一年期限的理财产品来说，例如一个月、三个月或半年期的理财产品，其合约中标明的预期年化收益率仍是以一年的期限来标明，实际收益率则需要平均到相应期限来计算，例如，三个月期理财产品的收益率大致是合同中预期年化收益率的1/4，而半年期理财产品的收益率大致是合同中预期年化收益率的1/2，依此类推。

误区三：到期日等于到账日。

个人银行理财产品一般会在产品说明书中对赎回期限和条件进行规定，即在到期日时赎回，方可获得合同约定的收益，不能提前赎回，或需要支付一定的提前赎回手续费，倘若此时市场情况并不良好，提前赎回会带来一定的收益损失，甚至可能造成投资本金亏损。因此，如果并非急用，投资者应该谨慎做出提前赎回银行理财产品的决定。

理财小贴士

**银行理财中的“八不等”**

银行理财≠储蓄存款
预期收益≠实际收益”
到期保本≠永远保本
基础资产涨≠产品收益高
高（低）风险≠高（低）收益
口头宣传≠合同约定
别人说好≠适合自己

银行理财产品的投资期满，并不能在到期日当日就兑付现金，原因在于银行理财产品到期后，银行方面会有一个结算的过程，即银行理财产品的到期日和到账日都有一定时间差，少则2日，多则7日，这些会在购买合同中标明，投资者需密切留意，避免因这个时间差造成资金使用上的不便。

误区四：银行理财产品风险小于其他投资风险。

一些投资者存在认识误区，认为银行理财产品风险绝对小于其他投资风险。实际上两者存在很大的差别，投资者应该明确，银行理财产品更多的是全方位地利用一揽子金融产品来寻求各项理财目标的实现，而投资更侧重于财富的快速增值。但由于目前银行理财产品的种类比以前更加多元化，且随着金融市场的逐步开放，投资品种也日趋复杂，“不承诺保本”是家常便饭，对于普通投资者来说，银行理财产品确实变得越来越复杂，并且存在不可预测的风险性。

## 3. 案例分析

**案例资料4-1**

何先生是拥有高学历、高收入、高职位的“三高”人士，今年已经32岁的他忙于工作，成为了一名大龄“剩男”。何先生研究生毕业后，工作了5年，职位从基层升至销售部老总，月收入也从最初的3000元涨到了目前的1.5万元，因为业绩突出，每年还有8万元左右的年终奖励。在理财方面，何先生收入虽然不错，至今却没有买房，而是每月花1700元租房，此外月生活费至少3500元。手上的积蓄只有活期存款6万多元、定期存款10万元和股票账户中的15万元。

**问题思考：**

何先生希望通过理财让手中的钱增值，买下一套住房安个家。

**分析线索：**

1. 改变消费方式

与许多80后、90后一样，何先生消费支出比较大，这种习惯应该纠正，尤其是何先生已经32岁了，购房、结婚迫在眉睫，这方面的支出应该控制在月收入的15%左右。

2. 调整资产组合

何先生当前“活期+定期”的资产组合收益过低，考虑到三年内购房、结婚，资产配置应当稳健。可通过购买银行理财产品保值增值，期限以一到两年的比较合适，收益多在5.5%－8%，为活期的10倍以上。

除31万元（活期、定期及股票账户）一次性投入外，每年26万元收入中扣除每月1700元的房租、2200元的生活支出，剩余约21.32万元中拿出18万元用于购买银行理财产品，三年下来有近100万元的积累，可以应付购房首付、装修及结婚等费用的支出了。

3. 增加投资性资产

如此一来，三年时间里手上可用于投资的资金并不多，每年还有3万元左右，但三年后要进行较大调整，投资性资产支出应该占到年收入的30%左右。

**案例资料4-2**

2011年6月，丁女士用积攒的10万美元准备购买银行外汇理财产品，期限为一年，在理财顾问的建议下，丁女士决定购买“汇得盈”理财产品，现有如下选择：

1. 购买一年期的“汇得盈”理财产品，该产品收益率为3.03%，每三个月支付一次利息。

2. 购买6个月期的“汇得盈”理财产品，该产品收益率为2.63%，同样每3个月支付一次收益，6个月到期后该理财的收益率上升至3.53%，继续购买该产品。

**问题思考：**

丁女士选择哪种理财产品在一年期投资结束时收益较大？

**分析线索：**

1. 若购买一年期的“汇得盈”理财产品，丁女士每三个月能获得757.50美元（100000×3.03%÷4）的产品收益，同时将第一次收益转存9个月定期，然后将第二次的产品收益和利息存6个月定期，最后将第三次产品收益存3个月定期。当产品到期时，丁女士共获得产品收益3030美元和利息收入5.68美元，她的存款金额为103035.68美元，年收益率约为3.04%。

2. 若购买6个月期“汇得盈”理财产品，在9月份，丁女士收到第一笔收益657.50美元。她将这笔钱作为3个月定期存款，存入银行。在12月份该产品到期时，丁女士除了收到本金10万美元和利息657.50美元外，还收到3个月定期存款利息收入0.82美元。她的本金和利息的全部收益共101315.82美元。继续购买6个月“汇得盈”理财产品，按照上次的投资方式，丁女士在2012年6月份时，将获得产品收益1788.22美元（101315.82×3.53%÷4×2）和利息收入1.11美元。通过一年的理财投资，丁女士的存款金额为103105.15美元，实际的年收益率为3.11%（3105.15÷100000）。

对比可知，利用“汇得盈”6个月期理财产品进行两次投资获得的最终收益率高于投资于一年期的收益率，所以，丁女士应该选择第二种方案进行投资。

## ※思考与练习

### 一、问答题

1. 个人银行理财产品有哪些种类？

2. 个人银行理财产品的主要特点。

3. 银行理财和保险理财的区别。

4. 如何选择银行理财产品？

5. 银行理财产品该如何规划？

### 二、计算分析题

1. 长沙白领小王今年25岁，是某外资企业的设计师，年薪5.5万元，年底或有1万元的分红。小王现与同事合租，每月要负担800元的租金与近200元的水电、电话费用。工作3年，至今年6月初小王共攒了6.5万元，存活期。小王希望年底实现积累10万元现金的目标，应该投资于收益率为多少的银行理财产品？（活期年利率3.5‰）

2. 方女士和丈夫每月收入超过8000元，且收入稳定；公积金每月1700元，年终还有将近2万元的年终奖。有两套房产，均是全额付款，没有月供。一套自住，一套用于出租，每月租金收入1700元。有一辆小车。每个月3000元－4000元的生活开支（包括养车）。详细分析该家庭应选择何种类型的银行理财产品。

3. 阿信今年30岁，工作为电视台新闻主播，现有30万闲置资金准备投资于一款稳健类型的银行理财产品，期限为两年。现有如下选择：（1）两年期的××理财产品，年收益率为4.05%。（2）一年期的××理财产品，第一年的年收益率为3.85%，第二年的收益率为4.08%。请分析阿信选择哪种方案收益更大。

# 第5章 个人证券理财

**本章重点**

1. 个人证券理财组合策略。
2. 股票投资分析。
3. 基金理财基本知识。

**学习目标**

1. 了解证券基本知识，把握证券理财策略，掌握证券理财组合策略。
2. 了解各种证券理财基本知识，掌握证券投资分析，把握各种证券投资操作。
3. 正确认识各种证券理财产品的特点，明确证券投资的收益与风险，熟悉各种证券投资决策方法和投资方法。
4. 根据家庭或个人投资需求，结合家庭或个人资产状况，通过证券组合理财策略进行理财规划。

据上海证券交易所和深圳证券交易所2011年统计年鉴，对投资者开户数（表5-1）及其年龄构成（表5-2）、学历分布（表5-3）、投资情况（表5-4）列表统计如下：

表5-1 投资者开户数

| 上交所和深交所2004—2010年投资者开户总数（万户／万人） | | | | | | | | |
|---|---|---|---|---|---|---|---|---|
| | 年度 | 2004 | 2005 | 2006 | 2007 | 2008 | 2009 | 2010 |
| 上交所 | 总开户 | 3703.1 | 3747.9 | 3901.5 | 5817.0 | 6542.6 | 7405.4 | 8154.2 |
| | 自然人 | 3682.4 | 3726.6 | 3878.8 | 5788.2 | 6510.9 | 7370.3 | 8116.5 |
| 深交所 | 总开户 | 3467 | 3537 | 3819 | 6840 | 7509 | 8571 | 9434 |

表5-2 上交所投资者年龄构成

| 年龄段 | 30岁以下 | 30—40岁 | 40—50岁 | 50—60岁 | 60岁以上 |
|---|---|---|---|---|---|
| 总人数（万人） | 2604.27 | 2529.43 | 1513.00 | 629.30 | 380.29 |
| 比例% | 34.01 | 33.04 | 19.76 | 8.22 | 4.97 |

表5-3 上交所投资者学历分布

| 学历层次 | 中专以下 | 中专 | 大专 | 本科 | 硕士及以上 |
|---|---|---|---|---|---|
| 总人数（万人） | 2217.12 | 1902.60 | 1900.13 | 1094.77 | 286.27 |
| 比例% | 29.96 | 25.71 | 25.67 | 14.79 | 3.87 |

表5-4 上交所投资者2010年底各类投资者持股情况

| | | 持股市值（亿元） | 占比% | 持股账户数（万户） | 占比% |
|---|---|---|---|---|---|
| 自然人投资者 | | 32709.85 | 23.13 | 3195.08 | 99.79 |
| 其中： | 10万元以下 | 6500.35 | 4.6 | 2622.94 | 81.92 |
| | 10万—30万元 | 6508.16 | 4.6 | 386.64 | 12.08 |
| | 30万—100万元 | 7378.54 | 5.22 | 145.16 | 4.53 |
| | 100万—300万元 | 5040.46 | 3.56 | 31.50 | 0.98 |
| | 300万—1000万元 | 3661.44 | 2.59 | 7.46 | 0.23 |
| | 1000万元以上 | 3620.90 | 2.56 | 1.38 | 0.04 |
| 一般法人 | | 86262.09 | 60.99 | 4.54 | 0.14 |
| 专业机构 | | 22463.31 | 15.88 | 2.32 | 0.07 |
| 其中： | 投资基金 | 10167.97 | 7.19 | 0.06 | 0.002 |

同时，国家统计局统计公报显示，我国居民收入和居民储蓄10年间增长比率与增长总量发生了极大的变化：2000年，农民人均纯收入2253元，全国城镇居民人均可支配收入6280元，城乡居民储蓄存款余额6.43万亿元，同期全年国内生产总值为89404亿元；2011年，农村居民人均纯收入6977元，全国城镇居民人均可支配收入21810元，城乡居民储蓄存款余额351957亿元，同期全年国内生产总值397983亿元。

居民财富的迅速增加，对财富的保值和增值提出了更高的要求。事实证明，证券理财已经成为个人投资理财的重要方式。

# 1 个人证券理财概述

**引例：问路证券市场**

张先生大学毕业后，工作稳定，事业有成，小康之家，其乐融融。面对居高不下、只涨不跌的物价指数，经常与太太商量如何使自己的积蓄保值增值。放在银行吧，利息被CPI吃掉了；买二套房吧，急用时又不方便；办个实业吧，工作上又丢不开；买股票吧，又怕赔了老本……常举棋不定。看到身边同事朋友有在证券市场上升行情中颇有收获的，也想显显身手，但风险承受能力不强，面对琳琅满目的股票、债券、基金及期货品种，觉得眼花缭乱。功夫不负有心人，张先生准备适量资金后，学习专业知识，请教身边高手，不断投入市场尝试，终于积累了丰厚财富。张先生是证券市场普通投资者之一，尽管不具有代表性，但张先生把证券市场这一资本平台当做个人重要理财舞台，优雅地旋转着心跳的舞步。

## 一、个人证券理财基本知识

### （一）个人证券理财概念

个人证券理财是指个人投资者投资于股票、债券、基金等证券类理财产品，以实现货币资产保值增值的目的。个人证券投资理财行为的实施，依赖于证券产品和证券市场两个基本要素。

### （二）证券分类

证券按其性质，主要分为有价证券和凭证证券，如图5-1、5-2所示。

图5-1 有价证券图例

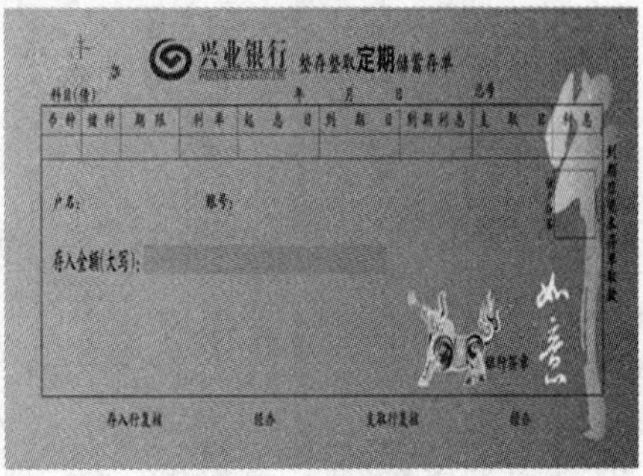


图5-2 凭证证券图例

1. 有价证券是一种具有一定票面金额，证明持券人有权按期取得一定收入，并可自由转让和买卖的所有权或债权证书，通常简称为证券。按发行主体可以分为政府证券、金融证券和公司证券；按上市与否，可以分为上市证券和非上市证券；按证券所载内容可以分为货币证券、资本证券、货物证券，其中资本证券主要包括股权证券和债权证券，如各种股票和各种债券等。

2. 凭证证券是指认定持证人是某种私权的合法权利者，证明持证人所履行的义务有效的文件。是代表所有权的凭证，不能让渡，不能真正独立地作为所有权证书来行使权利，包括存单、借据、收据等。

此外，还有证据证券。证据证券只是单纯地证明一种事实的书面证明文件，如信用证、证据、提单等。证券投资市场上的证券是指有价证券。

**（三）证券市场**

证券市场是指一切以证券为对象的交易关系的总和，是证券发行和交易的场所。证券市场的构成要素主要包括证券市场参与者、证券市场交易工具和证券交易场所等三个方面。按层次结构分为发行市场（一级市场、初级市场）和交易市场（二级市场、次级市场）；按品种结构分为股票市场、债券市场、基金市场和衍生品市场等；按组织形式分为场内交易市场和场外交易市场。

链接〉〉〉〉〉〉

**上海证券交易所**

成立于1990年11月26日，同年12月19日开业，归属中国证监会直接管理。秉承“法制、监管、自律、规范”的八字方针，上海证券交易所致力于创造透明、开放、安全、高效的市场环境，切实保护投资者权益，其主要职能包括：提供证券交易的场所和设施；制定证券交易所的业务规则；接受上市申请，安排证券上市；组织、监督证券交易；对会员、上市公司进行监管；管理和公布市场信息。上证所三个下属机构上海证券交易所发展研究中心、上海证券通信有限责任公司、上证所信息网络有限公司，通过它们的合理分工和协调运作，有效地担当起证券市场组织者的角色。

上证所市场交易采用电子竞价交易方式，所有上市交易证券的买卖均须通过电脑主机进行公开申报竞价，由主机按照价格优先、时间优先的原则自动撮合成交。上交所新一代交易系统峰值订单处理能力达到80000笔/秒，系统日双边成交容量不低于1.2亿笔，相当于单市场1.2万亿元的日成交规模，并且具备平行扩展能力。经过多年的持续发展，上海证券市场已成为中国内地首屈一指的市场。截至2011年底，上证所拥有931家上市公司，上市股票数975个，股票市价总值14.84万亿元。2011年股票筹资总额

3199.69亿元。一大批国民经济支柱企业、重点企业、基础行业企业和高新科技企业通过上市，既筹集了发展资金，又转换了经营机制。

**深圳证券交易所**

成立于1990年12月1日，是为证券集中交易提供场所和设施，组织和监督证券交易，履行国家有关法律、法规、规章、政策规定的职责，实行自律管理的法人，由中国证券监督管理委员会（以下简称“中国证监会”）监督管理。深交所的主要职能包括：提供证券交易的场所和设施；制定业务规则；接受上市申请、安排证券上市；组织、监督证券交易；对会员进行监管；对上市公司进行监管；管理和公布市场信息；中国证监会许可的其他职能。

深交所以建设中国多层次资本市场体系为使命，全力支持中国中小企业发展，推进自主创新国家战略实施。2004年5月，中小企业板正式推出；2006年1月，中关村科技园区非上市公司股份报价转让开始试点；2009年10月，创业板正式启动，深交所主板、中小企业板、创业板以及非上市公司股份报价转让系统协调发展的多层次资本市场体系架构基本确立。深交所坚持从严监管的根本理念，贯彻“监管、创新、培育、服务”八字方针，努力营造公开、公平、公正的市场环境。截至2011年底，深交所共有上市公司1411家，市值6.6万亿元，上市基金产品151只，挂牌债券品种321只。多层次资本市场规模稳步增长，质量逐步提高，合理配置资源、服务经济转型的功能进一步显现。

证券市场的参与者包括证券发行人、证券投资者、证券市场中介、自律性组织和证券监管机构。证券市场主要产品有股票、债券、基金以及金融衍生工具。证券市场的主要风险包括宏观经济政策、利率等系统性风险和上市公司经营、财务、信用等非系统性风险两大类。所以证券市场是价值直接交换的场所和财产权利直接交换的场所，也是风险直接交换的场所。

**（四）个人证券理财应遵循的原则**

个人证券投资者做好证券理财，期望在规避风险的基础上获得最大效益，应遵循适度性、组合性、安全性、流动性和收益性原则。

1. 适度性原则是指个人投资者在证券投资理财活动中，应充分考虑个人或家庭的收入和财务状况，在保证日常开支和财务计划前提下，以适当资金进行证券投资。盲目投资和过度投资行为都是不可取的，要量力而行。

2. 组合性原则是指个人投资者的证券理财活动中，将投资资金按不同比例，投资于若干个风险程度不同的证券，建立合理的证券投资组合，以便将证券投资风险降到最低。分散投资虽不能避免证券市场风险，但能降低。

3. 安全性原则是指个人投资者在证券理财活动中，应尽量消除各种不确定因素的影响，最大限度地保证投资本金的安全。个人证券理财的安全性越高，投资风险越小。个人投资者要充分估计投资能力，认识自己的理财能力，不断培养风险驾驭能力。

4. 流动性原则包括两方面，一是个人投资者能够将投资资金以较快速度、较低成本转化为证券理财对象的能力；二是个人投资者能够将持有证券理财产品以较快速度、较低成本转化为现金的能力。即个人投资者的现金和证券理财产品双向转换的能力，在选择理财产品时应充分考虑。

5. 收益性原则是指个人投资者在承受一定投资风险的前提下，追求投资收益最大化。这是个人投资者投资目的和动力所在，是个人投资证券理财行为的持续条件，是证券市场和资本市场得以发展的重要因素。

个人证券理财的原则之间具有密切关联。收益性是个人证券理财的目标，安全性是个人证券理财的保障，适度性是个人证券理财的科学规划，组合性是个人证券理财的合理调整，流动性是个人证券理财的实现条件。由于证券理财产品的收益与风险成正相关，所以，证券理财产品的风险系数越高，其收益性就越强，安全性则相应降低；反之，证券理财产品的安全性越高，流动性越强，其收益性则相应降低。

## 二、个人证券理财流程

不管你的未来计划是什么，你都需要学习理财；不管你的收入水平有多少，你都可以尝试投资。个人投资理财已经成为现代人生活的重要组成部分。

证券投资理财首先需要充分考虑投资与投机的内在联系与区别。所谓投机，是根据对市场的判断，把握机会，利用市场供求出现的价差进行买卖，从而获得利润的交易行为。投机者可以“买空”也可以“卖空”。所谓投资，是通过持有金融资产或实物资产获得该资产产生的与所承担风险成比例的收益的过程。它们之间，一是对待风险的态度不同。证券投机是在证券市场上短期操作，以获得收益的经济行为，以获取较大收益为目的，以承担较大风险为代价，少数人一夜暴富，许多人一朝破产；证券投资购买证券一般希望获取稳定收益，本金相对安全，尽可能回避风险。二是投资时间长短不同。投机者热衷于短期价格变化，获取价格变动价差收益，买卖活跃；投资者着眼于长远利益，按期收取稳定利息或红利和资本增值。三是投资分析方法不同。投机者关心市场价格变动，多用技术分析法；投资者注重证券内在价值分析和评价，常用基本分析法。

个人证券投资理财是一件十分慎重的事，需要制定投资目标、检查财务状况、进行投资分析、选择投资产品、实施投资计划、适时评估与调整，以获得最大的投资收益，如图5-3所示。

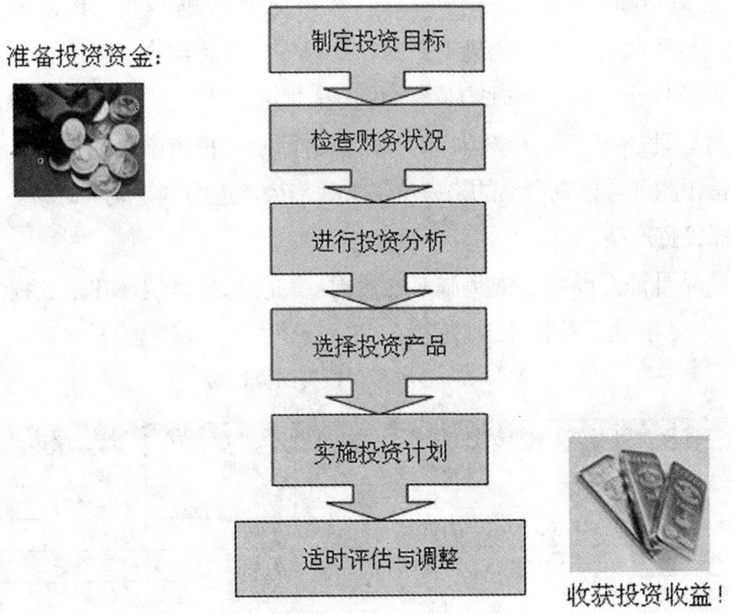


图5-3 证券投资理财流程

**（一）制定投资目标**

最简单的方法是运用生命周期理论结合人生所处年龄段，从近期、中期和远期的角度来考虑自己的需求，从而制定和确定自己的投资理财目标。

少年成长期没有或仅有较低的理财需求和理财能力，增加消费，减少负债。简单的理财策略是将富余的消费资金转换成银行存款。

青年成长期愿意承担较高的风险，追求高收益，快速增加资本积累。积极的理财策略是在投资组合中增加高成长性和高投资的投资产品和工具，例如，股票、期货与期权等衍生产品。

中年稳健期风险厌恶程度提高，追求稳定，投资收益适度增加。财富稳健的理财策略是在投资组合中选择低风险的股票、高等级的债券、优先股以及共同基金等金融产品。

退休养老期尽力保全已积累的财富，厌恶风险以避免财富的快速流失，承担低风险的同时获得有保障的收益。保守的理财策略是在投资组合中选择高收益的政府债券、高质量的公司债券以及银行存款和其他短期金融产品。

**（二）检查财务状况**

在制定投资计划之前，需要检查自己的财务状况，正确、谨慎地估计收入、在正常情况下的日常开支，是否已经购买足额保险、是否准备了应急资金，确保在实施投资计划之前一切尽在掌控中。

**（三）进行投资分析**

产生了投资的意向，准备了投资的资金，并不意味着立即可以实施投资行为，还需要进行周密细致的策划和分析。投资前，掌握一定的投资理财专业知识，评估理财投资风险，选择合适的投资时机、合适的理财产品，正确安排投资组合，做一份证券投资理财计划。要解决“购买什么”和“何时购买”的问题，“购买什么”是基本分析，指通过对公司经营状况、行业动态和一般经济情况的分析，进而研究投资产品的价值。“何时购买”是技术分析，指预测证券投资产品的未来价格涨跌趋势，进而确定购买时机。

**（四）选择投资产品**

选择投资产品是证券理财投资实施前的关键，一经选择确定，在很大程度上决定着投资本金的未来风险和投资目标的未来收益。

**表5—5　各种理财投资工具比较**

| 投资工具 | 本金安全性 | 通胀对抗性 | 产品流动性 | 操作难易度 | 增值潜力 | 当前收入 |
|---|---|---|---|---|---|---|
| 储蓄 | 极好 | 普通 | 极好 | 很方便 | 无 | 稳定、不高 |
| 股票 | 中等至差 | 中等 | 好 | 方便 | 中等至好 | 不确定 |
| 债券 | 好 | 中等 | 好 | 方便 | 无 | 固定、平稳 |
| 证券投资基金 | 中等至差 | 中等 | 普通 | 方便 | 中等至好 | 不确定 |
| 期货 | 普通 | 好 | 普通至好 | 困难 | 极好 | 普通 |

**（五）实施投资计划**

投资计划的实施，就是按预先制定的投资计划书买卖证券。在具体实施过程中，还需要根据实际情况“相机抉择”。投资计划书不可能将金融市场的所有情况都计划在内，对于出现的新情况，遇到的新问题，就需要根据计划书中所确定的投资原则来处理。在进行具体操作的时候，首先，要把握好介入时机，如果投资者以短线投资为主，那么就无法事先进行详尽的计划安排，此时必须确定投资操作原则，寻找短线机会。其次，当金融市场的实际情况与投资计划出现较大差异的时候，就必须考虑调整原来的计划。最后，在执行投资计划的时候，一定要设立止损点。即规定在投资的市值亏损达到什么程度止损出局。

**（六）适时评估与调整**

投资计划实施后，投资者根据事先确定的期限，对投资业绩进行财务评估。投资业绩评价，是指对该投资计划一定期间的盈利情况、资产质量、财务风险等方面进行定量对比分析和评判，然后考虑是否需要对投资计划进行调整。

## 三、个人证券理财组合策略

对证券投资业绩影响最大的是什么，是“投资择时能力”，还是“证券选择能力”？在我们的一般印象里，择机和选股这两个似乎是投资收益最关键的决定因素。其实不然，研究结果表明，“投资择时能力”和“证券选择能力”对投资业绩的贡献都只有不到5%，而资产配置决定了91.5%的投资收益。长期来看，在投资成本相对稳定的前提下，资产配置策略对投资业绩的影响最大。换言之，资产配置才是投资理财致胜的关键策略。

链接〉〉〉〉〉〉

**分散投资**

在莎士比亚的名作《威尼斯商人》中，安东尼奥有过这样一段自白："不，相信我。感谢我的命运，我的买卖成败并不完全寄托在一艘船上，更不是倚赖着一处地方。我的全部财产，也不会因为这一年的盈亏而受到影响，所以我的货物并不能使我忧愁。"

**（一）证券理财的分类管理策略**

以投资者的投资目标为标准来进行划分，通常可以分为收入型证券组合、增长型证券组合和混合型证券组合。收入型证券组合看重当期收益，以追求当期收益最大化为目标；增长型证券组合看重资本增长，以追求未来的资本增长升值（即证券价格上升带来的价差收益）；混合型证券组合试图两者兼顾，在两者之间达到某种平衡。个人证券理财应根据个人的投资理财收益目标和风险偏好程度，在对未来证券市场走势进行理性判断的基础上，确定自己选择的证券组合类别。

**（二）证券理财的资源配置策略**

不让自己生意的成败仅仅寄托在一艘船上或是依赖着一处地方，更不能让自己的全部财产因为一年的盈亏而遭受重大损失，这其实也正是资产配置理论的一个绝佳演绎。即使是股神也无法保证每次都能在最佳时期买入最好的投资标的，所以投资理财的关键策略还在于资产配置。通过分散投资，将资金分布在不同的投资领域，让不同投资产品优势互补，降低整个投资组合的风险以获取更为安全的长期收益，这就是资产配置的作用意义。对于绝大多数投资者来说，资产配置不应只考虑市场行情，还应综合考虑投资者的风险偏好与所处的人生阶段，把握好流动性与收益性之间的平衡。因为某一时段某类产品的大好行情而忘记或忽略了资产配置的重要性，正是投资理财的大忌之一。投资者应充分依靠多元化的资产配置组合策略来有效分散风险，赢得长期的较好收益。

**（三）证券理财的分散投资策略**

股票产品，高风险高收益，波动性大，但很多人承受不了市场持续下跌带来的损失。债券产品虽然稳健，但收益率也往往较为有限，过度集中在这一产品上，会导致获利能力的削弱，造成无形中的资本浪费。在某一特定时期，不同资产的收益表现往往存在较大差异，这就为资产配置和分散投资提供了现实基础。所以对一个成熟的投资者而言，他的投资组合应当充分考虑到资产配置的需要，而不是将所有的鸡蛋统统放在一个篮子里。

以大家熟悉的基金投资为例。2005年，国内A股市场表现疲软，而同期上证国债指数却屡创新高、上涨强劲，这时自然是债券基金优于股票基金。可到了2006、2007年，债市走势趋于平缓，而A股市场则迎来了一波史无前例的超级牛市，这时候的股票基金收益当然让债券基金望尘莫及。不过风水轮流转，2008年股市持续暴跌，债市则迎来了一波罕见的大牛市，重点配置债券基金的投资者成为少见的赢家。至于2009年，股票基金再度大行其道，表现抢眼。而2010年股票、债券基金可谓各有千秋。2011年上半年股票基金折戟沉沙，债券基金略输盈利，唯一的大赢家却成了向来不起眼的货币基金。可见，如果投资者将全部资产集中于某一类产品上，都存在着不同程度的风险，合理的资产组合配置才是上策。

## 2. 个人股票理财

**引例：美女股神**

2007年，王雅媛第一次参加“香港”模拟投资比赛时，就从1800位香港高校参赛者中脱颖而出，用100万元的模拟资金，2个月内获利20倍，一举赢得冠军。在半个月内将100万元的模拟股本增值至2087万元，获得“美少女股神”美誉。大学期间，她就已考取了香港金融风险管理师的资格证（FRM），之后3年间，她又考取了难度一个比一个大的香港证监会第一类证券交易和第二类期货合约交易持牌资格以及特许财务分析师二级资格证。现实中，已靠炒股赚取逾10万元，后来家人又给她补充投资资金，直至2007年，年仅21岁的她，证券户口内已有近100万元“仓金”。在投资上，她最爱暴跌股。在2008年股市最低迷时，她和身边的朋友曾筹资200万港元，专门选择那些股价已跌至高峰时的十分之一乃至二十分之一的股票。通过研究发现，较有名气的富力地产当时传出可能破产的消息，股价跌至匪夷所思的2港元，九龙建业每股净资产还有10港元之上，但因牵涉衍生工具报亏，该公司股价竟跌至1港元之下。“所以，把握好这种股票，中长线的收益会比较好。”王雅媛对理财有一些独特的看法。她认为，年轻人的投资目标就是要快速增值。王雅媛认为，资产配置主要要看投资者本身的风险承受能力，还有就是组合的规模。

## 一、股票理财基本知识

### （一）股票内涵与特征

股票是有价证券的一种形式，是股权证书的简称，是股份公司为筹集资金而发行给股东作为持股凭证并借以取得股息和红利的一种有价证券。股票本身不具价值，是一种独立于实际资本之外的虚拟资本，每股股票都代表股东对企业拥有一个基本单位的所有权。股票是股份公司资本的构成部分，可以转让、买卖或抵押，是资本市场上主要的长期信用工具。

图5-4　上海真空电子器件股份有限公司股票

图5-5　南昌汇鑫会计实业有限公司股票

链接〉〉〉〉〉〉

**股票的作用**

一是作为出资证明，当一个自然人或法人向股份公司参股投资时，便可获得股票作为出资的凭据。二是代表股东权利，股票持有者可凭借股票来证明自己的股东身份，参加股份公司的股东大会，对股份公司的经营发表意见。三是行使投资获利凭据，股票持有人凭借着股票可获得一定的经济利益，参加股份公司的利益分配。

股票作为一种特殊形式的有价证券，具有以下几方面特征：

1. 收益性。收益性是股票的基本特征，是公司发行股票的必备条件，也是投资者投资股票的基本目的。收益性是指股票投资者拥有对公司经营收益的分配权，可根据公司章程从公司领取股息和红利，从而获得投资的经济利益。

2. 风险性。风险性是股票的典型特征，使证券市场充满着诱惑的魅力。股票投资是一种风险水平高的投资，它的风险性体现在股票价格的不确定性上。因股票价格的波动，使投资者的投资收益处于一种变动的状态，处于风险之中。

3. 永久性。永久性是股票的本质特征，代表投资者的资本投入。永久性指股票投资本金的不可偿还性，投资者投资股票后如需将其有价证券兑换为现金，只能通过股票的流通市场，在不同投资者之间进行证券交易来实现。

4. 流动性。流动性是股票的市场特征，使证券市场充满着智慧的魅力。股票在一级市场上发行后，便可进入二级市场进行流通。只有通过流通市场，投资者才能在股票供求之间寻求平衡自由买卖，并获取相应的买卖价差。

5. 参与性。参与性是股票的法定特征，代表投资者的参与权利。公司的重大决策需要通过股东代表大会进行表决，并获得法定支持率才能付诸实施。股东代表大会是股东行使表决权和公司决策权的主要途径。

6. 波动性。波动性是股票的价格特征，使证券市场充满着理性的魅力。由于政策环境、公司经营、市场供求等方面因素的影响，股票交易价格经常发生变化，与股票面值不一致。

### （二）股票的种类

表5—6 股票种类

| 分类标志 | 股票种类 | 内涵 |
| --- | --- | --- |
| 按股东权利分 | 普通股 | 是指在公司的经营管理和盈利及财产的分配上享有普通权利的股份，代表满足所有债权偿付要求及优先股东的收益权与求偿权要求后对企业盈利和剩余财产的索取权。它构成公司资本的基础，是股票的一种基本形式，也是发行量最大，最为重要的股票。目前在上海和深圳证券交易所上中交易的股票，都是普通股 |
| | 优先股 | 是“普通股”的对称。是股份公司发行的在分配红利和剩余财产时比普通股具有优先权的股份。优先股也是一种没有期限的有权凭证，优先股股东一般不能在中途向公司要求退股（少数可赎回的优先股例外） |
| 按股票持有人分 | 国有股 | 有权代表国家投资的部门或机构以国有资产向公司投资形成的股份，包括公司现有国有资产折算成的股份 |
| | 法人股 | 指企业法人或具有法人资格的事业单位和社会团体以其依法可经营的资产向公司非上市流通股权部分投资所形成的股份。可分为发起法人股、外资法人股、募集法人股 |
| | 个人股 | 是社会公众股，指我国境内个人和机构，以其合法财产向公司可上市流通股权部分投资所形成的股份 |
| 按股票面值形式分 | 有面额股 | 指在票面上标注出票面价值。一经上市，其面值往往没有多少实际意义。我国上市股票都是有面额股票 |
| | 无面额股 | 指不在票面上标注票面价值，仅标明占资金总额的比例。也称为比例股票、分权股票或份额股票 |
| 按股票发行范围分 | A股 | 是以人民币计价，在我国境内发行，供国内居民和单位用人民币购买的普通股票 |
| | B股 | 是在中国境内注册、境内上市的人民币特种股票，以人民币标明面值，以外币认购或交易 |
| | H股 | 是在香港联合交易所发行并上市的境内企业的股票 |
| | F股 | 是我国股份公司在海外发行上市流通的普通股股票 |

链接〉〉〉〉〉〉

### 优先股

优先股的分类：①累积优先股股票和非累积优先股股票。累积优先股股票是指在上一营业年度内未支付的股息可以累积起来，由以后财会年度的盈利一起付清。非累积优先股股票是指只能按当年盈利分取股息的优先股股票，如果当年公司经营不善而不能分取股息，未分的股息不能予以累积，以后也不能补付。②参加分配优先股股票和不参加分配优先股股票。参加分配优先股股票是指其股票持有人不仅可按规定分取当年的定额股息，还有权与普通股股东一同参加利润分配的优先股股票。不参加分配优先股股票，就是只能按规定分取定额股息而不再参加其他形式分红的优先股股票。③可转换优先股股票和不可转换优先股股票。可转换优先股是指发行后，在一定条件下允许持有者将它转换成其他种类股票的优先股票。不可转换优先股票是指发行后不允许其持有者将它转换成其他种类股票的优先股票。

优先股东的权利：在公司分配盈利时，拥有优先股票的股东比持有普通股票的股东分配在先，而且享受固定数额的股息，即优先股的股息率都是固定的。在公司解散，分配剩余财产时，优先股在普通股之前分配。优先股一般不上市流通，也无权干涉企业经营，不具有表决权。

## （三）股票交易常用基本概念

表5—7　股票交易常用概念列表

| 名称 | 内涵 |
|---|---|
| 一级市场 | 指发行市场，通过发行股票进行筹资活动的市场 |
| 二级市场 | 指流通市场，将已发行股票进行买卖转让的市场 |
| 分红 | 上市公司向股东分配利润，可以是现金，也可以是送股 |
| 股息 | 也叫股利，股东凭股票按既定股息率和入股比例从公司领取的收入 |
| 配股 | 指上市公司向原股东进一步发行新股、筹集资金的行为 |
| 股票指数 | 是用以反映整个股票市场上各种股票市场价格的总体水平及其变动情况的指标。它是由证券交易所或金融服务机构编制的表明股票行市变动的一种供参考的指示数字，如上综指、上成指等 |
| 开盘价 | 指当日开盘后该股票的第一笔成交的价格。如开市后30分钟内无成交价，则以前一交易日的收盘价作为开盘价 |
| 收盘价 | 当日该股票最后一笔成交的价格。又可分前（上午）收市价和后（下午）收市价 |
| 成交量 | 是指一个时间单位内对某项交易成交的数量。一般情况下，成交量大且价格上涨的股票，趋势向好 |
| 涨跌 | 每天的涨跌为当日的收盘价减去前日的收盘价 |
| 涨跌幅 | 每天的涨跌幅为每天的涨跌除以前日的收盘价。目前沪深股市实行涨跌幅限制制度，涨跌停板控制在10% |
| 停牌 | 由于某种消息或进行某种活动由证券交易所暂停其在股票市场上的交易 |

| 名称 | 内涵 |
| --- | --- |
| 市盈率 | 股票每股市价与每股盈利的比例。通常用来作为比较不同价格的股票是否被高估或者低估的指标。一般认为，如果一家公司股票的市盈率过高，那么该股票的价格可能具有泡沫，价值被高估 |
| 每股净资产 | 股东权益与总股数的比率，反映每股股票所拥有的资产现值。每股净资产越高，股东拥有的资产现值越多。通常每股净资产越高越好 |
| 公司市值 | 股票市价乘以总股数，表示公司价值的市场认可度。市值越高，公司越有价值 |
| 每股盈利 | 也称每股税后利润、每股盈余，指税后利润与股本总数的比率。是分析每股价值的一个基础性指标，是综合反映公司获利能力的重要指标 |

## 二、为什么投资于股票

投资股票需要个人智慧与胆识，在风险与利益共存的资本市场中获取投资收益，实现个人价值与人生梦想。投资于股票是因为：

1. 投资收益高。虽然普通股票的价格变动频繁，但优质股票的价格总是整体呈上涨趋势。随着股份公司的发展，股东获得的股利也会不断增加。只要投资决策正确，股票投资收益是比较高的。

2. 流动性很强。上市股票的流动性很强，投资者有闲散资金可随时买入，需要资金时又可随时卖出。这既有利于增强资产的流动性，又有利于提高其收益水平。

3. 能降低购买力的损失。普通股票的股利是不固定的，随着股份公司收益的增长而提高。在通货膨胀时期，股份公司的收益增长率一般仍大于通货膨胀率，股东获得的股利可全部或部分抵消通货膨胀带来的购买力损失，对通货膨胀具有很强对抗性。

4. 能达到控制股份公司的目的。投资者是股份公司的股东，有权参与或监督公司的生产经营活动。当投资者的投资额达到公司股本一定比例时，就能实现控制公司的目的。

5. 投资金额具有弹性。相对于房地产与期货，投资股票资金需要量相对较小。由于股票价位多样化，投资人可选择自己财力足可负担的股票介入。

## 三、股票投资分析

股票投资分析包括基本面分析和技术面分析。对于投资者而言，两者作用各不相同，基本面分析解决的是投资“什么”的问题，技术面分析解决的是“何时”投资的问题。

### （一）基本分析

基本分析是根据对影响股票价值和股票价格走势的基本因素进行分析，以决定投资某种股票的决策过程。影响股市的基本因素，按性质不同可分为政治因素、经济因素、社会因素等，按影响范围不同可分为宏观因素和微观因素，按来源不同可分为国内因素和国际因素。

1. 基本分析的特点

（1）基本分析是股市波动成因分析。基本分析是要弄清股市波动的理由和原因，因此必须对各种影响股市的因素进行研究，分析它们对股市有何种方向的影响。如果股票市场大势向下，基本分析就必须对近期股票市场供求关系和影响因素作出合理的判断，并指明股市整体走向和个股波动方向，同时纠正技术分析可能提供短线量化分析中的失真信息。

**理财小贴士**

**警惕庄家“陷阱”**

当某种股票价格连续飙升，各项技术指标也显示买入信号时，如果公司基本情况并没有明显变化，此时投资需要谨慎，因为该股票的上涨很可能是主力操纵的结果，尤其是在不成熟的股票市场上，这类“陷阱”比比皆是，而对这些骗局的识破又是非技术分析所能及的，必须依靠基本分析来解决。

（2）基本分析是定性分析。在基本分析过程中，虽然涉及的主要经济指标是数量方面的，但这些指标对股市的影响程度却难以量化，只能把它们对股市的影响方向加以定性。如当有关部门公布某个时点的失业率下降了两个百分点，表明经济在一定程度上是向好的方面转化，这一指标对股市上涨有支持作用，但并不能表明股价指数的涨跌幅度与这两个百分点之间的数量关系。

（3）基本分析是长线投资分析。基本分析侧重于大势判断，分析时所考察的因素也多是宏观和中观因素，它们对股市的影响相对深远，由此得出的结论自然具有一定的前瞻性，对长线投资者具有一定的指导意义，根据它进行投资志在博取长期回报及分享整体经济增长带来的成果，而不是短线投资收益。当宏观经济形势发生变化或该个股发行企业经营状况发生重大变化后，投资者才会改变投资策略。

基本分析的优点是能较准确地把握股市走向，给投资者从事长线投资提供决策依据，而缺点是分析时间效应较长，对具体的入市时间较难作出准确判断，要想解决还须靠技术分析的辅助。因此，基本分析只适用于对大势的判断，而不适用于具体入市时机的决断。

2.基本分析的主要内容

基本分析包括宏观、中观、微观三方面的分析。

**表5–8 股票投资基本分析**

| 类别 | 指标 | 内涵 | 分析 |
| --- | --- | --- | --- |
| 宏观类 | 经济周期 | 一个完整的经济周期包括复苏—繁荣—衰退—危机四个阶段。股市是经济的“晴雨表”，它随经济周期性波动而变化 | 与经济周期四个阶段相对应，股市也经历上涨—最高—下跌—最低的变化历程，股市因此而“牛”“熊”转换 |

续表

| 类别 | 指标 | 内涵 | 分析 |
|---|---|---|---|
| | 经济政策 | 货币政策和财政政策是国家调控国民经济运行的重要手段，它的变化对国民经济发展速度、就业水平、居民收入、企业发展等有直接影响，进而影响股市 | 利率调整时，利率上升则股价下跌，利率下降则股价上升。积极的财政政策影响公共支出、国债发行、税率调整，对股市产生积极的影响 |
| | 利率 | 利率调整影响企业资金筹集成本和经营利润，影响投资回报率要求，影响投资方向转变 | 利率上调影响资金成本提高，经营利润减少导致股价下跌；利率上调影响投资要求回报提高，造成股价下跌；利率上调引导投资方向转变，导致股价下跌 |
| | 汇率 | 外汇行情与股票价格有着密切联系，汇率变动对国民经济的影响程度取决于对外开放程度，开放度越高，股市受汇率影响越大 | 一国货币升值则股价会上涨，货币贬值则股价下跌。但升值或贬值对公司业绩和经济局势的影响是双向的，不能单凭汇率升降决定股票买卖行为 |
| | 通货膨胀 | 通货膨胀影响公司产品价格上涨，致使利润增加，相应股利与分红增加。过度通货膨胀造成市场虚假繁荣，致使货币贬值，利率上升，相应投资方向转变 | 通货膨胀影响股价上涨，过度通货膨胀导致股价下跌。同时通货膨胀对股价影响与通货膨胀的时间和水平、公司产品类型密切相关 |
| | 同时，国内外重大政治事件、国家重大经济政策、国家对股市的调控、平等市场的发展等都是重要因素 | | |
| 中观类 | 行业分析 | 行业性质：商品是生产性资源或是消费性资源，产品是内销或是外销，生产是劳动密集型或是技术密集型或是资本密集型。行业周期：行业处于开创期或是扩张期或是停滞期 | 行业成长期风险较大，股价往往大起大落；扩张期稳定上升；停滞期表现平淡或表现下跌 |
| | 板块分析 | 分析区域经济因素对股票价格的影响 | 结合具体情况进行分析 |
| 微观类 | 盈利能力 | 盈利水平是影响股票市场价格的主要因素，经营利润的增减变动成为影响股票价值和股票价格的关键 | 盈利水平上升则股票价格上升，盈利水平下降则股票价格下跌 |
| | 财务状况 | 财务分析是基本的重要一环，通过对公司有关财务数据的比较分析以了解财务状况，预测其发展趋势，确定成长潜力 | |
| | 创新能力 | 新技术新产品的开发能提高劳动生产率而降低生产成本，提高企业竞争力与获得能力 | 新产品开发能刺激股价上涨 |

### （二）技术分析

技术分析是通过各种图表、技术指标来研究股票市场行为，以判断股票市场价格变化趋势的方法。技术分析须建立在三个假设前提之上：价格已综合了各类信息，股市存在趋势运动，历史仍会重演。

1. 技术分析的特点

（1）技术分析是对股票价格变化本身的分析，不考虑价格变化背后的因素；

（2）技术分析着眼于过去，通过对历史数据和价格变化的分析，来预测股票价格的未来走向；

（3）技术分析是对股市短期波动进行分析，对股市长期趋势不能进行有效判断。

一般说来，技术分析适用于短期行情分析，要想对股市全面分析和准确判断，仅靠技术远远不够，须借助基本分析方法。

2. 技术分析的应用

（1）K线：K线图是股票市场记录一天或一周或一月股价涨跌行情的图示法。根据K线计算周期可分为：日K线、周K线、月K线。日K线是根据股价一天的走势中形成的四个价位即开盘价、收盘价、最高价、最低价绘制而成的，相应的周K线是根据股价一周的走势形成的四个价位绘制，月K线是根据股价一月的走势形成的四个价位绘制。

收盘价高于开盘价时，则开盘价在下收盘价在上，两者之间的长方柱用红色或空心绘出，称为阳线，最高价高于收盘价的高于部分为上影线，最低价低于开盘价的低于部分为下影线；收盘价低于开盘价时，则开盘价在上收盘价在下，两者之间的长方柱用黑色或实心绘出，称为阴线，最高价高于开盘价的高于部分为上影线，最低价低于收盘价的低于部分为下影线。

K线图反映交易当日的典型价格之间的关系。利用K线图进行分析，要结合图形中价格之间的关系来判断市场中多空双方的力量对比，结合成交量、价格波动幅度、K线走势综合考虑作出判断。

（2）形态：是根据股票价格在一段时间走过的轨迹预测股票价格未来趋势的方法。从价格轨迹的形态中，可以推测股票市场所处的环境，对今后的投资行为给予一定的指导。典型的形态有双顶、双底、头肩顶、头肩底、反转（V型）、上升楔形、下降楔形等。

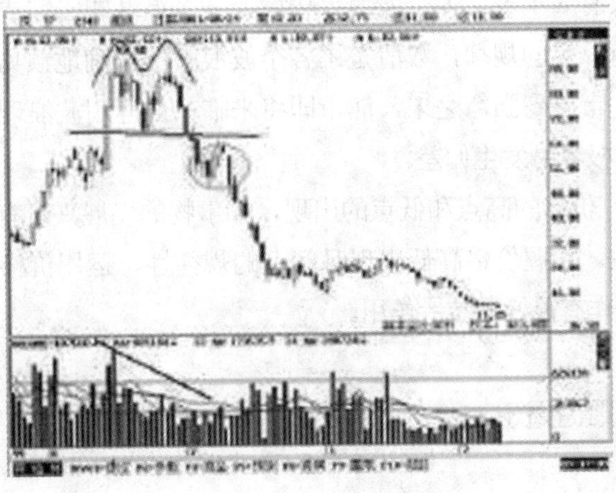

图5-6 双顶（M头）

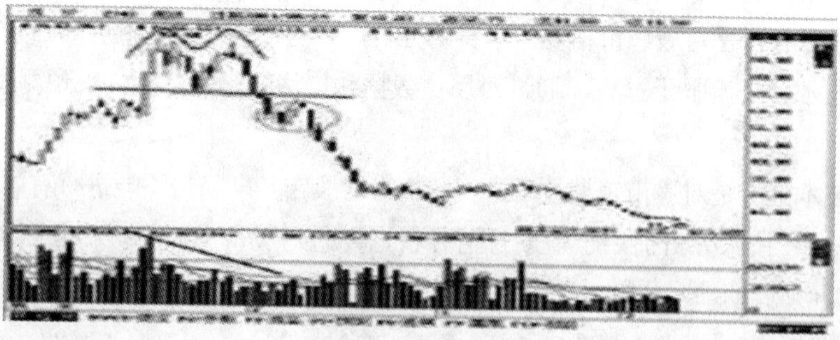

图5-7 双底（W头）

（3）支撑压力：在由价格数据所绘制的图表中，按照一定的方式和原则画出一条直线，然后根据这些直线的情况推测股票价格未来有可能停顿的位置，这些直线就是支撑线或压力线。支撑线或压力线向后的延伸位置对价格的波动起到一定的制约作用，就是支撑和压力的作用。

一般来说，价格从下向上抬升的过程中，触及压力线，甚至还未触及，就会调头向下；价格从上向下下跌的过程中，触及支撑线就会调头向上。如果在支撑线和压力线的附近，价格没有如期转向，而是继续向上或向下，这时就会出现支撑线和压力线的被突破。

（4）技术指标：是考虑市场行为各个方面的数据，用给定的数学公式进行计算，得到体现股票市场某个特定方面内在实质的数字，这个数字叫技术指标值。技术指标数值的大小和前后数值之间的相互关系，直接反映了股票市场所处的状态。证券市场上通用的技术指标有相对强弱指标（RSI）、随机指标（KDJ）、方向指标（DMI）、指数平滑异同平均线（MACD）、涨跌比率（ADR）、人气指数心理线（PSY）、乖离率（BIRS）等。

（5）波浪理论：把价格的上下波动和不同时期的持续上涨下降看成波浪的上下起伏一样。波浪理论认为，推动浪和调整浪是价格波动的两个基本形态，与大市走势一致的推动浪有5小浪，调整浪有3小浪，8个波浪完毕后，一个循环即告完成，走势将赶往下一波浪循环。波浪起伏有一定的规律，数清楚了各个波浪就能准确地预见到跌势接近尾声，牛市即将来临，或是牛市已到强弩之末，熊市即将来临。但运用波浪理论时，浪中有浪，大浪套小浪，在数浪时极容易发生偏差。

（6）循环周期：价格的高点和低点的出现，如事物的发展兴衰有周期性一样，在时间上存在一定的规律性。掌握价格高低出现时间上的规律性，运用价格上升和下降循环周期理论，对投资实际操作有很好的参考作用。

## 四、如何进行股票投资

### （一）股票投资原则

股票投资是一项风险投资，如何进行股票投资是一门学问，在投资实施中要坚持股票投资的基本原则。

1. 趋势原则。在准备买入股票之前，首先对证券市场的运行趋势要有个明确的判断。一般情况下，大盘处于上升趋势时买入股票较易获利，而顶部买入则好比虎口夺食，下跌趋势中买入难以全身而退，甚至血本无归。

2. 分批原则。在没有十足把握情况下，投资者可采取分批买入和分散买入的方法，这样可以降低买入的风险。但分散买入的股票种类不宜过多，根据资金投资情况，一般以5只为宜，分批买入要根据投资策略和资金情况有计划地实施。

3. 底部原则。中长线买入股票的最佳时机，是在底部区域或股价突破底部处于上涨初期，应该说是风险最小的时候。而短线操作则天天有机会，但要尽量考虑到短期底部和短期趋势的变化，并快进快出，同时投入资金不能太大。

4. 强势原则。“强者恒强，弱者恒弱”——这是股票投资市场的一条重要规律。遵循这一原则，要多参与强势市场，而少投入或不投入弱势市场，在同板块或同价位买入强势股和领涨股，而不是弱势股或被认为是将补涨而价位较低的股票。

5. 题材原则。要想在股票市场中特别是在较短时间内获得更多收益，关注市场题材的炒作和题材的转换是非常重要的。虽然各种题材层出不穷，转换很快，但仍具有相对稳定性和一定的规律性。在买入股票时买入有题材股票而放弃无题材股票，并分清是主流题材还是短线题材。

6..止损原则。战场没有常胜将军。买入股票后并没有预期的上涨而是下跌了，如果只是持股等待解套是相当被动的，不仅占用资金错失其他投资获利机会，更重要的是背上套牢包袱影响操作心态，所以与其被动解套，不如主动止损。止损可以说是短线操作的法宝。股票投资回避风险的最佳办法就是止损，并设定好止损位，如短线操作设定5%左右，中长线操作设定10%左右。

7. 风险意识原则。股市是高风险高收益的场所。股市中风险无处不在、无时不在，只能面对，不能回避，作为投资者要一直保持风险意识，保持良好心态，尽可能将风险降到最低，而买入股票时机的把握是控制风险的第一步，也是重要的一步。股票投资中切忌“只能赚不能赔”的心理，否则失去的不只是投资股市的资本，甚至更多。

### （二）证券公司选择

尽管各证券公司业务同质化现象比较严重，但投资者进行股票投资仍然需要慎重选择证券公司（券商）。

1. 服务体系完善、业务种类较多、交易软件系统优良、交易速度快速、交易系统稳定、收费水平合理规范，这些都是选择证券公司的必备条件，现在市场上符合这些条件的基本都是大型的证券公司，因此选择一个优秀、正规的大型证券公司才是开始正确投资的第一步。

2. 业务办理是否方便、业务指导是否专业、硬件设施是否先进，也是在选择证券公司时应综合考虑的因素。交通便利、条件优越、指导专业，成为普通股票投资者选择证券公司时的重要参考。当然，可能更多情况下是券商的营销策略影响着投资者的选择。

理财小贴士

**股票投资交易费用构成**

1. 印花税：投资者在买卖成交后支付给财税部门的税收，为成交金额的1‰。目前由向双边征收改为向卖方单边征收。上海及深圳股票均按实际成交金额的千分之一支付，此税收由券商代扣后由交易所统一代缴。

2. 过户费（仅上海股票收取）：这是指股票成交后，更换户名所需支付的费用。由于我国两家交易所不同的运作方式，上海股票采取的是“中央登记、统一托管”，所以此费用只在投资者进行上海股票、基金交易中才支付此费用，深股交易时无此费用。此费用按成交股票面值（以每股为单位）的千分之一支付，不足1元按1元收。

3. 券商交易佣金：最高为成交金额的3‰，最低5元起，单笔交易佣金不满5元按5元收取。一般情况下，券商对大资金量、交易量的客户会给予降低佣金率的优惠，因此，资金量大、交易频繁的客户可自己去向证券部申请。另外，券商还会依客户是采取电话交易、网上交易等提供不同的佣金率，一般来说，网上交易收取的佣金较低。另外，部分地方还收委托费。这笔费用主要用于支付通信等方面的开支,一般按笔计算（由证券公司营业部决定收不收，证券公司多的地方，相互竞争，大多取消这项，比如大城市；证券公司少的地方，营业部可能成交一笔收一元或五元，比如小城镇）。

### （三）股票投资操作与策略

新股民要做的第一步就是开立一个股票账户（包括上海A和深圳A两个），只有开立了股票账户之后才可以进行证券的买卖。股票开户流程是先做好开户预约，然后本人持身份证和银行卡或者存折到证券公司营业部现场办理开户手续，最后再到银行办理第三方存管手续。

现在比较普遍的股票交易方式有电脑、电话和手机三种方式。常用的电脑和手机的交易方式都是通过下载券商的股票交易软件进行买卖，电话交易方式则是通过拨打委托电话，通过语音提示进行交易。

做股票和做其他生意一样，做什么行业，做什么产品，什么时间做最好，具体每一步该怎么做，都是事先要想好的。具体到某只股票，包括以下几个方面：

1. 选时介入。市场是有周期性的，涨多了就会跌，跌多了也会涨，所有的证券市场都具有这样的规律性。当大盘下挫时，95%的股票都会下跌，这时最好不要建仓。大盘企稳并重新上行时建仓最好，日均线系统是否处于多头状态或正在形成多头状态，在30日均线上方或有效突破30日均线时建仓，成功机会可能会大一些。

2. 选股建池。你要仔细地阅读每家公司的年报、中报、季报和其他公开信息，从中选出有良好预期的个股，坚持对他们进行跟踪，在适当的时机采取行动。如果每天只关注3－4只股票，工作量就会相对较小，精力更加集中，操作成功的机会就会大大增加。季度每股收益是否有大幅的增长，以及上市公司的成长性，是股价上涨最主要的推动力。基金公司的研究能力较强，捕捉市场机会的能力也很强，它们是否愿意买进一只股票，也可以作为选股的参考。

3. 操作计划。这样能记录你在买进股票时的想法，可以帮助你控制情绪，让你有一个思考的过程，便于你总结经验教训。

4. 获利至上。人们通常认为股市高手每战必赢，神秘莫测，可望而不可即，其实不然。高手的成功概率大都在50%左右，有的甚至不到50%。怎么获利呢？他们每次的亏损很有限，一般最多在7%－8%，而他们每次的赢利都在20%、30%，甚至更多。如果你也能这样去做，在看错了的时候坚决止损，在看对了的时候坚持持股，在获利丰厚时赢利平仓，你也能获得可观的赢利。只买基本面有良好预期的股票，只在适当的时机买进有技术面支持的股票，设立止损位和赢利位，做一个详细的计划，总结经验和教训，坚持下来，你就建立了一个良好的获利模式。这样，你一定能在股市中实现稳定的利润。

**理财小贴士**

**股神巴菲特投资三大绝招**

绝招之一：不看股票看公司

绝招之二：不想价格想价值

绝招之三：不做投机做投资

**（四）股票投资误区**

1. 认为股价低就是风险小。绝大部分股民朋友喜欢买入一些低价的股票，认为风险低，盈利的机会大。其实，这是一个很大的误区。在国外成熟股市，盈利能力很强的公司和一些资不抵债的公司股价简直是天壤之别，就拿美国股市来说，投资大师沃伦·巴菲特旗下的上市公司伯克希尔·哈撒韦公司的股价超过了每股10万美元，相反还有很多股票只有不到1美元。再如香港股市就有几百港元一股的股票，但还有更多所谓的仙股，不足1港元。

2. 认为市盈率越低风险越小。市盈率是动态的数值，今年是绩优股，明年可能会出现亏损。选择股票时不能唯市盈率为依据，主要应看未来几年上市公司有没有明确的高成长能力。绝大多数企业都存在成长、成熟和衰退几个阶段，买入股票时，最好是在企业的高速成长期，你将分享企业成长带来的收益，最好是具有垄断行业和有自主定价能力的企业。有些企业通过资产性收入，如转让资产或其他投资收益，但不具备连续的增长能力，虽然股票的市盈率看起来很低，如果买入，也没有很好的投资收益，甚至会出现亏损。有些像国家基础性或传统性行业的股票，如银行、钢铁、石化等行业，不能期望有过高的市盈率。相反一些新兴的行业或成长突出的公司却给出了很高的市盈率，是因为有很好的市场预期，市盈率会通过业绩的连续成长而大幅降低。

3. 认为抄底能捡到便宜。看到自己的成本比别人都低，尤其是处于历史低位的股票，心里简直是乐开了花。却没有想到，一个股票既然已创出了历史新低，那么很可能还会有很多新低出现，甚至用不了几个月你的股票就被腰斩了。

4. 认为止损就是投资亏损。有的散户见一次止损后没几天股价又涨了回来，下次就抱有侥幸心理不再止损，这是不行的。一般而言，不要容许出现超过20%的亏损。“截断亏损，让利润奔跑”，确实是至理名言。

5. 认为追高就会增加风险。许多散户都有恐高症，认为股价已经涨上去了，再去追涨被套住了怎么办？其实股价的涨跌与价位的高低并没有必然的联系，关键在于“势”，在上涨趋势形成后介入安全性是很高的，而且短期内获利很大，核心问题在于如何判断上升趋势是否已经形成，这在不同的市场环境中有不同的标准，比如在大牛市中，放量创出新高的股票是好股票，而在弱市中，这往往是多头陷阱。对趋势的判断能力是衡量炒手水平的重要标准之一。

6. 认为龙头股涨幅大风险高。一个股票开始上涨时，我们不知道它是不是龙头，等大家知道它是龙头时，已经有一定的涨幅了。这时散户往往不敢再跟进，而是买一个涨幅很小的跟风股，以为可以稳健获利，没想到这跟风股涨时慢涨，跌时却领跌，结果弄了半天，什么也没捞到。其实在强势时，涨势越强的股票，跟风越多，上涨越是轻松，见顶后也会有相当时间的横盘，让你有足够的时间出局。当然，如果涨幅太大，自然不可贸然进场。

7. 认为大盘的走势就是个股的走势。大盘可预测但操作须灵活，特别短线大盘的走势其实是难以预测的，不能完全以大盘预测与走势来决定个股的买卖。对于看大盘做个股，可以把大盘分为可操作段与不可操作段，比如说30日均线，MACD，或者是一些更敏感的指标。

8. 认为有人推荐就有机会。这主要是因为没有自己选股的方法，选股全靠别人推荐。今天听朋友说这个股票好，明天看电视说那个股也好，结果一下就拿了十多只股票，搞得自己手忙脚乱。通常情况下，散户持股3－5只左右是比较合适的。

9. 认为有机会就有盈利。不愿放过每一个机会，看见大盘涨了一点就急忙杀入，根本不清楚自己能有几成胜算，结果一下又被套住了，其实这是由于水平低下，缺乏自信所致，如果能有几套适用于不同环境市场的赢利模式，那么不管大盘涨跌还是盘整，都有稳健的获利办法，就能从容不迫地等待上升趋势形成后再介入，把风险降到最低。

10. 认为机会天天都会有。不能区分牛市和熊市的操作方法，总是抱有多头思维，总是想着第二天要涨，这种思维让大家在2001年后的大熊中吃够了苦头。其实在沪深股市，牛短熊长是不变的主旋律，机构喜欢唱多，那是因为只有散户做多，他们才有饭吃。对于散户来说，看紧你的钱袋才是最重要的。我们要做的就是像猎豹一样，时机不成熟决不动手，一旦出手，至少要有七成以上的胜算。

**（五）股票投资风险防范**

任何一个准备或已经在证券市场中投资的投资者，在具体的投资活动前，都应认清风险、正视风险从而树立风险意识，并做好投资理财风险防范工作：

1. 掌握必要的证券专业知识

证券市场本身是一门非常广泛而深奥的学问，当然一般普通投资人很难研究透彻，若想成为一个稳健而成功的投资人，就必须花些心血和时间去研究掌握最基本的证券知识，假如连一些基本的投资知识都没有就妄想碰运气赚大钱，即使运气好误打误撞捞上一笔，不久也肯定会再赔进去。

2. 把握合适的股票投资时机

股市与经济政治环境息息相关，经济衰退、股市萎缩则股价下跌；反之，经济复苏、股市繁荣则股价上涨。政治安定、社会进步则股价上涨；反之，人心慌乱、股市萧条则股价下跌。“选择买卖时机比选择股票种类更重要”。这也就是说在投资前应先认清投资的环境，避免逆势买卖。有许多人在未了解股市大势之前即糊里糊涂盲目买卖，结果与股势反道而行。多头市场时做空，空头市场时却做多，就犯了股票投资的大忌。

3. 确定合适的投资运作方式

股票投资采用何种方式，因投资人的性格与空闲时间而定，一般而言，不以赚取差价为主要目的，而是想获得公司红利或参加公司经营者多采用长期投资方式。本身有职业，没有太多时间前往股票市场，而又有相当积蓄及投资经验的，适合采用中期投资方式。时间较空闲，有丰富经验，反应灵活的人可采用短线交易的方式。经验丰富，整天无事，且自认反应快，赌性浓，喜爱找刺激的人，多半向往短线交易。短期投资利润最高，次为中期投资，再次为长期投资。但经验上证明很少人能每次准确地在底部买进，顶部卖出，所以就平均获益能力来计算，中期与长期投资较短期投资利润高，短线交易投机性最浓且具有赌博性质，是赚是赔一半凭经验，一半靠运气，风险大，伤脑筋，害身体，一般投资人最好不要轻易尝试。

4. 制定周详的资金运作计划

俗语说“巧妇难为无米之炊”，股票交易中的资金是有限的。在股票市场里，如何将资金作最妥切的运用，在各种情况发生时，都有充裕的空间来调度，不致捉襟见肘，这便是资金运用计划所能做的事。股票投资者一般都将注意力集中在市场价格的涨跌之上，愿意花很多时间去打探各种利多利空消息，研究基本因素对价格的影响，研究技术指标作技术分析，希望能做出最标准的价格预测，但却常常忽略本身资金的调度和计划。投资者，尤其是初入市场的投资者，手中握有的股票种类应该尽量单纯，不能选择不同市场、不同种类、不同性质的股票。这样在行情分析预测以及应付不时出现的意外行情时，才不会左支右绌，穷于应付。

5. 选择正确的股票投资对象

选择适当的投资对象亦为投资前应考虑的重要工作，对象选对了可在短期间获得几倍的暴利，选择错误时天天眼见别的股票节节升高，而自己的却如老牛拖车，跌时别的股票缓缓下跌、时而反弹，而自己的却连连下跌且无反弹。至于选择何种股票最好，要视当时的经济环境、投资者个性和对股市的了解程度以及经验而定。通常不怕冒风险，股市经验丰富的人多半喜欢买卖涨跌幅度大的热门投机股；而一些正要或刚投入股市的人应该投资获利能力强、涨跌幅度稍缓而流通性仍然很大的优良热门股。

## 五、案例分析

**案例资料5-1**

基本面分析经典案例——韶能股份（000601）涨停分析。2011年11月15日上午涨停个股韶能股份（000601）。

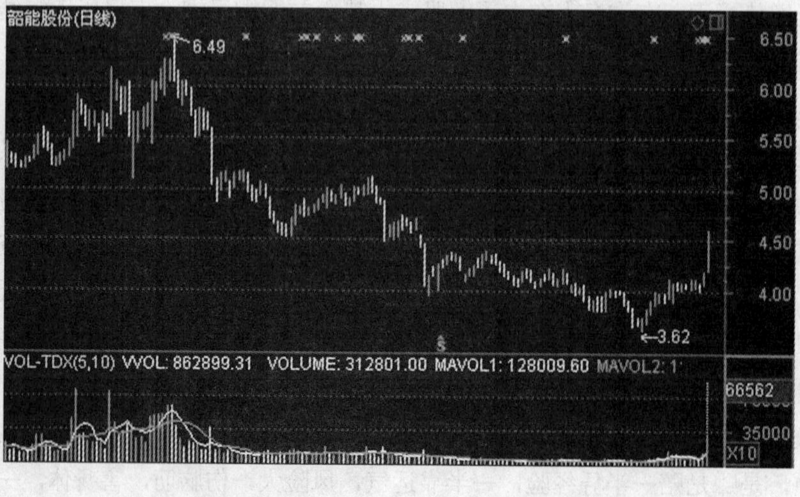


图5-8　韶能股份（000601）2011年11月15日上午涨停

**问题思考：**

结合涨停个股韶能股份（000601）的背景资料，从基本面进行分析，并给出后期操作建议。

**分析线索：**

1. 公司概况

经营范围：能源开发，建筑材料，房地产开发。销售：机电产品，建筑装饰材料，金属材料、矿产品（不含贵金属），五金，家用电器，针纺织品，煤炭，重油（代购）；电力生产及锆系列产品的开发、生产、销售（限下属分支机构经营）；纸浆，纸浆板、纸及纸制品；餐饮、住宿、桑拿。主要产品：电力、水泥。

2. 公司财务现状

资产负债比率60.03%，财务稳健性较好，属低风险、低报酬的财务结构；经营净现金比53.47%，短期偿债能力较强；总资产周转率28.03%，总资产周转慢；长期资产适合率92.43%，企业有可能存在长期资产挤占流动资金或负债使用不充分等问题。

3. 股票基本资料

中盘股，估值较高，低价股。公司运营状况不错，产品呈多元化态势，但主营较集中，业绩涨幅甚微，现金流较充裕，管理成本控制在较稳定水平。近期有2家基金退出该股。短期走势良好，中线处于强势状态，近期走势相对强于大盘。

4. 行业概况（如图5-9所示）

热点新闻：电价上调方案

中国电力企业前三季度利润额同比下滑26%，有部分电厂负债率已经接近150%。局部地区电荒再现。同时，火电厂排放新标准将于2012年1月1日开始实施，电企压力巨大。据悉，有关部门已将电价调整方案上报，方案近期获批的可能性较大，且调价范围可能不再限于局部。若此次调价预期落实，将对缓解短期电荒，提升电力企业业绩有一定积极作用。但根据以往经验，电价提升带来的利润空间很快又会被上涨的煤炭价格所吞噬。因此，基于行政手段的煤电联动只是缩小煤电矛盾的一个过渡办法，解决煤电顶牛的制度难题，还需要进一步深化电力体制改革，理顺上下游之间的症结，这将是一项长期而又艰巨的任务。

| 代码 | 简称 | 总股本(亿股) | 实际流通A股 | 总资产(亿元) | 排名 | 主营收入(亿元) | 排名 | 净利润增长率 | 排名 |
|---|---|---|---|---|---|---|---|---|---|
| 600021 | 上海电力 | 21.40 | 21.40 | 314.37 | 10 | 133.56 | 8 | 9129.47 | 1 |
| 600505 | 西昌电力 | 3.65 | 3.65 | 16.10 | 44 | 4.13 | 44 | 180.07 | 2 |
| 600101 | 明星电力 | 3.24 | 3.24 | 25.01 | 41 | 5.95 | 41 | 109.92 | 3 |
| 600027 | 华电国际 | 67.71 | 51.90 | 1476.7 | 5 | 397.35 | 3 | 108.26 | 4 |
| 600780 | 通宝能源 | 11.47 | 8.73 | 65.54 | 29 | 39.77 | 19 | 58.33 | 5 |
| 600452 | 涪陵电力 | 1.60 | 0.77 | 9.00 | 47 | 6.95 | 39 | 52.37 | 6 |
| 002479 | 富春环保 | 4.28 | 2.62 | 19.63 | 43 | 8.54 | 38 | 36.71 | 7 |
| 600644 | 乐山电力 | 3.26 | 3.26 | 38.49 | 36 | 17.13 | 31 | 31.62 | 8 |
| 000601 | 韶能股份 | 9.26 | 8.39 | 82.51 | 25 | 16.65 | 32 | 19.95 | 9 |

图5-9 电力行业概况

5. 操作建议

正因为电价上调的预期和浓郁的电荒阴霾，电力板块在2011年上半年就曾经出现过一波令人喜出望外的涨势，就连华电国际这样的大盘股的区间涨幅也逼近40%，因此在似曾相识的背景之下，沉寂已久的电力股自然而然地有了值得关注的价值。韶能股份（000601）属电力生产行业，业内竞争力较强，受电价上调预期利好刺激，短期呈现上涨趋势良好；但场内被套比重过高，中长线操作仍需谨慎，切忌盲目跟风。

# 3. 个人证券基金理财

## 一、基金理财基本知识

### （一）基金、投资基金和证券投资基金

1. 基金

从资金关系看，基金是指专门用于某种特定目的并进行独立核算的资金。在我国，既包括各国共有的养老保险基金、退休基金、救济基金、教育和奖励基金等，也包括我国特有的财政专项基金、职工集体福利基金、能源交通重点建设基金、预算调节基金等。

从组织性质上看，基金是指导管理和运作专门用于某种特定目的并进行独立核算的资金的机构和组织。这种基金组织，可以是非法人机构，如财政专项基金、教育奖励基金、保险基金；也可以是事业性法人机构，如中国宋庆龄儿童基金会、孙冶方经济学奖励基金会、茅盾文学奖励基金会等；也可以是公司法人机构。

2. 投资基金

投资基金是一种利益共享、风险共担的集合投资方式，即通过发行基金单位，集中投资者的资金，由基金托管人托管，由基金管理人管理和运用的资金，从事金融工具和实业投资，以获得投资收益和资本增值的工具。根据投资对象不同，投资基金可分为证券投资基金和产业投资基金。

3. 证券投资基金

（1）证券投资基金概念

证券投资基金是一种利益共存、风险共担的集合证券投资方式，即通过发行基金份额，集中投资者的资金，由基金托管人托管，由基金管理人管理和运用资金，从事股票、

债券等金融工具投资，并将投资收益按基金投资者的投资比例进行分配的一种间接投资方式。根据投资对象的不同，可分为股票型基金、债券型基金、货币市场基金、期货基金、期权基金、指数基金和认购权证基金等。

证券投资基金是一种集合投资制度，一种信托投资方式，一种证券投资工具，也是一种金融中介机构。个人基金理财指的是证券投资基金理财。

（2）证券投资基金当事人

证券投资基金当事人主要包括基金持有人、基金管理人、基金托管人、基金承销机构、基金投资顾问等。

基金持有人是基金的投资者，是证券投资基金资产最终所有人，是证券投资基金收益受益人，也是承担基金投资风险的责任人。基金管理人是适应证券投资基金的投资运作而产生的基金经营机构，是证券投资基金的资产管理者和投资运作的决策者。在我国称之为“基金管理公司”。基金托管人是对基金管理人进行监督和保管基金的机构，是投资人权益的代表，受其委托负责保管基金的全部资产。在我国基金托管人必须由符合特定条件的商业银行担任。基金承销机构负责募集资金并向认购的投资者发行受益凭证、投资利润、基金本金、利益支付。在我国银行、证券公司、保险公司、信托投资公司都有可能参与基金承销或代销。基金投资顾问是投资基金管理公司聘请的第三方投资顾问，为投资决策提供建议或参与管理，包括基金经理人、专业投资机构、金融财团、证券分析师、会计师、律师等。

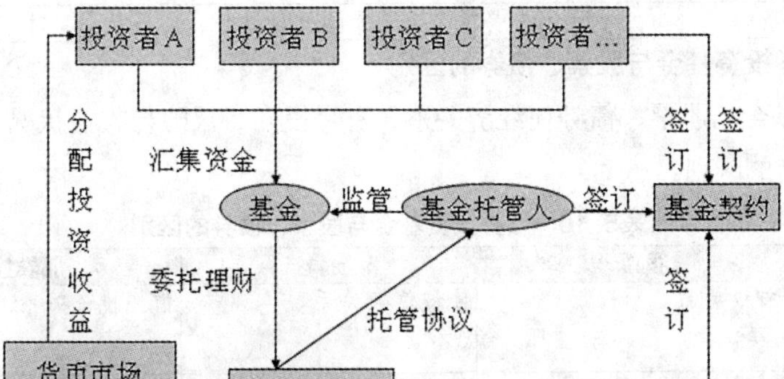


图5-10　证券投资基金运作流程图

**（二）证券投资基金的特点**

证券投资基金作为一种现代化的投资工具，主要具有以下特征：

1. 集合理财，专业管理。基金将众多投资者的资金集中起来，委托基金管理人进行共同投资，由基金管理人进行投资管理和运作，表现为一种集合理财和专业管理的特点。

2. 组合投资，分散风险。中小投资者购买证券投资基金，由基金管理人进行专业投资，相当于投资者用少量资金购买一揽子股票或进行其他投资，表现为一种组合投资和分散风险的特点。

3. 利益共享，风险共担。基金投资收益在扣除由基金承担的费用后的盈余全部归基金投资者所有，并依据投资者所持有基金份额比例进行分配，表现为一种利益共享和风险共担的特点。

4. 严格监管，信息透明。中国证监会对基金业实行严格的监管，对各种有损投资者利益的行为进行严厉的打击，并强制要求信息披露，表现为一种严格监管和信息透明的特点。

5. 独立托管，保障安全。基金财产的保管由独立于基金管理人的基金托管人负责，基金管理人只负责基金的投资操作，相互制约，表现为一种独立托管和安全保障的特点。

**（三）证券投资基金的类型**

证券投资基金按不同的分类标准有多种类型：

**表5-9 证券投资基金类型**

| 分类标志 | 基金类型 |
| --- | --- |
| 按基金组织形式不同 | 契约型投资基金（信托型投资基金）和公司型投资基金 |
| 按基金运作方式不同 | 开放式基金和封闭式基金 |
| 按基金投资对象不同 | 股票型基金、债券型基金、期货基金、期权基金、指数基金、黄金基金、货币市场基金、认股权证基金 |
| 按投资目标不同 | 收入型投资基金、成长型投资基金、平衡型投资基金、保守型投资基金、保本型投资基金 |
| 按资金来源和使用地域不同 | 国内基金、国际基金、海外基金 |
| 创新品种层出不穷 | 交易所交易基金、上市型开放基金、伞形基金、对冲基金等 |

**（四）证券投资基金与股票、债券的区别**

证券投资基金与股票、债券在经济关系、资金投向、风险与收益状况、投资收回方式等方面都有一定的区别。

**表5-10 证券投资基金与股票、债券的区别**

| 区别 | 股票 | 债券 | 证券投资基金 |
| --- | --- | --- | --- |
| 所反映经济关系不同 | 所有权关系 | 债权债务关系 | 信托投资关系 |
| 筹集资金投向不同 | 融资工具，主要投向实业，是直接投资方式 | 融资工具，主要投向实业，是直接投资方式 | 信托工具，主要投向有价证券，是一种间接投资方式 |
| 风险与收益状况不同 | 股票收益是不确定的，它取决于发行公司的经营效益，投资股票有较大风险 | 债券收益取决于其事先确定的债券利率，投资风险较小 | 基金收益因投资灵活多样，使得其收益可能高于债券，其风险可能低于股票 |
| 投资回收方式不同 | 股票没有到期日，投资者如想变现，则只能通过二级市场出售其股票 | 到期偿还，也可以在二级市场上出售 | 开放式基金可以赎回；封闭式基金则不得赎回，如想变现只能通过二级市场出售 |

## 二、为什么投资于证券基金

股票、债券和基金投资都属于风险投资，有人偏爱股票投资，因为可能收益相对较高；有人偏爱债券投资，因为收益相对固定，到期还本风险较小；但投入时间较少精力不济、专业知识较少能力不足、心理素质较差定力不够的人更适合基金投资，因为：

1．聚集小额投资，具有集合理财优势。普通投资者（如普通家庭）一般资金规模有限，在众多投资工具上不能进行有效组合，会失去一些资金量要求较高的投资机会，通过证券投资基金则能够较好地解决这类问题。证券投资基金为小额投资者提供了一条通向各种投资市场的通道。

2．集中专家智慧，具有专业理财优势。由基金托管人托管，由基金管理人管理和运用资金，而基金管理人具有熟悉投资理论、操作经验丰富、信息渠道广泛等优势，通过证券投资基金进行投资，可以充分发挥这些优势。

3．投资渠道多样，具有风险控制优势。证券投资基金可以选择投资到多种领域、多种行业、多个品种上，实际是分散了投资风险，而个人投资者受到多方面的限制，则很难做到如此多样性的投资组合。

4．委托专家管理，可以提高投资效率。个人投资者在投资理财中需要花费时间和精力进行信息收集、分析以及进行各种交易操作，实际上是增加了投资成本；同时，由于个人投资者信息资源的有限，有可能失去投资机会和做出错误的投资决策。通过证券投资基金进行投资，可以免除繁重的工作量，并提高整体投资效率。

5．变现方便快捷，可以灵活使用资金。开放式基金在基金开放日可以直接购买与赎回，封闭式基金可以通过交易所实时买卖。它的变现能力非常好，高于定期储蓄存款和债券，特别是对于有资金急需时就显得更加重要。

## 三、证券基金投资分析

基金投资分析是在证券基金投资过程中对基金的估值、基金的管理绩效综合评价、基金的收益及其分配、基金投资的税收、基金投资的风险等方面进行全面的了解和基本的分析，以作出正确的投资决策。

### （一）基金的估值

基金资产的估值是对基金净资产的估值。基金的资产净值是基金的资产减去基金负债后的余额，是基金持有人的权益。基金的资产净值是影响基金价格的最主要的因素。同时，还要充分考虑基金累计净值，它可以比较直观和全面地反映基金在运作期间的历史表现，结合基金的运作时间，可以更准确地体现基金的真实业绩水平。从投资者进行基金业绩比较的角度来说，基金累计净值应该是比分红更重要的指标。

链接〉〉〉〉〉〉

**基金累计净值**

基金累计净值是单位净值与基金成立以来累计分红派息之和，体现基金自成立以来所取得的累计收益。可以比较直观和全面地反映基金在运作期间的历史表现，结合基金的运作时间，则可以更准确地体现基金的真实业绩水平。

### （二）基金管理绩效的综合评价

对于基金的管理绩效要进行综合评价。一是通过基金的各种指标分析基金运作是否符合基金的类型和运作目标；二是在考察基金收益指标的同时要对资产质量、资产结构、收入来源及经营风险全面分析；三是通过投资回收期、流动资金比率和市场供求关系判断潜在收益及风险水平。

### （三）基金净收益

基金的净收益是基金经营过程中的各种收入扣除各种费用支出后的余额。基金的收入、费用及净收益分配原则构成如下表：

表5-11　基金收入、费用与净收益分配表

| 收入构成 | 利息收入 | 包括存款利息收入和投资于有价证券利息收入 |
|---|---|---|
| | 红利收入 | 购买公司股票而享有对公司净利润分配所得，有现金红利和股票红利形式 |
| | 资本利得 | 投资股票和其他有价证券的买卖价差 |
| | 其他收入 | 运用基金资产而带来的成本划用费的节约额，如大宗交易的交易佣金优惠 |
| 费用构成 | 投资直接费用 | 由投资者直接承担的基金的申购、赎回、再投资、转换等费用 |
| | 基金营运费用 | 注册登记费、基金管理费、基金托管费、席位租用费、信息披露费、律师费、会计师费、证券交易佣金、基金上市费用、持有人会费等 |
| 基金净收入分配 | 可分配收益数确定 | 本期实现的净收益－应纳税额+/－上一年度未分配收益（上一年度亏损），当前我国对基金在营业税和所得税上有税收优惠政策 |
| | 开放式基金收益分配 | 每一基金单位有同等分配权；以现金形式分配；三个月以上每年分配至少一次；收益先补上年度亏损再分配；分配后单位基金净值不低于面值 |
| | 封闭式基金收益分配 | 每一基金单位有同等分配权；分配比例不低于净收益的90%；以现金形式分配；每年分配一次；收益先补上年度亏损再分配；当年亏损不分配 |
| | 基金收益支付办法 | 由沪深证券交易所登记机构通过证券商直接划入投资者账户 |

### （四）基金投资的风险

基金投资是存在风险的，根据市场历史证明，当投资基金达到一定期限，其风险就基本为零。投资者在投资过程中需要了解系统性风险对基金投资产生的影响，同时还必须对某只基金的个性进行分析和研究，同时还要透过基金分析基金经理的投资能力，才能更好地把握投资中潜在的风险因素，保证投资安全和收益最大化。

1. 股票型基金风险虽高，但它具有不断转化性。投资股票型基金，风险一定大于其他类型的基金，但不一定会产生投资中的巨大风险，这种风险是一种动态的、可变的，也是容易转化的风险。投资者坚定基金的投资信心，做好长期投资的打算，就可以通过持有时间的延长完全规避这种风险。

2. 指数型基金的风险主要体现在宏观经济形势方面。指数型基金对证券市场的敏感度最高，作为国民经济的晴雨表，证券市场与国民经济的发展息息相关。投资指数型基金，等于投资于证券市场上的一篮子股票。只要国民经济保持持续的增长，证券市场的长期牛市格局不变，持有指数型基金无疑是一种明智的选择。

3. 货币基金体现更多的是其流动性风险。对于货币市场基金来讲，其投资资产品种的独有个性决定了其收益的相对有限性，表现在收益上也不是很明显。而作为一种投资工具，其流动性具有更为明显的优势，投资者在进行投资的过程中，需要加以分析。

4. 保本型基金一般被认为是一种在避险期内没有风险的投资，但这只是认识上的一种错觉。尽管保本型基金设计了一定的保本机制，但管理和运作基金还需发挥基金管理人的能力。任何基金产品都具有一定风险，只是风险程度的大小不同而已。

5. 选择不同的分红方式也会造成风险。牛市行情中选择红利再投资，将会有利于资产的增值，而在震荡市行情中选择现金分红，则可以有利于回避基金净值下跌而产生的风险，同时，还能为投资者提供低成本购买基金的机会。因此，在基金投资过程中，投资者根据市场的变化灵活地调整分红方式是非常必要的。

6. 投资者自身投资策略运用中的风险。投资者在进行基金产品投资过程中，应当充分评估自身可承受的风险范围，并采取相应的投资策略。如对证券市场的未来发展趋势关注较多的投资者，可以采取一次性投资法。而不太关注或没有时间和精力关注证券市场变化的投资者，可以进行定期定额投资法，从而避免因选择时点不当而造成的风险。

7. 最后是基金投资组合。根据不同的目标设置不同的基金投资组合，同时回避多只基金对组合贡献相似的情况，投资者才能真正做到组合化繁为简。在一定时期或者条件之下，投资者可以以固定比例投资于股票基金、债券基金、货币基金等，当时机、条件、目标等发生改变时，再浮动投资比例。

## 四、如何进行证券基金投资

如果有适当的资金，为实现资金的增值或是准备应付将来的支出，都可以投资于基金，委托基金管理公司的专家理财，既分享证券市场带来的收益机会，又避免过高的风险和直接投资带来的烦恼，达到轻松投资、事半功倍的效果。

### （一）基金投资选择

面对不同类型的基金，投资者如何选到适合自己的基金理财产品呢？不同的客户应该根据基金的风格特点、业绩表现等因素，结合自身的收益风险偏好，有针对性地选择基金理财方案。

1. 单身型

如果客户属于追求高风险高收益，特别是那些没有家庭负担，没有经济压力，为追求资产快速增值而自愿承担一定风险的单身一族，可以选择“单身型”基金组合方案。

方案比例建议如下：积极型基金投50%，适度积极型基金投30%，储蓄替代型基金投20%。这种组合，资金配置绝大多数是股票型基金，投资风格以积极投资为主，充分分享股票市场伴随中国经济快速发展而获得的收益，积极谋求资本增值的机会。

2. 白领精英型

如果客户属于追求较高风险水平下获取较高收益的客户群，尤其是那些收入稳定、工作繁忙、短期内没有大额消费支出，想稳步提升个人财富数量的白领人士，可以选择白领精英型组合。

方案比例建议如下：积极型基金投40%，适度积极型基金投40%，储蓄替代型基金投20%。这种组合，资产配置多数也是股票型基金，以积极投资风格的基金充当组合的核心部分，兼顾风险控制条件下，谋求资产长期稳定增值。

3. 家庭形成型

如果客户是追求中等风险水平下获取较高收益的客户群体，尤其是那些资金实力虽不强，却有明确财富增值目标和风险承受能力，同时短期内有生育孩子计划的年轻家庭，可以选择家庭形成型组合。

方案比例建议如下：积极型基金投40%，适度积极型基金投30%，储蓄替代型基金投30%。这种组合，资产配置以积极型基金为主，适度积极型基金为辅，同时适当投资储蓄型产品，保证了一定的资产流动性，以备增添人口支出和资产保值需求。

4. 白领丽人型

如果客户是追求中等风险水平下获取稳定收益的群体，尤其是那些收入稳定、日常消费支出较多、缺乏理财计划的女性白领人士，期望资产的增值能够弥补白领女性因为消费需求大而产生的缺口，并达到培养良好理财习惯的目的，那么可以选择“白领丽人型”组合。

方案比例建议如下：积极型基金投30%，适度积极型基金投40%，储蓄替代型基金投30%。这种组合资产配置全部是股票型基金，以稳健投资风格的基金充当组合的核心部分，在控制风险的前提下，获取长期稳定的收益，同时保持了一定比例流动较强的储蓄替代型产品，以应付定期现金消费需求。

5. 家庭成长型

如果客户追求中等风险水平下能得到可靠投资回报，处于想增添孩子以后的三口之家，期望依靠投资部分来满足子女今后几年教育开支预算的需要，则可选择家庭成长型组合。

方案比例建议如下：积极型30%，适度积极型30%，稳健型20%，储蓄替代型20%。这种组合资产配置兼顾资产的中长期保值增值和收益的稳定性及可变现性。

6. 退休养老型

如果客户追求较低风险水平下实现资产保值增值，尤其是中老年客户，既不愿意承担较高风险，又期望资产能够保值，同时要保证随时应急，那么可以选择退休养老型组合。

方案比例如下：积极型40%，稳健型30%，储蓄替代型30%。这一类组合，资产配置以低风险的债券基金和准货币市场基金为主，既可以取得平缓提供资产增值的可能，又可在利率下降时依靠储蓄型基金来锁定收益。

### （二）基金投资策略

投资者对证券投资基金进行投资时，要根据自身特点，如收入状况、专业知识、投资经验、操作能力等，采取相应的投资策略。

表5-12 基金投资策略

| 基金投资策略 | 内 容 |
|---|---|
| 定期定额购入投资策略（基金定投） | 投资者有长期投资基金准备，有较稳定的收入来源，定期投资固定的金额到固定的基金上 |
| 固定比例投资策略 | 将资金按固定的比例分散投资于不同种类的基金，当某类基金因净值变动而使投资比例发生变化时，则卖出或买入该基金，以维持原有比例 |
| 顺势操作投资策略（更换操作） | 在多头市场上，投资者在市场上顺势追逐强势基金，卖出业绩表现不佳的弱势基金，充分考虑每种基金价格的市场变动状况 |
| 适时进出投资策略 | 如投资者具有一定的投资经验，对市场行情变化较有把握，则投资者完全依据市场行情的变化来买卖基金 |

## 五、案例分析

“85后聪明理财，定投货币基金”，越来越多的“85后”准备或已经步入婚姻殿堂，他们积蓄不多，但是置办婚礼、买车、买房等大额支出却不期而至。怎样才能攒够充足的资金把小日子过得幸福甜蜜，下面通过案例分析，为“85后”年轻小夫妻的理财方案支招。

案例资料5–2

### 中等收入家庭要学会“开源”

市民张先生在一家私企工作四年，月收入4000元，每月支出1000元左右。现在有定期存款5万元，活期存款2万元，还有2万元的定投基金，去年买了一套二手房，每月要还房贷1500元。张先生的女友同样在私企上班，月收入3000元，存款4万元，无股票基金等理财产品，支出每月1000元左右。再过一个多月就是“五一”小长假，两人想在其间领证结婚。结婚后想买一辆5万元—8万元的家庭用车。并希望能够找到适合他们的理财方案，保障今后两人能过上较为舒适宽裕的生活。

**问题与思考：**

张先生的买车愿望是否合适？请给张先生提出理财建议。

**分析线索：**

张先生结婚前的消费、收入状况良好，但是结婚后可能就要调整一下现有的消费、理财计划，不建议婚后立即进行大额物产的购置。对于买车，所购汽车的价格应该与家庭的年净收入大致持平，张先生婚后的家庭年净收入在4万元左右，这样的收入情况不适合全款买5万元到8万元的家用车，毕竟工资收入还要用来应对即将面对的育儿压力。所以在既定收入不变的情况下最好贷款买车，首付在1万元左右。这样女方的2万元活期存款就可支付婚礼花销和购车首付，每个月还贷的压力也不会太大。夫妻在有了孩子之后再考虑购买中档家用车更合适。

对于事业刚刚起步、收入不高而保障需求较高的年轻人来说，保险产品是他们婚后的必要选择。张先生结婚以后有必要买一份保险产品，这也是一种对家庭负责任的保障措施。例如保费低、保障高的定期寿险。对于中等收入的新家庭来说，学会安全与收益两相宜的理财方式是“开源”的理想途径，婚后张先生的定期存款可以用来购买债券类基金。但是不建议进行股票投资，因为两人的收入不高且保障需求大，而股票的风险可能超过自身的承受能力；其次，两人都没有炒股经验，盲目入市更不可取。

案例资料5–3

### 新婚夫妇如何投资积累购房基金

何先生今年28岁，月收入税后6000元。妻子月收入税后3000元，二人单位的三险一金均齐全。妻子还买了一份商业保险，年缴1万元。何先生夫妇两人在今年情人节（2月14

日）领取结婚证，两人有自己的一套住房，有一辆价值8万元的汽车。新生活伊始，想重新做投资规划，待资金积累到一定程度后，未来再购买一套房子。符合本市购房条件，虽然家里可以赞助首付，但还是想尽量减少家里的负担，自己投资积累购房基金。

**问题思考：**

何先生的购房愿望是否合适？如欲实现此愿望，请给予何先生理财建议。

**分析线索：**

何先生夫妇刚刚组建家庭，家庭月收入9000元，每月刚性支出占家庭月收入的55%。建议何先生将家庭月支出做些调整，剩余部分尽量储备起来，用于家庭财产积累。何先生夫妇是工薪阶层，积累主要来自薪资结余，随着年龄增长和工作进步，家庭收入会持续增加。在积累资金的同时，也要努力增加财产性收入，运用现金工具和投资工具管理好家庭财富。鉴于目前的楼市调控态势和小夫妻的经济实力，购房目标倒可以先放一放，毕竟这也是一个水到渠成的过程，勉强不得。综合考虑多种现实情况，建议将家庭月支出调整为4000元。

年轻人刚刚组建家庭，又面临事业的上升期，各项不可预见的弹性支出必不可少，一味控制支出也不可取，何先生夫妇每月可存入1000元定期存款，作为弹性支出加以储备。鉴于目前处于加息通道中，故存期以3个月为宜，既保持一定的流动性，又可应对不时之需。部分资金可采用定投货币型基金方式加以储备，每月定投2000元，按年化收益率4%计算，可增加一点收益。何先生每月用于养车的费用约1000元，随着国际油价的持续飙升和养护成本的提高，这部分开销会持续增加，建议尽量选择公共交通，降低车辆使用频率。同时养成记账的习惯，将每笔家庭支出的时间、用途、金额罗列其中，做到精打细算、量入为出，杜绝盲目消费；如果能提前做好月度支出预算，则更有利于控制支出。

基金定投虽然是强制储蓄的好办法，但属于“被动型”投资方式，申购、赎回均有一定费用，适宜中长期持有。目前看来，股票型基金净值波动较大，风险性与收益性并不匹配。何先生夫妇年纪较轻，具备一定的风险承受能力，且有购房需求，对资金回报率有一定要求，股票型基金并不能满足其实际需求，仅定投货币型基金作为现金储备即可。何先生最适宜的投资方式就是将每月结余持续投资于股票市场。

## ※思考与练习

### 一、问答题

1. 个人证券投资应遵循哪些基本原则？
2. 如何进行个人证券理财组合？
3. 如何进行股票投资分析？
4. 简述债券投资基本特征。

5. 如何进行债券投资分析？

6. 什么是基金？什么是投资基金？什么是证券投资基金？证券投资基金当事人有哪些？

7. 如何进行基金投资分析?

**二、案例分析题**

1. 李先生今年37岁，政府公务员，太太36岁，中学教师，育有一子今年才一岁，夫妻双方工作稳定，“三险一金”齐全。目前两人年税后工资合计80000元，家庭固定月支出为3000元左右。家庭持有基金现值22万元，打算长期投资。拥有房产3套，一套自住125平方米，现价为70万元，另两套现价70万元，房款均已付清，现每年租金收入20000元。两人均未投商业保险。李先生希望做一个全方位的家庭理财规划，以实现三个目标：①3年后换一套130万元的房子，装修20万元；②2年后购买8万元的汽车；③为孩子读到硕士提供教育资金。请根据李先生家庭的收入及理财目标，给出理财建议。

2. 万女士，夫妻年收入10万－12万元，年底拿到房子要装修，房子总价58万元，现在在按揭，有25万元存款。可不可以考虑买车，有什么基金可以购买，请给理财建议。

# 第6章 个人保险理财

**本章重点**

1. 个人保险理财的原则及过程。
2. 人寿保险的种类及特点。
3. 如何进行保险理财。

**学习目标**

1. 了解保险的基础知识，明确保险的理财功能，把握保险理财的原则和过程。
2. 了解人寿保险产品的种类，区分各种人寿保险产品的特点，掌握保险合同解读要点。
3. 正确认识各种保险理财产品的重要性和必要性，了解市场上的各类主要保险产品，把握各保险产品的保险利益和理财价值。
4. 学会根据自己的保险需求，结合个人和家庭资产状况，通过保险产品的组合实现家庭保障和理财规划。

保险是理财金字塔的基石，健康的家庭理财结构应该遵循金字塔法则，作为理财规划的基石的底层要最宽最稳健，它由一些低风险的保障型产品组成，如纯消费型保险产品保险，可以构成一个稳固的基座。中层是风险和回报都在中等水平的理财产品，如企业债券、金融债券等。顶部较窄，配置的是风险大也可能获得高收益的具有进取性的投资产品，如股票、期货等。但无论是个人理财还是家庭理财，保险作为金字塔的底层建筑（见图6-1），起着非常重要的基石作用。

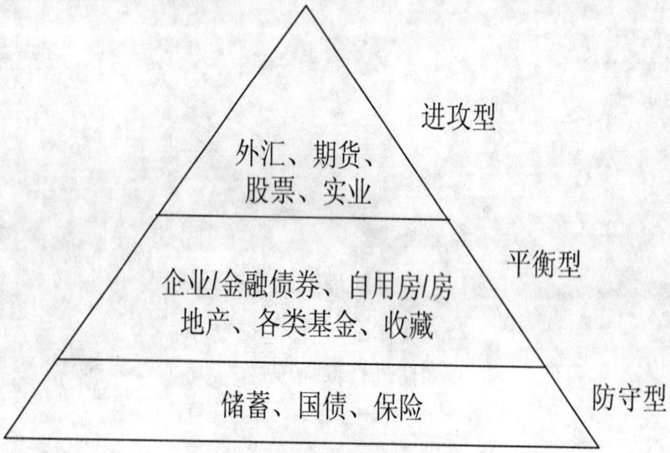


图6-1 理财金字塔

# 1. 个人保险理财基础知识

**引例：家庭理财先搭好保险“金字塔”**

“一般人对于家庭余钱的管理，不是存成一个定期，就是不管理直接放在活期账户，这都不可取。”杨先生说，“刚结婚时基本是我负责房贷，妻子负责生活开销，剩下的钱就自然放在银行里，没有进行什么投资。”杨先生和妻子去年结婚，除了房贷，家庭生活开销也多了，杨先生的做法是将两人的储蓄约30万元重新搭了个“金字塔”。

在“金字塔”底层，杨先生就配置了15万元，其中2万元用于给两人购买意外险、重大疾病险等保障型保险产品，另外13万元存款金额则巧妙地呈金字塔形排开，分为1万元、2万元、5万元、7万元进行储蓄。其中，1万元是活期存款，其余几份则分别存成1年期、2年期和3年期的定期存款。如此一来，杨先生认为，如果遇到急用钱的时候，即使提前支取存款，都可以减少利息损失。

在“金字塔”中层，杨先生分配了10万元资金，用于购买国债、保本保息理财产品、货币基金、分红险、定投基金等低风险的理财产品。

而在“金字塔”高层，偏向保守型投资的杨先生只预留了5万元左右的份额，适当进行纸黄金、债券、股票、外汇等高风险投资。

## 一、风险管理与保险

简单来说，风险即损失发生的不确定性。我们个人面临的风险主要包括人身风险和财产风险两个方面。人身风险又分为生命风险和健康风险；个人财产风险又可分为财产损失风险和责任损失风险两大类。

面对风险，我们可以在对风险进行识别、预测、评价的基础上，优化各种风险处理技术，以一定的风险成本达到有效控制和处理风险，这就是“风险管理”。风险管理总的原则就是以最小的成本获得最大的保障。对风险的管理主要有风险回避、风险预防、风险自留和风险转移等途径。保险就是进行风险管理最有效的工具之一，是风险管理的一支主力军。

**理财小贴士**

**什么风险才可以投保险？**

1. 风险必须是非投机性的；
2. 风险必须是偶然和意外的；
3. 风险发生的概率必须是可预测的；
4. 风险造成的损失必须是明确的。

## 二、保险的基本分类

按照不同的分类标准，我们可以将保险分为不同的类型。为了帮助理解，下面按照经营性质、保险标的、实施方式三种标准对保险进行分类，如表6-1所示：

表6-1 保险的分类

| 分类标准 | 类别 | 举例 |
| --- | --- | --- |
| 经营性质 | 社会保险 | 医疗保险、养老保险、生育保险、失业保险、工伤保险 |
| | 商业保险 | 终身寿险、分红险、万能险、投连险、盗抢险、火灾险 |
| 保险标的 | 人身保险 | 人寿保险、意外伤害保险、健康保险、分红险 |
| | 财产保险 | 家庭财产保险、机动车辆保险 |
| | 责任保险 | 产品责任保险、雇主责任保险 |
| 实施方式 | 自愿保险 | 寿险、万能险、投连险、家庭财产保险 |
| | 强制保险 | 交强险 |

### （一）社会保险与商业保险

1. 社会保险

社会保险是社会保障体系的核心部分。是指国家通过立法形式，收取保险费，形成社会保险基金，以劳动者的年老、疾病、伤残、失业或死亡等特殊事件为保障内容，政府强制实施、提供基本生活需要为特征的一种保障制度。社会保险具有非营利性、社会公平性和强制性等特点。

**链接〉〉〉〉〉〉**

**我国目前的社会保障体系**

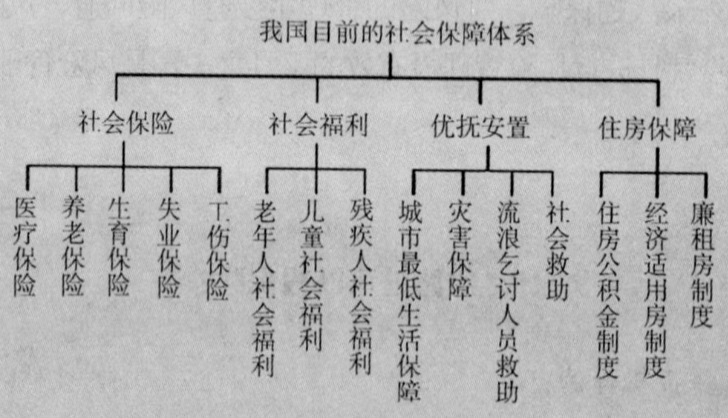


2. 商业保险

是指通过订立保险合同运营，以营利为目的的保险形式，由专门的保险企业经营，投保人根据合同约定，向保险公司支付保险费，保险公司根据合同约定的可能发生的事故因其发生所造成的财产损失承担赔偿保险金责任，或者当被保险人死亡、伤残、疾病或达到约定的年龄、期限时承担给付保险金责任。商业保险具有营利性、个体平等性和自愿性等特点。

### （二）人身保险、财产保险与责任保险

1. 人身保险

是以人的身体或生命为保险标的的一种保险。传统人身保险的产品种类繁多，但按照

保障范围可以划分为人寿保险、人身意外伤害保险和健康保险。随着国内金融领域的市场化程度日益提高，又出现了将保障和投资融于一体的新型投资型险种，主要包括分红型、万能型、投资连结型等三种类型。

2. 财产保险

是指以财产及相关利益为保险标的，以货币或实物方式对保险事故导致的财产损失进行补偿的一种保险。广义的财产保险不仅包括火灾保险、海上保险、汽车保险、农业保险等，还包括责任保险、保证保险。

3. 责任保险

是以被保险人依法应负的民事损害赔偿责任或经过特别约定的合同责任为保险标的的一种保险。

### （三）自愿保险与强制保险

1. 自愿保险

是指投保人和保险人在平等互利、协商一致和自愿的基础上，通过签订保险合同而建立保险关系的一种保险。自愿保险的投保人可以自由选择是否投保、向谁投保、中途退保、保险标的等，国际国内市场大多数保险业务都采取自愿保险方式。

2. 强制保险

是以法律、行政法规为依据而建立保险关系的一种保险。通常，社会保险都属于强制保险，但有些商业保险也可以是强制的，如机动车交通事故责任强制保险（简称机动车交强险）。

## 三、保险在个人理财中的作用

人的一生中经常会遇到一些无法预料的事情，我们不知道坏事何时会发生，损失会有多大，也不知道风险会持续多久，但风险无时无刻不存在，犹如悬在人类头上的一把利剑。保险理财就是利用保险特有的功能，保障资产的安全和增值，延续个人的经济生命。保险在个人理财中的作用，大致有八种：

**链接〉〉〉〉〉〉**

**大师论保险**

英国前首相丘吉尔：如果我办得到，我一定把“保险”这两个字写在家家户户的门上，每一个公务员的手册上，以及每个公司的章程上。因为我深信通过保险，每一个家庭，每一个公务员，每一个团体，只要付出微小的代价，就可以免遭永劫不复的灾难。

美国前总统罗斯福：一个有责任感的人对父母、爱人、儿女珍爱的表现乃在于他对这个温馨、幸福的家庭有万全的准备。保有适当的寿险，是一种道德责任，也是国民该负起的义务。

著名香港企业家李嘉诚：别人都说我很富有，拥有很多财富。其实真正属于我个人的财富，是给自己和亲人买了充足的人寿保险。

国学大师胡适：保险的意义，只是今天作明天的准备，生时作死时的准备，父母作儿女的准备，儿女幼时作儿女长大时的准备，如此而已。今天预备明天，这是真稳健；生时预备死时，这是真旷达；父母预备儿女，这是真慈爱。能做到这三步的人，才能算作是现代人。

**（一）风险保障作用**

保险的风险保障功能是其他任何理财工具都不具备的。从保障的充分性看，银行储蓄和债券比较安全可靠，但却缺乏资金放大效应，不能提供充分的保障。而保险却不同，比如花100元买个定期寿险，便可以在万一遭遇不幸急需用钱时得到将近10万元保险金，资金放大近千倍。从迅速性看，银行储蓄也要经过漫长的逐步积累过程。从匹配性看，保险与风险损失如影随形，同步变化。风险损失大就给付多，风险损失小就给付少，其他理财工具却缺乏这种匹配性。

**（二）投资理财作用**

保险在所有投资理财工具中属于防御型工具，在投资理财金三角中和储蓄存款一起处于塔基位置。大部分的保险产品都具有投资理财的功能，可以减少通货膨胀对家庭钱财的侵蚀，还可以分享社会经济发展以及保险公司经营的果实。譬如说一些万能险产品，它们在提供保障的同时还承诺一个保底收益，类似于银行的固定利率，在此基础上还会有一个浮动的收益，这个收益是随着经济的变动而水涨船高的。

**链接〉〉〉〉〉〉**

**万能保险的代表产品——国寿瑞安两全保险（万能型）**

生命保障：身故，按基本保险金额与身故时个人账户价值之和给付；

满期给付：生存至88周岁，按当天的个人账户价值给付；

保底收益：有效期内，有年利率2%的保底收益率；

月月滚利：每月结算利息，利息计入账户价值，月月滚利；

持续交费奖励：连续三年按时交纳保费，从第四年度开始，按基本保费的2%奖励。

### （三）促进消费作用

保险理财的实质是对未来生活的财务安排，为正常的生活准备资金。当前，我国居民消费率低、消费需求不足，一个重要原因就是人们对未来的预期不明朗，导致预防性储蓄大大增加。而且，如果未能通过保险来应对这些不确定的话，就会使得人们愈发不敢消费。通过购买保险，我们就可以稳定未来预期，减少在应付风险上的资金占用，而且可以产生稳定的收入效应，消除抑制消费的心理压力，提高我们的边际消费倾向。

### （四）节税避税作用

对比保险和其他金融工具，保险收益和赔款都不用纳税，而银行储蓄和证券投资等都需要交纳相应的利息税或个人所得税；再者目前我国已具备了开征遗产税和赠与税的条件，遗产税开征已经成为大势所趋，而保险金免税是国际上通行的惯例。通过人身保险转移财富给子女，既可以节约部分所得税，还可以降低未来遗产税额，同时又可使子女获得经济上的保障。

### （五）保全资产作用

保险是个人最好的保全资产的工具。保险法规定，保险单是不能被冻结或拍卖的，被保险人领取保险金是受法律保护的，不计入资产抵债程序。因此当企业破产时，股票、债券、存款等都会被冻结，唯有人寿保单不被冻结，另外债权人也无权要求受益人以保险收益来偿还债务。这也是人寿保险投资与其他投资大不相同的地方。

链接〉〉〉〉〉〉

**休闲的安然公司高层**

新快报综合报道（2001）：美国安然公司破产了，好几千公司员工的退休基金一夜之间化为乌有。还是安然前任总裁肯尼斯•莱有“先见之明”，早在2000年2月就花400万美元购买了各种年金保险，这笔钱远远超出两人从安然获得的全年工资。从2007年开始，肯尼斯•莱夫妇就能开始享受年金90万美元的待遇。而这些年金是受法律保护的，债权人无法以此为由起诉肯尼斯•莱。

### （六）创造现金作用

很多人以为，保险投资不够灵活，买保险是将活钱变成了死钱。其实不然，现在很多人寿保险产品都有保单贷款功能，通过保单贷款的方式，投保人完全可以将钱借出来。不仅手续简单，时间快捷，而且不形成债权债务关系，其原有的保障功能仍有效，还能够继续参与分红。

**（七）强制储蓄作用**

通过购买一份具有分红功能的养老保险，可以有效地积累养老金，以免退休后生活质量下降。越年轻时投保，保险金孳息越多。而投保分期缴的养老保险，投保人就需要从合同约定时间起持续、定期地缴纳保费，从而达到“强制储蓄”的目的。

**（八）抵制通胀作用**

分红保险近年来已成为世界保险市场的主流产品。根据72法则：72/通货膨胀率×100%＝资产贬值到一半所需的年数。若以温和膨胀率3%来计算：1000万资产只需要24年就贬值了一半，即500万，也就是说24年后它只相当于目前500万货币的实际购买力。分红险要求保险公司将分红保单账户的投资收益的至少70%分配给保单持有人或投保人，因此分红险具有抵御通胀和资产保值的效果。

## 四、个人保险理财的原则

个人参加保险的目的就是为了个人和家庭生活的安全、稳定。从这个目的出发，我们在投保时应掌握以下原则：

**（一）先大人，后小孩**

父母才是孩子最大的保障，只给孩子买保险这是中国家庭投保出现的最大误区。买保险，千万不要主次颠倒。天下父母心都是一样的，但唯独保险，我们自己保得多，保得足，才是爱孩子的体现。请记住：父母没有保险，孩子就更谈不上保障。

**（二）先保障，后投资**

人是家庭的根本，在购买保险时应该先满足家庭成员的人身保障，再进行家庭财产的规划和投资。只有在家庭成员的生命安全得到保障时，理财才有意义。

**（三）先家庭支柱，后其他人员**

大人是家庭经济支柱，给大人的保险保足，才能更好地保护孩子和全家。万一家庭经济支柱发生不测，如果他（她）能获得高额保险赔付，则能给孩子和家人留下一大笔生活费和教育费。

**理财小贴士**

**家庭成员间保险费用配比原则**

在家庭成员间保险费用配比应当遵循6:3:1原则，即为最主要收入来源的家庭成员购买保险的保费和保额应当占整个家庭保险资产的60%左右，为次要收入来源的家庭成员购买的保险比例为30%，为孩子购买保险的适当比例为10%。

### （四）先意外、健康险，后其他险

根据保险的种类和一般家庭的需要程度，意外、医疗健康应该放在首位考虑。至于教育金保险类似强制储蓄，保额高低视各个家庭的经济承受能力而定。专家建议，可按照如下投保顺序购买：

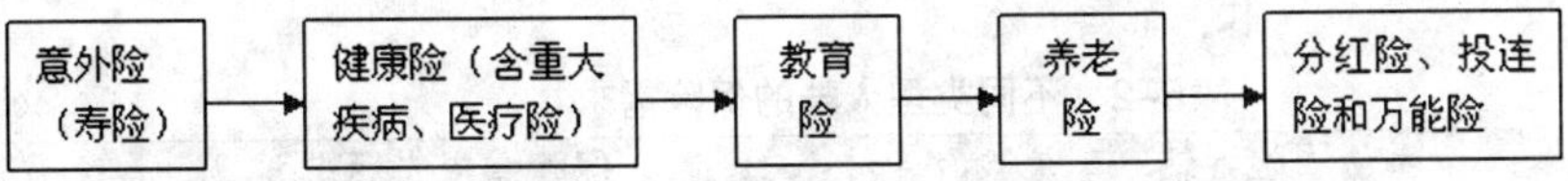


### （五）量力而行原则

一是要根据自己的收入水平，来确定投保的险种、交费方式、保险金额和保险期限，保费以不超过家庭年收入的20%为宜。二是要根据不同的人生阶段，以及所承担的家庭责任的大小来确定合理的保险金额。

### （六）家庭互保原则

对于一个家庭而言，投保不是一个人的事情，主要成员之间一定要形成互保关系，才能最大限度地防范风险，还可以让家庭的保障和投资收益达到利益最大化。

**理财小贴士**

**保险理财十大误区**

1. 只给孩子保不给大人保
2. 进行保险不如积极储蓄
3. 买保险不为保障为投资
4. 买得多就一定会赔得多
5. 不细看条款只信代理人
6. 年轻没必要买保险
7. 身体健康没必要买保险
8. 收入高无负担没必要买
9. 等经济宽松点再买
10. 单位已买没必要再买

## 五、个人保险理财的流程

### （一）做好风险评估

我们每一个家庭和个人在一生中都会面临各种各样的风险，在投保之前，对风险进行全面的评估，是非常必要的，再按照风险程度的不同将需要购买的保险分为必保的保险和可选择的保险。必保的保险是应付那些足以对投保人造成严重威胁的风险。可选择的保险是应付那些有可能减少投保人当前的资产和收入的风险，但是我们尚可承受的风险。

### （二）确定保险需求

在风险评估的基础上，进一步划分哪些是需要保险的风险，哪些风险是可以不用保险就可以避免的，从而确认自己的保险需求。再根据自己的需求大小做一个排列，优先考虑最需要的险种（如表6-2）。另外要确认自己的保险需求，还需要视已有的社会保障和经济支付能力而定。

表6–2　不同类型人群的保险需求

| 人群类别 | 风险评估 | 保险需求先后排列 |
|---|---|---|
| 少年儿童 | 生病、意外概率较高 | 健康、意外险—教育金—养老险（缴费低，保障高） |
| 青年人群 | 收入有限，意外可能性大，对家庭影响较大 | 意外险或定期寿险（价格低、保障高）—健康医疗类保险—长期人寿险 |
| 中年人群 | 收入稳定、子女长大 | 家庭支柱的长期寿险—健康医疗险—理财分红险 |

### （三）规划保险额度

确认了保险需求后，接着就是确定所需购买的保险金额了。保险金额是当保险标的发生保险事故时，保险公司所赔付的最高金额。一般来说，保险金额的确定应该以财产的实际价值和人身的评估价值为依据。财产的价值比较容易计算，而人的价值是无法估量的。我们有两种基本方法来判断自己需要购买多大金额的人寿保险：一是收益倍数法，二是需求法。

理财小贴士

**家庭保险“双10”定律**

家庭保险设定的恰当额度应为家庭年收入的10倍，保费支出的恰当比重应为家庭年收入的10%。

### （四）明确保险期限

保险期限的长短涉及保险金额的大小、险种的决定，直接关系到人们的经济利益。对于财产保险、意外伤害保险和健康保险等保险品种而言，一般多为中短期保险合同，如半年或一年，在保险期满后可以选择续保或停止投保。但是对人寿保险而言，保险期限一般较长，如15年甚至到被保险人死亡为止。所以在为个人制定保险计划时，应将长短期险种结合起来综合考虑。

### （五）选择保险公司

保险并非即时消费的商品，真正能发挥作用是在未来发生保险事故造成损失的时候，所以一定要认真挑选理想的保险公司，考虑公司的资产结构、偿付能力、信用等级、管理效率和服务质量等方面的差异。购买不同保险时，应该考虑和侧重的保险公司因素也不同，基本的保障要选大公司的，投资理财的保障要考察这个公司的投资团队。总之，风险不要放在一个篮子里，保险方案也要分不同公司规划，选择各家公司的优势来投保。

### （六）签订保险合同

在理清了投保前的上述事项后，接下来就是签订保险合同了，要认真填写投保单。在填写投保单时，一要详细阅读保险条款和产品说明书，关注合同中保险责任、除外责任、犹豫期、退保、保险利益等重要条款；二要履行如实告知义务，如实回答投保单上所提的问题；三要尽量避免他人代写。

### （七）履行保后权责

合同签订后，一要及时告知家人，特别是人寿保险合同，以免发生意外，无人提出索赔；二要按期缴纳保险费，以免保险合同效力中止；三是合同变更要及时办理变更手续，与保险公司协商达成一致并提供书面凭证；四是充分享有保险功能。若有需要，可以利用带有现金价值的人寿保险单办理保单贷款。

### （八）理性保险理赔

一旦发生保险事故，我们要理性看待保险理赔，并做到如下几点：出险报案要及时，填写申请要如实，出具证明要全面，调查核实需配合，处理纠纷要依法。

## 六、购买保险的主要途径

目前，个人购买保险主要有以下四种途径：

### （一）通过保险代理人购买

保险代理人主要是指与保险公司有代理协议的个人保险营销员。保险代理人需要经过专业培训和通过从业资格考试。投保人在投保时可以要求保险代理人出示资格证和展业证，并可以通过保险公司核查其身份。目前，这种方式是国内保险销售的主流方式。这种途径的特点在于，投保人可以面对面的方式更好地了解保险产品，代理人感情化的语言能够将保险这种无形产品及专业的保险条款解释得通俗易懂；可以利用其专业知识，帮助投保人量身定制保险组合。

### （二）通过银行等兼业代理机构购买

目前，很多保险公司通过银行等兼业代理机构销售保险产品，大量的新型寿险产品都是通过这种途径销售的。兼业代理机构可以代理一家或多家保险公司的产品。银行等兼业代理机构的网点分布比较广，方便投保人就近购买保险产品。通过银行等兼业代理机构销售的人身保险产品通常比较简单，投保方便。但是，由于受到银行销售的限制，银保产品的种类没有通过代理人购买选择面那么广，大多是与银行产品相类似的理财型产品和较为简单的产品。

理财小贴士

**通过银行、邮政等渠道购买保险产品时的注意事项**

第一，千万不要将保险公司和银行等同。因为它们仅仅是作为保险公司的一个兼业代理机构，并不承担任何责任，所有的权利义务关系仅适用于投保人和保险公司之间。

第二，不能将保险产品作为银行储蓄的替代品。保险的本质和核心是保障，是规避风险的工具，其投资功能只能作为购买保险时考虑的次要因素。

第三，对投资类保险的分红和投资收益要有理性认识，不能认为投资收益总是高于银行同期利率。

**（三）通过专业中介机构购买**

我们可以通过保险代理公司、保险经纪公司等专业中介机构购买寿险产品。专业代理公司、专业经纪公司等保险中介机构的优势在于，它能够帮助我们不用另外付费就能在众多保险公司的产品中进行选择，形成一套适合自己的保险组合。相对于保险公司的代理人队伍，从代理公司和经纪公司购买保险的选择面更宽、更广，这种机构发展前景很广。

链接〉〉〉〉〉〉

**保险中介公司在海外**

在海外保险发达国家，专业保险中介占据重要的市场地位，成为保险营销的主力军。在欧洲，保险公司自有代理人渠道逐渐被专业中介和兼业中介所代替。在美国这个世界最发达的保险市场，保险产品销售的60%－70%来自保险中介机构（国内还不到3%），已经产生了10多家上市的专业保险中介企业，这些企业市值大多在10亿美元以上，个别的超过100亿美元。在我国台湾地区，从2000－2005年，中介代理机构的数量从200家增加到800家，市场分额也由2.1%上升到18%。

**（四）保险公司直销**

随着电信、网络、互动媒体等高新技术的飞速发展，投保人越来越多地通过电视、电话、广告信函或互联网等多种方式直接向保险公司购买保险产品。对于投保人而言，电话投保方便、手续简单，但是更需要我们小心谨慎，仔细阅读保险条款，明确保险责任后再签合同；网上直销方式投保手续方便，适合销售比较简单、标准化的险种，但个性化服务不足。

# 2. 个人人寿保险理财

**引例：洛桑驾车意外身故，老父老母无奈回藏**

1995年10月2日，洛桑醉酒驾车，意外身故，年仅27岁。在洛桑定居北京后，他将远在西藏的父母接到了北京，刚开始是租房，到后来条件稍好后又贷款买房，直至出事前，他的贷款才刚还几年。因为洛桑出意外后，房贷无法偿还，两位老人又无任何经济来源，只得无奈回藏。

这个案例很特殊，洛桑是酒后驾车，由于酒后驾车发生危险属除外责任，即使有保险也得不到赔付。但是其父母无奈返乡却给了我们太多的思索。如果在贷款买房后还没有买保险，是一件很不科学、很危险的事。假如是20年的房贷，意味着这20年期间工作不能中断，而谁也不能保障在20年期间不生病、不出任何意外。一旦由于意外、疾病中断工作中断了收入，如果没其他办法，房屋要被银行收回，受伤害最大的还是其家庭。一般来说，你将要还多少的房贷，在还贷期间你就要有多少的寿险。

人寿保险是人身保险的一种，与其他保险不同的是，人寿保险转嫁的是被保险人的生存或者死亡的风险。

## 一、购买人寿保险的必要性

投保人寿保险是获得对未知风险的保障，可以使我们在受到意外损害时，自已或家庭得到经济上的补偿，确保家庭经济的安定；亦可作为一种储蓄和投资工具，在有效期内，被保险人可以得到保险金额和其他报酬。可以说不论男女老幼、贫富贵贱都需要人寿保险。

1. 人寿保险是年老时的生活保障

中国社会制度的转型以及家庭结构的改变，国家对职工生老病死的“大包大揽”已成为过去，养儿防老也已不太现实。我们在年轻时若能早准备早投入，年老时就可以有充足的生活保障。投保养老保险可以说既是老人为子女分担一份忧愁，也是晚辈献给长辈的一片孝心。

2. 人寿保险是疾病时的医疗保障

现代社会，生活节奏加快，竞争日趋激烈，医疗费用高昂，一般家庭无力负担。据《上海保险》登载，在对上海市民的一次社会调查中发现，医疗与养老是寿险市场的最大需求，而在这二者之间，医疗保险的比例又占主要地位。因为现在许多寿险险种中，住院医疗和意外伤害不能单独承保，只能作为主险的附加险投保。于是市民为了得到一份附加险，就顺便买了份主险。可见人们已意识到投保寿险，可以使自己病有所医，康复有望。

3. 人寿保险是子女成长的经费保障

中国施行计划生育政策使小型的核心家庭增多，子女从教育费用到婚嫁费用，负担日益沉重。特别是教育费用已成为一个家庭的头等大事。据调查，城市家庭每年教育费用支出占总支出的20%以上，农村家庭每年教育费用支出占总支出的30%以上。通过购买人寿保险可以为子女教育提前做好规划，确保孩子的正常教育并使其能够快乐成长。

4. 人寿保险是自身发展的坚强后盾

随着市场经济体制的逐步完善和社会保障制度改革的不断深化，个人日益成为风险的主要承担者。通过购买人寿保险，对个人生命财产进行保护，可以提升我们生活的品质，可以帮助我们建立安定的人生，帮助我们赢得创业的时间，帮助我们过上健康、幸福、美满的晚年生活。

5. 人寿保险是个人投资的重要选择

随着中国金融市场的完善，人们收入水平的提高，购买保险、证券、房产等也成为人们资产保值增值的选择。而我国保险市场的人寿保险险种，功能齐全，大部分属于综合性险种，从风险性、保障性、可靠性和收益性角度来考虑，具有投资功能。与储蓄、基金、股票和债券相比，具有安全稳当、高额保障和创造现金、合理避税等其他理财工具无法替代的优势，是个人或家庭投资的重要选择。

**链接〉〉〉〉〉〉**

**旧三大件与新三大件**

改革开放前，人们省吃俭用追求的家庭财富梦想不过是自行车、手表和缝纫机，也就是俗称的“老三件”；改革开放后，带来了中国的消费革命，电视机、电冰箱、洗衣机成为这个时代的财富宠儿；2006年著名企业家陈东升提出：在当今全球化、城市化和服务产业快速发展的时代背景下，和日常生活密切相关的汽车、住房、保险终将成为老百姓21世纪生活的超级“三大件”。

## 二、人寿保险的主要种类

### （一）风险保障型人寿保险

风险保障型人寿保险偏重于保障人的生存或者死亡的风险。风险保障型人寿保险又可以分为定期寿险、终身寿险、两全保险、年金保险。

1. 定期寿险

指以死亡为给付保险金条件，且保险期限为固定年限的人寿保险。最大优点是可以用极为低廉的保险费获得一定期限内较大的保险保障。不足之处在于若被保险人在保险期限届满仍然生存，则不能得到保险金的给付，而且已交纳的保险费不再退还。所以定期寿险一般被认为无任何投资功能的“纯净”的保险。

2. 终身寿险

指以死亡为给付保险金条件，且保险期限为终身的人寿保险。最大优点是可以得到永久性保障，而且有退费的权利，若投保人中途退保，可以得到一定数额的退保金。由于不论被保险人何时死亡，保险人均要支付保险金，所以终身寿险有储蓄性质，其价格在人寿保险中是较高的。该保险有现金价值，部分保险公司的险种还提供保单贷款服务。

3. 两全保险

指在保险期间以死亡或生存为给付金条件的人寿保险。两全保险也称“生死合险”或“储蓄保险”，无论被保险人在保险期间死亡，还是被保险人保险期满时生存，保险公司均给付保险金。该保险是人寿保险中价格最贵的。两全保险可以提供老年退休基金，可以为遗属提供生活费用，特殊情况下，可以作为投资工具、半强迫性储蓄工具，或者作为个人借贷中的抵押品。

4. 年金保险

指以生存与否为给付保险金条件，按约定分期给付保险金，且分期给付保险金的间隔不超过一年（含一年）的人寿保险。年金保险的主要目的是为了保证年金领取者的收入。纯粹的年金保险一般不保障被保险人的死亡风险，仅为被保险人因长寿所致收入损失提供保障。

### （二）投资理财型人寿保险

投资理财型人寿保险产品侧重于投资理财，被保险人也可获取传统寿险所具有的功能。该类型保险可分为分红保险、投资连结保险和万能寿险。

1. 分红险

指保险公司将其实际经营成果优于定价假设的盈余，按一定比例对保单持有人进行分配的人寿保险产品。该保险是抵御通货膨胀和利率变动的主力险种。分红保险的红利来源于死差益、利差益和费差益所产生的可分配盈余。

分红保险侧重的功能是保值增值，其主要特点是：（1）保单持有人享受经营成果，中国保监会规定应至少将分红业务当年度可分配盈余的70%分配给客户；（2）保险公司和客户共同承担投资风险；（3）保险给付、退保金中含有红利，保单持有人在退保时得到的退保金也包括保单红利及其利息之和。

2. 投资连结险

指除了具有保险功能外，保单的现金价值直接与保险公司的投资收益挂钩的寿险产品。投资风险完全由投保人承担。投资连结产品的保单现金价值与单独投资账户（或称"基金"）资产匹配，现金价值直接与独立账户资产投资业绩相连，没有最低保证。

投资连结险侧重的功能是保障+投资，主要特征是：（1）更强调客户资金的投资功能；（2）可包含多个不同类型的投资账户供选择；（3）可以提供人身风险保障功能，保障责任可多可少，保险公司根据保单项下的投资单位数和相应的投资单位价格计算其账户价值；（4）客户享有账户中的全部资金收益，同时也承担全部风险，保险公司不参与任何收益分配而只收取相应费用；（5）收取的费用包括初始费用、买入卖出价差、风险保险费、保单管理费、资产管理费、手续费、退保费用。

3. 万能寿险

指包含保险保障功能、并至少在一个投资账户拥有一定资产价值的人身保险产品。万能寿险除了同传统寿险一样给予保户生命保障外，还可以让客户直接参与由保险公司为投保人建立的投资账户内资金的投资活动，将保单的价值与保险公司独立运作的投保人投资账户资金的业绩联系起来。

万能寿险侧重的功能是保障+理财。主要特征是：（1）保险金额、死亡保额都具有弹性，可以改变；（2）保费缴费灵活；（3）具有较低的保证利率，这点与分红保险大致相同，但是又具有高利率带来高回报的可能性。

### （三）不同寿险产品比较分析

**表6–3　分红险、万能险与投连险的比较**

| 项目种类 | 分红险 | 万能险 | 投连险 |
|---|---|---|---|
| 性质 | 传统保险 | 非传统保险 | 非传统保险 |
| 收益来源 | 利差益、死差益和费差益 | 利差益 | 投资账户收益 |
| 账户设置 | 保障与分红账户混合，无单独投资账户 | 保障账户和一个单独的投资账户 | 几个不同投资账户 |
| 收益分配 | 有最低保证利率，分配多少由公司决定 | 提供最低保证收益，不固定 | 扣除部分账户管理经营费用后全部回馈给被保险人 |
| 费率 | 恒定费率 | 自然费率（年龄越大，交费越多） | 自然费率（年龄越大，交费越多） |
| 保障功能 | 保证自动连续续保，最长可保终身 | 不保证连续自动续保，附加险一般不能保终身 | 不保证连续自动续保，附加险一般不能保终身 |
| 保险费 | 固定资费 | 灵活交费 | 以前固定，正逐步灵活 |

续表

| 项目种类 | 分红险 | 万能险 | 投连险 |
| --- | --- | --- | --- |
| 风险承担 | 风险最小，保险公司和被保险人共担 | 保险公司和被保险人共担 | 完全由被保险人承担 |
| 收取费用 | 保单分红管理费 | 初始费、保单管理费、取现手续费、退保费用、死亡风险保险费 | 初始费、风险保费、资产管理费、账户转换费、保单管理费、取现手续费、退保费等 |
| 退保支付 | 保单现金价值月末领取的累计红利之和 | 扣除费用后的保单账户价值 | 按下一个资产评估日的投资账户价值计算 |
| 身故保险金 | 身故保险金额和尚未领取的红利 | 保额与保单账户价值 | 身故保险金额或投资账户价值或二者中较高者给付 |
| 适宜人群 | 风险承受能力低、有稳健长期理财需求、望获长期联系保障为主的投保人 | 需求弹性大、风险承受能力较低，理财为主、保障为辅的投保人 | 收入水平较高、风险承受能力较高，投资为主、保障为辅、追求高收益的投保人 |

**表6-4 传统型人寿保险与投资型人寿保险的比较**

| 项目种类 | 传统型人寿保险 | 投资型人寿保险 |
| --- | --- | --- |
| 缴费灵活性 | 不灵活、定期、定额缴纳 | 较灵活、可以不定期、不定额缴纳 |
| 透明度 | 较不透明 | 较为透明，可以收取初始费、手续费、退保费等 |
| 保险金额 | 固定 | 一般随投资账户价值的变化而变化 |
| 投资资产管理 | 一般账户 | 分离的投资账户 |
| 保单现金价值 | 有保证，按照保单预定利率积累 | 通常没有保证，随投资账户价值变化而变化 |
| 投资方式选择 | 投保人无权选择，保险公司全权运作 | 投保人可以选择保险公司提供的不同投资组合，并可以在不同投资账户之间自由转换 |
| 投资风险承担 | 保险公司与投保人共担 | 投保人自担 |
| 加保选择权 | 没有，除非选择新保单 | 投保人可以享有在一定的条件下加保免体检的权利 |

## 三、国内主要人寿保险产品

目前，市场上销售的寿险产品林林总总、花样繁多，现实中，国内各家寿险公司的经营范围均是广义上的人寿保险。为了便于了解，我们列举了一些受到投保人青睐的人寿保险产品以供比较。

表6-5　10款养老保险产品比较

| 发行公司 | 产品名称 | 投保年龄 | 领取年龄 | 保险期限 | 保险责任 |
|---|---|---|---|---|---|
| 中国人寿 | 松鹤颐年年金保险（分红型） | 28天—65周岁 | 50、55、60、65、70周岁 | 终身 | 1. 年金：按合同载明的领取金额给付<br>2. 身故保险金：按身故当时“所交保险费”和“合同的现金价值”两者较大值给付 |
| | 福禄满堂养老年金保险（分红型 | 30天—64周岁 | 20年、满80周岁对应日 | 至85周岁 | 1. 年金：平准年金按合同载明的金额给付；增额年金首年按合同载明的领取金额确定，以后给付标准，按5%增加<br>2. 身故保险金：领取前因疾病，按所交保险费与现金价值两项中较大者给付；因意外，按所交保险费的200%与现金价值两项中较大者给付；领取期间身故，按约定领取期限内尚未领取的各期养老年金之和一次性给付 |
| 友邦保险 | 友邦金安年金保险 | 60天—65周岁 | 自第20保险单周年日起 | 至100周岁 | 1. 年金：自第20个保险单周年日起，每年领取等同基本保险金额5%的年金<br>2. 满期保险金：年满100周岁，给付基本保险金额<br>3. 身故保险金：按基本保险金额给付，如身故时年龄为零至四周岁，按比例给付 |
| 太平洋人寿 | 鸿利年年年金保险（分红型） | 18—60周岁 | 合同生效三个月起 | 至80周岁 | 1. 年金：每年按基本保险金额的一定比例给付一次年金，至保险期间届满。首期年金于合同生效三个月后给付，以后于合同生效对应日给付<br>2. 祝寿金：按基本保险金额的2倍给付<br>3. 身故保险金：按已支付的保险费的金额给付 |
| | 鸿瑞年年年金保险（分红型） | 18—60周岁 | 40、45、50、55或60周岁 | 至100周岁 | 1. 年金：有五种领取方式<br>2. 身故保险金：（1）年金领取前：返还已支付的保险费；（2）年金领取后：若已领取年金总和未达到已支付保险费的110%，给付其差额；若已领取年金总和等于或超过已支付保险费的110%，不再给付 |
| 新华人寿 | 锦绣年华养老年金保险A（分红型） | 0—60周岁 | 50、55、60、65、70周岁 | 至81周岁 | 1. 养老年金：年领按有效保险金额的20%，月领按有效保险金额×20%×折算系数<br>2. 祝寿金：按有效保险金额给付<br>3. 身故保险金：领取前身故，按已交保费与累计红利保险金额对应的现金价值之和给付；领取后身故，按有效保险金额与给付系数的乘积给付 |

续表

| 发行公司 | 产品名称 | 投保年龄 | 领取年龄 | 保险期限 | 保险责任 |
|---|---|---|---|---|---|
| 太平人寿 | 太平盛世长寿养老保险 | 0—60周岁 | 40、45、50、55、60周岁 | 终身 | 10年保证领取期限，年领每份1000元，领取日前身故退保费 |
| 泰康人寿 | 松鹤延年两全保险 | 10—64周岁 | 55、60、65、70周岁 | 定期 | 满期给付所交保险费+保险金额；身故给付所交保险费+保险金额，每年分配红利 |
| | 民生长瑞年金保险 | 0—64周岁 | 50、55、60、65周岁 | 20年或至88周岁 | 首年每月领取保额的1%，每年递增首年领取额的5%；80周岁给付等值于基本保险金额的满期金；身故给付保额，保费及现金价值、已领年金三者最大值 |
| 平安人寿 | 逸享人生养老年金保险（万能型） | 18—45周岁 | 50、60、65周岁 | 至85周岁 | 1. 身故保险金：领取前身故，给付保额或当年度保单价值两者之大者；领取后身故：给付当年度保单价值<br>2. 满期祝寿金：满期86岁返还全部期交保费，最高不超过期交保费的20倍<br>3. 养老年金：首年按给付时保单价值及“首期养老金金额表”确定，最后一期为给付当时的保单账户价值，其余各年领取金额为（1+实际年化结算率）/（1+1.75%）上一年领取金额 |

**表6-6　6款万能寿险产品比较**

| 产品名称 | 投保年龄 | 保险期限 | 初始费用 | 取现手续费 | 管理费用 | 保险责任 |
|---|---|---|---|---|---|---|
| 国寿瑞祥终身寿险（万能型）A款 | 30天—60周岁 | 终身 | 2%—50% | 无 | 60元/年 | 身故：按基本保险金额与个人账户价值两者较大者给付 |
| 泰康致富理财终身寿险 | 0—65周岁 | 终身 | 10% | 无 | 30元/月 | 1. 身故保险金：意外，180日内，给付非意外身故保险金和保单账户价值之和；非意外或180日后，给付当时保单账户价值和所交保费中较大者<br>2. 持续奖励：前三年最低保障年收益2.5%，且于第2、4、6、8个年度注资所交保险费×1.5%的持续奖金，于第10个年度注资所交保险费×3%的持续奖金 |
| 太平洋华彩人生（B）终身寿险 | 18—60周岁 | 终身 | 4%—50% | 无 | 5元/月 | 1. 身故或全残：按当时的保险金额给付<br>2. 持续奖励：在第2—3个保单年度为当期期交保险费的1%，以后为当期期交保险费的2% |

续表

| 产品名称 | 投保年龄 | 保险期限 | 初始费用 | 取现手续费 | 管理费用 | 保险责任 |
|---|---|---|---|---|---|---|
| 平安智富人生终身寿险（万能险） | 0—60周岁 | 终身 | 2%—60% | 前2次无，后20元/次 | 60元/年 | 身故：给付保单价值的105%和基本保险金额之较大者或给付保单价值与基本保险金额之和 |
| 友邦智尊宝万能寿险 | 60天—70周岁 | 终身 | 10% | 每次25元 | 60元/年 | 身故：给付个人账户价值净值和保险两者之和 |
| 新华人寿金包银一号两全保险 | 6月—60周岁 | 至70周岁 | 10% | 无 | 8元/月 | 1. 满期给付：基本保险金额+终了结算利息<br>2. 身故给付：疾病，基本保额+终了结算利息；意外，基本保额×2+终了结算利息（有上限） |

**表6-7　5款投资连结保险产品比较**

| 项目种类 | 国泰浴丰 | 友邦聚财宝 | 平安聚富步步高 | 太平财富领御 | 泰康赢家理财 |
|---|---|---|---|---|---|
| 最大投保年龄 | 65周岁 | 70周岁 | 60周岁 | 55周岁 | 65周岁 |
| 保险期间 | 75周岁 | 终身 | 终身 | 80周岁 | 终身 |
| 初始费用 | 3% | 无 | 4% | 3% | 3% |
| 投资单位买入卖出价 | 2% | 5% | 2% | 2% | 2% |
| 账户转换手续费 | 0 | 无 | 每年前12次免费，后每次20元 | 每年免费一次 | 每年5次免费 |
| 投资账户管理费 | 进取股票：1.5%<br>平衡增长：1.5%<br>精选价值：1%<br>稳健债券：0.6% | 账户价值1.5% | 发展投资：1.2%<br>基金投资：1.2%<br>精选股权：1.2%<br>货币投资：0.35% | 保单管理费、风险管理费：免；资产管理费：1%—1.5% | 成长型：2%<br>平衡型：1.5%<br>稳健型：1.3%<br>基金精选型：2% |
| 部分领取手续费/退保手续费 | 第一、二年：分别为1.5%、1%；第三、四、五年：0.5%；之后：0 | 按照次日卖出价计算账户价值退保手续费：第一、二、三、四、五年分别为：10%、8%、6%、4%、2%；之后：0 | 每年前12次免费，以后每次20元 | 第一、二年：4%；第三、四、五年：分别为3%、2%、1%；之后：0 | 3年内支取：1%；3年后支取：0 |

续表

| 项目种类 | 国泰浴丰 | 友邦聚财宝 | 平安聚富步步高 | 太平财富领御 | 泰康赢家理财 |
|---|---|---|---|---|---|
| 保险责任 | 疾病身故：账户未设立：保费加利息；账户已设立：账户价值×105%；意外身故：账户价值205% | 疾病身故：2年身故：账户价值；2年后身故：账户价值×110%；意外身故：额外给付账户价值 | 身故：当时的危险保额+下一个资产评估日的投资单位价值总额 | 疾病身故：个人账户价值×105%；意外身故：个人账户价值×200% | 身故：101%保单账户价值并可增加寿险保障 |

表6-8　10款少儿保险产品比较

| 产品名称 | 投保年龄 | 保险期限 | 保险利益 |
|---|---|---|---|
| 平安子女教育保险（A） | 0—14周岁 | 至21周岁 | 1. 至15、16、17周岁，每年按基本保额的10%给付高中教育保险金<br>2. 至18、19、20、21周岁，每年按基本保额的30%给付大学教育保险金<br>3. 被保险人身故，退还保险单的现金价值<br>4. 投保人身故或身体高残，若被保险人生存，每年按基本保额的5%给付成长年金，直至被保险人21周岁为止。若投保人身故或身体高残发生于缴费期内，免缴以后各期保险费 |
| 平安世纪天骄终身寿险（万能险） | 0—17周岁 | 终身 | 身故，给付“保额”与“当年度保单价值”两者之和，合同终止 |
| 平安世纪彩虹保险 | 0—14周岁 | 至保单期满 | 1. 被保险人生存至18、19、20、21周岁，每年按保险金额的40%给付“大学教育保险金”<br>2. 被保险人生存至25周岁，按保险金额的80%给付“婚嫁保险金”<br>3. 被保险人生存至满期年龄，按保险金额给付“满期保险金”，保险责任终止 |
| 国寿鸿运少儿两全保险（分红型） | 30天—14周岁 | 至25周岁 | 1. 成人保险金：至18周岁，按保险金额的50%给付<br>2. 创业保险金：至22周岁，按保险金额的50%给付<br>3. 婚嫁保险金：至25周岁，按保险金额的50%给付<br>4. 身故保险金：至18周岁前身故，若已交足2年以上保费的，退还合同现金价值；未交足2年保险费的，扣除手续费后退还保险费；自18周岁至合同期满前身故，按保险金额给付 |

续表

| 产品名称 | 投保年龄 | 保险期限 | 保险利益 |
|---|---|---|---|
| 国寿福星少儿两全保险（分红型） | 30天—16周岁 | 至30周岁 | 1. 生存保险金：至18、22、25周岁可分别领取基本保险金额80%<br>2. 满期保险金：到30周岁，可领取基本保险金额的60%<br>3. 成长保险金：不幸或高残，可以免交以后各期保险费，被保险人每年可领取基本保险金额的50%至18周岁<br>4. 身故保险金：因意外或180日后（满18周岁前）因疾病身故，按所交保险费的120%给付；年满18周岁后身故，按尚未领取的生存和满期保险金的金额之和一次性给付 |
| 国寿鸿星少儿两全保险（分红型） | 30天—14周岁 | 至22周岁 | 1. 生存保险金：至18周岁，按保险金额的25%给付大学教育保险金；至19、20、21周岁，按保险金额的15%给付大学教育保险金。至22周岁，按保险金额的30%给付创业保险金<br>2. 身故保险金：1年内因疾病身故，按所交保险费给付；因意外或1年后因疾病身故，按所交保费（不计利息）的1.5倍给付 |
| 附加世纪泰康少儿住院个人医疗保险 | 30天—17周岁 | 至保单期满 | 因意外或疾病经医院诊断必须住院治疗，对在医院住院治疗而发生的合理医疗费用，扣除300元免赔额，再按80%的比例给付保险金，其间累积给付以投保时选择的保险金额为限 |
| 新华人寿成长快乐少儿两全保险（分红型） | 30天—16周岁 | 至60周岁 | 基本生存保险金：<br>1. 压岁金：至17周岁，每年给付首期保险费的2%<br>2. 大学教育金：18—21周岁，每年给付保险金额的30%<br>3. 婚嫁金：25周岁，给付保险金额的60%<br>4. 养老金：60周岁，给付保险金额的200%+终了红利<br>可选生存保险金：<br>1. 高中教育金：15—17周岁，每年给付保险金额的10%<br>2. 深造金：22周岁，给付保险金额的60%<br>3. 立业金：30周岁，给付保险金额的90%<br>身故保险金：<br>1. 18周岁前：所交保费与现金价值较大者+累积红利保额对应的现金价值+终了红利<br>2. 18周岁后：（基本保险金额+累积红利保额）×5倍+终了红利；<br>保费豁免：投保人20—60周岁身故或全残豁免保险费 |

续表

| 产品名称 | 投保年龄 | 保险期限 | 保险利益 |
|---|---|---|---|
| 太平盛世·状元红两全保险（分红型） | 0—17周岁 | 至终止性保险事件发生时止 | 教育金：<br>1. 至18、19、20、21周岁，保险人分别按保险金额的30%给付大学教育金，合同继续有效<br>2. 至18周岁时，一次性给付留学备用金<br>创业金：<br>1. 至25周岁时，按保险金额的50%给付创业金<br>2. 至25周岁时，一次性给付创业金<br>身故或全残保：<br>1. 18周岁前身故或全残，按所缴保费无息给付<br>2. 于18周岁至25周岁前身故或全残，按保险金额的2倍给付<br>3. 于25周岁后身故或全残，按保险金额给付 |
| 太平洋少儿乐两全保险 | 0—15周岁 | 至21周岁 | 教育金给付：<br>A款：12—21周岁10年间，分别按年领取初、高、大学教育金<br>B款：两种领取方式：1. 至15、16、17、18、19、20、21周岁时，分别按年领取高中、大学教育金；2. 至15周岁时，一次性领取全额教育金<br>C款：两种领取方式：1. 至18、19、20、21周岁时，按年领取大学教育金；2. 生存至18周岁时，一次性领取全额教育金<br>意外身故或全残：给付意外伤害保险金额<br>疾病身故：180天内，退还所缴保险费；180天后，给付疾病身故保险金额 |

## 四、解读保险合同

保险合同作为法律规范文本的一种，文字专业性较强，虽然各种人寿保险产品的特征各不相同，但是总是存在一些共性的东西。要读懂人寿保险合同，我们必须把握如下几个关键点：

### （一）保险责任

保险责任是投保前最先应该弄清的合同关键，保险责任就是在什么样的情况下可以得到保险公司的经济补偿。保险责任与所购买的险种有关，人寿保险按风险的种类可分为寿险、重大疾病保险、意外伤害保险、养老保险、住院医疗补偿等。每一种保险产品的保险责任都不一样，所以不要误以为有了一份保险发生什么风险都可以获得理赔。

### （二）除外责任

明确自己所投的保险主要提供哪些保障至关重要，但是也不能忽视合同里的除外责任即“责任免除”。比如，寿险保障的是人的生命，但并不是说只要被保险人死亡就可获得理赔，通常保险条款里都明确写明，诸如酒后驾车、战争、暴乱、犯罪等都不在保障范围之列。关于除外责任各家公司规定不一，也有公司承保酒后驾车、战争、艾滋病等，如信诚人寿。所以我们需要认真看清“责任免除”条款的相关约定，避免出现理赔纠纷。

**（三）保险金额**

保险金额也即保险公司赔我们多少钱。需要注意的是，很多人购买的保险包含了主险和附加保险，如一份寿险附加了重大疾病和意外伤害，那么主险和附加险除保险责任、除外责任不同之外，保额也可能是不同的，如寿险保额50万，大病为30万。

**（四）保障期限**

保险合同按保障时间的不同可分为终身、定期、短期。意外险是短期的，保障期限只有1年，寿险和大病既有终身也有定期，我们一定要明白自已的保险保障期限是多久，是否能满足保障需求。

**（五）保障人是谁**

保险合同的利益相关人有被保险人、投保人、受益人等。被保险人是保险公司要承担保险责任的人，只有被保险人出现风险才可获得保障；投保人是和保险公司签订合同，缴纳保费的人，投保人和被保险人可为同一人；受益人是人身保险合同中由被保险人或者投保人指定的享有保险金请求权的人，投保人、被保险人可以为受益人。

**（六）现金价值**

中长期保险的保险合同里一般会有现金价值表，现金价值就是被保险人要求解约或退保时，寿险公司应该发还的金额。现金价值一般会小于缴纳的保费，即退保会有损失。目前各家保险公司允许提取现金价值的比例是不一样的，提取的利息计算方式一般相当于银行贷款的利息。投保人如果因经济原因想要退保，可提取现金价值继续缴纳保费，既可避免退保的损失还可继续拥有保障。

**（七）减额缴清**

对于中长期保险，如果继续缴纳保费困难，又不想提取现金价值，就可以减额缴清。减额缴清是根据保单具有的现金价值，作为一次性缴纳的保费，购买同类保险，保额降低。通俗地讲就是把大保单换成小保单，并用全部的现金价值把保费一次缴清。

**（八）关于分红**

很多人都喜欢把分红和银行或基金等作比较，其实在保险合同里是没有具体的关于分红的数据的，分红多少是不确定的，取决于保险公司当年的经营状况。而且，并不是所有分红都是可以当时拿走的，有些红利需在合同结束或某个固定的年限才可提取，而这些未能当时领取的红利是否复利计息各家公司也有不同的规定。

**（九）关于重大疾病保险的特别提示**

有关重大疾病的定义，各家公司都基本统一，实行中国保险行业协会颁布的定义规范，但须注意有些早期的“大病”并不属于保险合同里约定的重大疾病的范畴，如原位癌等。对于这类不属于保险条款范围内的“大病”，目前也有个别公司（如信诚人寿），可以提供相当于重大疾病保险金额15%的及时援助金。

**（十）关于养老保险的特别提示**

这里特指养老年金，指到约定的退休年龄（如60岁），就可每年或每月都固定领取养老金的保险险种。要注意的是，从什么时候开始领，领多少钱，领到什么时候结束，是否保证领取，提前身故家人可否继承等，还要考虑在领取退休金前发生风险（如身故或发生重大疾病）会有哪些保障。

**（十一）关于投资连结保险的特别提示**

投资连结保险的基本结构是主险（保障）+附加投资，对于保障部分，我们要承担保障费用，而且保障费用随年龄的增长而不断增加；对于投资部分一般也会一次性收取部分初始费用（如3%或5%等），此外每年还要收取投资账户资产管理费（不超过2%），有些公司还收取账户转换费用、买卖差价费用等。我们要购买投连险，这些费用必须了解。

**（十二）几个关键期限**

除了一些重要内容，保险合同里有几个关键期限，我们也需要弄明白。

观察期：在保险合同生效后的一定时期内（一般为90－180天），保险公司不承担责任，大部分的医疗保险和极少数的意外保险都有观察期。

宽限期：在首次缴付保险费以后，如果投保人在今后每年的各期没有及时缴费，保险公司将给予投保人60天的宽限期限。投保人如果在60天内缴纳了保险费，保险合同继续有效。60天过后没有补交，该保险合同将中止。两年之内投保人可以去保险公司申请复效，但需要补交保险费。

“犹豫期”是指投保人在收到保险合同后10天内，如不同意保险合同内容，可以退保。该10天即通常所说的“犹豫期”。犹豫期内退保，收取10元的成本费后退还已收全部保费；“犹豫期”后退保，就要承受较大损失。

## 五、如何进行人寿保险理财

1. 明确寿险理财功能

保险是对未来事件发生不确定性的准备和补偿。其在个人理财规划中扮演的最主要的角色应该是规避明天的风险，即保障功能。所以我们在进行寿险理财规划时，应正确看待寿险产品，首先应考虑的是它的保障功能，其次才是它的投资功能。目前很多保险产品都附加有保单借款功能，即以保单质押，根据保单当时的现金价值按一定比例向保险公司进行贷款。这样既能解决燃眉之急，又避免了退保时带来的不必要的损失。

2. 合理评估寿险需求

不同生命阶段，个人或家庭具有不同的财务状况、资金需求和风险承受能力，从而理财需求、寿险需求也就不同，个人成长生命周期、家庭生命周期、个人和家庭的收入水平等都与个人理财规划的制定有着密切的关系。

**表6-9　不同生涯规划的理财需求**

| 阶段 | 家庭形态 | 理财规划 | 投资工具 | 保险购买 |
|---|---|---|---|---|
| 探索期（15－24周岁） | 以父母家庭为生活重心 | 求学深造、提高未来收入 | 银行存款、基金定投 | 定期寿险、意外保险，以父母为受益人 |
| 建立期（25－34周岁） | 择偶结婚、学前子女 | 量入为出，储蓄购房首期款 | 银行存款、国债、基金 | 定期寿险、意外保险、以配偶或子女为受益人 |
| 稳定期（35－44周岁） | 子女上小学、中学 | 偿还房贷、筹集教育金 | 自用住房、国债、股票、基金 | 房贷信用寿险，以银行为受益人；子女教育保险 |
| 维持期（45－54周岁） | 子女上大学或读研究生 | 收入增加、准备退休金 | 建立多元化投资组合 | 养老金、投资型保单、健康险，以自己为受益人 |
| 空巢期（55－64周岁） | 子女已就业独立 | 负担减轻、准备退休 | 降低投资组合风险 | 退休年金，为节税购买终身寿险，受益人为子女 |
| 养老期（65－ ） | 子女成家，天伦之乐 | 享受生活，规划遗产 | 以固定收益投资为主 | 领退休年金至终老 |

**表6-10　不同家庭生命周期的理财需求**

| 周期 | 形成期 | 成长期 | 成熟期 | 衰老期 |
|---|---|---|---|---|
| 家庭变化 | 结婚到子女出生（1－3年） | 子女出生到完成学业（18－22年） | 子女参加工作到夫妻退休（10－15年） | 夫妻退休到全部去世 |
| 风险承受能力 | 很强 | 强 | 较弱 | 弱 |
| 家庭主要支出 | 购房 | 高等教育 | 准备退休金 | 生活、医疗费 |
| 保险安排 | 随着家庭成员的增加，提高寿险保额 | 以教育年金储备子女教育费用 | 以养老险或递延年金准备退休金 | 投保看护险或将养老险转为即期年金 |

**表6-11　不同收入水平的保险规划**

| 收入水平 | 中低收入阶层 | 高薪阶层 | 高收入阶层 |
|---|---|---|---|
| 人群代表 | 职业种类广泛 | 外资合资企业的高级职员、高收入业务员和高级知识分子 | 率先致富的部分经商者、演艺体明星 |
| 风险承受能力 | 较差 | 强 | 很强 |
| 保险安排 | 低保费、高保障的险种如定期寿险，短期意外伤害险、健康保险 | 保障期长的险种如养老保险、终身寿险，足够的健康医疗保险，意外伤害险，多余资金购买投连险、分红险 | 考虑遗产税，重点选择意外伤害险、健康保险，可购买高额寿险体现身价地位 |
| 保费支出 | 3%－10% | 10%－15% | 20%以上 |

3. 充分考虑缴费能力

人寿保险保险期限一般为长期，需要持续的缴费能力。所以购买人寿保险需要量力而行。我们可以根据自身需要和财力大小，选择适合自己的险种，不给个人或家庭带来过重的经济压力，并且以能满足保障需求为标准。分期缴纳要充分考虑是否有持续稳定的财力，否则，可能会丧失保险保障并承担退保损失或者丧失部分保险合同利益。

4. 注重产品有效组合

寿险产品并不是万能的，并不是一张保单就承保了所有的风险，所以个人和家庭在进行寿险规划时应注重产品的有效组合。如购买一个主险，然后在允许范围内附加重大疾病、意外伤害、残疾收入等条款，使得保障更加全面，而保费又不至于太高。

5. 用好寿险犹豫期

一般而言，人寿保险产品都有犹豫期的规定。在犹豫期内撤销保单，可以收回全部已缴保费，保险公司只扣除不超过10元的工本费。但在犹豫期后退保，将承担一定的损失，保险公司将只退还保单的现金价值或账户价值。所以我们在投保时，一定要用好犹豫期，考虑所投保的险种、期限、费率是否合适，以免影响自身利益。

6. 避免保费断供

根据规定，投保者购买的各类长期寿险，如果逾期60天没有缴费，保单就将自动进入效力中止状态；2年内未向保险公司申请复效的，保单就将彻底“死亡”，也就是效力终止。为了维护合同继续有效及保险权益，我们可以通过自动垫付保险费，利用减额缴清，办理展期保险，保单中止与复效等方法来避免保费断供。比如资金暂时困难，可以采用保费（由现金价值）自动垫付的方式，或者采用“保单质押贷款”。若是资金长期有困难，必须考虑减额缴清和办理展期保险。

7. 慎重选择退保

一般不要轻易退保，因为退保是非常不划算的。但是万一要退保的话，什么时候比较合算呢？保险法规定，退保时保险公司要扣除手续费后再将保费退还给投保人，这些手续费包括保险代理人的佣金（是保险公司付的）、保险公司的管理费以及从投保到退保这段时间内的纯保费。投保后的第一年代理人的佣金占年保费的20%－40%，而保险公司的管理费绝大部分也发生在第一年。第二年发生的管理费和佣金比第一年会少，但退保的话还是不划算。只有到第二年以后，既享受到了超过两年的保障，又不会因为保险公司的佣金和管理费损失大量保费，所以两年以后才是退保的最佳时机。

8. 铭记索赔时效

发生保险事故后，被保险人有权申请索赔，但有规定时效。它是指自保险事故发生之日起，经过一定的时间，如果被保险人不申请索赔，则索赔权自行消失。关于时效期，《保险法》中有明确的规定，人寿保险的被保险人或者受益人对保险人请求给付保险金的权利，自其知道保险事故发生之日起5年不行使而灭失。

## 六、案例分析

**案例资料6-1**

王先生35岁，是某企业部门经理，年收入10万元，妻子32岁，街道办事员，年收入4万元，有一个2岁女儿。希望通过保险，实现投资理财规划，希望家庭拥有保障。

**问题思考：**

1. 通过投资类寿险产品的组合实现其计划，要求保费利益最大化，性价比最高。

2. 阐述设计思路。

3. 阐述组合设计给其带来的保险收益。

**分析线索：**

1. 王先生的家庭收入为14万元，在不影响生活质量的同时，可用15%－20%的家庭收入投资保险理财计划，即每年拿出2万－2.8万投保保险计划。

王先生是家庭的经济顶梁柱，在企业从事管理工作，投保的产品要保障全面，包括寿险、重大疾病险、意外伤害及意外医疗，所投保的险种如下：

| 保障 | 人寿保障 | 重大疾病保障 | 意外伤残保障 | 意外医疗保险保障 |
|---|---|---|---|---|
| 保险金额 | 30万元 | 30万元 | 100万元 | 2万元 |

2. 太平洋人寿保险公司的金享人生及附加金享重疾是包括寿险及重大疾病保障的保险，这是一款能“长大”的保险，且有年金转换的功能，当王先生到退休的年龄时可以作为养老补充。

年缴保费：21510元，缴费期限：10年。

3. 保障利益：

（1）自合同生效日起，王先生就拥有了30万的寿险保障，直至终身。按中等红利当王先生60周岁时有效保额357155元，关爱金133933元；70周岁时有效保额382959元，关爱金201053元；80周岁时有效保额410626元，关爱金277173元。

（2）自合同生效日180日起，被保险人拥有35种重大疾病的保障，直至终身。按中等红利当王先生60周岁时有效重大疾病保额357155元，关爱金133933元；70周岁时有效重大疾病保额382959元，关爱金201053元；80周岁时有效重大疾病保额410626元，关爱金277173元。

（3）如王先生60周岁时选择此保险的年金转换功能，领至85周岁，则每年领取14508元，合计共领362693元；65周岁时选择此保险的年金转换功能，领至85周岁，则每年领取20346元，合计共领406927元。

# 3. 个人健康保险理财

**引例：于娟事件引发的深思**

于娟，海归博士，复旦大学优秀青年教师，一个两岁孩子的母亲，2011年4月19日因乳腺癌辞世。她的名为“活着就是王道”的博客，被几十万网友热切关注，于娟在生死边缘写就的生命日记《此生未完成》已结集出版。她在住院期间，每21天要注射25000元一支的药物；每1个疗程14天1万多元一盒的药……这是一组高昂的、甚至令人震惊的治疗费用。为了治病，家里为于娟卖掉了仅有的60平方米的房子和父母在山东老家的住房，全家人租房生活，幸福的一家不到一年半时间就被高额的医药费所困扰。

另外，据有关机构统计，近年来死于癌症的中年白领患者逐年增加，已从1999年的13%增加到了现在的21%，而且逐渐呈现年轻化的趋势，30岁左右就进入癌症高发期。每个白领都是家里的顶梁柱，一旦身患类似癌症的重大疾病，薪水和基本的医保难以负担高额的医疗费用，不但会使个人陷入健康困境，还会拖垮整个家庭。

于娟的故事让我们反思，面对各种风险，我们该如何预防？

## 一、购买健康保险的必要性

健康是我们最大的财富，如果健康出了问题，消耗的不仅是人的精力，更多的是人的物质投入，经济损失。健康保险能为你提供最大的健康保障。

### （一）社会环境渐趋恶劣

当今社会，化学品的大量应用，大气、食物、水、蔬菜、环境等污染日益严重。各种大病的发病率逐年上升，脑血管疾病、心脏病和恶性肿瘤已成为危害人类健康的三大主要原因，对人们的生命构成了严重威胁。据统计，因这三种原因死亡的人数占死亡总数的6.5%。

### （二）社会竞争日益激烈

有关部门对北京、上海、广州等十余个直辖及省会城市300万职场人群的健康调查结果显示：白领亚健康比例高达76%，处于过度疲劳状态的接近六成，真正意义上健康的人群比例极低，不到3%。超负荷的工作，超常的压力，使得我们往往身心疲惫，没有什么是比健康更宝贵的财富。

### （三）家庭结构发生变化

未来家庭都是“四二一”乃至“八四二一”结构，即夫妻两人照顾四个老人，抚养一个孩子。随着年龄的增长，发病率逐年提高，而老年人收入逐年下降，依靠医疗保险是唯一办法。

### （四）医疗费用年年攀升

随着医学技术的不断进步，各种疾病的存活率逐年提高，但必须以强大的经济后盾为基础，而且需要支付的医疗费和药费也不断上涨。现在不做好准备购足健康险，日后必将出现“有病无钱治”的无奈局面。国务院发展研究中心的数据表明，目前在我国，一旦得了大病，平均花销在7000多元。而重大疾病保险所提供的高额保险金，在很大程度上能减轻个人医疗费用支出负担，帮助治疗顺利进行，为恢复健康赢得时间。

### （五）社会保障非常有限

国内社会医疗保障体系仍不健全，难以减轻中低收入群体的医疗负担。首先，低收入人群中，未参加任何医疗保险者占比高达39.8%；其次，大多数拥有社会医疗保障的中低收入人群，由于缴费金额有限，个人账户积累不足，难以发挥有效作用；再者，可报销比例低，额度有限，造成病患在可报销额度之外仍然要负担大量的医疗费用。据有关部门统计，中低收入人口自付住院费用占总费用的比例城乡合计65.8%，城市为55.7%，农村为73.1%。若想获得更全面的医疗保障，需选择合适的商业医疗保险。

### （六）健康险是理财基础

从理财的角度来说，风险保障是理财的基础，健康险是理财基础的基础。投保健康保险，其低投入、高保障，是现行社会医疗保障体系的重要组成部分和必备的补充。也只有做实做好这个基础，我们才能更好地完成理财“金字塔”上的更高层建筑。

## 二、健康保险的主要种类

健康保险是以被保险人的身体为保险标的，对被保险人因遭受疾病或意外伤害事故所发生的医疗费用损失或导致工作能力丧失所引起的收入损失，以及因为年老、疾病或意外伤害事故导致需要长期护理的损失提供经济补偿的保险。按承保责任划分，健康保险一般分为：

疾病保险：以保险合同约定的被保险人的疾病的发生为给付保险金条件的保险。

医疗保险：因保险合同约定的被保险人的医疗行为的发生为给付保险金条件的保险。

失能收入损失保险：因保险合同约定疾病或意外伤害导致工作能力丧失为给付保险金条件，为被保险人收入减少或中断提供保障。

护理保险：因保险合同约定的日常生活能力障碍引发护理需要为给付保险金条件，为被保险人的护理支出提供保障。

表6-12 不同类型的健康保险特点比较

| 项目种类 | 疾病保险 | 医疗保险 | 失能收入损失保险 | 护理保险 |
|---|---|---|---|---|
| 保险标的 | 身体 | 身体 | 身体 | 身体 |
| 给付条件 | 罹患保险合同所规定的疾病 | 对因意外伤害或疾病接受治疗导致的医疗费用支出补偿 | 对因意外伤害或疾病导致的暂时或永久丧失工作能力收入损失补偿 | 对因年老、严重或慢性疾病、以外伤残等导致的护理费用支出补偿 |
| 保险期间 | 保障时间较长，有终身型和定期型两种 | 保障时间通常为1年，可续保 | 可以是短期或长期；长期保障通常在被保险人到60周岁或法定退休年龄时终止 | 保障期限通常较长 |
| 给付方式 | 定额给付 | 定额、补偿给付 | 定额给付 | 定额给付 |
| 重复投保 | 可以 | 一般不可以 | 一般不可以 | 可以 |
| 给付时间 | 事前给付 | 事后给付 | 事后给付 | 事前给付 |
| 有无现金价值 | 有 | 无 | 短期无，长期有 | 有 |

## 三、国内主要健康保险产品

目前国内开办的健康保险主要险种有：普通医疗保险、手术医疗保险、住院医疗保险、住院补贴保险、意外伤害医疗保险、特种疾病医疗保险、残废保险等。为便于了解，我们列出了10款产品以供比较。

表6-13　10款健康保险产品比较

| 产品名称 | 适用人群 | 保险期限 | 保险责任 |
|---|---|---|---|
| 人保寿险人生安康重大疾病保险（A款） | 16周岁至55周岁 | 终身 | 重大疾病或身故保险金：180天内因意外导致重大疾病或身故，按基本保险金额给付；180天后，初患按《保险金给付倍数表》规定给付<br>保险金额：每满5年自动增长5%，最高可达1.2倍基本保险金额；可保单贷款 |
| 国寿康宁定期健康保障计划 | 30日－65周岁 | 至70周岁 | 身故或重疾保险金：身故或180日后初患重疾，按基本保额给付<br>满期保险金：生存至年满70周岁，返还所交保费；可保单贷款 |
| 国寿康宁终身重大疾病保险 | 30天－70周岁 | 终身 | 身故或重疾保险金：身故或180日后初患重疾，按保险金额的300%给付；可保单贷款 |
| 平安馨逸人生重大疾病险 | 18－50周岁 | 20年 | 身故保障或满期生存保障：105%返还已交保费<br>特定部位原位癌保障：重大疾病保障金额×20% |

续表

| 产品名称 | 适用人群 | 保险期限 | 保险责任 |
|---|---|---|---|
| 平安安康无忧医疗保险 | 3－50周岁可续至64周岁 | 1年 | 一般疾病住院：每次津贴保险金=（实际住院天数－3日）×每日保障金额<br>因意外住院：每次津贴保险金=实际住院天数×每日保障金额<br>因重大疾病住院：每次津贴保险金=（实际住院天数－3日）×每日保障金额+实际住院天数×每日保障金<br>续保每年可多得10%保险金 |
| 太平福康安心重疾医疗保障计划 | 60天－55周岁 | 至70周岁 | 身故保险金：按身故所在交费年度数×（两全与重疾的标准体年交保险费之和）<br>满期保险金：按客户交纳的交费年度数×（两全与重疾的标准体年交保险费之和）<br>重大疾病保险金：180天后初患，按基本保险金额给付，且重大疾病豁免保险费<br>住院津贴保险金：因疾病或意外入院治疗，给付津贴 |
| 太平洋福享安康保障计划 | 30天至60周岁 | 至60、70或80周岁 | 祝寿金：本合同及"附加福享安康重大疾病保险合同"（以下简称"附加福享安康重疾合同"）约定的首期保险费之和×本合同的保险费应付期数<br>身故保险金或全残保险金：未满18周岁，按首期保险费×被保险人身故或确定全残时本合同已到期的保险费应付期数与现金价值两项中金额较大者给付；满18周岁，按首期保险费×被保险人身故或确定全残时本合同已到期的保险费应付期数×105%与现金价值两项中较大者给付。因意外身故或全残，且年龄未超过65周岁，身故或全残保险费豁免<br>重大疾病保险金：180天内，因意外以外的原因初患，退还已支付的保险费；因意外或180天后因意外以外的原因初患，按基本保险金额给付，且豁免主险合同保险费 |
| 太平洋宝宝安康重大疾病保障计划 | 5天－17周岁 | 至25或30周岁 | 满期保险金：本合同及"附加宝宝安康重大疾病保险合同"约定的首期保险费之和×保险单上所载的本合同的交费次数×110%<br>身故保险金或全残保险金：180天内，因意外以外的原因身故或全残，按本合同及附加合同约定的首期保险费之和×被保险人身故或确定全残时本合同已到期的保险费应付期数；因意外或180天后因意外以外的原因身故或全残，按本合同及附加合同约定的首期保险费之和×被保险人身故或确定全残时本合同已到期的保险费应付期数×110%给付，且豁免以后保险费<br>重大疾病保险金：180天内，因意外以外的原因初患，退还已支付的保险费；因意外伤害或180天后因意外以外的原因初患，按本附加险合同的基本保险金额给付，且豁免以后保险费 |

续表

| 产品名称 | 适用人群 | 保险期限 | 保险责任 |
| --- | --- | --- | --- |
| 泰康健康人生重大疾病终身保障计划 | 30天—70周岁 | 至终身 | 重疾、身故或高残：1年内非因意外，给付保险费，因意外或1年后非因意外给付保险金额<br>生存保险金：满65周岁可选择一次性领取生存保险金 |
| 世纪泰康个人住院医疗保险 | 3—59岁续保可至64岁 | 一年 | 基本部分：<br>1. 因疾病住院，从第四天开始给付住院日额保险金，因意外住院，从第一天开始给付住院日额保险金，给付天数每年度最多可达365天<br>2. 因患重大疾病住院，按实际住院天数给付重大疾病住院日额保险金，给付天数每年度最多可达180天<br>可选部分：<br>1. 必须住院治疗且施行器官移植手术者，按附表规定给付器官移植保险金；可多次给付，但累计给付以约定保险金额为限<br>2. 施行非器官移植手术者，按附表规定给付手术医疗保险金；可多次给付，但累计给付以约定保险金额为限 |

## 四、如何进行健康保险理财

看病贵、看病难，对很多家庭而言已是不争的事实。投保适合的健康险，为身体保驾护航显得十分必要。不过，面对各家保险公司推出的让人眼花缭乱的健康险产品，我们该如何进行选择呢？

**（一）认真识别健康险合同要点**

在金融保险类投诉中，健康险理赔的纠纷较多。的确，相比人身保险合同条款，健康保险合同条款内容更为复杂、难懂。健康险在保障范围和理赔要求上有一定的特殊性，我们若不认真识别，很容易与保险公司发生纠纷。在选择健康险产品时，要特别关注保险责任、如实告知、保险金申请、释义等内容，弄懂弄清，这是不得不做的准备。

**（二）合理搭配社保与商业保险**

个人或家庭若想在风险发生时仍能保证自己的生活质量不受影响，仅有社会保险还远远不够，补充适当的商业保险非常必要。因为患病后，特别是患重病后，收入会受到一定的影响，而医疗费用却不断增加，比如诊疗费、营养费、护理费、交通费、住宿费等。对于这些费用，仅靠社保报销医药费是无法解决的。因此，拥有了社保，我们也可以选择两种性质的健康险：补偿型医疗保险，用于医保未报销费用的补偿；补贴型医疗保险，用于住院期间营养费补贴。没有社保，特别要注意商业险种的合理搭配，单一品种的重大疾病保险其保障范围非常有限，最好根据自己的实际情况选择最佳的险种组合。

理财小贴士

### 医疗保险的组合形式

方案一：基本医疗保险+商业医疗补贴型保险。适用于已经参加或准备参加基本医疗保险者。

方案二：医疗费用型保险+医疗补贴型保险。任何人都可以选择。

方案三：A保险公司医疗费用型保险+B保险公司医疗费用型保险。适用于没有或在较长时间内不会参加城镇基本医疗保险的人。

**（三）及时购买重大疾病保险**

因为所有的重疾保险都有90天或180天不等的观察期，在观察期内患病将无法获得赔付。健康险产品是越早投保保费越低，时间越长保障利益也就越高。如果到了50多岁再投保，因为身体机能老化，重大疾病的发病率日渐增大，投保成本就很高。无论是从保障需要还是经济成本来考虑，重疾险都是早投保、早受益，建议保障期限应该至少到70岁左右。

**（四）尽量选择年交而非趸交**

年交是按照5年期、10年期、20年期等每年交纳一定保险费，趸交是指一次性交费。投保重疾保险等健康险时，一般应尽量选择交费期长的交费方式。一是因为交费期长，虽然所付总额可能略多些，但每次交费较少，不会给家庭带来太大的负担，加之利息等因素，实际成本不一定高于一次缴清的付费方式。二是不少保险公司规定，若重大疾病保险金的给付发生在交费期内，从给付之日起，免交以后各期保险费，保险合同继续有效。三是选择逐年分期缴费的短期保险，每年还可以根据新的产品和自身条件为自己制定合适的新计划。

**（五）准确把握健康险理赔原则**

与寿险产品不同，健康险是一种针对医疗费用的经济补偿途径，不一定是买得越多得到的理赔就越多。值得留意的是，我们要认清所购买的健康险是定额给付性质，还是费用补偿性质。对于定额给付的健康险，保险公司按商定给付保险金，如“住院补助”，若投保多份，则可以多重赔付；而费用补偿类的健康险，体现的是保险的“最大补偿原则”，不能累计或多重赔付。客户如有在第三方（医保和其他保险公司等）获得的补偿额，是需要在理赔中先行扣除的。

## 五、案例分析

**案例资料6-2**

陈先生于2009年5月购买《××××××终生寿险2007》、《××附加××提前给付重大疾病保险2007》、《××××健康保险2007》。经过体检，保险公司顺利承保。不过，2009年7月，陈先生突然感到身体不适，检查结果为他患上了非霍奇金淋巴瘤。这是一种发病急且恶性程度高的疾病，陈先生随即被安排住院接受治疗。

**问题思考：**

1. 分析该案例是否属于保险责任？

2. 如何赔付？

**分析线索：**

1. 首先要考虑陈先生是否是在保险等待期出险，若是在等待期出险，健康险不赔。

健康保险合同中，都有明确的“等待期”，通常来说，短期健康险的观察期不超过90天（一般短期健康险的等待期为30天），长期健康险的观察期不超过1年（一般长期健康险的等待期为90天，不过有些公司会是180天或者一年）。

2. 陈先生所患疾病是否属于《××附加××提前给付重大疾病保险2007》条款约定的“重大疾病”。

**理赔结果：**

保险公司在接到客户家属的理赔申请后，马上进行了案件审核，最终认定客户所患的疾病属于《××附加××提前给付重大疾病保险2007》条款约定的“重大疾病”。但遗憾的是，陈先生患病时间恰巧发生在保单生效90天等待期内，按条款约定，他无法获得重大疾病保险金，但保险公司需退还其已缴保费。

陈先生还投保了《××××健康保险2007》，由于条款约定等待期为30天，公司审核后认定符合保险责任，且已经超出观察期时限，可以给付医疗费用理赔金。

**启示：**

1. 严格依照法律签订保险合同并在法律许可的范围内对合同的效力约定附加条件或者附加期限，可以使合同双方的合法权益都能得到最大程度的保障。

2. 我们在购买健康险的时候，应该注意等待期的期限，了解到自己的保障权益的实际开始和结束时间。不要被一些无良代理人利用，被误导认为购买保险后即可享受保障，即可享受住院报销等权益，而最终却得到不能报销的拒赔结果。

# 4 个人财产保险理财

**引例：灾害之后的思考**

汶川“5·12”地震：2008年5月12日14点28分，四川省汶川市发生8.0级的地震。这场出乎意料的罕见灾难在夺取了很多人生命的同时，也使无数的“有产者”变成了“无产者”，甚至是“负资产者”。

2008年冰冻：2008年年底一场突如其来的冰冻再次袭击了中国南部地区，据民政部公布的数据显示：这场灾害造成107人死亡、8人失踪，直接经济损失达1111亿元。几十亿元的保险理赔与此相比显得杯水车薪。

上海“11·15”火灾：2010年11月15日下午，上海市静安区胶州路一幢28层居民住宅楼发生火灾事故，震惊全国。造成五十余人死亡，直接经济损失达5亿元。如果再考虑房屋内部财产价值的话，则直接经济损失远远不止5亿元人民币。而从上海保监局11月19日通报的事故相关保险排查理赔情况来看，1幢28层的高楼被严重烧损，而家财险报案仅有7件，保额142.66万元。专家预计保险公司在本次火灾中的赔偿总额也不超过1000万元。

灾害事件的频繁发生，告诉我们这样一个道理：风险无时不在、无处不在。我们能做的，除了采取措施积极防灾救灾之外，就是通过购买财产保险产品的方式，将风险转嫁给保险公司，防范风险损失于未然，提高自身财务状况的稳定性。

## 一、家庭财产保险

### （一）家庭财产保险概述

家庭财产保险简称家财险，是个人和家庭投保的最主要险种，是以城乡居民的家庭财产为保险标的的保险。其两大重点内容是房屋保险和室内财产保险。

1. 家财险的种类

目前家财险主要有以下三类：保障型、投资型、组合型。

保障型家财险，最大特点是保费低廉，保险期满后，所交纳的保险费不退还。为方便客户投保，保障型家财险一般都会按保额或保费高低，提供多档次的定额保险方案供客户选择，保障范围可以包括房屋、房屋附属物、房屋装修、家具、家用电器和文化娱乐用品等，同时还可附加盗抢险、管道破裂及水渍保险、现金损失保险等，几乎涵盖家庭财产可能发生的各种财产损失。

投资型家财险兼顾投资和保障双重功能，保险期满时，无论保险期内是否发生赔付，保险公司会在期末按约定利率返还本息。因此投资型家财险除了基本保障外，还会有满期给付金。

组合型家财险，即能保财产又保人身的组合家财险，针对投保人的房屋和家庭财产提供保障，还增加家庭成员的意外伤害和居家责任、家庭雇佣责任等，甚至商用财产、搬迁费用等新的保障项目也都列入保险范围。具有保障全面、灵活度高的特点。比起保障型家财险，保障范围明显增加，价格也适中。

**链接〉〉〉〉〉〉**

### 美、英非寿险

统计数据表明，在美国和英国的个人非寿险（包括财产、责任、健康意外险）业务中，汽车保险、房屋保险、健康险占主导地位。2000年，这三大险种的市场份额分别为34%、40%和10%左右（见下表）。从投保比例上看，早在20世纪80年代起，美国的房主和租房者投保房屋保险的比例就分别高达93%和23%以上（见下表）。

**2000年美、英国个人非寿险产品保费分布**

| 险种 | 美国(%) | 英国(%) |
|---|---|---|
| 汽车及责任险 | 34 | 34 |
| 房屋及责任险 | 40 | 38 |
| 健康意外险 | 11 | 6 |
| 其他 | 15 | 22 |

**美国房屋保险投保比例**

| 年份 | 房主（%） | 租房者（%） |
|---|---|---|
| 1993 | 95 | 41 |
| 1989 | 96 | 26 |
| 1986 | 95 | 23 |
| 1984 | 93 | 23 |

由此可见，在英美等发达国家中，个人购买财产保险在一定程度上早已经成为了一种习惯，有利于人们拥有稳定的生活，追求更美好的人生。

2. 保险范围

家财险主险的保障范围涵盖房屋、房屋附属物（包括私人车库、天台等）、房屋装修及服装、家具、家用电器、文化娱乐用品等。保险责任，即因下列原因招致家庭财产损失，由保险公司负责赔偿相应损失和为防止或减少损失而支付的施救费用：火灾、爆炸；雷击、冰雹等自然灾害；空中运行物体坠落、外界物体倒塌；暴风或暴雨使房屋主要结构（外墙、屋顶、屋架）倒塌，有些还扩展至民众骚乱、暴动和他人恶意破坏。

**链接〉〉〉〉〉〉**

**你为宠物买保险了吗？**

近年来，饲养宠物的家庭越来越多。据公安部门统计，截至2006年底，仅北京市登记在册的宠物狗数量就达到55万只。目前，多家保险公司都推出了宠物责任险，帮助宠物主人转移宠物责任风险。在保险期间内，投保人饲养或管理的宠物造成第三者的人身伤害或死亡，保险公司负责赔偿由此发生的治疗和处置费用、给第三者造成的人身伤害赔偿等。

宠物责任险属于短期保险，既有主险，也有附加在家财险上的附加险。宠物责任保险的价格一般不高，一年交保费不超过100元便可以获得上万元的保障。

**（二）如何进行家庭财产保险理财**

目前各家保险公司推出了各种各样的家财险品种，保障范围越来越广泛。在主险之外，附加险也相当丰富，比如盗抢险、现金和金银珠宝盗抢险等，几乎包含了一个家庭可能发生的所有损失。在这种情况下，也有越来越多的投资者加入到投保家财险的行列。那么，我们应该如何进行家庭财产保险理财呢？

1. 明确可保财产

不是所有家庭财产都可以投保。家财险的保障范围涵盖房屋、房屋附属物、房屋装修及服装、家具、家用电器、文化娱乐用品等。除非有特别约定，一般家中的珠宝、首饰、现金、存折、古玩字画及代他人保管或与他人共有的财产不在保险范围之内。

2. 细读保险责任

一般的家庭财产综合险只承担两种情形造成的损失，一种是自然灾害，另一种是意外事故，而保险人故意或过失造成的损失保险公司不予赔付。所以最好给财产投保盗窃附加险。另外，投保人还要了解除外责任、赔付比例、赔付原则、保险期限、交费方式、附加险种等内容。

3. 遵守诚信原则

投保家庭财产保险与其他保险一样，作为投保人应该遵守诚信原则，申请办理家庭财产保险时，应该向保险公司如实说明保险条款中的要求事项，只有实话实说，才能保证自己的保险利益。对于投保人和被保险人违反“诚信原则”的，保险公司有权随时解除保险合同，并且不承担赔偿责任。

4. 按需足额投保

《保险法》第三十九条规定：保险金额不得超过保险价值，超过保险价值的，超过的部分无效。保险金额低于保险价值的，除合同另有约定外，保险人按照保险金额与保险价值的比例承担赔偿责任。所以超额投保、不足额投保、重复投保都不能获得额外的利益。

5. 谨记无犹豫期

和人寿保险不同，家庭财产保险没有犹豫期。投保人在缴纳保费后，于次日零点开始保单生效，一旦对投保有改动想要退保，投保人必须按照相应的情况领取保单生效后的现金价值：在合同条款中规定保险责任开始前，投保人提出解除保险合同，按总保险费的5%扣除手续费后退还剩余保险费；保险责任开始后，投保人可随时书面申请解除保险合同，保险公司也可提前15天书面通知投保人解除保险合同，并按一定的方法计算退还保费的数目。不过，保险责任开始后退还保费最高不超过原总保费的95%。

6. 出险及时告知

财产一旦出险，应当积极抢救，避免损失扩大。与此同时，应保护好现场，及时向公安、消防等部门报案，向其索取事故证明。还要尽快向保险公司报案，要求尽快上门查勘定损，向保险公司提供保险单、事故证明等必要单证。一般家财出险后应在24小时内报险方可有效。

### （三）案例分析

**案例资料6-3**

2010年2月，庞某向中国人保投保了家庭财产保险及附加盗窃险，保险金额为2万元，期限一年。同年4月，庞某所在单位为每名职工在太平洋保险公司投保了家庭财产保险及附加盗窃险，每人的保险金额为2万元，期限一年。两家保险公司分别向庞某出具了保险单。2010年7月，庞某家中被盗，被盗金额为2万元。

**问题思考：**

1. 庞某与两家保险公司的保险合同是否为有效合同？

2. 庞某的保险是否构成重复保险？保险公司该如何赔付？

3. 若被盗金额为1.5万元时，保险公司应赔偿多少？若被盗金额为2.5万元，保险公司又应赔偿多少？

**分析线索：**

1. 本案是一起因家庭财产重复保险而产生的财产保险合同纠纷案件，争议的焦点在于重复保险的财产保险合同是否有效以及出险后如何赔偿。所谓重复保险，系指投保人对同一保险标的、同一保险利益、同一保险事故分别与两个以上的保险人订立保险合同的保险。

2. 由于重复保险合同是双方当事人自愿签订的，我国法律对此又未予以禁止，故庞某与两家保险公司分别签订的财产保险合同均为有效合同。

3. 我国保险法第四十条第二款规定："重复保险的保险金额总和超过保险价值的，各保险人的赔偿金额的总和不得超过保险价值。除合同另有约定外，各保险人按其保险金额与保险金额总和的比例承担赔偿责任。"可见，财产保险合同以赔偿被保险人的实际财产损失为目的，被保险人仅有权按其实际损失请求保险人赔偿，不得获得超过其实际损失以上的赔偿。具体到本案，两家保险公司的保险金额总和为4万元，其承担责任的比例对等，它们对于庞某受到的2万元的经济损失应分担，即各承担1万元的赔偿责任。

4. 家庭财产保险适用第一危险赔偿方式，即在保险金额范围内的损失予以赔偿。本案中若被盗金额为1.5万元时，由于损失低于保险金额，保险公司按损失金额赔偿1.5万元；若被盗金额为2.5万元时，由于损失超过保险金额，保险公司按保险金额赔偿2万元。

**启示：**

家庭财产保险必须按需足额投保，切忌超额、不足额或重复投保，否则得不偿失。

## 二、机动车保险

### （一）机动车保险概述

机动车辆保险是以机动车辆本身及其相关经济利益为保险标的的一种不定值财产保险。随着经济的发展，机动车辆的数量不断增加，机动车辆保险已成为我国财产保险业务中最大的险种。机动车辆是指汽车、电车、电瓶车、摩托车、拖拉机、各种专用机械车、特种车。机动车辆保险可分为基本险和附加险。其中，机动车辆损失险、机动车交通事故责任强制保险和机动车商业第三者责任保险是机动车辆保险的基本险。附加险因各公司的条款规定不同而各异，附加险一般不能独立承保。

1. 交强险

是指由保险公司对被保险机动车发生道路交通事故造成本车人员、被保险人以外的受害人的人身伤亡、财产损失，在责任限额内予以赔偿的强制性责任保险。

2. 车辆损失险

负责赔偿由于自然灾害或意外事故造成的车辆自身损失。这是汽车保险中的主要险种。

3. 第三责任险

是指被保险人允许的合格驾驶人员在使用保险车辆过程中发生意外事故，致使第三者遭受人身伤亡或财产的直接损毁，依法应当由被保险人支付的赔偿金额，保险人依照保险合同的规定给予赔偿。投保时，投保人可以自愿选择投保，事故最高赔偿限额分为5个档次：5万、10万、20万、50万、100万。关于第三者的赔偿数额，应由保险公司进行核定，保险人不能自行承诺或支付赔偿金额。

4. 盗抢险

是指保险车辆因全车被盗、被抢劫或被抢夺时，保险人对其直接经济损失按保险金额计算赔偿。赔偿后保险责任终止，该车辆权益归保险人所有。

5. 不计免赔险

是指投保了车辆损失险及第三者责任险的车辆，如发生保险责任范围内的事故，造成车辆损失（不含盗抢）或第三者责任赔偿，由保险人依据赔偿规定的金额负责赔偿。

6. 自燃损失险

主要用在赔偿机动车因电器、线路、供油系统发生故障或运载货物自身原因起火燃烧给车辆造成的损失。这个险种的价值不是很大，但费率却不低（0.4%）。在现实中车辆自燃事故的发生很少，10万元以上的中、高档车自燃的就更少了。另外，车辆自燃如果与质量有关，生产厂家应负赔偿责任。

7. 玻璃单独破碎险

是指保险车辆发生玻璃单独破碎后，由保险公司承担赔付责任。如果你的汽车不是很高档，此险种的价值不是很高。原因在于费率太高：国产轿车车费率为0.15%，进口轿车为0.25%。

8. 车上责任险

是指保险车辆发生保险责任范围内的事故，致使保险车辆上的人员遭受伤亡，保险人在保险单所载明的该项赔偿限额内计算赔偿本应由被保险人支付的赔偿金额。

9. 新增加设备损失险

当你自己为车辆安装了空调、CD音响、防盗器、真皮座椅等不是车辆出厂时所带的设备时，可以考虑投保新增加设备损失险。投保后，在这些设备因事故受损时可以按实际损失得到保险公司的赔偿。

10. 车载货物掉落责任险

是指在使用过程，若投保车辆所载货物掉落致使其他人遭受人身伤亡或财产损失，保险公司可依照“车载货物掉落责任保险”进行赔偿。

11. 车上货物责任险

是指投保车辆在使用过程中，如果所载货物遭受直接损失，以及被保险人为减少货物损失而支付的合理施救、保护费用，保险公司为投保车辆提供一定金额的赔偿。

理财小贴士

**注意车险“十不赔”**

1. 酒后驾车、无照驾驶、未年检、驾驶员与准驾车型不符不赔；
2. 精神损失不赔；
3. 发动机进水后再启动造成损坏不赔；
4. 自己加装的设备不赔；
5. 部分零件被偷不赔；
6. 误撞自家人不赔；
7. 放弃追偿权不赔；
8. 车内物品丢失不赔；
9. 修车期间的损失不赔；
10. 实习期上高速不赔。

### （二）如何进行机动车保险理财

面对名目繁多的险种、保费不同的保险公司，机动车车主究竟应该如何进行车险理财呢？

1. 保证车辆合法

保险车辆必须有交通管理部门核发的行驶证和号牌，并经检验合格，否则保单无效。

2. 精选保险公司

在投保机动车保险时，考虑保费价格是必要的，但是更不能忽视后期的理赔服务，机动车辆保险服务比价格更重要。选择保险公司时，既要考虑保险公司网点是否充足，又要考虑指定的修理厂或4S店是否符合自己要求，还要考虑理赔程序和理赔口碑等。

3. 选择合适险种

首先交强险必买，但是由于其保障额度有限，还需要补充其他商业险。商业险的险种较多，我们应根据自身实际情况，如驾驶技能、车辆状况等慎重选择，既能节省保费，同时也获得更为全面的保险保障。如新手、新车建议投保全险，治安不好要购买盗抢险，高档汽车应当选择“指定专修厂特约条款”作为车损险的附加条款，等等。

4. 明确保险范围

机动车保险险种都分工明确，车辆一旦出事，保险公司只能依据当初订立的保险合同承担保险责任给予赔付，而车主的其他一些损失就只能自掏腰包。

5. 仔细审核保单

车辆投保时，一般要求提供相关资料，然后保险公司出局保单和缴费单据。投保人在收到保险单后一定要仔细核对保单信息，例如承保时间、保险险种、保险金额、投保人信息、被保险车辆信息等，发现有错误或遗漏要及时通知保险公司进行更改，以免遭到拒赔。

6. 按期办理年检

目前的车险条款中，都有要求车辆年检合格、驾驶人驾照年检合格否则不予理赔的条款。所以，及时对车辆、对驾驶人的驾照进行年检是非常必要的。

7. 切忌重复投保

《保险法》第四十条规定：重复保险的保险金额总和超过保险价值的，各保险人的赔偿金额的总和不得超过保险价值。因此，即使投保人重复投保，也不会得到超额赔款。

8. 注意及时续保

车辆保险的承保时间一般都是一年，只有在保险承保期内发生的保险事故，保险公司才予以理赔。所以在保险截止日前办理续保可使车主得到连续保障。特别是交强险、商业保险的承保时间、终止时间不一致的情况下，更应当予以注意及时续保，杜绝保险承保空档期。

9. 事后依法索赔

保险事故一旦发生，首先要保护好现场，以最快速度在规定时间（24小时）内就近向公安部门和保险公司报案。其次配合现场查勘定损，填写出险登记，提供有关单证，确定保险责任，保存修理发票。再次就是提供相关资料申请索赔，最后经保险公司核赔同意后，领取保险金。

### （三）案例分析

**案例资料6-4**

赵先生，35岁，驾龄9年，于2006年买了一辆帕萨特，车龄6年。

**问题思考：**

请根据其实际情况设计险种组合方案。

**分析线索：**

9年的驾龄使赵先生具有娴熟的驾驶技术，同时由于车已经使用6年，赵先生对车辆本身的保障需求并不强烈，他主要需要保险公司对事故发生后依法对第三者以及车上人员造成的损害赔偿责任提供保障。同时，他的保费支出预算较少，可购基本型保障方案车型车险。

基本型保障方案主要包括交强险+商业三者险+车上人员责任险，适用于车辆使用较长时间、驾驶技术娴熟、愿意自己承担大部分风险以减少保费支出的车主。

推荐方案：

| 险种（保额） | 保费（元） |
|---|---|
| 交强险（11万） | 950 |
| 商业三者险（0） | 0 |
| 车上人员责任险（1万*五座） | 105 |
| 合计 | 1055 |

## ※思考与练习

### 一、问答题

1. 保险理财在个人理财中有什么作用？

2. 对于市场上的各类保险产品你了解多少？

3. 保险理财应遵循的原则是什么？

4. 请你根据自己的保险需求进行保险理财。

### 二、案例分析题

1. 王先生，26岁，月薪4000元，单身，有社会医疗保险，无家庭负担，自己想存钱但自我控制能力不强，而且朋友较多，花销较大，往往存不了钱。所以，他想通过购买某种或者某些保险，强迫自己储蓄一部分钱，以备不时之需，同时取得一定的经济保障。请你为王先生做一份保险理财规划。

2. 张先生今年40岁，事业单位职工，年收入6万左右，有一个12岁的男孩，房屋按揭贷款早就还清了，家庭收入较为宽裕，由于多年伏案工作，常感觉自己身体不适，加上最近几年的医疗费用攀升很快，很担心自己将来的生活。自己是家庭的经济支柱，希望通过保险投资理财产品实现养老、医疗补充。同时也希望儿子的教育基金得到补充。要求：（1）说明设计万能产品的组合方案思路；（2）用图表来直观地反映投资的理财收益，科学合理解释该产品的组合优势；（3）阐述万能产品的组合特色。

3. 小娜，3岁，她是父母的掌上明珠，父母收入不是很高，一年总计6万元左右，父母想为她的未来做好财务规划，希望她拥有专项教育基金同时获得保障，企盼她享有幸福的人生。小娜的父母希望通过分红产品组合方案来实现。要求：（1）说明设计分红组合产品方案的思路；（2）阐述所设计组合方案的优势；（3）用文字表述该分红产品组合带来的保险收益。

4. 李某出差回家后，发现家庭财产被盗。于是，他迅速到派出所报案。经公安人员现场勘查，发现有1万多元的财物被盗走。10多天后此案还没告破，这时李某才想起自己参加了家庭财产保险。于是，他急匆匆地手持保单来到保险公司要求索赔。保险公司以在出险后未及时通知为由拒赔。为什么李某投保了家庭财产保险，却不能获得赔偿呢？

5. 刘小姐，28岁，驾龄2年，于去年购买了一辆宝来，车龄1年，她对车十分爱惜，希望有全面的风险保障。请根据实际情况设计险种组合方案。

# 第7章 个人房地产理财

**本章重点**

1. 房地产投资的方式。

2. 住房贷款及还款方式的选择。

**学习目标**

1. 了解房地产的基础知识，明确房地产的价格构成及影响因素。

2. 了解房地产的不同类型，区分各类型的特点。

3. 了解房地产的投资策略，学会对不同的房地产进行投资分析。

4. 学会根据自己的需求，结合个人和家庭状况，对租房或者买房进行合理的理财规划。

# 1 个人房地产理财基础

案例资料7-1

**房产理财——二手房才是好选择**

王先生是一名老股民，多年的投资经历让他成为第一批过上“小康生活”的“小中产阶级”。在资本市场打拼多年的王先生感到随着年纪的增长，精力和体力越来越有限了，因此他将股市中的资金全部拿出来，一部分选择长期投资“基金”，一部分打算投资房产，想在保值增值的前提下，每月都能收到固定金额的房租。

**问题思考：**

王先生应该怎样进行房产投资？

**分析线索：**

王先生的这类情况在部分“有钱人”中比较多见，是一种风险投资向稳健投资的转变，可以根据不同资产情况选择商铺或住宅投资。由于王先生的投资方向是保值、增值、收房租，所以建议以50平米—80平米的小户型为主，在此建议王先生选择投资3－5套二手小户型进行理财投资。

## 一、房地产概述

### （一）房地产的概念

房地产即房产和地产的统称。物质形态的房屋、土地被赋予法律上的财产意义，即被称为“房产”和“地产”。房地产一词，目前在国内外均无法律定义，在什么是房产、什么是地产，以及二者是什么关系的问题上，同样没有严格的法律定义。

我国房地产的概念有广义和狭义之分。狭义的房地产特指商品服务性质为主的地产和房产，尤其特指城市中具有商品房意义的房地产，而不是包括乡村房地产和城市诸如港澳地区的“社会房屋”、“公屋”、“居屋”和我国内地房改中“部分产权”的房地产、“安居工程”中的房地产等非商品经营性质为主的房地产。广义的房地产包括一切作为财产或不动产的土地、房屋及固着于土地、房屋上不可分离的部分。

### （二）房地产的类型

1. 按照性质分类

商品性住房：是指由房地产开发企业开发建设并出售、出租的房屋。

保障性住房：是与商品性住房相对应的一个概念，保障性住房是指政府为中低收入住房困难家庭所提供的限定标准、限定价格或租金的住房，一般由廉租住房、经济适用住房和政策性租赁住房构成。

房改房：即已购共有住房，是指城镇职工根据国家和县级以上地方人民政府有关城镇住房制度改革政策规定，按照成本价或者标准价购买的已建公有住房。按照成本价购买的，房屋所有权归职工个人所有；按照标准价购买的，职工拥有部分房屋所有权，一般在5年后归职工个人所有。

**链接〉〉〉〉〉〉**

**经济适用房**

是指根据国家经济适用住房建设计划安排建设的住宅。由国家统一下达计划，用地一般实行行政划拨的方式，免收土地出让金，对各种经批准的收费实行减半征收，出售价格实行政府指导价，按保本微利的原则确定。

经济适用房在别的国家和地区一般被称为公共房屋，中国香港称为居者有其屋（简称居屋），中国澳门称为经济房屋，中国台湾称为国民住宅（即国宅），新加坡称为组屋。

2. 按照取得的时间分类

期房：即预售商品房，指开发商从取得商品房预售许可证开始至取得房地产权证（大产证）止，在这一期间的商品房称为期房。期房一般没有整体竣工，购房者在购买期房时签订的是“商品房预售合同”，购买后一般需要等待一段时间才能入住。

**链接〉〉〉〉〉〉**

商品房预售合同：商品房预售方和预购方双方约定，预售方在约定时间内将建成的商品房所有权转移于预购方，预购方向预售方交付定金或部分房款并按期接受商品房的书面协议。

现房：是指开发商已办妥所售项目的房地产权证（大产证）的商品房。现房必须是整体竣工并通过验收，购房者在购买现房时签订“商品房买卖合同”，购买后即可入住。

链接〉〉〉〉〉〉

商品房买卖合同：房地产开发企业将尚未建成或者已经竣工的房屋向社会销售，转移房屋所有权于买受人，买受人支付价款的合同。

## 二、房地产投资的方式

个人进行房地产投资，通常有以下几种方式：

**（一）直接购房**

个人以现款或分期付款的方式直接从房地产开发商购买住房并适当装修后，或出租或出售，从中获取收益。这是一种传统的投资方式，也是迄今为止投资者最常用的一种方式。当然，根据风险与收益对称的原理，投资者在可能获取较高收益的同时也面临较大的风险。如果投资者完全用自有资金买房，若房屋不能及时变现，投入的资金就被套牢；如果是通过贷款支付房款，就背上了长期支付利息的包袱。

**（二）以租代购**

开发商将空置待售的商品房出租，个人可与其签订购租合同。若在合同约定的期限内购买该房，开发商即以出租时所定的价格将该房出售，所付租金可充抵部分购房款。待交足余额后，个人可获得该房的产权。此方式不需交纳首付款，即住即付，每月交纳一定的租金即可入住新居。对于中低收入家庭而言，通过这种投资方式购买住房是一种比较好的选择。对希望购买住房的人们而言，通过在租期内亲自入住有利于及时发现住房质量问题，待感到满意时再购买，可避免因住房质量问题自找麻烦，使投资受损失。

**（三）以租养贷**

个人缴纳首付款购买住房，然后将其出租，用每月的租金来偿还银行贷款，当还清贷款并收回首付款后，投资者就完全拥有了这套房产。此方式花费少量的资金即可拥有自己的房屋，同时又没有长期的还款负担。因此这种投资方式更适合于目前手中有较多现金，但预期收入不很稳定的投资者。

**（四）买卖楼花**

买卖楼花是指买卖期房的凭证。楼花通常是房价的10%，如果在此期间房价上涨10%，将它卖出，那么与所付的楼划款相比，资本报酬率为100%。但是一旦房价下跌，投资的损失也很大。如果楼花卖不出去，也无法盈利。因此，买卖楼花是一种风险较大的投资，洞悉住房价格的走势是这种投资方式成功的前提。

**（五）以旧翻新**

买二手房或利用自己的旧房，将它修缮装饰，然后出售或出租，也是适合于个人投资的一种选择。目前购买二手房也可以到银行办理贷款，但是对于房龄有限制，一般是不超过15年。

**（六）房地产证券**

通过发行证券，将小资金汇集后购买房地产或产权单位。所购房地产可统一通过管理机构出租，从租金收入中分得利润。这种方式把房地产的所有权和使用权分离，可提高经营效率。

**链接〉〉〉〉〉〉**

**投资海外房地产**

购买国外房产与国内房产手续完全不同。买家一般先付首期即房款的10%，余额于交楼之日付清。而首期则全部存入卖家律师信托银行户口内，买家赚取高息收入；而以上所有房卖手续均由合格律师办理，因此购房手续既简单又可靠，且极具法律保障。

收楼时，房屋先由发展商聘请合格建筑工程师，根据合同规定装修标准验收，合格后，将出具完工纸；政府部门再验收，出具合格证书；业主个人再聘请房屋验收工程师，进行验收；办理房屋贷款手续，银行评估师将进行房产估价。所以经过以上四道严格关口，安全就有了保障。

为了使投资海外物业人士最大限度的提高回报率，将风险降到最低，建议选用符合资格、有信誉的海外房地产置业顾问公司；且付款时使用银行贷款，因为银行批复房屋贷款时，将检查所有产权所属是否合法，这样购买者又多一重保障；还要选择有实力有信誉的发展商。

## 三、房地产投资的优、缺点

房地产投资由于商品的特殊性，存在着不同于其他投资类型的特点，认识和掌握这些特点，是从事房地产投资的关键所在。

**（一）房地产投资的优点**

1. 房地产是一种耐用消费品

房地产是人们生活的必需消费品，但不同于一般的消费品。一般情况下，房子的寿命都在百年以上，少的也可达几十年（我国商品房产权期限是70年）。所以这种长期耐用性，为投资盈利提供了较多的时间机会。

2. 房地产的价值相对稳定

房地产相对其他消费品，具有相对稳定的价值。科技进步、社会发展等对其影响相对较小。不像一般消费品，如汽车、电脑、家用电器等，随着科技水平的发展，价值只会不断下降。所以房地产具有很好的保值、增值的功能。

3. 房地产具有不断升值的潜力

由于土地资源的稀缺性、不可再生性，以及人口上升、居民生活水平提高，整个社会对房地产的需求长期处于上升趋势。具体来说，人总是要住房子的，而且在不断地换房，小换大、低换高。这种变换机会为房地产投资带来可预期的收益。

**（二）房地产投资的缺点**

1. 流动性相对较差

房地产作为不动产，最大的缺点就是流动性差。它不像其他金融产品，可随时变现或较容易变现。一般出租或出售都需要一定的时间，不可知、不可控。有时，为了快速变现，可能要损失收益甚至亏损才行。所以，房地产作为固定资产投资，一般是长期投资项目，家庭必须没有现金压力才行。为了减少这种风险，一般选择将房地产投资作为投资组合的一部分，而非全部；另外在急需资金时，也可以把房地产抵押进行贷款。

2. 投资金额比较大

房地产投资的起点都比较高，动辄几十万，甚至上百万。对有些家庭来说，一辈子的结余就是为了购买一套房子。但是，随着房地产市场的发展，各种房地产投资手段的推出，也为普通家庭的房地产投资提供了选择的余地，具体可参考前面介绍的几种房地产投资方式。

3. 投资风险较大

房地产投资是一项政策性很强的经济活动，经济走势、宏观调控、土地政策、城市规划、房地产税收、租金管制等的变化都可能给房地产投资带来一定的风险。

## 四、房地产价格及其影响因素

**（一）房地产价格的概念**

房地产的价格，是指在开发、建设、经营房地产过程中所耗费的全部社会必要劳动所形成的价值与土地所有权价格综合的货币表现，其最根本的特征是双重实体价格。其市场价格可能会大于、等于或小于住宅的真实价值，而只有在一个有效的市场中，市场价格才是商品住房真实价值的反映。

目前我国城市房地产的建设都是以综合开发形式进行的，房地产价格一般都是以综合开发造价的形式出现的。所以，综合开发价格也就是房地产价格或房地产造价。我国各地综合开发造价，虽然由于地区的不同有些差别，但是它们的主要内容是相同的。目前国内房地产价格大体上包括以下内容：

1. 土地费用，即征地补偿费、拆迁安置费、土地开发费及土地出让金。

2. 建筑安装工程费，即住宅建筑安装工程费、附属工程费、室外工程费。

3. 配套工程费，即公共配套工程费、环卫绿化工程费、“四源”费、大市政费。

4. 税费，即两税一费、管理费。

5. 销售费用，一般包括销售前期费、销售推广费、合同交易费等、销售代理费和其他费用。单独设立销售机构的，销售机构的费用也计入销售费用。

6. 利润，是由销售收入（售价）减去各种成本、费用、税金后的余额。

数据显示，2011年12月全国100个城市新建住宅平均价格为8809元/平方米，具体构成见下表。

**表7–1　全国100个城市住宅价格构成**

| 名目 | 金额（元） | 比例 |
| --- | --- | --- |
| 售价 | 8809 | 100% |
| 土地费用 | 2420 | 20%—35% |
| 建筑安装工程费 | 2640 | 25%—35% |
| 配套工程费 | 610 | 6%—8% |
| 税费 | 440 | 4%—6% |
| 销售费用 | 1250 | 13%—15% |
| 利润 | 1449 | 15%—18% |

**（二）房地产价格的特征**

1. 房地产价格的地域性

住宅是不动产，位置是决定住宅价值的根本因素。住宅市场属于局域性市场，因此房地产的供求状况、价格水平和价格走势都是当地的，在不同地区间各不相同。如2012年6月北京新建住宅平均价格为22930元/平方米，而长沙为6036元/平方米。

2. 交换代价的价格和使用代价的租金相结合

房地产由于价值大、使用寿命长，具有买卖和租赁两种交易方式。房地产的价格与租金的关系，类似于资本的本金和利息的关系。住宅房地产价格既可以用交换价格即出售价格表示，也可以用一定期间的收益，即出租价格表示，出售价格与出租价格并重。租金代表一定期间的收益，将收益以适当的折现率折现，就可以得到交换价格。

**理财小贴士**

**房价租售比**

是指每平方米的房价与每平方米的月租金之间的比值，大致反映了房屋以出租方式取得的投资回报。国际公认的标准租售比以在1：200～1：300之间为合理区间。如果房价租金比超过300，说明该区域房产投资价值变小，房价高估,也就意味着房地产泡沫严重；如果低于200，说明该区域投资潜力较大，房价泡沫不大。

3. 房地产价格的个体差别性

房地产产品高度差别化，每处住宅所处区位的自然、社会、经济条件的差异以及建筑物的式样、朝向、规模、装饰、设备等方面的千差万别，强化了住宅品的单件性和异质性。因此，房地产商品不存在市场统一价格，这是由于其产品的固定性和质量差异性、面积有限性等决定的，使得房地产不具备完全的自由市场，其价格不易识别。

4. 房地产价格的增值性

在长期中，房地产的保值性源于其功能的永久性和需求的不变性。房地产增值在于房地产商品的相对稀缺性，土地供给缺乏弹性和城市人口的刚性增加等原因，另外也会因为以下原因增值：新追加的投入，如房屋功能布局的改善和重新装修等；由于建材价格等房地产生产成本上涨而导致重置成本增加等。

**（三）房地产价格的影响因素**

房地产市场价格水平，既受到成本与费用构成的影响，同时也是其他众多因素相互作用的结果。这些因素包括：

1. 社会因素

社会因素包括社会治安状况、人口密度、家庭结构、消费心理等。例如，人口密度高的地方对住房需求多，价格也就较高；家庭结构趋于小型化增加了家庭单位数量，从而引起住房需求的增加，也会抬高住房的价格。人们消费心理的变化也影响着房地产的设计和开发建设，当人们的消费心理倾向于经济实用型的时候，房地产的设计和开发都会以降低成本和售价为目标。当人们的消费心理趋于舒适方便时，房地产开发则注重功能的完善和居住环境的美化。虽然这可能会增加开发成本，但同时也提高了售价。

2. 政治因素

政治因素是指会对房地产价格产生影响的国家政策法规，包括房地产价格政策、税收政策、城市发展规划等。例如，目前我国政府正通过制定政策法规致力于减少房地产开发和交易过程中的各种不合理收费，从而降低住房价格，使之与广大居民的收入相匹配。

3. 经济因素

经济因素包括宏观经济状况、物价状况、居民收入状况等。例如，当经济处于增长期时，社会对房地产的需求强烈，其价格也水涨船高。当经济处于萧条期时，社会对各种房地产的需求减少，价格自然会下降。物价水平和居民收入水平也与房地产价格呈同向变动。

4. 自然因素

自然因素包括房地产所处地段的地质、地形、地势及气候等。例如，地质和地形条件决定了房地产基础施工的难度，投入的成本越大，开发的房地产价格就越高。气候温和适宜、空气质量优良的地域，其房地产价格也会比气候相对恶劣的地域高。

5. 区域因素

区域因素包括交通状况、公共设施、配套设施、学校、医院、商业网点、环境状况等。例如，地处交通便利城区的房地产价格较高，交通不方便的郊区则价格偏低。对于商业房地产，区域因素尤其重要。繁荣的商圈区域内的房地产价格高昂，因持有这些区域的房地产而取得的租金收入不菲。

6. 个别因素

个别因素是指影响某个房地产项目的具体因素，包括建筑物造型、风格、色调、朝向、结构、材料、功能设计、施工质量、物业管理水平等。功能设计合理、施工质量优良、通风采光好和良好的朝向等因素都会相应地在房地产价格上体现出来。

## 五、房地产投资的收益与风险

### （一）房地产投资的收益

房地产投资的收益主要有销售收益、租金收益、避税收益和无形收益。

1. 销售收益是指房地产卖出收入减去房地产购入成本和应纳税金后的余额，它是房地产投资者卖出房产时得到的房地产投资收益。

2. 租金收益指房地产投资者从所拥有的房地产取得的租金收入中扣除各种支出后的余额，它是房地产投资者利用所拥有的房地产从事租赁所取得的净收入。

3. 避税收益是指由于提取房地产折旧而降低纳税基数，给投资者带来的收益。避税收益是房地产投资的间接收益。房地产折旧是指以货币形式表现的房地产在使用过程中由于有形和无形损耗而逐渐减少的价值。

4. 无形收益是指房地产投资者因投资而获得的心理享受。房地产投资的无形收益与投资者的心理因素有很大的关系（比如，投资者偏好、预期等），它不是直接通过可计量的投资收益体现的。

链接〉〉〉〉〉〉

**房地产投资收益率的计算方法**

1. 租金回报率分析法：（税后月租金－每月物业管理费）×12 / 购买房屋总价，这种方法算出的比值越大，就表明越值得投资。

2. 租金回报率法：（税后月租金－按揭月供款）×12 /（首期房款＋期房时间内

的按揭款）。

3. IRR法（内部收益率法）：IRR＝累计总收益／累计总投入＝月租金×投资期内的累计出租月数／（按揭首期房款＋保险费＋契税＋大修基金＋家具等其他投入＋累计按揭款＋累计物业管理费）。

4. 简易国际评估法：如果该物业的年收益×15年＝房产购买价，则认为该物业物有所值。

5. 民间算法：物业总房价/月租金回报在200－300这个区间基本属于合理，越小越好。

**（二）房地产投资的风险**

房地产业是一个典型风险行业，个人进行房地产投资面临的风险主要来自政策风险、社会风险、经济风险、自然风险。

1. 政策风险是指政府出于某种目的，制定和改变房地产政策及相关政策。例如，经济体制改革、金融调整、土地使用制度改革、住房制度改革、金融政策出台、环保政策、新法律出台等都会对房地产投资未来收益产生不确定性的影响。如，2011年国务院出台“国十一条”，严格二套房贷管理，首付不得低于40%，加大房地产贷款窗口指导，同时也上调银行准备金率，限制住房贷款规模等。

**链接〉〉〉〉〉〉**

**新国八条限购限贷　遏制房价过快上涨**

进入2011年以后，房地产调控政策的行政性干预色彩继续加重，限购、限贷政策逐步细化升级。1月26日，中央出台了“新国八条”，除了继续收紧信贷政策外，首次明确了限购的范围和标准，同时明确要求各地政府制定房价调控目标。随后，共有46个城市出台并实施了限购政策。

“新国八条”：

一是强化规划调控，改善商品房结构。

二是加大土地供应调控力度，严格土地管理。

三是加强对普通商品住房和经济适用住房价格的调控，保证中低价位、中小户型住房的有效供应。

四是完善城镇廉租住房制度，保障最低收入家庭基本住房需求。

五是运用税收等经济手段调控房地产市场，特别要加大对房地产交易行为的调节力度。

六是加强金融监管。

七是切实整顿和规范市场秩序。强化法治，严肃查处违法违规销售行为。

八是加强市场监测，完善市场信息披露制度。加强舆论引导，增强政策透明度。

2. 社会风险是指人文社会环境变化对房地产市场的影响。主要表现为人口素质、受教育水平、家庭结构、社会治安、城市规划、区域发展等因素的影响。比如，城市规划明确了城市在一定时期内的发展规模和方向，也就基本确定了该区域房地产供需状况；同时对城市用地进行了功能分区，确定用地性质，直接影响地产价值。

3. 经济风险是指一系列经济环境和与经济发展相关的随机因素的影响。如利率、税率的变化，工资收入、社会购买力、市场流通等方面给房地产投资未来收益带来的影响。

4. 自然风险是指自然原因对房地产商品生产过程和经营过程造成的损失。

5. 道德风险是指由于国内房地产市场的不成熟，少数开发商进行的违规、欺骗行为，如房屋的质量、合同的不公正、产权的不完善等，可能给房地产投资带来损失。

**（三）如何防范房地产投资风险**

房地产投资风险的防范与处理，是指面对不同类型、不同概率和不同规模的风险，应该采取相应的措施和方法，使房地产投资过程中的风险减到最低程度。

1. 关注政策变动，认准投资方向

我国房地产起步较晚，市场不规范，与发达国家相比，房地产业受政府政策影响很大。而任何政策都不是一成不变的。一旦政策发生变化，必然将对经济发展和投资者的预期收益产生一定程度影响。所以，投资者需要时刻关注国家各项方针政策变化，如宏观经济政策、国家税收政策、财政、货币、产业、住宅政策制度的改革。还特别需要关注政府对房地产开发的态度。对各项政策的研究，既有助于房地产投资确定正确的投资开发方向、正确预测未来，又有利于其根据政策变动及时调整投资策略、有效控制房地产投资风险。

2. 去伪存真，优化分析

随着投资者获得的信息量的增加，必然会出现不充分或者不准确信息。此时必须尽可能地调查市场，去伪存真。正确的信息可以提高投资者决策行为的正确度、降低决策风险；错误的信息可能造成对自身条件和外部环境判断失误，从而增加决策风险。同时还要学会优化分析。在掌握大量信息的基础上，投资者应依靠经验或技术方法进行风险分析，优化投资策略，最后确定适合投资者的最佳方案，能为投资者采取房地产投资的行动提供更有效率的决策依据。

3. 采用投资分散组合策略

各种不同类型的房地产的投资风险大小不一，收益高低也不尽相同。通常情况下，风险大的投资回报率相对较高，回报率低的投资相对风险较低。科学地确定投入不同类型房地产合理的资金比例，利用个别房地产投资的高收益弥补低收益的房地产的损失，能够将房地产投资风险平均分布，从而可以得到一个稳定、平均的收益。

# 2. 个人房地产消费理财

**引例：租房与买房**

刘先生在某股份制公司任中层管理，目前年薪30万元左右，公司为其购买了五险一金，今后升职空间很大；妻子陈女士在第一个孩子出生后辞去了外企部门主管的工作，至今已在家做了7年全职主妇。目前整个家庭年生活支出15万元左右，年终结余15万元左右。在第一个孩子出生后，刘先生在中心城区贷款买了一套三居室，老少三代同住至今，房贷在2008年还清。两人父母都已退休，老人都有养老金和医疗保障，能做到不给儿女增添任何负担。刘先生有单位上的各种保险，陈女士则按照城镇居民养老和医疗的最高标准参加了社会保险，夫妻二人、孩子以及双方的父母都没有任何商业保险。

两人现在急需解决的问题是：

1. 究竟要不要买房？如果买房，手中积蓄不够5成首付，留足备用金后还差15万，如何进行买房操作？

2. 若不买房，强迫自己降低生活水平目标也能过，可是眼看现在房子只有成交量大幅下降却不见价格下降，再加上买房的目标区域位于未来较有升值潜力的中心城区，如果今后房价高涨，将为改善居住条件带来更大的成本。应该怎么办？

3. 根据目前这个家庭的财务状况，应该进行怎样的理财规划？

## 一、租房与买房决策

租房？还是买房？对于这个问题似乎很难给出单一而准确的答案。面对这样的选择时，关键还是看个人或者家庭是否已经具备了买房的能力。

（一）租房与买房比较

表7-2 住房选择的比较

| 项目 | 优点 | 缺点 |
|---|---|---|
| 租房 | 拎包入住，工作变动没有处置房产的麻烦；可为自己省下一大笔装修费用，还可根据交通、个人喜好换房；不必承担未来可能出现的房屋维修费用和有关的税收；储蓄资金有很好的流动性，省出的钱可以投资或提高生活质量；不用操心房价的涨跌；不用担心能否拿到房产证 | 没有归属感和足够的安全感；可能面临房东涨租、催租或提前毁约行为；只能拥有房屋的使用权，不能随意装修、置办家电；孩子没法落户，入托、入学需要缴纳择校费；万一未来房价上涨，买房的梦想更加遥遥无期 |
| 买房 | 房子能够给予归属感、满足感和安全感；拥有房地产的所有权，必要时可拿房产做抵押；保证稳定长期的居住条件，可随意装修，买家具；不用忍受房东催缴房租或因房东变故而被迫搬家等；孩子可以就近入托、入学；是家庭的保值资产，有较好的抵抗通货膨胀的能力，还可出租、转让 | 买了之后万一出现质量问题或开发商承诺无法兑现等问题就悲剧了；环境改善的余地较小，维护房屋的事情还得亲力亲为；需要负担可能出现的不动产税和遗产税等；变现能力较差，面临房产价值下降的风险；如更换工作地点，还要花时间花精力找买家或租客；面临由于利率提高导致的月还款增加，万一无法还贷，业主有可能失去房子 |

（二）租房与买房适用人群

1. 适合租房人群

一是初入职场的年轻人，特别是刚毕业的大学生，经济能力不强，选择租房尤其是合租比较划算。二是工作流动性较大的人群，在工作尚未稳定时买房，一旦工作调动会产生一笔不菲的交通成本支出。三是收入不稳定的人群，一旦出现难以还贷的情况，房产甚至有可能被银行没收。

2. 适合买房人群

一是相对成熟一些的人群，包括工作多年、经济实力雄厚的白领。二是置业升级愿望强劲的购房者，也可以卖掉旧房买新房，满足对生活品位的追求。三是准备结婚的新人，如果资金不足的话，二手房则是不错的婚房选择。

（三）租房与买房经济分析

租房还是买房，与个人或者家庭的支付能力密切相关，另外还需要衡量其成本。

1. 个人支付能力分析

投资房地产是一项投资大、周期长的投资行为，因此事先做好评估和计划必不可少。正确估量个人资产，再根据需求和实际支付能力来综合考虑具体选择租房还是买房以及买什么房。

（1）个人净资产

估算个人支付能力的核心是审慎地计算个人的净资产，这个是结合第一章所学的个人财务报表来进行分析，即个人总资产减去个人总负债后的余额。

个人总资产即个人所拥有的所有财富，包括自用住宅、家具、艺术收藏品、交通工具、现金、债券、股票等。其中有些固定资产，如住房、家具，应该以能脱手变现的价格加以计量。这类资产的取得，是为了让你和家人可以长期使用和享受。所以自住性的房地产属于个人资产，不属于长期投资。就财务规划的观点而言，自住以外的房屋或土地只有在以赚取租金收入或将来的差价为购置目的时，才算是投资性房地产。

个人总负债是个人应偿还的债务，包括按揭贷款、汽车消费贷款和其他短期借款等。对于普通工薪阶层来说，实际总负债额不宜超过3个月家庭日常支出总和。

对于中国的工薪阶层来说，个人资产中还包括已缴存的住房公积金。住房公积金是职工在其工作年限内，由职工本人及所在单位分别按职工工资收入的一定比例逐月缴存至职工个人住房公积金账户的资金。该项资金全部归职工个人所有，由政府设立的公积金法定机构统一管理，用于以贷款形式支持职工买房。

（2）个人综合支付能力评估

确定个人投资房地产的综合支付能力时，不仅要看个人的净资产，还要分析个人的现金流，包括固定收入、临时收入、未来收入、当前支出和预计未来支出。如果个人净资产为正数，投资者首先要确定能用来投资房地产的资金数额。然后，再根据自己家庭月收入的多少及预期，最终确定用于购买房地产、偿还银行按揭贷款本息的数额。基本的原则仍然是量力而行，既满足个人的房地产投资需求，同时又不给自己带来沉重的债务负担。

例如，个人净资产中可用于购买房地产的金额为12万元，家庭月收入为8000元，月平均支出4000元，其他投资支出为1000元，预期未来收入稳定，投资房地产的支付能力为10万元首付款，月平均可偿还银行按揭贷款本息的最大数额为8000－4000－1000=3000元。此时可以购买总价值为60万元的房地产，首付20%为12万元，其余48万元可以申请银行按揭，以每月偿还3000元以内为限。但如果对未来收入感到不确定性大，就需要降低投资房地产的总价值。

2. 年成本分析

简单地说，年成本分析即比较租房一年的花费与购房一年的花费，哪一项对资金的占用更多。成本小的则更为划算，可以考虑作为决策的结果。可以使用公式进行计算：

购房年成本=首付款×机会成本率+贷款余额×贷款利率+年维修费及税金－房价每年涨幅

租房年成本=年租金+押金×机会成本率

**案例资料7-2**

王先生看上一处60平方米的房产，屋主可租可售。若租房，房租每月是1000元，押金预付3个月；若买房，总价25万元，可获得20万元、利率6%的房屋贷款，购房首付款为房屋总价的20%，即5万元。

**问题思考：**

王先生是选择租房还是买房？

**分析线索：**

租房年成本：1000×12+1000×3×3%=12090元

购房成本：50000×3%+200000×6%=13500元

看起来租房比购房成本低1410，每月少支付117.5，因此租房比较划算。不过还要考虑以下因素：

（1）房租是否会每年调整。购房成本固定，租房与购房成本只差117.5，只有月租的11.75%，因此只要房租在未来的调整幅度超过11.75%，则购房比租房划算。

（2）房屋贷款与房租所得税扣除额。购房还要考虑税收方面的问题，考虑了契税和土地增值税后购房比租房更贵。

（3）房价上涨压力。如果房价在未来看涨，那么即使目前算起来购房年居住成本稍高，未来出售房屋的资本利得也足以弥补居住期间的成本差异。不过如果房价低落，则租房居住成本低于购房成本的情况也有可能发生。因此，租房和购房究竟哪个划算，决策者对未来房价会涨或会跌的主观认定仍是决定性因素。

（4）利率的高低。利率越低，购房的年成本越低，购房会相对划算。近年来，为控制房地产价格上涨，房屋贷款利率提高，因此购房的居住成本越来越高。

## 二、如何租房

### （一）租房的基本流程

对于个人来说，租赁房屋一般要分为五个步骤：

1. 确定预租区域

首先，要明确租房想实现的具体条件。如选择与工作单位近的区域、重点商圈附近或者交通便利的小区，以公交出行为主还是选择地铁沿线，等等。有了房源选择的大致意愿，才能更好地确定租房区域，有效避免选房的盲目性、低效性。

第二步，锁定租房的区域范围。经过第一步的筛选，租房人应该提前规划出大致位置。这一步骤的目的是使选房区域范围缩小到某个商圈或者某个社区，能够缩短选房时间。

第三步，对房屋情况及租金水平有一个明确的预期。如对房屋居室、楼层、配套设施的要求，预计支付租金的价格水平段。前期的租房规划对快速锁定房源非常有利。

2. 寻找房源

初次租房者一般可以通过房产中介或是权威的网站寻找感兴趣的房源。在此过程中要特别注意通过大型的、资质齐全的中介或权威网站寻找房源，以免上当受骗。

3. 看房、选房注意事项

实地看房时，一定要仔细考察周边环境和房子本身。查看房子周边购物、交通等是否便利，房子户型、采光是否合理等，因为这些因素将直接影响到你的日常生活；还要检查屋内设施、配置好坏及有无安全隐患，并将家电都试用一遍，检查插头是否漏电，再看日常设施是否良好，等等。只有这些综合因素都让你满意的房子，才适合入住。

4. 签订合同

在签订租房合同时，要注意合同中权利和义务的明确性。重要的款项有：物业费、水电费、煤气费、电话费、有线电视费、网络使用费等以什么方式缴纳，每个月什么时候缴纳房租，房屋设施如果非人为损坏时该由谁来负责维修，房屋设施出现问题或者自然老化时由谁来承担维修费用，如果房东或者租房人提前终止合同该如何赔偿等，以保证自己的合法权益不受侵害。

5. 交付钥匙

在合同规定的房屋交付日，双方需要到房屋现场进行房屋交验，交验时应注意以下几点：房屋是否与合同约定的一致；家电、家具等是否与合同相符；钥匙是否已交付；水、电、煤气表数字等。

**理财小贴士**

**出租房屋须登记备案**

出租房屋实行登记备案制度，租赁双方应该在签订租赁合同30天内到房地产管理部门办理租赁登记手续，这是一个法定程序，只有办完了登记手续才算履行了有效的程序，租赁行为才算在法律上有效，租赁合同才会受到法律保护。

### （二）租房应注意的事项

1. 查验身份

首先，作为承租人要查验出租人的身份。签订合同前要核对出租人的身份证与产权证明上的人名是否一致，要确保是从真房东手中租的房子。如果确实遇到“二房东”转租的情况，一定要看原房东是否书面同意“二房东”转租，而且租赁期限不应超过原房东与“二房东”的租赁期限。其次，作为出租人要验明承租人的身份。一定要看承租人的身份证，并留下复印件，同时询问承租人的工作单位。如果承租人是外地户口的，在签订租赁合同后最好让承租人到当地派出所办理暂住证。

2. 签订合同

租赁事宜确定后不要怕麻烦，一定要签书面合同。在合同中明确约定租金数额，租赁期限，起止日期，支付租金的方式及日期，屋内设施、物品的使用及维修、日常费用的承担，是否可以转租，租赁双方的权利和义务，违约责任，等等。签订书面合同后可以减少“口头约定”所容易产生的矛盾及纠纷。

3. 钥匙交接

租赁的房屋中有物品的，在租赁初期，承租人要仔细查看所有物品的数量并尽可能全的写到合同里，同时承租人要检查所有物品的性能，是否可以正常使用等。在承租人退租时，出租人要检查所有物品是否齐全，并检验每个物品的性能是否完好。在交接房产时水、电、物业、有线、煤气、暖气等费用也是不容忽视的一个环节。不管什么时候，交接房产时一定要将水、电、物业、有线等费用交接清楚，千万不要以为是小钱就稀里糊涂，这些细节不注意最容易产生纠纷。

4. 融洽相处

在租赁关系存续期间，租赁双方一定要和睦相处。作为承租方，要按合同约定及时给付房租，按规定缴纳物业费、水电费、暖气费等各项费用，同时承租方还要跟周围邻居搞好关系。作为出租方除了按时收取房租外，尽量少到房屋处走动，避免打扰承租方的正常生活。我们经常遇到因租赁双方关系相处不好而提前解约的情况，比如承租方找各种借口不按时交房租；或者承租方因生活习惯不同打扰了邻居等，出租方不得不提前让承租方搬走；或者出租方怕承租方损坏房屋，找各种借口到房屋处查看等，承租方忍受不了从而提前搬走。所以说租到房子后，怎样处理租赁关系也很重要。

5. 违约责任要写清

大部分的租赁协议都签订有租赁期限，但很多时候承租人因工作变动等不确定因素而不能住到约定的期限，或出租人因需要用房等原因在租赁期内需收回房屋，这就涉及违约的情况。为了以后不必要的麻烦，在签订租赁合同时就要约定好违约责任。

现在房屋租赁市场一个明显的特点是合租的越来越多，原先主要是同事、同学、朋友等认识的人合租，现在是陌生人合租的呈明显上升趋势。租房子应该注意以上事项，那么陌生人合租就更要注意。首先要了解对方的工作性质，摸清其作息规律跟自已是否合适；其次要约定水、电、煤气、物业等费用的承担比例；再者合租双方还要就彼此的生活习惯进行沟通和约定等。合租者要有宽容心，多沟通，不能斤斤计较，否则是很难长期合租的。

链接〉〉〉〉〉〉

### 住建部出台公租房管理办法　租金低于市场价格

中新网2012年6月12日电　据《中国建设报》报道，今天住房城乡建设部公布《公共租赁住房管理办法》(以下简称《办法》)。根据《办法》规定，申请公共租赁住房，必须同时满足以下条件：申请人在本地无住房或者住房面积低于规定标准；申请人的收入、财产低于规定标准；申请人为外来务工人员的，在本地稳定就业达到规定年限。各地住房保障主管部门可根据本地区实际情况，就申请条件进行调整，报本级人民政府批准后实施并向社会公布。

为鼓励社会力量投资建设公共租赁住房，同时为引导和规范房地产租赁市场，《办法》规定公共租赁住房的租金标准应当按照略低于同地段住房市场租金水平的原则确定，并定期调整。为稳定租赁关系、保护承租人利益，在签订租赁合同时，当事人按照地方人民政府批准的租金标准约定每套公共租赁住房的租金数额。当承租人收入低于当地制定的标准时，可以依照有关规定申请租赁补贴或者减免。

## 三、如何买房

链接〉〉〉〉〉〉

### 中国老百姓买房五大死穴

1. 买涨不买跌

解穴办法：当身边的人都在入市买房的时候，自己最好不要去凑热闹。因为凑热闹是要付出代价的。在别人恐慌的时候，自己一定要贪婪，在跌的时候买，在涨的时候卖。只有这样，才不会白白浪费自己的血汗钱。

2. 不研究国家政策，盲目入市

解穴办法：每天一定要看《新闻联播》，看报纸的头版新闻。政策鼓励而且政策很松的时候买，政策控制开始收严的时候密切观望。

3. 攒够钱才买

解穴办法：尽量用最少的钱去买房，即使你手头有足够的现金。

4. 被动炒房

解穴办法：千万不要有短炒的心理，要有一种长期投资的心态。

5. 迷信专家学者

解穴办法：普通老百姓在这个问题上一定要清醒，千万不要迷信所谓的没有任何实战经验整天纸上谈兵的专家学者，其言论只能作为宏观参考指标之一。

**（一）买房要考虑的基本要素**

买房是大事，有些人可能一生只买一次房，因此买房前必须谨慎，做好买房前的准备。买房前要考虑以下几个基本要素：

1. 资金准备。如果有足够的资金，可以考虑一次性付款，如果资金不太宽裕，应该考虑银行按揭贷款。在选择商品房时应挑选物美价廉的商品房。

2. 地段。选择地段首先要考虑方便自己及家庭成员的出行及生活、教育等。地段的好坏最主要取决于交通。有好的道路网、离市中心不远，只要有人气，暂时不繁华的地段就能慢慢发展起来。

3. 户型。选择户型要考虑到家庭现居人口或将来居住的人口、私密性、采光等因素。

4. 朝向。一套设计合理的房屋能使房屋的面积空间更有效地使用，在设计方面能在通风、隔音、使用率方面做到最优。

5. 楼层。一般高层建筑是楼层越高，采光、通风、景观越好。

6. 选择开发商。开发商的实力及信誉决定你所购房屋资金使用安全及履行过程中是否顺利，一般选择有实力、有信誉、有经验的开发商比较安全。

7. 学习购房的专业知识，包括房屋方面的法律知识、建筑知识等。

总而言之，买房之前当然是考虑得越全面越好，但在所有的需求不可能全部满足的情况下，先找出最关键的需求，买房决策时就会有的放矢。

**（二）买房的基本流程**

1. 决定购买房屋，确定购买房屋的价位，制定购房预算。

2. 收集购房信息，进行实地调查，确定购买楼盘。

3. 签订认购书，确定购买的具体房屋。

4. 签订商品房买卖合同，缴纳首付款或全款。

5. 贷款购房人办理贷款手续。

6. 办理预售登记手续。

7. 办理入住手续，领取房屋钥匙。

8. 签订物业管理公约，对房屋进行装修。

9. 办理产权过户，领取房屋所有权证。

10. 在保修期内有质量问题开发商负责维修。

购房人办理完房产证后及经过保修期后整个商品房交易最终完成。如果双方存在争议，协商不成，需通过诉讼方式解决。

**（三）买房规划**

如果决定买房，则应该考虑的首要问题是衡量自己的负担能力，然后还要考虑买房所要支付的相关税费。

1. 衡量自己的负担能力

**理财小贴士**

**商品房按揭贷款申请人应具备的条件**

1. 年满18岁，具有完全民事行为能力，有合法有效的身份证明；
2. 有稳定的收入，具有按期偿还贷款本息的能力；
3. 同意以所购的房产作为抵押物；
4. 已与开发商签订了房地产买卖合同。

从理财的角度来看，买房规划最重要的就是按照自己的经济能力确定买房目标和制定切实可行的付款计划。衡量自己的经济负担能力的方式包括以下两种：

（1）按每月的负担能力估算负担得起的房屋总价

可负担首付款=目前年收入×负担比率上限×年金终值×目前净资产复利终值

年金终值=年金金额× $[(1+r)^{n-1}]/r$（r=投资报酬率，n=离买房年数）

复利终值=本金（现值）× $[(1+r)^{n}]$（r=投资报酬率，n=离买房年数）

可负担房屋贷款=目前收入×复利终值×负担比率上限×年金现值

可负担房屋总价=可负担首付款+可负担房屋贷款

可负担房屋单价=可负担房屋总价/需求面积

**案例资料7-3**

李先生年收入为10万元，预估收入增长率为3%，目前净资产2万元，储蓄首付款与负担房屋贷款的上限为40%，打算5年后买房，投资报酬率为10%，贷款年限为20年，利率为6%。

**问题思考：**

李先生可以负担买房贷款的目前房价为多少？

**分析线索：**

首付款部分：10×40%×6.11+2×1.611=27.7万元

贷款部分：10×1.159×40%×11.47=53.2万元

可负担房价：首付款（27.7）+贷款（53.2）=80.9万元

（2）按想购买的房屋价格来计算每月需要负担的费用

欲购买房屋总价－房屋单价×需求面积

需要支付的首付款部分－欲购买的房屋总价×（1－按揭贷款成数比率）

需要支付的贷款部分－欲购买的房屋总价×按揭贷款比率

每月摊还的贷款本息费用－需要支付的贷款部分/年金现值

年金现值－年金×［（1+r）$^{n-1}$]/r（r=投资报酬率，n=离买房年数）

**案例资料7–4**

湘潭的张先生想购买100平方米的房屋，目前市面上的一般价格是3000—6000元/平方米，则购买100平方米房屋所需要的费用为30万－60万。

**问题思考：**

李先生能够购买房屋吗？

**分析线索：**

假设按7年按揭，首付为30%，30万的房屋需要支付的首付款为9万，60万的房屋需要支付的首付款为18万。30万的房屋需要贷款21万，每月需要摊还的本息费用为1526元（21/11.47/12）；如果是60万，则需要贷款42万，每月需要摊还的本息费用为3052元（42/11.47/12）。因此，张先生如果每月除了应付日常生活之外，还能节余3000多元时，可以买6000元/平方米的房子；而当每月收入节余只有1500元左右时，就只能负担3000元/平方米的房子了。

2. 了解购房的各种税费

购房时除了要支付购房款之外，还涉及许多其他费用，以上的例子为了方便计算，并未考虑到装修费以及各种相关税费。在我国，涉及购房交易的税费主要包括契税、印花税、营业税、房屋所有权登记费、房屋土地证费等，不同的省市自治区税率不同。下面以长沙市为例，说明对于购房者来说，在房款之外还需缴纳的税费：

（1）契税。90平方米以下普通住房且为唯一住房，契税按1%收取；90平方米－144平方米普通住房的，契税按2%收取；144平方米以上的大户型及别墅，契税按4%收取。

（2）印花税。在交完首付款后需缴印花税，印花税按照总房价的0.05%交纳。住宅暂免缴纳。

（3）房屋共用部位共用设施维修基金。带电梯的商品房是120元/平方米；无电梯商品房是75元/平方米。

（4）房屋产权登记费。住宅80元/套，非住宅550元/套，测绘成果利用费每幅40元。

（5）预告登记费。住房80元/套，非住宅550元/套。

（6）（预）抵押他项权证费。住房80元/套，非住宅按千分比例收取。

（7）房屋土地证费。商品住宅每宗100元。

链接〉〉〉〉〉〉

**二手房交易税费**

1. 契税：由购买方支付。A：普通住宅：总房款×2%；B：非普通住宅：总房款×4%。

2. 营业税：由出售方支付。A：普通住宅：5年以下为总房款×5.6%，5年以上免营业税；B：非普通住宅：5年以下为总房款×5.6%，5年以上房款差额×5.6%。

3. 所得税：由出售方支付。A：普通住宅：5年以下总房款×1%或差额的20%，5年以上免收；B：非普通住宅：总房款×2%或差额的20%。

4. 土地增值税：由出售方支付。A：普通住宅：免征；B：非普通住宅：3年内总房款×1%、3至5年减半、5年以上免征。

5. 印花税：由买卖双方支付。A：买方：总房款×0.05%；B：卖方：总房款×0.05%。住宅暂免缴纳。

6. 土地出让金（仅限于已购公房和央产房）：由购买方支付。支付金额=成本价（当年）×建筑面积×1%。

7. 综合地价款（仅限于经济适用房）：由卖方支付。支付金额=总房款×10%。

8. 中介代理费：一般由购买方支付。支付金额=总房款×2%至3%。

由于购房者的偏好和实际情况不同，一定要结合自身需求选择适合自己的住房。例如，对于刚毕业的大学生来说，一般经济能力都比较薄弱，大部分都会选择租房，但是如果要买房的话，交通便利的小户型二手房应该成为首选。因为二手房价格比较低，对于有点经济基础但基础不牢固的大学毕业生来说，会减轻很多经济负担。此外，二手房一般地段较优越，交通便利，生活配套设施齐全，对于大学毕业生来说，可以减少投入太多的精力在生活用品上，将更多的注意力投入到工作中去。再者，对于大学毕业生来说，小户型的房屋总价低、面积小、房屋易于打理，能满足大学毕业生的实际需求。当然对于不同的人群情况是不一样的，所以，最重要的是一定要根据自己的需要来进行合理的规划和选择。

## 四、如何选择住房贷款

住房贷款的还款方式和还款额是根据借款人在申请贷款时所确定的借款金额和借款期限计算得出的，那么买房时，如若贷款，应如何根据自己的家庭情况作出选择呢？

**理财小贴士**

**商品房按揭贷款的额度和期限**

个人住房商业性贷款的额度不超过所购住房价值的80%，贷款期限最长不超过30年。

### （一）住房贷款种类

目前的个人住房消费贷款品种主要有个人住房公积金贷款、个人住房商业性贷款和个人住房组合贷款三大类。

住房公积金贷款是缴存住房公积金的职工以其所拥有的产权住房为抵押申请的专项贷款。贷款期限最长为30年（不得超过其法定退休年龄）。住房公积金贷款利率是目前个人贷款利率中最低的品种，贷款额度每个省市都有具体的规定，根据所购房屋不同适用不同的比例。

**链接〉〉〉〉〉〉**

**2012年住房公积金贷款利率**

从2012年7月6日开始，各地公积金贷款开始执行新贷款利率了，五年期以下(含五年)贷款，利率调整为4%；五年期以上贷款，利率调整为4.5%。

个人住房商业贷款是用银行信贷资金向购房借款人发放的住房贷款，一般为抵押贷款。

**人民币贷款利率表（2012年7月6日）**

| 种类项目 | 年利率（%） |
|---|---|
| 一、短期贷款 | |
| 六个月（含） | 5.6 |
| 六个月至一年（含） | 6 |
| 二、中长期贷款 | |
| 一至三年（含） | 6.15 |
| 三至五年（含） | 6.4 |
| 五年以上 | 6.55 |

个人住房组合贷款是指向缴存公积金的购房借款人同时发放个人住房公积金贷款和个人住房商业性贷款的一种贷款方式。

**（二）个人住房贷款的还款方式**

1．等额本金还款

等额本金还款就是把全部的贷款平均分摊到贷款期内的每一期归还，而每一期的利息则是根据当期的贷款余额计算，所以每一期归还的贷款本金是固定的，而利息却不一样，是随着贷款本金的逐步降低而减少，总的还款金额也是逐渐减少，其计算公式为：

每月还款金额=贷款本金/贷款期数（按月计）+（贷款本金－累计已归还本金额）×月利率

2．等额本息还款

等额本息还款时根据贷款金额、贷款期限以及还款次数计算出的一个固定值，每期的还款额中包括了本金和利息，随着贷款本金的逐步归还，贷款利息逐渐减少，而每期的还款额中归还贷款本金的金额则逐渐增加。其计算公式为：

每月还款额=［贷款本金×月利率×（1+还款月数）］/［（1+月利率）×还款月数－1］

两种还款方式各有所长，大家可根据自己的具体情况选择，关键是自己的经济状况，使供款额与自己的收入趋势相匹配。如果个人经济状况稳定又善于投资，若投资的回报率高于贷款利率的，可考虑选择等额本息还款法。如果预测个人收入仍比较宽裕，今后可能提前还贷的，贷款方式可以选择等本还款法，优点是本金不变，利息逐渐减少，其间若提前还贷，由于归还本金多，利息支出相对就少。等额本息还款与等额本金还款的比较见表7-3。

**表7–3　等额本息还款与等额本金还款的比较**

| 种类 | 特点 | 优点 | 适合人群 |
|---|---|---|---|
| 等额本息（月等额） | 在整个还款期内，每个月的还款额保持不变 | 准确掌握每月的还款额，有计划地安排个人收支 | 自己不宽裕的购房者 |
| 等额本金（月等本） | 本金在整个还款期内平均分摊，利息按贷款本金余额逐日计算，每月还款额逐渐减少，但偿还本金的速度保持不变 | 适合还款初期还款能力较强，并希望在还款初期归还较大款项来减少利息支出的借款人 | 计划提前还贷者；目前收入尚可的中年人 |

3．组合还款

组合还款是在等额本金还款法和等额本息还款法的基础上，根据借款人的收入成长曲线，而为借款人量身定做的还款方式。它根据借款人未来的收支情况，首先将整个贷款本金按比例分成若干偿还阶段，然后确定每个阶段的还款年限，在每个阶段内是按照等额本息还款方式来还款的。

一般来说，组合还款法的主要形式可分为递增型、递减型和任意型三种。递增（减）

型是指在整个贷款期内，贷款的归还呈逐渐增加（减少）的趋势。任意型是指贷款期内各个阶段的还款本金及还款年限不同，使贷款归还呈不规则变化。借款人可以根据自己未来收支情况制定还款计划，通俗地讲就是赚多点的时候还多点，赚少点的时候还少点。

## 五、案例分析

**案例资料7-5**

何先生，单身，25岁，在长沙一家外企做销售，和父母同住。月收入8000元，有养老、医疗及失业保险，另有一处房产出租，每月租金1000元。无需承担父母赡养费。每月开销基本和收入持平，是典型的“月光族”。何先生认为，如果理智消费，每月3000元就够用了。现有储蓄存款2万元。其理财目标为：1. 贷款购买一套小面积的二手房用于出租，打算首付三成（首付要靠父母），计划5年还清；2. 在资产配置和投资方面希望更完善。

**问题思考：**

如何规划才能实现何先生的理财目标？

**分析线索：**

从何先生收支与资产负债情况来看，主要存在以下几个问题：1. 资产基本是储蓄存款，收益率偏低。2. 负债比例为0%，建议可以适当利用银行融资工具，提高资产运作效率，进一步优化财务结构。3. 没有消费型保险或是保障型保险的支出，保障空间有待加强。4. 理财收入为零，可通过转换投资品种来提高投资收益率，逐步提高理财收入在总收入中的比重，养成理智消费的习惯。

**（一）房产规划**

建议何先生贷款购买一套房屋面积在40平方米、房价是6000元/平方米左右的二手房，总价24万元，首付三成后需贷款16.8万元，贷款5年，每月需供款3356.8元，占每月税后收入的48.5%，占比不超过50%，在何先生可承受的范围之内，也可实现其5年内还清贷款的理财目标。

**（二）投资组合规划**

何先生的资产结构不合理，需作一定调整。建议预留3个月的生活支出费用9000元作为应急准备金（定期），剩余资金1.1万元投资债券型基金。假设何先生在购房两个月后成功出租该套房产，每月租金税后收入增加1500元，则何先生的每月总收入可达9500元。每月结余资金中用3000元投资于基金定投。建议资金投资组合的比例为：指数型基金25%，股票型基金25%，债券基金50%。

## ※思考与练习

### 一、简答题

1. 为什么要投资于房地产？

2. 对于买房和租房，你有什么看法？

3. 如果你现在打算购买自己的第一套住房，你应该如何进行理财规划？

4. 从你自身的角度来看，你会选择哪种住房贷款，以及哪种还款方式？

### 二、案例分析

1. 王先生今年28岁，月收入4200元。近期购买了一套80万元的住房，房子要一年后交付，目前王先生还得租房，每月需付房租600元。交房后王先生要进行装修，结婚也得有大额费用支出，因此在贷款前三年王先生还款压力很大。目前王先生最大月供承受能力为3000元，他申请贷款50万元，期限20年。请为王先生设计合理的还款方案。

2. 小赵夫妇工作已经4年之久，两人月收入在12000元左右，由于两人均是外地来京人员，在北京一直是租房居住，每月月租为1500元。小两口计划买房，家里人也表示支持，愿意给10万元支持，再加上自身15万元的存款，小夫妻有25万元作为购房前期款。但由于国家调控，小两口一直犹豫该不该买房，请根据当下房地产的发展趋势，为小赵夫妇出谋划策。

# 第 8 章

# 个人教育理财

**本章重点**

1. 个人教育理财工具及其特点。
2. 个人教育理财规划。

**学习目标**

1. 了解个人教育理财的概念与基本原则。
2. 掌握个人教育理财的工具及其特点。
3. 能合理进行教育理财规划。

根据中国统计年鉴（2010年）资料显示，教育文化支出占居民消费性支出的12.01%，仅次于食品消费支出（36.52%）和交通通信支出（13.72%），高于衣着（10.47%）、住房（10.02%）、医疗保健（6.98%）和家庭设备用品及服务（6.42%）等的支出。从城乡居民储蓄的目的看，子女教育费用排在首位，位列养老和住房之前，而且教育支出在各项支出中增长最快，家长们积攒教育经费的压力陡增，甚至有的家庭因此陷入贫困。调查显示：83%的家庭在孩子的教育费用上感到吃力，54%的家庭在子女身上的支出超出了家庭收入的20%。如果能尽早有一个可靠的教育理财规划，对于很多家庭来说原本不堪重负的压力会变得可以承受，包括自我完善的教育需要和子女教育需要都能满足。

# 1 个人教育理财基础知识

**引例：**

张先生，30岁，是某市外资企业的技术经理，常年四处奔波，工作压力大，年收入约12万元。张太太，27岁，是一名中学教师，工作稳定，年收入约6万元。家庭目前有自住房一套，价值80万元，房贷支出每月约2800元，日常生活开支每月需5000元，夫妻两人均已购买了医疗、人寿保险。2010年6月，张太太顺利生下一个小宝宝，两人决心全力培养小宝宝，让他从小接受高品质的精英教育，先在本市完成良好的基础教育，再到北京名牌大学接受高等教育，最后出国留学两年。张先生夫妻正当壮年，收入较丰，虽然日常开支和还贷金额比较大，仍然有较多的富余资金用于小宝宝的教育规划和财富积累。张先生工作压力大，小宝宝未来教育目标较高，因此夫妻俩决定做好长期规划，并且以稳健投资为主。

那么，为实现宝宝的教育目标，张先生和张太太应该如何做好宝宝的未来教育规划呢？

## 一、个人教育理财概述

### （一）教育的概念

教育，作为人生之本，是一个人成为一个对社会有益的人所必经的台阶。亚当·斯密曾说过：人一生中有两件事无法避免：纳税与死亡。作为现代社会的成员，教育也渐渐成为每个人所必须接受的一件事。教育是培养新生一代准备参与社会生活的整个过程，也是人类社会生产的经验得以继承发扬的关键环节，主要指学校对适龄儿童、少年、青年进行培养的过程。广义上讲，凡是增进人们的知识和技能、影响人们的思想品德的活动，都是教育。狭义的教育，主要指学校教育，其涵义是教育者根据一定社会（或阶级）的要求，有目的、有计划、有组织地对受教育者的身心施加影响，把他们培养成为一定社会（或阶级）所需要的人的活动。

而教育的内容，远远不止我们在学校中学习到的知识，也不止我们通过书本学到的知识，教育包含更加丰富的内容。教育由四大板块组成，分别是：基础教育、高等教育、成人教育和职业教育。

1. 基础教育

基础教育，作为教育的基础阶段，是教育体系的关键部分。“万丈高楼平地起”很好地诠释了基础教育的重要性。所谓基础教育就是人们在成长中为了获取更多学问而在先期要掌握的知识。就如同盖房子先要打地基一样，要想学好一门语言，就要从认字开始。基础教育，作为造就人才和提高国民素质的奠基工程，在世界各国面向21世纪的教育改革中占有重要地位。基础教育，还是一个动态的概念。目前中国事实上的基础教育，是指初中（含初中）以前的所有教育形式，狭义来讲指九年义务教育，广义来讲还应该包括家庭教育（简称家教）和必要的社会生活知识教育等。有人也把高中阶段的教育归入基础教育范畴，但是目前中国还没有普及这种类型的教育，所以，在事实上高中阶段的教育还不是基础教育。截至2010年底，广东省高中阶段教育的毛入学率达到86.2%，提前1年实现基本普及高中阶段教育。随着我国发展水平的提高，预计到2020年，将基本普及高中阶段教育。

在我国，基础教育的价值是非常重要的。由幼儿教育与中小学教育组成的我国基础教育的价值主要表现在两个方面：第一，基础教育的基本目标在于提高整个中华民族的素质，它的对象和着眼点是全体人民，而不是一部分人，更不是少数人；第二，基础教育的功能是为提高全民族的素质奠定基础，它强调的是基本素质的培养，而不是专业或某些专门人才的培养。

2. 高等教育

高等教育是在完成中等教育的基础上进行的专业教育，是培养高级专门人才的社会活动。高等教育的发展历史可以追溯到中世纪的大学，后来历经发展，主要是英国、德国、美国的大学的不断转型，形成了高等教育的三项职能，即：培养专门人才、科学研究、服务社会。改革开放以来，我国高等教育事业获得长足发展，改革取得令人瞩目的成绩，初步形成了适应国民经济建设和社会发展需要的多种层次、多种形式、学科门类基本齐全的社会主义高等教育体系，为社会主义现代化建设培养了大批高级专门人才，在国家经济建设、科技进步和社会发展中发挥了重要作用。

高等教育朝着多样化方向发展，从单一结构向多种结构演化，这是当今世界高等教育改革的重要态势之一。现代经济发展对高等教育改革提出了新的要求，各国对人才的需求与日俱增，不仅需要高级技术人才和管理人才，而且需要大批中级技术人才。这就要求高等教育必须建立适应现代经济发展需要的合理的人才结构，改革传统高等教育象牙塔式的结构，实现教育结构类型的多样化。这具体表现为多种形式办学，除扩充原有的大学外，大力发展学制不同的短期大学和初级学院，使各类高等学校并存，培养目标互异和教学方法灵活多样。因此，高等教育构成较为丰富：普通高等教育、高职教育、成人高等教育、高教自学考试、电大开放式教育、远程网络教育等。

3. 成人教育

成人教育是指整个有组织的教育过程，不论其内容、水平、方法如何，是正规的或是非正规的，不论是延续或是取代学校和大学进行的初步教育以及在企业的学徒训练。通过这个教育过程，使社会成员中被视为成年的人增长能力、丰富知识、提高技术和专业资格，或使他们转向新的方向，在人的全面发展和参与社会经济、文化的均衡而独立发展两个方面，使他们的态度和行为得到改变。

在我国，成人教育是国民教育体系中不可或缺的一部分。从“开展识字教育，逐步减少文盲”的口号开始，成人教育就在全国范围内得到了推广。目前而言，就成人教育的办学形式来说，包括广播电视大学（即将转型为开放大学）、职工高等学校、农民高等学校、管理干部学院、教育学院、独立设置的函授学院、网络教育学院、普通高等学校举办的成人教育（函授部、夜大学、教师进修班）、卫星电视教育以及高等教育自学考试等成人高等教育，成人中专学校、成人中学、成人技术培训学校、农民文化技术学校、农业广播电视学校和中专自学考试等成人中、初等教育。此外，还有各种进修、培训、辅导性质的函授、面授学校。上述办学机构给求学者提供多种学习方式：有全日制课堂集中讲授的，有通过提供教材、录音录像资料远距离指导自学的；有全脱产、半脱产学习的，也有采用业余方式学习的。这些办学机构根据社会需要和自身的条件，开设了文、理、工、农、医、财经、政法、教育、体育等科类的多种专业，在保证学历教育规格的前提下，尽可能根据求学者的需要确定教学内容。以农民教育为例，由于产业结构的调整和农民致富的要求，农村成人教育已由以往的单纯识字、学文化，发展到文化知识与发展生产所需要的农、林、牧、副、渔，以及乡镇工业、商业、建筑、运输、服务业等方面知识并举的培训体系。

4. 职业教育

职业教育是指使受教育者获得某种职业或生产劳动所需要的职业知识、技能和职业道德的教育。如对职工的就业前培训、对下岗职工的再就业培训等各种职业培训以及各种职业高中、中专、技校等职业学校教育等都属于职业教育。职业教育的目的是培养应用人才和具有一定文化水平和专业知识技能的劳动者。与普通教育和成人教育相比较，职业教育侧重于实践技能和实际工作能力的培养。 职业教育是社会发展的产物，是人类文明发展的产物，也可以说是人自身发展的产物，而且是发展到某个特殊时期的产物。职业教育受益于社会，社会也可受益于职业教育，促进社会发展是职业教育的应有之义和神圣职责。

总的来说，基础的九年义务教育，价值在于解决受教育人群德育、智育、体育、美育、劳动教育、科学教育等的原始启蒙，促使和帮助受教育人群具备接受和接纳社会生活的基本技能。随后的中专、大学等中高等教育，价值在于解决受教育人群具备基本的科研、实践、实验、试验、仿制、创新启蒙，促使和帮助受教育人群具备和接纳科学发明创造等专业化、工业化、标准化、信息化等生产实践的基本技能。职业化教育和培训，价值在于为社会工业化、产业化、经济发展提供源源不断的技能型人才保障，促使和帮助受教育人群懂得岗位作业工艺、培训后上岗就业、接受和应聘各类职业岗位、获得岗位作业基本技能。

中国有句俗语：十年树木，百年树人。揭示了教育的根本价值，就是给国家提供具有崇高信仰、道德高尚、诚实守法、技艺精湛、博学多才、多专多能的人才，为国、为家、为社会创造科学知识和物质财富，推动经济增长，推动民族兴旺，推动世界和平和人类发展。

**（二）个人教育理财的概念**

个人教育理财也可以称为家庭教育理财，是指为实现家庭成员教育目标对所需要的费用进行的一系列资金管理活动。从内容上看，个人教育理财包括本人教育理财和子女教育理财。自我完善和教育子女都是人生重要的内容，因此个人教育理财是个人理财规划的重要组成部分。对子女的教育又可以分为基础教育和高等教育。大多数国家的高等教育都不是义务教育，因而子女高等教育经费，通常是所有教育经费项目中最高的。本章侧重介绍子女教育理财。

**理财小贴士**

**子女教育理财规划与一般理财规划的区别**

子女教育理财规划必须是专款专用，不能将这一笔资金挪去购房或购车；另外子女教育的理财工具宜保守，保本是最高指导原则。获利性较高的理财工具风险性也高，一般开始累积的时间要早，可选择部分资金投入高风险理财工具，但是比例不宜高于10%。

教育是一种生产性投资，用于教育的支出并非是消费支出，而是一种投资，即教育投资。早在20世纪60年代，就有经济学家把家庭对子女的培养看成一种经济行为，即在子女成长初期，家长将财富用在其成长培育上，使其能够获得良好的教育。这样当子女成年后，可以获得的收益远大于当年家长投入的财富。

**（三）个人教育理财的特征**

1. 没有时间、费用上的弹性

所谓弹性，即指调整的余地。也就是指个人教育及其费用在时间和金额上没有调整的余地，也就是说子女上学的时间不能随意提前或推迟，相应的费用也不能随意减少或增加，且必须按时缴费。因此，个人教育理财不具备时间和费用上的弹性。

2. 子女的资质及其所花费的费用难以事先掌握

每个人都有自己尚待发掘的潜力，随着子女的受教育程度越来越高，所挖掘出的潜力也越多，在此过程中，孩子表现出的资质也会因人而异。因此，家长很难准确预测子女未来表现出的资质兴趣，进而致使难以做出绝对的教育规划。

3. 子女教育金必须靠家长来准备

在接受教育的过程中，子女无法做到经济的完全独立，因此，他们的教育金须由家长提供。

4. 子女教育金支出时间长、总额大

随着子女受教育时间的增长，需准备的教育金数额也会越大，尤其在高等教育阶段甚至留学阶段。

5. 教育金的支出成长率较一般的物价增幅要高

随着人才竞争的日益激烈，每个家庭都在为提升子女竞争力而努力，因此，人们对教育的重视程度会越来越高。在此基础上，获得优良的教育资源的成本自然会水涨船高，所以说，教育金的增长幅度要快于物价的增长。为此，家长必须在规划阶段做好充分的准备。

## 二、个人教育理财工具

个人教育理财规划涉及教育理财工具的选择。目前，教育理财的主要手段包括教育储蓄、教育保险、债券、基金等，这些理财手段统称为教育理财工具。教育理财工具主要由个人教育理财投资工具和个人教育理财融资工具组成，其中个人教育理财投资工具又由传统教育理财工具和其他教育理财工具组成。这两种理财工具同属于长期投资，在稳定收益和风险的基础上实现财富的积累。因此，这两种理财工具有较为丰富的投资理财形式。而个人教育理财融资工具是应对特定情况下的理财工具，其主要表现为教育贷款。

**（一）个人教育理财投资工具**

1. 传统教育理财投资工具

传统教育理财工具主要包括个人储蓄、定息债券和教育保险等。这些理财工具的优点是风险相对较低，而且有比较稳定的收益。

（1）个人储蓄

家庭定期储蓄一定的资金，当子女上大学时，就有一笔资金支付其教育费用。但这种储蓄要求家长能自觉地定期进行储蓄，这对于大多数人来说有一定难度，而且难免被挪作他用。其中，教育储蓄特别重要。教育储蓄是一种零存整取的定期储蓄存款，只要家里有小学四年级至高中二年级的学生都可以开立。存期分为1年、3年和6年。最低起存金额为50元，本金合计最高限额为2万元。存款次数多少可以由储户自己掌握，储户根据自己的情况和确定的存款总额，可以与银行约定两次或者数次存足规定额度。

同普通的个人储蓄相比，教育储蓄的优点主要有：一是利率优惠，1年、3年期教育储蓄按同档次整存整取定期存款利率计息，6年期按5年整存整取定期存款利率计息，可以说是零存整取的存法享受整存整取的利率；二是参加教育储蓄的学生，将来上大学可以优先办理助学贷款。虽然教育储蓄有存期灵活、利率优惠的优点，但也存在一定的局限性：一是总额2万元的最高限额过低；二是储户对象有较严格的限制；三是手续繁琐。

（2）定息债券

定息债券又称固定利率债券，是将利率印在票面上并按其向债券持有人支付利息的债券。该利率不随市场利率的变化而调整，因而固定利率债券可以较好地抵制通货紧缩风险。家庭定期购买一定数额的定息债券，在需要的时候卖出债券，就可以获得一笔资金。定息债券的票面利率是固定的，因此收益稳定，并且可以在需要的时候卖出债券，流动性较强。所以，定息债券是教育理财规划中常用的债券品种。但由于定息债券是以单利计息的，所以投资成本要高于个人储蓄方式。

（3）教育保险

教育保险相当于将短时间急需的大笔资金分散，逐年储蓄，投资年限通常最高为18年，所以越早投保，家庭的缴费压力越小，领取的教育金越多。保险公司有专门的教育保险产品可供选择，这些产品一般包括按期支付教育金、投保人意外身故保费豁免、保费不封顶等，既有保险保障，又有储蓄作用，很适合父母为子女投保。

目前市场上的教育保险主要分为3类：一是纯粹的教育金保险，提供初中、高中和大学期间的教育费用，通常以附加险的形式出现。二是可固定返还的保险，其返还的保险金不仅可以作为孩子上学期间的教育费用，在以后还可以持续提供生存金。三是理财型保险，如万能保险、投资连结保险等，具有较强的投资理财功能，也可作为教育基金的储备，在孩子初中、高中或者大学中的某个阶段领取作为其教育金。

教育保险产品的缺点在于，教育保险产品重在保障功能，投资收益率比较低，因此，教育保险并非多多益善，而应当和其他投资品种组合使用。另外，一旦加入保险计划，中途退出往往只能拿到较低的现金价值，变现能力较低。

理财小贴士

**几种常用的教育保险**

1. 储蓄险：储蓄险拥有长期保证的固定利率，又可兼顾保障，是忙碌的上班族的最佳选择之一。一般来说，储蓄险依照给付的形态分为两种，一种是缴费期满才开始领回，另一种是缴费期间内就开始领回。

2. 年金保险：现阶段年金保险有收益率高于定存的优点，有些父母也就把年金当做准备子女教育金的工具。不过年金保险原本是为了退休族群设计，让活得久的人有保障。依照年金险的给付时间点分为两种，一种是投保后就开始给付，一种是约定10年、15年、20年开始给付。

3. 投资型保单：投资型保单兼具保障与投资两种功能，保费的一部分拿去投资，另一部分当做保障。保险金给付的多少会随着投资绩效变动，保户可以弹性决定投资组合，兼具保障、弹性与获利。从小孩出生就开始购买，从筹措子女教育金角度出发，投资弹性最大。

2. 其他教育理财投资工具

其他教育理财工具主要有政府债券、股票、公司债券和教育信托基金等。这些理财工具的价格随着供求关系和通货膨胀的变化而变化，具有较大的波动性，受到利率、汇率等宏观经济变量的影响，是投资者常用的理财工具。

（1）政府债券

政府债券是指政府部门或其他代理机构为筹集资金，以政府名义发行的债券，主要包括国库券和公债两大类。此类债券一般由中央政府或地方政府发行，由于其收益稳定、安全性高、流通性强且有免税待遇，是子女教育理财的重要工具。个人可以用证券账户购买，它不仅低风险，产品期限较多，而且我们可以根据资金使用期限自由选取。

链接〉〉〉〉〉〉

**中央政府债券**

中央政府债券又称为国家债券，其发行者是中央政府，由国家承担偿还本息的责任。它可以全部在证券交易所上市，也可以在到期前用作抵押贷款的担保品，而且，政府不征收债券收益所得税。因而，它的信誉好、风险小、流动性强、抵押代用率高，是最受投资者欢迎的金融资产之一。国家债券的发行量和交易量在证券市场一般都占有相当大的比重，不仅在金融市场上起着重要的融资作用，而且是各国中央银行进行公开市场业务的重要手段。国家债券的发行一般以公募发行为主，同时又多采取间接销售的方式，即通过证券发行中介机构公开向社会上发行。

（2）股票和公司债券

一般而言，教育规划并不鼓励家庭采用风险太高的理财工具，比如股票和公司债券。但如果教育规划时间较长，这些工具也可以采用，它们有相对较高的回报率，可以帮助家庭较早完成教育规划。

（3）大额可转让存单

大额可转让存单是银行发行的具有固定期限和一定利率，并且可以转让的金融工具。这种金融工具的发行和流通所形成的市场称为可转让定期存单市场。大额可转让存单同普通的储蓄类似，但是可以在市场流通，同一般储蓄比利率一般可上浮一定比例，因此回报率相对较高，安全性和收益性的协调是其成为较好的教育理财工具的主要原因。

**链接〉〉〉〉〉〉**

**大额可转让存单或助利率市场化破冰**

2012年1月，多家机构在接受记者采访时表示，近期多种迹象表明利率市场化的脚步已经越发接近，今年有可能会推出大额可转让定期存单，实现利率市场化破冰。

农业银行战略管理部宏观研究员付兵涛在接受记者电话采访时表示，今年存款利率市场化可能会提上日程。实现利率市场化是把竞争机制引入存贷款利率，这对于老百姓的储蓄、投资以及企业来说都是有好处的。而为实现利率市场化采取的措施则可能是大额可转让定期存单。大额可转让存单相当于变相使银行提高储户存款利率的手段，有些类似于目前银行的理财产品，但是相较理财产品更为标准化，甚至可以在各个银行之间流通。

（4）教育信托基金

子女教育信托，指委托人（子女的父母）将信托资金交付给信托机构受托人，签订信托合同，通过信托公司专业管理，发挥信托规划功能。这种方式不仅可以让父母免去理财的烦恼，而且信托基金的独立性很强，不会受到父母或者信托公司的债权债务纠纷的影响。子女进入一定的教育阶段，基金公司就会按照协议给子女发放信托基金，一直到发放完毕为止，完全可以保障子女的教育所需。这种方式可以说是事前规划，事后无忧，不过要求的是委托人前期资金实力比较雄厚。

此类基金由家长购买，受益人是子女。尽管子女在成年之前对资金并没有支配权，但在许多国家该基金的收益可以享受税收优惠。家长在投资此类基金之前，必须先按照有关法律将资金转移到子女的名下，这样才能保证将来基金的收益用于教育。而如果子女未能上大学，则基金的收益应按照合同的规定转为不动产或其他资产。

（5）共同基金

共同基金是把大量投资者和雇员的钱集中在一起，从而购买各个厂商的股票。它以一组投资者的名义购买并由专业投资公司或其他金融机构管理的股票、债券和其他资产的组合。简单来说，共同基金就是一种汇集许多小钱凑成大钱，之后交给专人或者专业的机构操作管理以获取利润的集资式的投资工具。

共同基金具有管理专业、风险分散、变现灵活、投资范围广、安全性高等优点，这也是很多家庭选择其作为教育理财工具的原因。但是在持有基金期间，投资者需要支付管理费和其他开支。这些费用从基金资产中列支，一般基金的费用往往在0.5%－2%。所以我们在做出选择时应谨慎。

**（二）个人教育理财融资工具**

如果教育理财规划进行得较晚，而在短期内就需要一笔资金来支付子女的教育费用，可以考虑通过贷款来实现目标。采用贷款方式很容易占用到家长的退休筹划资金，所以在做决定之前应该慎重考虑，并确保不会影响退休筹划和其他安排。一般情况下，可以首先考虑让子女就读学费较低的学校；其次，可以将债务归在子女的名下，自己作为债务的担保人或第三方，只有当子女的财务状况显示其无法偿还债务时，才需要为其承担此义务。

教育贷款可以分为住房抵押贷款、学校贷款、政府贷款、资助性机构贷款和银行贷款等。

1. 住房抵押贷款

实际上是指用客户已经有的可以上市流通的商品房屋抵押给银行贷款的品种，有区别于二手楼住房抵押贷款、置业贷款和一手楼贷款，区别在于客户已经拥有房产的所有权，而不是即将拥有。抵押房屋贷款需要有明确的贷款用途，不能用于法律法规明令禁止的用途，比如：炒房、炒股是不允许的，要求抵押房屋贷款专款专用，并接受贷款发放方以及监管机构的监管，发现违规，银行有权追回贷款。

住房抵押贷款的优点是贷款利息可以免税。目前很多国家都对个人贷款利息停止了税收优惠。但是，有住房抵押的贷款却可以继续享受优惠。所以，住房抵押贷款的成本相对较低。但需要注意的是，如果采用这种方式来完成教育规划，首先要有良好的信用记录；其次，必须以自己足够的偿还能力为前提。否则，一旦无法近期支付本金和利息，将会损失抵押的房产。

2. 学校与政府贷款（即助学贷款）

为了保障困难家庭的优秀学生能够顺利就读大学，国家政府与学校都会为困难家庭的学生提供低息贷款，或其他资助形式的贷款。学生可以选择毕业以后偿还贷款本息。这项贷款主要面向家庭困难的学生群体发放，需有学生家庭所在地地方政府的相关贫困证明与相关手续才可以办理。

此外，家长还可以争取资助性机构的贷款，但这类贷款有严格的限制，不容易取得。家长也可以选择银行贷款，与其他商业贷款类似，银行贷款一般没有特别的要求和限制，但必须支付较高的利息。

表8-1 各类教育理财工具比较一览表

| | 教育理财工具种类 | 主要优点 | 主要缺点（局限性） |
|---|---|---|---|
| 传统教育理财工具 | 教育储蓄 | 存期灵活；利率优惠；可优先办理助学贷款 | 最高存款限额较低；储蓄对象有限制；手续繁琐 |
| | 定息债券 | 收益稳定；流动性强 | 投资成本较高 |
| | 教育保险产品 | 专款专用；有较强的保障作用 | 收益率很低；变现能力差 |
| 其他教育理财工具 | 政府债券 | 收益稳定；安全性强 | 收益率较低 |
| | 股票与公司债券 | 投资收益率较高 | 投资风险很大 |
| | 大额可转让存单 | 可转让流通，安全性较好；利率高于存款，收益适中 | 期限固定；面额固定且较大 |
| | 教育信托基金 | 专款专用；投资较安全；基金收益可享受税收优惠 | 专业性强；需要委托家庭具备一定的资金实力 |
| | 共同基金 | 投资灵活多样；资金可在不同基金间转换；风险分散，安全性高；变现能力强 | 专业性强；投资者共同监督委托方；法律法规不够健全 |
| 融资工具 | 住房抵押贷款 | 贷款利息免税；可解决短期教育金需要 | 须以房产为抵押；可能影响家庭其他理财需要；需具备一定的偿还能力 |
| | 学校与政府贷款 | 利息低；针对性强；还款期长，且可以由子女毕业后归还 | 针对贫困群体；手续复杂；若毕业偿还贷款需以学位证为抵押 |

## 三、个人教育理财的重要意义

作为父母，都期望子女能够开心快乐，健康成长，并在长大之后成为一个能够立足社会的成功人士。但是子女的成长面临未来的诸多变数，因此，所有家长都希望能够为子女创造一切良好的条件，其中对子女影响最大的部分，也是最重要的部分，就是为子女提供优良的教育资源，使之能够受到良好的教育，以便在竞争如此激烈的当下社会立足。进而，针对子女的个人教育理财规划就成为实现这一目标的基本经济保障。然而，除了父母对子女的责任和期望之外，个人教育理财规划还具有更多的社会价值。

### （一）教育理财投入是一种生产性的投资

教育作为人生之本，是每个人靠能力为社会做出贡献的重要保障手段。受教育程度往往决定着人对社会的贡献能力的大小。因此，教育在劳动力再生中具有极其重要的作用。因此，教育理财投入都属于生产性投资，而不是消费性支出。

链接〉〉〉〉〉〉

**亚当·斯密的人力资本思想**

亚当•斯密说：学习一种才能，须受教育，须进学校，须做学徒，所费不少。这样费去的资本，好像已经实现并且回报在学习者的身上。这些才能，对于他个人自己是财产的一部分，对于他所属的社会，也是财产的一部分。工人增进的熟练程度，可以节省劳动，与工具同样看做是社会上的固定资本。学习的时候，固然要花一笔学费，但是这种费用可以得到偿还，还可以赚取利润。

劳动者的知识、技能、体力等都属于人力资本，而人力资本的主要成分就是教育资本，它提高了劳动者的生产能力，是经济增长的源泉，也是真正解决贫困问题的有效途径。单纯地用增加物质资本和劳动力的数量来促进生产发展，远不如通过教育提高人的能力、发展科学技术来提高生产发展更为迅速。所以说，教育理财投入，能增进子女的知识和技能，使子女未来能获得更大的职业适应性、较多的就业机会、较高的收入等通过教育投资带来的收益。

**（二）子女的教育投资是一项长期的投资**

在中国，一个孩子从出生开始接触初教、幼教一直到硕士研究生毕业，需要接受近25年的教育，就中国人的平均寿命73岁而言，受教育阶段几乎占到了一生的三分之一的时间。除此以外，对于一般的硕士毕业生，25岁开始参加工作，真正做到经济独立往往在27岁到28岁之间，而在之后的人生道路中，前25年所受的教育会直接影响子女的人生轨迹，甚至会影响他们的子女的成长。因此，对于子女的个人教育投资而言，无论从投资时间的长度，还是其意义的深远程度来说，是一项长期投资规划，所以务必慎重严谨，考虑全面，否则会影响不止一代人的命运。

**（三）子女成长的每一个阶段都需要规划**

对于父母而言，子女无论多大，在他们眼中永远都是需要照顾的孩子。尤其对于经济无法完全独立的子女，父母的关心会有过之而无不及。每一个孩子诞生以后，父母都会为孩子规划未来，描绘今后的前景，其中，子女的教育规划无疑是各个阶段规划的主干，因为在孩子经济完全独立之前的绝大部分时间是伴随着教育度过的，各个阶段的受教育程度往往决定了孩子下一阶段的起点，这些因素综合在一起，通常决定了子女今后可能达到的高度。因此，作为实现子女教育规划的经济基础，即个人教育理财规划，是贯穿子女成长的长远规划，各个阶段性的教育规划都在它的基础上制定实施。所以，个人教育理财规划不仅仅是子女接受适龄教育的经济保障，更是影响了子女在每个受教育阶段的健康成长与良性发展。

# 2. 个人教育理财

**引例：如何为子女筹集教育经费？**

秦先生今年38岁，在外企担任高管，妻子在媒体做编辑，两人年收入30万元左右。他们的儿子12岁，今年小学毕业，准备上初中。秦先生夫妇准备让儿子留学英国，为此他们希望能够及早为儿子准备好教育金。英国目前留学费用大约每年需要20万元，以留学3年计所需留学经费现值为60万元。初步测算，秦先生儿子初中、高中以及到英国留学的教育经费现值约75万。因为秦先生的儿子到国外留学还有6年的时间，秦先生选择了用“基金定投”的方式积累教育基金。每月大概需要投资基金1万元，6年后就可以积累一笔价值75万元左右的教育基金以供孩子出国留学使用。

## 一、教育金需求分析——目前我国家庭子女教育金支出现状

2011年国家教育部公布一份数据，摘录如下：李星南，就读于北京朝阳区某热点幼儿园，幼教阶段年教育支出在3.6万元左右；刘萌萌，就读于皇姑区某热点小学三年级，小学教育阶段年教育支出为4.5万元；张昊，就读于上海某普通初中二年级，年教育支出为2.4万元；秦琳，就读于大连理工大学，年教育支出1.8万元。

可以看出，就当下的教育成本而言，子女年纪越小，综合开销越大，尤其是幼教阶段与小学教育阶段。

**表8-2　大中城市教育学费一览表**

| 项目 | 费用（元） |
|---|---|
| 完备的大学教育 | 70000 |
| 中学教育（高中、初中） | 50000 |
| 小学教育 | 40000 |
| 幼儿教育 | 80000 |
| 合计 | 240000 |

以上仅为国内大学毕业前费用，尚不包括衣、食、住、行等生活费以及各类其他辅助教育手段的支出，因此可以看出，目前，幼教阶段和高等教育阶段花销最为巨大。若考虑出国留学，仅留学费用就在30万到60万元不等。

表8-3 十大留学国家留学费用排名情况一览表

| 排名 | 国家 | 费用（元） |
|---|---|---|
| 第一名 | 英国 | 18万/年 |
| 第二名 | 美国 | 14－28万/年 |
| 第三名 | 日本 | 12.4－14.5万/年 |
| 第四名 | 澳大利亚 | 11.5－15.8万/年 |
| 第五名 | 加拿大 | 11－22万/年 |
| 第六名 | 新西兰 | 6.5－11万/年 |
| 第七名 | 新加坡 | 5.35－11.5万/年 |
| 第八名 | 韩国 | 4.5－10万/年 |
| 第九名 | 法国 | 4.26－5.26万/年 |
| 第十名 | 德国 | 3－6万元 |

资料来源：http：//www.liuxue86.com/a/20120225/372939.html

表8－3给出了2008－2011年间，主要留学国家的留学费用。可以看出，留学期间的费用已经远远超过国内教育开支，如果选择留学深造，那么其费用将成为子女教育中最大的一笔开销。

如今的教育费用正处在持续增长的阶段，如果没有前期准备，那么到时候也可能负担不起孩子的学费。

**（一）学前教育费——幼儿园**

我们以月托费为例：在长沙一般公立幼儿园收取月托费为700－1000元/月，而好的幼儿园的费用就远远不止这些。如某热点公立幼儿园，就读幼儿园的赞助费是5万元，每个月的月托费是1000元，如果按孩子在园时间为4年计算，则支付幼儿园月托费和赞助费就需要90000元。对于私立幼儿园来说，因其硬件条件更加优秀，其各项收费普遍高于公立幼儿园的30%－50%。如长沙2011年新开园的某私立幼儿园，全托学费每月超过7000元。

**（二）义务教育费——中小学**

我国的九年制义务教育当前采取一费制，免学费，只缴杂费、制服费、书本费等。如果选择上民办学校，费用要显著增加。以城镇为例，公立小学每年平均教育支出在1000元左右，初中每年平均教育支出在1200元左右。对于私立小学，因其收费项目较多，每年教育支出约在3000－5000元，而私立初中每年教育支出约在5000－10000元。

**（三）区县重点高中费用**

以长沙为例，重点高中每学期的学杂费、书本费、制服费等合计在5000元左右。对于高中阶段，就读重点高中的赞助费为支出大宗，以某市重点高中为例，赞助费达2万－3万元。

**（四）大学费用**

这是父母负担中最沉重的一项。目前普通高校（除去师范、军校等院校）的学费每学年都在1万元左右，大学生在校的生活费同样是一大笔开支。由于通信费用大幅增长，大学生社会活动增加，他们的月生活开支一般会达到1000元以上，这样父母每年在一个大学生身上需要投入22000元，4年共需要88000元。如果继续攻读三年制硕士研究生，那么这笔费用则需要154000元。

**（五）才艺兴趣培养费用**

除了上述费用外，课外书、兴趣班、才艺班和家教的费用也是一大笔开支。如学钢琴的费用就要10万元，即使不学钢琴，这样那样的费用加起来没有10万元也是肯定不够的。

**表8-4 各类学校现阶段年学费范围表**

| 学程 | 公立学校学费（元） | 私立学校学费（元） |
|---|---|---|
| 幼儿园 | 8000－10000 | 12000－50000 |
| 小学 | 1000－2000 | 5000－40000 |
| 初中 | 1200－3200 | 5000－50000 |
| 高中 | 3000－5000 | 8000－60000 |
| 中专 | 3000－8000 | 15000－25000 |
| 大学 | 5000－15000 | 35000－50000 |
| 研究生 | 公费8000－10000 | 自费18000－20000 |

表8-4较为明确地显示出了教育各个阶段的公立学校与私立学校的费用差异。表明在我国，私立学校的费用普遍高于公立院校。

**（六）出国留学费用**

时下出国求学成了越来越多人的选择，在帮助孩子完成国内的求学生涯后，很多家长需要再接再厉为孩子准备出国留学的各项费用。现阶段出国费用支出额度可大致参考下表。

**表8-5 出国留学准备阶段的费用**

| 类别 | 金额（元） |
|---|---|
| 托福等考试费用 | 约1500元 |
| 外语培训费 | 约3000元 |
| 院校申请费（人民币汇率按1:6.5） | 每所100美元×5×6.5=3250元 |
| 机票 | 单程1000美元×6.5=6500元 |
| 设备 | 自带笔记本电脑等约需20000元 |
| 生活必备品 | 约5000元 |
| 合计 | 约31750元 |

**表8-6 国外求学阶段所需的开销**

| 类别 | 金额（元） |
|---|---|
| 学费 | 发达国家：英、美、澳、加平均一年的学费约为80000元 |
| | 亚洲国家：韩国30000元，日本40000元，马来西亚50000元 |
| 年生活费 | 欧美澳日约需80000元，其他国家约需50000元 |
| 教材费 | 每年5000元 |
| 通信费 | 长途电话费等每年5000元 |
| 合计 | 每年费用90000元（韩国等）－170000元（欧美国家） |
| 平均就读2年 | 所需费用180000元（韩国等）－340000元（欧美国家） |

总的来说，子女教育金中，幼儿阶段、大学阶段与留学阶段的费用为大宗，显然，面对巨额的教育费支出，为了孩子们的将来，家长们确实需要好好规划一番，做到未雨绸缪。

## 二、个人教育理财基本原则

一般来说，家长进行子女教育理财时，应遵循以下原则。

### （一）及早规划的原则

没有时间弹性、没有费用弹性是子女教育理财规划的两大特点。因此，理财规划越早进行，给家庭带来的财务压力也越小，既有利于理财收益，也便于实现教育目标。

例如，假定子女18岁上大学，则每月投入1000元，在4%的年平均报酬率下，可产生的效果如下表。

**表8-7 不同长度的时间下教育理财规划的效果**

| 开始规划的年龄 | 高等教育金积累时间 | 教育金终值 |
|---|---|---|
| 0岁开始 | 18年 | 31.7万元 |
| 6岁开始 | 12年 | 18.5万元 |

可以看出，提早6年规划会使家庭的教育金与未能提早规划的教育金相比增加了近70%。除此以外，提早规划子女教育规划中对各个附加目标（例如留学前的外语学习与考试、实践活动安排等）的完成时间，也有更加弹性的空间。因此，及早规划是教育理财中重要的原则。

### （二）充分与子女沟通的原则

每个孩子在成长的过程中所表现出来的才能与潜力是无法准确预测的。因此，父母不应当贸然决定子女日后的详细发展道路，在其成长的各个阶段，与子女进行良好的沟通才能把握子女成长的全貌。

首先，父母的期望与子女的兴趣和能力可能有所不同，尤其在低龄阶段，子女的兴趣和爱好转换极快，应从较宽泛的角度使准备的教育经费可满足子女未来不同的选择；其次，在初中、高中教育阶段，父母应多和子女进行深入的沟通。此阶段的学习生活相对枯燥，且升学压力巨大，因此，家长有必要保证子女的心理健康并鼓励他们将自己的兴趣爱好坚持下来；最后，在高等教育阶段，更应与已成年子女沟通，尊重他们的意见。此时子女的心智已经较为成熟且有一定的生活阅历，对于深造的细节已经可以结合当下形式拥有自己的看法，因此，要在尊重子女意愿的前提下进行教育理财方面的规划。

### （三）灵活宽松、资金充裕原则

子女教育具体需要多少资金很难准确估算，且缺乏弹性。一方面除父母对子女的期望外，还在很大程度上取决于子女的资质、学习能力和兴趣爱好；另一方面对于机遇性的事件同样要有所准备。因此，教育费用的准备应当做到乐观预期，保守估算，宁多毋少，宁滥毋缺。

充足的经费同样是所有家庭成员的保障。首先，充裕的经费是保证子女接受良好教育的财务基础，可以免除子女的后顾之忧，以免发生错失良机的遗憾；其次，教育理财规划与退休往往是同步进行，就算是多筹了经费，也可以将多准备的钱当做自己未来的退休金，降低退休后对子女的依赖。因此，充足的教育经费会使全家人都成为受益者。

**（四）稳健理财的原则**

任何投资都是有风险的，教育理财也不例外。而教育理财不同于其他各类以赢利为目的的投资形式，它是为保障子女人生初期的受教育机会而形成的。一旦产生问题，损失的不仅仅是钱，更有可能输掉孩子的未来。因此，教育理财投资务必保证足额、足量、足够、安全，以稳健为原则，完整全面地评估风险和收益，切忌孤注一掷地进行投资。

**理财小贴士**

**教育理财规划应防风险**

随着子女年龄的增长，教育理财应该趋向于收益稳定化，而不能为了追求高利润而承担高风险。对于教育理财规划期较长的家庭，可以根据自身财务收支的周期来安排每期的投资金额。比如，如果家长现在处于创业阶段，教育理财初期的投资额可以相对降低，将资金用来发展事业或做其他投资，而在事业相对稳定后再逐步增加教育投资额。如果家长已接近退休年龄，则应该把教育理财所需的大部分资金在初期完成，以减轻退休后的负担。

## 三、个人教育理财规划的步骤

孩子的教育不得不花钱，而父母又无法预知具体的金额支出，因此未雨绸缪当然是尤为重要的了。作为一项重大的系统工程，子女教育理财规划也不单单是“攒钱”可以解决的，我们把子女教育理财规划分为五个步骤（见图8-1），父母可以遵循这几个步骤，计算一下自己的家庭到底需要积累多少教育金，以及如何筹措这些费用，并找到适合的投资方式。

图8-1　子女教育理财规划步骤

**（一）确立子女培养目标**

教育理财规划是一件长期而且复杂的事情，很多父母都在为子女教育问题而大伤脑筋，这些父母一天到晚都在为儿女的教育费尽心思而不得其果。造成这种结果的很大一部分原因在于，这些父母没有很好地确定子女的培养目标，从而不知道如何去培养，常常是觉得学什么好，就送子女去学什么，最终使得子女不仅没有学到实质性的内容，而且也没有为子女带来能对他们造成终身影响的一些好的学习习惯和学习体系。

一般来说，根据子女的特长兴趣，确定一个适合子女发展的目标，如希望子女上什么类型的学校，未来将要接受的教育程度是本科还是研究生，甚至更高的层次，选择在国内上学或出国接受教育等。然后按照这个设定的目标准备一定的财务资源，做到有备无患，并同时有针对性地引导子女朝着这个方向发展，这样就能事半功倍了。

**（二）教育费用估算**

估算教育费用是整个教育理财规划的基础，也是最关键的步骤。子女所需教育资金的具体数额取决于子女所上大学的种类和初始投资距离子女接受教育的时间长短。具体估算时，要根据子女的当前年龄，以及当地的消费水平和教育收费水平来计算。现在，许多投资基金和保险公司都有若干教育的投资策划方案，并附有在不同通货膨胀率下计算现值的贴现因子。通过计算投资总额的现值和终值，我们可以求出一次性投资计划所需要的费用或是分期投资计划每月所需要的费用。

**链接〉〉〉〉〉〉**

**伴读理财**

对于伴读的父母，建议他们在子女就读学校的附近购买可供出租的房地产。这种做法可以在降低子女住宿费用的同时为家庭带来收益，它有以下优点：

1. 子女有一个长期稳定的住宿环境，方便子女安心学习。

2. 家长能较好地监督子女学习，并解决其后顾之忧。

3. 由于拥有了房屋的所有权，可以节约每年租房的费用和减少租房的手续。

4. 由于房地产税率和抵押品税率较低，也可以减少税务支出。

5. 房产通常具有很大的升值潜力。

6. 通过出租房屋的一部分，可以产生租金收入。

7. 可以将看望子女的交通费用归为该房产的租赁管理费用，从而再次减少税款支出。

上述几点是以房地产为教育理财产品所能够带来的收益，其中前两点属于非货币性收益，后五点属于货币性收益。作为房地产投资，其市场风险是显而易见的，然而作为教育理财的体现，伴随着市场风险，同样会带来其他风险：

1. 大大减少了子女与同龄人相处的时间和交流的机会，不利于子女的人际交往能力的提高，在一定程度上影响其处理人际关系的能力的培养。

2. 子女没有独立生活的机会，自主自立的能力得不到相应的锻炼。

3. 父母双方至少需有一人有足够的时间和精力来关注房产与其租赁业务。

4. 投资房产需要家庭有充足的资金作为基础，大额资金的支出同时会影响家庭其他方式的理财计划，甚至影响家庭整体的生活水平。

5. 房地产市场浮动可能造成房产贬值。

以上罗列了以房地产投资作为教育理财载体所带来的各类主要风险，其中前三点属于非货币性风险，后两点属于货币性风险。显然，教育理财所考虑的风险同一般市场风险相比，有其独特性。而这些内容有可能对子女今后的人生轨迹有较大的影响。所以，在作出选择前，应该详细分析这些风险和收益，然后再做决定。

确定教育费用时，可以明确以下几个基本问题：

1. 子女能够接受优质教育对您而言是否重要？有多重要？

2. 您希望子女上什么类型的小学、中学及大学？您子女目前的年龄是多少？

3. 该大学目前的学费、生活费和住宿费是多少？

4. 目前和未来10年内该国的通货膨胀率是多少？大学费用的实际增长率是多少？

5. 大学毕业后，是否接受更多后续教育？

作为家长，明确以上答案是很重要的。

**链接〉〉〉〉〉〉**

**媛媛的教育规划**

赵先生的女儿媛媛今年6岁。赵先生目前已有5万元的教育基金，其家庭可以承担投资报酬率为8%的投资风险。考虑到媛媛现在的智力水平一般，出于谨慎起见，赵先生选择学费较贵的普通大学作为本科教育规划的对象。对于本科以后的深造规划，由于国内考研竞争激烈，赵先生决定送她到欧美国家自费留学。而现在赵先生每月需要投入多少教育资金呢？

1. 如果没有意外的话，媛媛将在18岁上大学。媛媛有两类高校可以选择：普通大学和重点大学。以现在的物价水平，普通大学的学费、生活费加住宿费每年需要3万元，4年合计12万元。本科毕业后，媛媛22岁，如果出国自费读研2年，在欧美2年大概需要30多万元人民币。

2.教育金测算步骤：

第一步：对赵先生进行风险测试

经测试赵先生一家可以承担投资报酬率为8%的投资风险。

第二步：计算当前子女高等教育所需的费用现值

媛媛教育金支出现值＝3×（P/A,8%,4）×（P/F,8%,12）＋15×（P/A,8%,2）×（P/F,8%,16）＝3×3.3121×0.3971＋15×1.7833×0.2919≈11.76（万元）

第三步：计算赵先生每月需要投入的教育资金

从现在起，赵先生每月需要储蓄的教育资金为（117600－50000）÷（P/A,8%/12,16×12）≈625元

这意味着赵先生每月要结余625元投入到回报率为8%的教育理财工具中去。

**（三）设定教育理财规划目标**

教育理财规划目标主要包括计算子女教育资金缺口、设定理财期间和设定期望报酬率三个方面的内容。

1. 计算子女教育资金缺口。根据现有资产与达成教育目标所需要资金进行比较，即可计算出子女教育资金的缺口。

2. 设定理财期间。即准备教育资金的时间，它取决于两个因素：一是开始教育理财的时间，二是未来需要支付教育费用的时间。这两个时点之间的时间段，即为理财期间。理财期间越长，压力就越小。

3. 设定期望报酬率。按照计算出的资金缺口，以及可以利用的理财期间，我们可以计算出应该达到的期望报酬率。如果达不到期望报酬率，到时候就不能积累足够的教育资金，教育目标就难以实现。

**（四）规划教育理财投资方式的组合**

为了获得期望的报酬率，应结合家庭收支情况和风险承受能力，综合运用教育储蓄、教育保险和子女创业信托基金等工具来满足资金需求，规划出最合适的子女教育理财组合方案。

通常，在子女不同的年龄段应该选择不同的理财产品。对于年龄较小或尚未出生的子女，因其教育费用支出还不多，家长可以考虑较积极的投资方案，如以股票和股票型基金配合一定的储蓄型保险产品；随着子女年龄的不断成长，家长可以考虑逐步减少股票的投资比重，加入平衡性基金和保本保息的银行类理财产品，提高资金的安全性和流动性，避免盲目追求收益率；对于一次性大额支付，如大学学费或出国留学费用，家长应考虑投资期限的合理配合，不要因资金流动性而造成障碍。

**（五）执行与定期检查**

子女教育理财规划制定好后要严格执行，坚持专款专用。生活中往往会出现由于买车、买房、医疗等支出过大，而动用了子女的教育基金的情况，不但孩子的教育受到影

响，其他的目标也不一定能实现。严格执行子女教育理财规划还要定期检查落实执行情况，并根据情况适时调整规划。最好每年评估一次，计算当年的教育基金筹备额和收益回报率，将结果和预期对比，以达到预期目标为准。如果未达到预期目标，则应当适当提高来年的投资额或相应的收益率，以保证目标的如期实现。

链接〉〉〉〉〉〉

**常见的教育规划类型**

1. 一次性投资。这种类型是根据初期的估算费用一次性留足的，难以应付变化。

2. 按月定额存钱。这种类型的计划性比较强，但是灵活性不足。

3. 鼓励子女自行理财。如开立子女账户，将压岁钱与零花钱存入，这样可以培养子女的理财意识，使其养成节约的好习惯，但由于子女缺乏理财知识，理财不系统。

4. 无计划。一般表现为有钱多花，没钱不花。这种方式最不可取，子女的教育没有保障。

## 四、如何进行个人教育理财

个人教育理财是一项全方位多方面进行的投资规划。在基本原则的指导下，个人教育理财的实施主要由以下五个方面组成：

### （一）理财从教育储蓄开始

储蓄，是最基础的理财投资手段。教育储蓄，正如前文所述，是指个人按国家有关规定在指定银行开户、存入规定数额资金、用于教育目的的专项储蓄，是一种专门为学生支付非义务教育所需教育金的专项储蓄。教育储蓄作为由国家提供的专门针对学生教育的专项储蓄计划，是最为可靠的教育投资形式，尽管金额不大，但是其收益与安全性都使教育储蓄成为一般家庭的必选。

### （二）资产配置，组合投资

“不把所有的鸡蛋放在同一个篮子里”是基本的经济学常识，对于个人教育理财的实施同样适用。由于教育理财的特殊性，准确地把握这个常识更为重要。结合前述的各项教育理财工具的具体信息，在稳健理财的基础之上，以实现收益最大化为目标选择适合家庭现状的多种理财工具，组合投资。对于资产优化配置，一般家庭应当做到大宗参与低风险、低收益投资以保证投资的安全性与稳定回报，小宗参与高风险、高收益投资追求最大收益。不同家庭可依据其不同的风险承受能力适当调整投资比例。务必要通过合理配置家庭资产做到分散风险，要做到不被市场环境误导，不盲从，坚持组合投资，保底收益，才能保证子女教育金的安全性。

**（三）切忌盲目过度投资**

所谓过度投资，是指接受对自身价值而言并非最优的投资机会，尤其是净现值小于零的项目，从而降低资金配置效率的一种低效率投资决策行为。就家庭而言，产生过度投资的主要因素有两点：（1）对某一投资产品的市场前景预估过于自信进而对其大量投资。（2）没能很好地平衡风险与收益而做出的盲目投资。鉴于教育理财对稳健的要求，任何盲目的投资行为都是不可取的，在符合家庭经济条件的基础上选择合适的理财手段才是明智之举。

**（四）教育理财要持之以恒**

个人教育理财是家庭投资的重要组成部分，是一项长期的计划。坚持尽早原则开展的教育理财规划需要放眼未来，为子女今后各个阶段接受的教育打下经济基础，以免后顾之忧。因此，“三天打鱼，两天晒网”的投资形式是不可取的。要做到专款专用，重视每一笔投资，持之以恒地进行投资规划，才能保证个人教育理财规划的完整。

**（五）鼓励子女自行理财**

随着子女年龄的增长，自主意识也在不断地提升，尽管在受教育阶段，无法做到完全的经济独立，但是，子女会对涉及自身的经济行为表现出强烈的自主性。因此，鼓励子女自行理财不仅有利于子女自主意识的提高，更能对子女今后理财意识的培养和经验的积累产生积极的意义。在具体实施的过程中，可以在家长认为合适的时候将子女的压岁钱、奖学金、勤工俭学收入划归子女自行支配，以培养理财意识。

## 3 案例分析

**案例资料8-1**

### 经济型单亲家庭的子女教育理财规划

吴女士40岁，离异，女儿17岁，再过一年就要上大学了，估计大学4年每年需要1.5万元。目前家庭资产状况是：一套价值30万元的自住房产，积蓄3万元，股市投资5000元。目前收支状况是：本人月收入2000元，孩子的父亲每月支付抚养费400元，吴女士及女儿每月生活费为1500元，每月给父母赡养费200元。

**问题思考：**

1. 编制吴女士每月收支表和家庭资产负债表。

2. 为吴女士设计教育理财规划方案。

**分析线索：**

1. 吴女士每月收支状况

**吴女士每月收支状况**

| 收入（万元） | | 支出（万元） | |
|---|---|---|---|
| 本人工资 | 0.2 | 生活费 | 0.15 |
| 子女抚养费 | 0.04 | 父母赡养 | 0.02 |
| 收入合计 | 0.24 | 支出合计 | 0.17 |
| 每月结余：0.07 | | | |

2. 吴女士资产负债状况见下表

**吴女士资产负债状况**

| 资产（万元） | | 负债（万元） | |
|---|---|---|---|
| 房产 | 30 | | |
| 储蓄 | 3 | | |
| 股票 | 0.5 | | |
| 资产合计 | 33.5 | 负债合计 | 0 |
| 净资产：33.5 | | | |

3. 吴女士有总资产33.5万元，但主要是房产，且生活负担较重，日常收支结余少，且女儿很快就要上大学。因此，对于吴女士来说，近几年的主要理财目标是子女教育和家庭财务安全，理财主要原则是资产保值并保持较好的流动性，以满足日常开支、突发事件及女儿一年后大学教育的资金需要。

一是进行教育储蓄计划。以女儿名字开设教育储蓄账户，从现在开始每月从储蓄账户中自动转存555元到教育储蓄账户，为期3年，到大学三年级时可取出2万元。教育储蓄作为零存整取储蓄将享受整存整取利息。

二是申请教育助学贷款。在大学一年级入学时，凭学校入学证明，用30万元的住房在银行申请4万元教育助学贷款，用来支付大学一、二年级的学费、生活费，此项贷款每季度扣息，毕业后3年内归还本金。

**启示：**

通过案例可以看到，吴女士经济条件一般，近期又面临大量教育资金需要，但吴女士通过教育储蓄和教育贷款相结合的办法巧妙解决了短期教育资金需求，圆了女儿的大学梦。但同时应该看到，吴女士因为缺乏教育理财知识，没有做好长期的教育理财规划，导致了目前的困境。虽然最终解决了这一个问题，但增加了以后的经济负担。

**案例资料8-2**

## 富裕型家庭的子女教育理财规划

李先生，40岁，儿子14岁，2年后想去加拿大留学读高中直到硕士毕业。李先生家庭经济实力较强，已准备50万元出国留学费用。李先生全家都有较充足的保险保障。

**问题思考：**

1. 测算李先生教育金投资需求。
2. 李先生现有教育金是否足够，应如何安排？
3. 不足教育金如何解决？

**分析线索：**

1. 教育资金需求

按现在的费用水平，小孩到加拿大读书的资金需求为：高中3年，每年约12万元；本科4年，每年约12万元；硕士2年，每年约15万元。但该数据为现在的数据，以后的费用可能增长，我们按年均3%的增长率规划将来的教育费用，则将来小孩在加拿大留学的费用如下表所示。

**李先生儿子加拿大留学预计费用**

| 留学阶段 | 高中 | | | 本科 | | | | 硕士 | |
|---|---|---|---|---|---|---|---|---|---|
| 年份 | 2014 | 2015 | 2016 | 2017 | 2018 | 2019 | 2020 | 2021 | 2022 |
| 子女年龄 | 16 | 17 | 18 | 19 | 20 | 21 | 22 | 23 | 24 |
| 费用（万元） | 12.7 | 13.1 | 13.5 | 13.9 | 14.3 | 14.8 | 15.2 | 19.6 | 20.2 |

2. 已有教育资金安排

李先生已经为小孩准备了50万元的出国留学费用，建议将该笔资金安排为子女留学前4年的教育费用——前4年的教育费用合计为53.2万元。

考虑到2年后小孩就要出国就读高中，已有的这一笔资金进行保守的储蓄投资安排：将现有的50万元等分为4笔定期存款，每笔12.5万元，考虑到现在利率偏低，可以都安排为1年的定期存款，避免存期过长而造成利率损失。

小孩出国留学当年，支取其中最快到期的一笔定期存款。

特别说明：该笔资金的定期储蓄投资收益率假设为年均2%，如果能保持2%的收益率，到小孩留学后的第4年末，还可以剩余0.4万元。

3. 不足教育资金安排

已有的50万元只能满足孩子前4年的教育费用需要，本科后3年和硕士2年的费用需要另行筹备。按3%考虑教育费用的增长率，后5年的教育费用累计约需要84万元。

如果从现在开始积累不足的教育资金，到现在的已有资金支取完，还剩余约6年时间。如果该笔资金积累能保持年均5%的收益率，6年内要积累84万元，每年需要追加教育资金约

12.4万元。该笔资金要达到5%的年均收益率，按中国金融市场相关投资品种的历史表现，比较有效的投资安排是银行存款60%、债券10%、基金25%，股票5%，即每年初将7.4万元、1.2万元、3.1万元和0.6万元分别投资到银行存款、债券、基金和股票。

考虑到资金的安全性，建议将该笔资金分成5等分，全部转移到基本没有风险的储蓄或债券产品。

特别说明：前6年的预期收益率为5%，后5年的预期收益率为2%。

上述投资能否最终实现年均5%或2%的收益率，取决于未来国内的市场表现。6年后，如果该笔资金未达到目标累计金额84万元，不足部分可以一次性从当年的收入或家庭已有财富积累中支取补足，也可以在费用支取当期分次从当年收入或已有财富积累中支取弥补。

特别说明：如果费用增加，某笔定期存款支取时，不能满足当期孩子教育费用，可用财富积累或者当期收入弥补。

该安排未考虑人民币对加拿大元的汇率变化，如考虑到人民币升值趋势，汇率变化应该不会增加孩子在加拿大的教育资金需求。

## ※思考与练习

### 一、问答题

1. 什么是个人教育理财？

2. 子女教育理财规划应遵循什么原则？

3. 个人教育理财工具有哪些？各有什么特点？

4. 个人教育理财有哪些步骤？

### 二、案例分析题

1. 罗女士，今年36岁，浙江省宁波市一名普通的教师，每月工资约6000元，现有两套住房市值约96万元，定期存款20万，基金投资5000元，定投每月500元。其他家庭资产共计12万，6年前购买了汽车。开支：每月衣食费 1500元，交通费1000元，其他1000元。理财目标：希望有足够的保障并扩大投资比重，并给子女攒够未来的教育资金。

2. 廖先生，33岁，国家公务员，月薪1600，年底奖金3000；妻子32岁，医院护士，月薪1800，年底奖金2000；儿子10岁；家庭生活开支平均1400元/月。资产状况，目前有6万元的银行存款、1万元股票以及1万元债券，还有一套价值20万元的自住房。有点小生意投入6万，月入1500元。本人有一份九九鸿福人寿保险，保单价值1万元，还有一年付清；儿子有2份六六鸿福人寿保险，16年期，保费支出1100元/年，还有6年，希望儿子以后能够出国留学。廖先生计划3年后买车，预计支出8万元。期望存款能每月稳定递增并能够投资。请为其设计合理的教育规划。

3. 肖先生，33岁，太太，30岁，两人均在某科技公司上班，有一个3岁的儿子。目前，房子现值90万，定期存款5万元，股票10万元，夫妻每月收入共计12800元。每月支出有：育儿800元，日用2500元，汽车1000元，股票1000元，房贷支出2500元，还有15年才能还清的贷款，合计支出7800元，除去各项开支，每月余额5000元。请为其制订一个合适的教育理财方案。

# 第9章

# 个人退休养老理财

**本章重点**

1. 我国养老保险体系。
2. 商业养老保险的五大关键词。
3. 影响个人退休养老理财需求的因素。
4. 个人退休养老理财策划。

**学习目标**

1. 了解社会养老保险的概念与特点以及养老保险体系的几个层次。
2. 掌握商业养老保险的五大关键词。
3. 掌握影响个人退休养老理财需求的因素。
4. 学会根据个人的养老保险需求，结合个人和家庭资产状况，实现养老理财。

# 1. 养老保险

**引例：**

中国老龄办2012年7月10日发布的《2011年度中国老龄事业发展统计公报》显示，截至2011年末，中国60岁及以上老年人口已达1.8499亿，占总人口的比重达13.7%。

报告还着重反映了养老保障、医疗保障在应对人口老龄化中的作用。截至2011年末，中国城镇职工基本养老保险参保人数达到2.84亿人，比2010年底增加2684万人，增长10.4%；城镇居民社会养老保险和新型农村社会养老保险参保人数共计3.32亿人。城镇基本医疗保险参保人数4.73亿人，新型农村合作医疗保险参保人数8.32亿人。

## 一、社会养老保险

社会养老保险是世界各国较为普遍流行的一种社会保险制度，是指国家和社会根据一定的法律和规划，为解决劳动者在达到国家规定的解除劳动义务的退休年龄，或因年老丧失劳动能力退出劳动岗位后的基本生活而建立的一种社会保险制度。

### （一）社会养老保险的特点

社会养老保险的产生和发展，是与国家的政治经济和社会文化紧密结合在一起的，是社会化大生产的产物和社会进步的标志。社会养老保险是社会保障制度的重要组成部分，是社会保险五大险种中最重要的险种之一，它具有以下特点。

1. 国家立法强制实行，企业单位和个人都必须参加，符合养老条件的人可向社会保险部门领取养老金。

2. 养老保险费用，一般由国家、单位和个人三方或单位和个人双方共同负担，并实现广泛的社会互济。

3. 养老保险具有社会性，影响大，涉及人员多，花费时间长，费用支出庞大，必须设置专门机构实行现代化、专业化、社会化的统一规划和管理。

### （二）社会养老保险的意义

社会养老保险从建立以来到今天一直在不断地调整和改善，每一次的改进都给人们的生活带来极大的改变。参加社会养老保险不仅对家庭和个人有重要的作用，对国家和社会的长期稳定发展也有极大意义。

1. 通过建立养老保险的制度，有利于劳动力群体的正常代际更替，老年人年老退休，新成长劳动力顺利就业，保证就业结构的合理化，有利于保证劳动力再生产。

2. 养老保险为老年人提供了基本生活保障，使老年人老有所养。随着人口老龄化的到来，老年人口的比例越来越大，人数也越来越多，养老保险保障了老年劳动者的基本生活，等于保障了社会相当部分人口的基本生活。对于在职劳动者而言，参加养老保险，意味着对将来年老后的生活有了预期，免除了后顾之忧，从社会心态来说，人们多了些稳定、少了些浮躁，这有利于社会的稳定。

3. 有利于促进经济的发展。各国设计养老保险制度多将公平与效率挂钩，尤其是部分积累和完全积累的养老金筹集模式。劳动者退休后领取养老金的数额，与其在职劳动期间的工资收入、缴费多少有直接的联系，这无疑能够激励劳动者在在职期间积极劳动，提高效率。

**（三）我国的养老保险体系**

2009年，国务院召开常务会议，研究部署开展新型农村社会养老保险试点，会议指出，建立新型农村社会养老保险制度，作为我国养老保险体系的补充。目前我国基本建立了包括基本养老保险、新型农村社会养老保险、企业补充养老保险、个人储蓄性养老保险四个层次的保险制度。后两个层次中，企业和个人既可以将养老保险费按规定存入社会保险机构设立的养老保险基金账户，也可以选择在商业保险公司投保。

1. 基本养老保险

基本养老保险是按国家统一的法规政策强制建立和实施的社会保险制度。企业和职工依法缴纳养老保险费，在职工达到国家规定的退休年龄或因其他原因而退出劳动岗位并办理退休手续后，社会保险经办机构向退休职工支付基本养老保险金（也称“退休金”）。基本养老金由基础养老金和个人账户养老金组成。基本养老金=基础养老金+个人账户养老金+过渡性养老金。目前，按照国家对基本养老保险制度的总体思路，未来基本养老保险目标替代率确定为58.5%。基本养老金主要目的在于保障广大退休人员的晚年基本生活。

（1）基本养老保险费数额的计算。基本养老保险费由企业和职工个人共同负担：企业按本企业职工上年度月平均工资总额的20%缴纳（部分省市略有调整），职工个人按本人上年度月平均工资收入的8%缴纳。城镇个体工商户、灵活就业人员和国有企业下岗职工以个人身份参加基本养老保险的，以所在省上年度社会平均工资为缴费基数，按20%的比例缴纳基本养老保险费。例如：2010年4月份某省公布的2010年度全省社会平均工资为40000元，因此2011年缴费金额=40000×20%=8000元。

（2）企业养老缴费基数确定。视以下两种情况而定：职工缴费工资高于所在省上年度社会平均工资300%的，以所在省上年度社会平均工资的300%为缴费基数；职工缴费工资低于所在省上年度社会平均工资60%的，以所在省上年度社会平均工资的60%为缴费基数。

个人身份参加养老保险的以当地上年度在岗职工社会平均工资的一定比例作为个人缴费基数，可选择的档级为60%、80%、100%，基于目前社会平均工资逐年提高，考虑到个人承受能力，部分省市增加40%的档级。

（3）养老保险的申请、变更和终止。根据《社会保险费征缴暂行条例》规定，用人单位应当在成立之日起30日内，持营业执照或者登记证书等有关证件，到当地社会保险经办机构申请办理社会保险登记。社会保险经办机构审核后，发给社会保险登记证件。用人单位的社会保险登记事项发生变更或者用人单位依法终止的，应当自变更或者终止之日起30日内，到社会保险经办机构办理变更或者注销社会保险登记手续。用人单位必须按月向社会保险经办机构申报应缴纳的社会保险费数额，经社会保险经办机构审核后，在规定的期限内缴纳社会保险费。职工个人应当缴纳的社会保险费，由所在单位从其本人工资中代扣代缴。社会保险经办机构应当按规定建立和记录个人账户。

（4）养老保险申请条件。职工按月领取基本养老金必须具备三个条件：达到法定退休年龄，并已办理退休手续；所在单位和个人依法参加养老保险并履行了养老保险缴费义务；个人缴费至少满15年（过渡期内缴费年限包括、视同缴费年限）。目前，我国的企业职工法定退休年龄为：男职工60岁；从事管理和科研工作的女职工55岁；从事生产和工勤辅助工作的女职工50岁，自由职业者、个体工商户女性年满55周岁。

2. 新型农村社会养老保险

新型农村社会养老保险（简称“新农保”），是社会保障体系的一个重要组成部分，是一种普惠制、福利性的社会保障事业；是由个人缴费、集体补助和政府补贴组成，保障老年基本生活的一种社会保障制度。是继取消农业税、农业直补、新型农村合作医疗等政策之后的又一项重大惠农政策。

（1）新农保的基本原则

坚持“保基本、广覆盖、有弹性、可持续”的基本原则。坚持保障水平与经济发展相适应；权利与义务相对应；政府主导和农村居民自愿参保相结合；个人缴费、集体补助、政府补贴相结合。

（2）参加新农保的好处

①能保障年老后基本生活，实现老有所养；②减轻子女赡养负担；③可以增加家庭经济收入；④促进社会和谐稳定。

（3）新农保与老农保的区别

①筹资渠道不一样。新农保有政府补贴，老农保完全靠个人缴费；②缴费方式不一样。新农保规范了缴费基数和年限，老农保缴费很随意；③待遇结算不一样。新农保的待遇采取个人账户与统筹账户相加的结算方式，并建立了增长机制；④记账方式不一样。新农保采取个人统账结合的记账方式，即个人账户与统筹账户相加，老农保只有个人账户；⑤基金管理模式不一样。新农保设立财政专户，由财政部门进行基金管理，确保了基金安

全运行。

（4）新农保缴费及政府补贴

个人缴费设为每年100元、200元、300元、400元、500元5个档次。参保人自主选择缴费档次，一年一定，按年缴费。

政府对符合领取条件的参保人按中央确定的基础养老金标准每人每月55元给予全额补助。另外，对参保人缴费（不含补缴）给予补贴，补贴标准为每人每年30元。

**链接〉〉〉〉〉〉**

**广西2012年起实现新农村社会养老保险全覆盖**

自2012年1月1日起，广西实现新农村社会养老保险制度（以下简称“新农保”）全覆盖，全区适龄农民逐步解决老有所养问题。根据“新农保”实施方案，广西新农保基础养老金标准为每人每月55元，将坚持群众自愿参保，充分运用财政补贴引导，吸引更多农村居民参保，扩大覆盖面。同时，坚持政府和个人共担责任，政府要对无力承担个人责任的困难群众代为缴费，帮助其参保。

3. 企业补充养老保险

企业补充养老保险是指由企业根据自身经济实力，在国家规定的实施政策和实施条件下为本企业职工所建立的一种辅助性的养老保险。它居于多层次的养老保险体系中的第三层次，由国家宏观指导、企业内部决策执行。企业补充养老保险与基本养老保险既有区别又有联系。其区别主要体现在两种养老保险的层次和功能上的不同，其联系主要体现在两种养老保险的政策和水平相互联系、密不可分。企业补充养老保险由劳动保障部门管理，单位实行补充养老保险，应选择经劳动保障行政部门认定的机构经办。企业补充养老保险的资金筹集方式有现收现付制、部分积累制和完全积累制三种。企业补充养老保险费可由企业完全承担，或由企业和员工双方共同承担，承担比例由劳资双方协议确定。企业内部一般都设有由劳资双方组成的董事会，负责企业补充养老保险事宜。目前的企业补充养老保险有以下一些共同特点：（1）采用个人账户积累模式；（2）一般情况下，只有企业缴费，职工个人不缴费；（3）缴费来源主要是企业的自有基金、奖励与福利基金，基本不能享受税收优惠政策；（4）积累基金只能存银行、买国债，不能进行市场化投资；（5）企业自愿建立，国家不强制。

链接〉〉〉〉〉〉

**实行企业补充养老保险符合国际惯例**

世界上多数实行市场经济的国家都推行了企业补充养老保险。如美国，基本养老金提供的养老金相当于退休前平均工资的40%，补充养老金约为30%，大约有70%的企业加入了补充养老保险计划。德国1975 年通过了《企业补充养老保险法》，补充养老金相当于在职工资收入的15%，有1/3的企业参加了补充养老保险。在日本参加了厚生年金（即基础养老金）的民营企业60%实行了补充养老保险制度。

4. 个人储蓄性养老保险

个人储蓄性养老保险是由职工根据个人收入情况自愿参加的一种养老保险形式。个人储蓄性养老保险由职工个人自愿选择经办机构，个人、储蓄性养老保险基金由个人所有。由社会保险机构经办的职工个人储蓄性养老保险，由社会保险主管部门制定具体办法，职工个人根据自己的工资收入情况，按规定缴纳个人储蓄性养老保险费，记入当地社会保险机构在有关银行开设的养老保险个人账户，并应按不低于或高于同期城乡居民储蓄存款利率计息，以提倡和鼓励职工个人参加储蓄性养老保险，所得利息记入个人账户，本息一并归职工个人所有。职工达到法定退休年龄经批准退休后，凭个人账户将储蓄性养老保险金一次总付或分次支付给本人。职工跨地区流动，个人账户的储蓄性养老保险金应随之转移。职工未到退休年龄而死亡，记入个人账户的储蓄性养老保险金应由其指定人或法定继承人继承。

## 二、商业养老保险

商业养老保险是以获得养老金为主要目的的长期人身险，它是年金保险的一种特殊形式，又称为退休金保险，是社会养老保险的补充。商业养老保险则是建立在自愿的基础之上，通过合同形式确立的一种较高水平的生活保障。商业养老保险最主要的特点是其较高的保障水平，并且用户可以灵活地选择保障程度。在一些发达国家，商业养老保险是和房产、汽车并列的高档消费品。一个人在其一生之中从20岁到60岁只有大约40年的时间有收入，因此必须考虑如何将这些收入连续地分配到没有收入的时间中去。商业养老保险是比较适合这种需要的一种投资方式。

商业性养老保险的被保险人，在交纳了一定的保险费以后，就可以从一定的年龄开始领取养老金。这样，尽管被保险人在退休之后收入下降，但由于有养老金的帮助，他仍然能保持退休前的生活水平。商业养老保险，如无特殊条款规定，则投保人缴纳保险费的时间间隔相等、保险费的金额相等、整个缴费期间的利率不变且计息频率与付款频率相等。

链接〉〉〉〉〉〉

**商业保障型寿险**

商业保障型寿险是人寿保险中着重身故、生活无法自理或生存养老金保障的一类保险。包括以承保约定保险期间内的身故责任为主的定期寿险，兼顾身故和护理费用、养老作用的护理保险、两全保险等。如：泰康爱相随定期寿险(20年)，年龄：18-50，保险期限：20年；安联安顺齐乐定期寿险，年龄：18－55，保险期限：1年；合众爱家无忧定期寿险（保障至70周岁），年龄：18－50，保险期限：保障至70周岁；幸福祥利两全（分红型）保障计划，年龄：0－50，保险期限：保障至80周岁；人保健康全无忧长期护理个人健康保障计划，年龄：6－59，保险期限：至100周岁；阳光人寿财富年年两全保障计划，年龄：0－57，保险期限：至80周岁。

1. 商业养老保险的种类

目前市面上的商业养老保险，根据是否具有分红的功能，大致可以分为两大类：传统养老险和分红型养老险。其中，后者又在近几年有新的产品出现，比如万能险和投资连结险。传统养老险和分红型养老险最根本的区别在于，两者的预定利率设置不同。前者的预定利率是确定的，后者有一个保底利率，但相对前者要低许多，或者根本就没有保底，但有投资收益的可能。从产品功能来说，无论是传统养老险还是分红型养老险，都各有利弊，不能绝对地说哪一个更好，只能说更合适哪一类人。大致来说，商业养老保险具体可以分为以下几种：

（1）传统型养老险。传统型养老保险是以固定的费率及生命表作为费率厘定基础的养老保险。传统型养老险是固定缴费、定额利息、固定领取。保险公司有一个按生命表计算的费率表，不同年龄有不同的缴费标准，缴费到退休，然后开始领取；也可以选择按月或按年缴费，在缴费时就确定了未来的领取金额，预定利率一般在2%－2.4%。

（2）分红型养老险。分红型养老险是在利率波动及通货膨胀为背景，而产生的具有较强的防止利率波动及抵御通胀能力的产品，是养老险有效的补充产品。这种产品会为你设立一个有保底的个人账户，保险公司经营有盈利的话就会拿出一部分钱出来分红，保户能够享受到保险公司的经营成果。

（3）万能型寿险。万能型寿险是一种长期的理财手段。这一类型的产品在扣除部分初始费用和保障成本后，保费进入个人账户，个人账户部分也有保证收益，目前一般在2%－2.5%左右，有的也与银行一年期定期利息挂钩。此外，还有不确定的额外收益。

（4）投资连结保险。投资连结保险简称投连保险。也称单位连结、证券连结、变额寿险等。投资连结保险顾名思义就是保险与投资挂钩的保险，是指一份保单在提供人寿保险时，在任何时刻的价值都是根据其投资基金在当时的投资表现来决定的。

2. 解读商业养老保险

（1）年金保险。目前，保险市场上绝大多数商业养老产品，都是按限期缴费的年金保险，即投保人按期缴付保险费到特定年限时开始领取养老金。如果年金受领者在领取年龄前死亡，保险公司或者退还所缴保险费和现金价值中较高者，或者按照规定的保额给付保险金。年金保险和生存保险都是以被保险人在保险有效期内生存为给付条件，年金保险是生存保险的一个变种，但是两者之间仍然有所区别。前者在保险期限内生存时由保险公司按照约定的期限和方式给付保险金，后者在被保险人生存至保险期满时由保险公司一次性给付保险金。

（2）领取方式。商业养老保险通常有定额、定时或一次性趸领三种领取方式。趸领是在约定领取时间，把所有的养老金一次性全部提走的方式。定额领取的方式和社保养老金相同，即在单位时间确定领取额度，直至将保险金全部领取完毕。社会保险养老金是以月为单位时间，而商业养老保险多以年为单位，如平安人寿的长青终身养老年金保险等，都采取按年给付的方式。定时，自然就是约定一个领取时间，根据养老保险金的总量确定领取的额度，例如确定要15年领取完养老金，那么保险公司将根据养老金总额，确定每年可以领取的具体额度。有些养老年金保险合同中有约定的时间，有些可以自由选择领取的方式，中间亦可以更改。

（3）领取时间。我国法定的退休年龄为女性55周岁，男性60周岁，社会保险养老金即是按照这两个年龄段进行领取。相比之下，商业养老保险的领取时间则灵活得多，提供了领取时间的多种选择，并且在没有开始领取之前可以更改。年金领取的起始时间通常集中在被保险人50、55、60、65周岁这四个年龄段，也有更早或更晚的。

链接〉〉〉〉〉〉

**世界主要国家法定退休年龄一览表**

| 国家 | 现行标准 | 第一步调整 | 第二步调整 |
|---|---|---|---|
| 美国 | 66 | 67（2027） | 70（提案） |
| 英国 | 男65，女60 | 65（2011） | 68（2024－2046） |
| 意大利 | 男65，女60 | 65（2018） | 68（2050） |
| 韩国 | 60 | 61（2013） | 65（2033） |
| 德国 | 65 | 67（2012－2029） | |
| 以色列 | 男65，女60 | 男67，女64 | |
| 新加坡 | 62 | 67 | |
| 日本 | 60 | 65（2006－2013） | |
| 法国 | 60 | 62（2018） | |
| 印度 | 58－60 | 60 | |
| 巴西 | 男60，女55 | | |
| 俄罗斯 | 男60，女55 | | |
| 中国 | 男60，女55 | | |

注：表中圆括弧里的数字代表实施的具体年份。

（4）保险期间。所谓保险期间，简单来说就是从保险合同生效到终止的时间跨度。在被保险人正常生存的情况下，保险期间将直接关系到养老金领取的时间长度。目前，定期和终身的养老保险产品都非常之多。

（5）保证领取。养老金是以被保险人生存为给付条件的一种保险，为避免被保险人寿命过短损失养老金的情况，不少养老险都承诺10年或者20年的保证领取期。也就是说，若被保险人如果没有领满10或20年的保证领取期，其受益人可以继续将保证领取期内的余额领取完毕。

# 2. 个人退休养老理财

**引例：**

黄女士，今年56岁，去年刚刚退休，退休前在某大型医疗机构工作，拥有高级职称，收入待遇都很好。先生在大学里当教授，收入也很不错。儿子大学毕业后在外地做技术工作，收入很优厚，经济完全独立，不需要父母贴补，还常常请父母外出旅游。老夫妻别无他求，只盼早日抱孙子。夫妻收入稳定，还有两套房子，总价值超过200万元，一套自住，另一套出租，月租金1200元。此外，还有30万元投资于证券市场。虽然儿子也一再鼓励消费，但夫妻几十年养成了生活节俭的习惯，仍然不知道钱往哪里花。

## 一、退休养老理财的必要性

随着经济社会的快速发展和人民生活水平的大幅提高，国人的平均寿命在不断延长。我国目前已经进入老龄化社会，老龄化速度快，老年人口数量大。预计2045—2050年，我国的老龄人口将达到历史的最高峰4.54亿，占到当时全部人口的28%左右。北京、上海等特大城市的老年人还将达到全部人口的40%－45%之多。与此关联密切的退休养老等问题，就会很现实地摆在国人面前，国人对退休养老规划的关注亦与日俱增。大多数国家居民退休金的来源主要有三个方面：①社会基本养老制度提供的退休金；②企事业用人单位、雇主提供的企业年金或团体年金；③个人参与的养老储蓄和商业性年金保险。

就我国当前的情况来说，国家社保制度只能保障居民晚年基本生存对退休金给付的需要，还不能达到幸福生活的要求。企业年金制度刚刚起步，还相当不成熟，居民很难通过这一途径获得退休后的坚实保障，约有30%－50%的退休金还需要居民自己筹集。国人素有“养儿防老”的传统，但随着计划生育的实施，“四二一”家庭大量出现，未来子女养老负担将越来越重，在赡养父母方面逐渐变得“心有余而力不足”。如期望退休后能安享天年，过上财务自主，独立，有尊严的生活，退休养老规划就应该得到足够的重视。

养老策划应该未雨绸缪，策划编制、运作得越早越好，曾有人提出过“三十岁做出养老规划”的话题。虽然，30岁年龄段的人士距离退休还尚远，似乎不急于考虑养老问题，但中国正步入老龄化社会，靠儿孙养老的时代已经结束。从经济核算的角度看，考虑到保险收益计算的复利因素，30岁投保更为合算。处于30岁年龄段的人士正处于事业的上升阶段，有较强的经济能力和足够的时间，通过各种理财手段为自己积累足够多的财富。及早制定自己的养老规划，实现退休后的财务目标，比40、50岁年龄段的人士更有优势。

表9-1　退休投资收益率比较表

| 开始投资年龄 | 投资总年数 | 月投资额（元） | 年投资额（元） | 总投资额（元） | 累计价值（万元） | 增值倍数 |
|---|---|---|---|---|---|---|
| 25 | 40 | 85 | 1020 | 40800 | 100 | 23.51 |
| 30 | 35 | 155.5 | 1866 | 65310 | 100 | 14.31 |
| 40 | 25 | 532 | 6384 | 159600 | 100 | 5.26 |
| 50 | 15 | 2001.0 | 24012 | 360180 | 100 | 1.78 |

假定某人期望到60岁退休时能有100万元用于养老补贴，在投资回报率12%的情形下，开始投资年份分别从25、30、40和50岁时投资的成本和收益状况。从表11-1中可以看出，投资年份越早，所得收益就越高。若期望在60岁退休时养老金能够达到100万元，25岁开始投资时，每个月的投资额只需要85元，总投资为40800元，增值率为23.51倍，十分可观；而到50岁才开始投资时，每个月需要投资2001元，总投资额要达到360180元，增值率就只有1.78倍了。

## 二、影响退休养老理财规划的因素

为了确保退休计划方案的成功，个人需要尽早开始考虑制定退休计划并且通过一套科学、系统的程序来保障退休资金的充分积累。在某些方面，制定退休计划充分体现了财务策划的基本特征。制定退休策划是一个长期的过程，比财务策划中其他组成部分具有更强的前瞻性，且由于退休计划方案将给家庭的当前和未来生活水平带来极大的影响，因此它更需要借助富有远见的专门人员的策划。一旦退休计划制定得比较合理并且得到顺利执行，自己便可获得对未来退休生活的保障乃至由此取得丰厚的回报。一般来说，影响退休养老理财规划的有以下一些因素。

1. 预期寿命的增长。科技进步显著延长了人的寿命已是一个不争的事实，而与此同时人的退休年龄却没有明显延迟，现代人便有了一个更长的退休生活期。当然，长寿固然是好事，但更长久的退休生活也意味着人们需要在退休之前有更多的储蓄、更好的规划。

2. 性别差异。尽管男女平等是社会进步的标志，男性与女性在许多方面存在差异却是事实。一般来说，女性比男性要活得更长，但由于某些原因，女性的养老金状况却往往要比男性差。根据美国劳工部的数据显示，美国46%的男性拥有个人养老金计划，而女性仅有39%拥有这一计划；同时，55%的男性退休者可以获得养老金收益，而女性仅为32%。

3. 提早退休。有些人会因为种种原因而提早退休。例如，工作太过劳累，对工作产生了厌恶情绪，健康状况不佳，家庭问题或者干脆是为了提前享受等。此外，在某些情况（比如经济不景气等）下，雇主可能出于降低成本等考虑而推出提前退休计划，鼓励员工提早退休。一般来说，各个国家在退休年龄方面都有不同的规定，有些国家是65岁，而有些国家则是60岁甚至是55岁。

4. 社会保障与养老金资金紧张。尽管新的劳动者队伍为社会保障和养老金计划提供着源源不断的资金，但在某些特殊的情况下，社会保障与养老金计划也有可能出现资金紧张。例如，2000年全球性的股市下跌，造成美国著名的养老金计划401（K）20多年以来的第一次亏损，资产价值跌去720亿美元。投资失败并不是造成社会保障和养老金计划资金紧张的唯一原因，近年来在许多国家开始出现的人口老龄化趋势，也给社会保障和养老金计划带来了沉重的负担。

链接〉〉〉〉〉〉

**养老之忧 资金之困**

根据社会科学院世界社保研究中心主任郑秉文最新给出的数字，2011年城镇基本养老保险个人账户“空账”已经超过2.2万亿，较2010年增加约5000亿。

在我国，社会养老保险一直以来被看作是退休后收入的最重要支柱。随着人口老龄化日益加剧，我国养老保障账户的缺口成了人们普遍关注的问题。有报道说，2013年全国养老金缺口将达到18.3万亿元；也有报道说，2010年底，基本养老保险基金累计结存为1.54万亿元；2011年末，结存1.94万亿元。众说纷纭，莫衷一是。

5. 其他不确定因素。在人的一生中，需要面对许多的不确定因素，而其中总有一些因素会对退休生活带来影响，例如通货膨胀、个人和家庭成员的健康状况、医疗保险制度的变化、市场利率波动等。制定退休养老规划即是应对这些不利因素，保障退休生活的重要程序。人们应当通过建立具有一定弹性的退休计划，应对未来可能出现的不确定因素。制订退休规划的目的是，通过对个人可用财务资源的正确规划，满足在退休阶段的个人财务需要。制定退休规划是整个理财规划程序中一个关键性的组成部分，缺少退休策划的理财规划程序是不完整的。从某种意义上说，几乎没有一个财务目标比获得舒适的退休生活更加重要。

## 三、个人退休养老理财的基本渠道

如果仅靠有限的退休金是无法保证退休后有较高的生活水平的。理财方式的选择将成为决定个人贫富差距的关键性因素。目前市场上的金融产品很多，从风险和收益关系考虑，比较适合退休养老理财的工具包括储蓄、基金、债券（主要是国债）、银行短期理财产品以及一些针对老年人的保险。为使教材内容不重复，以下仅作简单介绍，具体内容见各相关章节。

### （一）退休养老理财的工具

1. 储蓄

一个家庭的应急准备金不可低于可投资资产的10%。一般应保留一定份额的银行存款作为备用金，以应不时之需。另外，可以利用银行开展的代客理财业务办理活期自动转成定期、定期存款设定不同组合、自动转存或购买凭证式国债等，充分挖掘储蓄存款的收益。将储蓄作为养老投资不足的地方就是这部分的投资收益很低。因为担心风险，而将资产悉数存入银行，从所得的利息多少就可以看出，目前一年期定期存款的利率为3.25%，这样的收益难以弥补因通货膨胀而造成的资产缩水。

2. 基金

（1）定期定额（变额）基金投资。对于退休前的职工而言，参加定期定额基金投资是不错的选择。即定期（每月、每季或者每年）以固定或者变额的资金投资于基金组合，尤其是对于40岁以下的职工，从长期来看，这种方式非常有效。

（2）开放式基金。如果觉得这家基金管理公司管理得好，就再多交些钱给它管理；如果觉得它管得不好，就把交给它管的钱拿出来。这就是开放式基金运作的原理。为了保证开放式基金资金的安全性，这些钱并不是由基金管理公司保管，而是由专门的托管银行保管的。在美国，开放式基金已经和储蓄一样，成为中等收入以上家庭的常备投资品种。美国百姓主要通过购买开放式基金，然后长期持有，获得长期的“利滚利”增长，为自己打理一份养老保障资金。

（3）组合基金。请专业的理财师设计组合基金进行投资是进行自助性补充养老金的最佳方式。每个人的具体情况不同，如年龄、收入（及其预期）、家庭负担、风险承受力等情况不同，每个人的基金投资组合也应该有所不同。一般而言，当期的年龄是影响基金投资组合的最主要因素。针对补充养老的基金组合投资这个特定的投资行为，要注意以下几点：

第一，尽早形成为退休养老准备资金的观念并形成习惯，最好形成自我强制性的养老储备习惯。

第二，30岁以下的人可以将收入的10%－20%用于补充养老基金组合投资，其余部分扣除日常开销之后，进行银行存款或者其他投资，以备结婚、买房、买车等之需。

第三，31－40岁的人可以将扣除房、车等贷款以及日常开销之后剩余资金的20%－30%用于补充养老基金组合投资。

第四，41岁以上的人补充养老基金组合投资的比例应尽可能大一些，在扣除必需的开销之后，剩余资金的60%－80%都可以用于补充养老基金组合投资。

第五，50岁乃至退休以后的老人则可以将更大的比例用于基金组合投资。如“夕阳红”保守组合所示，其中的股票型基金投资比例已经下降到10%（甚至可以更少），货币基金占了最大的比例（60%），安全性很高。

3. 房地产

房地产投资，有着投资收益稳定、投资风险较小的优势。因而，可以适当地增加房地产投资在整个养老计划中所占的比例。作为养老计划的一部分，房地产投资首先必须目标明确，确定一个明确的、而不是模糊的房地产投资目标。这就是根据自己的投资模型，合理安排房地产投资在养老投资计划中所占有的份额，以及科学选择房地产投资的品种。在房地产投资中有住宅、商铺、写字楼等形式的物业可供选择。不同的物业形式对资金、风险承受能力、获利模式的要求有很大的不同。作为养老计划的房产投资组合，虽然理财专家们一再强调养老退休计划的安全性很重要，但这并不意味着应当排斥风险。我们不能一味地选择控制风险，也应当看重房产投资的获利能力。与普通住宅投资相比商用房产的投资回报率一般平均可以高出2至4个百分点。而且，虽然商用房产的单位价格比较高，但是商用房产的购买面积和购买方式较为灵活。我们可以根据实际情况进行甄选、选择。中国式房地产投资养老计划最好采用住宅（最好是二手房）+商用房（写字楼或者商铺）的投资策略。

4. 保险

保险作为理财的工具之一，一定要在家庭的理财中有一个合理的比例，当利率水平正常或较高时，适宜购买一些养老保险。根据我们的经验，我们认为一般的工薪家庭或者是中等收入的家庭在其收入的10%－20%的范围之内相对用于规划自己的寿险是比较合理的一个考虑。

5. 信托

养老金信托是指委托人把定期缴纳的养老基金交给信托机构，由信托机构按照信托契约管理运用这部分信托财产，并负责在员工退休后向其支付退休金的一种信托业务。随着企业改革和社会保险制度改革的进行，传统的社会福利系统逐渐走向社会化的模式即建立社会统筹与个人账户相结合的养老保险制度。如何管理好庞大的养老基金，关系到每一个劳动者的切身利益和改革的成败。由于各养老保险机构多为行政机关或事业单位，缺乏有效管理的人才和技能，因此普遍遇到如何保值增值的困难。如能开展养老金信托，将养老基金委托给受托机构去运作，则能有效地解决这一困难。一是受托机构作为专业的理财部门，具有良好的管理才能和经验，可确保养老基金的效益；二是信托财产具有独立性，养老基金一旦交付信托，即不受信托公司和委托人财务状况恶化甚至破产的影响，从而确保养老基金的安全性。

### （二）退休养老理财风险控制

许多人在理财上有自己的考虑，面对家庭多年的积蓄，他们不仅注重储蓄，把每个月的结余存入银行，为晚年生活做好积淀，而且不满足于银行存款、国债等低收益产品，期望获得较高的收益。但随着年龄的增长，退休养老的压力越来越大，风险承受能力越来越低，所以理财思路应逐步趋向稳健，理财应首先考虑收益稳妥，减轻风险性投资，避免使养老资金蒙受损失。那么如何控制退休养老理财的风险呢？

1. 理性对待风险，提高应对能力。很多投资者都对风险敬而远之，事实上，风险无时无刻不存在，它给我们带来的恐惧源于我们对风险本身的陌生，而恐惧的程度往往超过了由风险带来的实际损失。风险和收益是孪生兄弟，完全回避风险，就等于拒绝了可能得到的高回报。最为重要的是，经过一段时间以后，因为收益率的不同，投资收益会相差非常大。所以，应该正确认识风险，提高应对能力。

2. 组合投资，降低风险。退休养老投资最理想的模式应按照比例组合搭配，降低投资风险。投资组合可定为30%的股票型基金（作为获取高收益的投资），40%的国债储蓄（作为老年养老资金的储备），30%的银行存款（用于应急备用金）。这种组合既可满足对高收益的追求，又可有效降低投资风险，使资金渐渐增值，并有助于投资者身心健康，不至于承担过大压力。

3. 学会分散和转嫁风险。风险的本质是未来的不确定性，无法消除的话，只能分散和转嫁。对于长期投资来说尤其如此。如果没有承担风险的能力，就让别人来分担你的风险，如银行存款（由银行承担风险）和购买商业养老保险（由保险公司承担风险），虽然与银行和保险公司分享收益，但同时也降低了投资风险。

## 四、个人退休养老理财规划

在大多数国家，人们一般在55－65岁之间退休。就目前的人均寿命而言，这意味着，一般人在退休之后还有10－20年或更长的退休生活。大多数人在退休之后即失去了其正常的工资收入来源，这是一个颇为棘手的问题。为了使退休生活更有保障，人们必须提前制定退休计划，需要未雨绸缪，预先进行基于退休目的的理财规划，将老年时各种不确定因素对生活的影响程度降到最低。

## （一）个人退休养老理财规划原则

理财的通用原则也适用于个人退休养老理财，最重要的是安全稳健、流动性较强、理财方法简单易行。

1. 本金安全最重要

虽说储蓄和购买国债仍是目前老年人选择比较多的理财方式，但由于储蓄收益相对较低，而国债兑现时间长，这些传统的理财方式已经越来越不能满足需求，人们更倾向于选择收益高、回报快同时又不需要投入太多资金和精力的投资方式，但现实生活中往往不能如愿。高回报伴随高风险，退休养老理财应以保证本金安全为第一要义。

2. 保证有充足的现金以备急用

要保证日常开支所需要的现金充足，如饮食、服饰、房租水电、交通、通信、赡养、纳税、维修等，这些支出是家庭生活必需的，不可省略的项目。另外医疗保健是老年人消费支出大头，而且呈现出年龄越大，医疗保健消费支出越多的特点。很多老年人原来的退休金就不高，随着医疗体制改革的不断深化，老年人面临着更大的经济压力。因此，制定退休养老理财规划时必须留有充足的现金作为必要开支，不能为了投资而降低眼前的生活质量。

3. 量入为出养成习惯

工作时，每年至少应将税前收入的10%存入银行。也许当前的投资收益很不错，把钱投入股市能带来更多的回报，但这不可能真正替代你的养老计划。只有养成良好的储蓄习惯，才可能确保后半生无忧。可如果退休在家，那么追加投资资金额应该低于前期投资回报额。在退休初期，建议将投资回报用于再投资时应有所保留，以免财务状况过多受到通货膨胀的影响。一段时间家庭财务状况稳定以后，才可以多挣多花。关键是要处理好信用卡透支问题。我们常常会在手头紧的时候透支信用卡，而且往往又不能及时还清透支，结果是月复一月地付利息，导致负债成本过高，这是最愚蠢的做法。抵押房产贷款炒股等行为更是不可取的。

4. 理财组合多样化，注意整体收益

一般而言，年轻人可以在高科技类股或是新兴市场上多下点注，而上了年纪的人则倾向于将钱投到蓝筹股里，但理智的做法是让你的投资组合多样化。对任何投资者而言，真正有意义的是投资组合的税后整体收益。也就是说，投资效果的好坏关键要看你拿到的扣除税收成本因素的股息、利息和价格增值之和。这个原则对退休者来说尤为重要。这类投资者看重的往往是收益率，但如果单一的收益率增长是以投资组合总体价值的缩水为代价，那么就可能引起危险的后果。

5. 制定计划，防止意外

如果家里还有经济上不能自立的家庭成员需要提供经济支持，应该为他们做一个计划，以免在你出意外时（比如意外伤残、死亡或者卷入诉讼），他们无法正常生活。除了遗嘱和其他一些有关财产的文件外，应尽可能使你的财产组织计划完备清楚。这样，一旦你过世或是丧失行为能力，家人就知道如何处置你的资产。

**（二）个人退休理财常见误区**

在制定退休理财规划的过程中，客户往往根据自己一些不切实际的主观想法，作出不合理的决策，从而影响了自己退休目标的实现。同时，人们由于专业知识和经验的限制，对此问题往往不能及时醒悟并加以恰当调整。

1. 规划开始太迟。许多二三十岁的年轻人认为，在他们这样的年龄就开始为退休生活做准备似乎为时尚早。的确，对于年轻人来说，他们的财务负担往往比较重，例如结婚、生育子女、购房、偿还教育贷款等都需要花费大笔资金，因而通常无暇顾及自己看似遥远的退休生活。这样做的后果是，年轻人会推迟开始制定退休计划的时间，例如推迟到40岁左右负担相对较轻时。然而这类推迟行为最终会对退休目标的实现带来不利影响。因为他们推得越迟，退休时就越可能会面对更大的财务困难，或者为了弥补退休资金的不足而不得不推迟退休。

2. 对收入和费用的估计太过乐观。总会有一些人对自己退休后的经济状况过于乐观，往往高估了退休之后的收入而低估了退休之后的开支，在退休计划上过于吝啬，不愿意动用太多的财务资源。造成这种乐观估计的原因有多种，例如认为退休之后的社会保障、养老金计划或者投资足以保障自己的退休生活，认为在退休之后生活开支会显著下降，认为医疗保障能够承担所有的医疗费用，等等。当然，人们在退休计划上的吝啬也可能是因为别的原因，比如家庭负担过重或者个人的生活方式不同（有些人崇尚及时行乐，而较少考虑未来）。

3. 投资过于保守。与前两种情况相比，投资过于保守更为常见。毕竟，投资总会有风险，人们往往不愿意拿自己的退休生活做赌注，因而更加倾向于谨慎、稳健的投资方式。然而，谨慎是有一定限度的，如果过于保守就会以牺牲回报率为代价。很多时候，人们喜欢把自己的退休计划仅仅当做储蓄账户而不是一种投资工具，他们往往把几乎所有的资金都投入到低风险、低收益率的资产中，例如大额可转让存单、国库券等。虽然我们一再强调退休计划的重要性，但这并不意味着人们应完全排斥风险。在某些情况下，如果投资可以获得合理的回报而又不必承担过大的风险，那么这样的投资在退休计划中是可以考虑的。此外，通货膨胀会不断侵蚀以往积累的财富，过低的回报率不利于长期资本的积累。总的来说，从长期看，过于保守需要负担极大的机会成本，因此通常是不划算的。

以上三个方面的误区往往不是单独出现的，而当它们的影响叠加起来的时候会给人们的退休计划带来更大的障碍。

**（三）个人养老理财规划步骤**

个人养老理财规划是整个人生理财的关键部分，为了晚年能过上有钱有闲或体面尊严的生活，每个人都应该及早制订养老理财方案。制订养老理财方案的过程较为复杂，为能迅速掌握其核心内容，在此将这个过程简化为四个步骤。

1. 估算养老需要用费

估算养老所需要的费用，既包括每年度需要支付养老费用的额度，也包括预期存活年龄，预期存活年龄是难以预计的，每年度的养老用费尤其是重病医疗用费更难以预测。实际上，要准确地预计养老究竟需要多少费用是做不到的，它受到生存寿命、通货膨胀率、存款利率变动、个人和家庭成员的健康状况、医疗和养老制度改革等各种因素的影响。专业理财师为客户做养老理财规划时，常常会按照客户目前的生活质量、需求偏好进行预算。

“养老金替代率”这个指标，是国际通用的衡量劳动者退休前后养老保障水平差异的基本标准，通常以“某年度新退休人员的平均养老金与上年度在职职工的平均工资收入的比例”获得。我国如今已退休的老职工，养老金替代率通常在80％－90％，有人会盼着提前退休，退休后他们仍能维持过去的生活水准甚至还有所提高。但对35岁以下的青年人来说，鉴于老龄化危机日益严重，未来的养老金替代率将会下滑到50%－60%，保障程度将远远低于父辈。针对这一现象，各大商业保险公司已经开始做准备，纷纷推出了自己的养老产品。针对年轻、高收入的白领阶层，保额高达千万的富人险种也纷纷问世。

**链接〉〉〉〉〉〉**

**养老金替代率的具体数值计算**

如：2011年某一城市新退休人员领取的平均养老金为1650元/月，而同年该城市在职职工的平均工资收入为2800元/月，则：2011年该市退休人员的养老金替代率为（1650÷2800）×100%＝58.93%。

以国际经验来说，如果退休后的养老金替代率大于70%，即可维持退休前现有的生活水平；如果达到60%－70%，即可维持基本生活水平；如果低于50%，则生活水平较退休前会有大幅下降。

2. 估算能筹措到的养老金

如果处在一个静态的经济环境中，估算能筹措的养老金会简单得多。现实情况是个人财务预算和财务状况受到不断变化的经济环境，包括薪资水平变化、投资市场行情变化等的影响。只有把问题和困难考虑得多一些，做最坏的打算，才能争取到最好的结果。

3. 估算养老金的差距

如能比较科学合理地估算出养老需要的费用和自己能筹措到的养老费，寻找两者之间的差距就比较容易了。

4. 制定养老金筹措增值计划

人们拥有养老金的数额，直接以收益增长率为依据，在不同的投资收益率下，资金增值的速度有较大差别。根据我国有关部门提供的“十一五”和《2006－2015年经济发展报告》预测，2006－2015年间每年至少会有3%－4%的通胀率，按此水平计算，2015年的200万元只相当于2006年108万元的购买水平。如某个家庭每年需要支出60000元才能维持现有生活水准，200万元也只能支撑18年光阴，还不包括随时可能发生的应急支出。

持续性投资可以让退休金账户不断升值，从而减轻自己的养老负担。用于养老金的投资应当以稳健为主，有较大风险承受能力的低龄老人可以尝试股票、外汇等风险大收益也相对较高的投资，但需要在投资前做好详细的规划。有个方法可做出较好的目标设定，就是在记录本上明确写下来，如表9-2所示。

表9-2　理财目标表

| 目标 | 达成时间 | 所需年数 | 所需金额 | 现有金额 | 现有金额（8%）增长率 | 尚需金额 | 每年需存金额（利率8%） |
|---|---|---|---|---|---|---|---|
| 退休养老规划 | 2021年底 | 12年 | 25000元 | 1500元 | 4000元 | 21000元 | 1100元 |

注：表9-2中的百分比都以年率表示，其中第5项“现有金额”是指现在已准备好要在将来用做退休金的金额，第8项是依据复利表从第7项估算，第6项则依据第5项计算。

必须强调的是，每个人想追求的退休生活和自身所处的情况（像年龄、工作及收入、家庭状况等）都有较大不同，不同的人群设定的目标会有较大差异。即使同一个人的理财目标也会有长期、中期和短期之分，不论目标期限如何，设定时都必须明确而不含糊。

## 3. 案例分析

**案例资料9-1**

李先生是一位律师，今年30岁，月收入约1万元；妻子汪女士是一家公司的法律顾问，今年27岁，月收入在4000元左右，再加年终奖约1万元。目前小家庭年度总收入为17.8万元，年度开支为8万元。李先生预计日后收入会有较大增长，妻子收入相对稳定。李先生计划在1年后按揭贷款买一辆10万－15万元的私家车，并在两三年后生育一个小孩。李先生和妻子的兴趣爱好比较简单，目前未涉足任何投资领域。他们对股票、债券和基金等金融投资方式均不感兴趣。

**问题思考：**

李先生希望自己能于60岁正常退休，退休后的生活水平与目前的生活水平基本相当。

李先生一家的资产负债及收入支出、保障安排等基本状况见下表。

**李先生每月收支表**

| 收入 | 金额（元） | 支出 | 金额（元） |
|---|---|---|---|
| 本人收入 | 10000 | 基本生活开销 | 4000 |
| 配偶收入 | 4000 | 医疗 | 100 |
| 其他收入 | 无 | 房贷 | 1500 |
| 合计 | 14000 | 合计 | 5600 |
| 结余 | 8400 | | |

**李先生年度收支表**

| 收入 | 金额（元） | 支出 | 金额（元） |
|---|---|---|---|
| 年终奖金 | 10000 | 保险费 | 4800 |
| 其他 | 无 | 赡养父母 | 4000 |
| | | 外出旅行 | 4000 |
| 合计 | 10000 | 合计 | 12800 |
| 结余 | -2800 | | |

**李先生家庭资产负债表**

| 资产 | 金额（元） | 负债 | 金额（元） |
|---|---|---|---|
| 银行存款 | 50000 | 公积金住房贷款 | 70000 |
| 房地产（自用） | 550000 | 商业住房贷款（限期10年） | 100000 |
| 资产总计 | 600000 | 负债总计 | 170000 |
| 资产净值 | 430000 | | |

**李先生家庭保障安排表**

| 内容 | 个人保障 | 单位保障 |
|---|---|---|
| 本人 | 养老保险（附加医疗险及意外险），年交保费4800元，交20年，48岁开始领取养老金 | 四金 |
| 妻子 | 无 | 四金 |
| 父母 | 无 | 四金 |

**分析线索：**

1. 估算养老所需要的费用

由李先生一家每月的收支状况表和年度收支状况表可知，全家每年收入为1.4万元×

12+1万元=17.8万元。如李先生在退休后的收入与目前收入的水平相当，考虑通货膨胀的因素，则李先生在60岁时的收入应该为43万元左右。从60岁到80岁，李先生总共需要的养老费用为1238.8万元左右。

2. 估算能够筹措到的养老金

首先，李先生30岁时，每年全家收入17.8万元，根据工资收入平均每年增长5%的假设，李先生一家在退休前总共的工资收入约为1259.5万元。

其次，李先生一家在30岁时，每年家庭开支为0.56万元×12+1.28万元=8万元。李先生准备一年后贷款买车，两三年后生育一个小孩。预计李先生31岁时每年的家庭开支需10万元左右；32岁以后，有了小孩，每年的开支需要在12万元左右。同时根据家庭开支平均每年增长3%的假设，李先生从30岁到60岁，家庭所需的总支出大约为560.6万元。

此外，李先生目前有一套自住房产，考虑到这套房子一般情况下不可能变卖，这里不把该项资产计算在养老规划内（按照我们将在后文谈及的“以房养老”而言，该项房产完全可以打入养老资源的范围之内），还有一笔5万元的存款，因李先生在一年后要按揭贷款买车，这笔费用将用于贷款买车的首付费，也不计算在内。

估算李先生在30年时间里仅靠工资收入能积累多少资金时，为了计算方便，没有把银行利息计算在内。30年时间里，李先生一家仅靠工资收入，且不做任何投资，能积累的资金为1259.5万元－560.6万元=698.9万元。

3. 估算养老金的差距

从60岁到80岁，李先生总共需要的养老费用为1238.8万元，而从30岁到60岁，仅靠工资收入，李先生一家能积累的资金为698.9万元，养老费用的缺口为1238.8万元－698.9万元=539.9万元。可见，仅靠工资收入而不做任何投资规划的话，李先生的养老规划很难实现。这就需要李先生将生活费的结余部分拿出来投资，投资收益正好弥补养老费的不足539.9万元。

4. 制定养老金筹措增值计划

鉴于李先生对股票、债券和基金等金融投资方式均不感兴趣，且作为律师，业余时间有限，没有过多的精力涉足金融投资领域。暂不建议李先生投资股票、债券和基金等。但李先生曾在一家房地产公司做法律顾问，现在接手的案子也大多是房地产方面的，投资房产比较合适。

根据对各种投资预期收益率的分析，投资房产的综合收益率（包括出租和出售）为4%－5%。李先生目前5万元的存款将用于购买私家车，要投资房产还需要用一定时间积累资金。李先生可以5年为一个积累期和投资期。如35岁时，李先生可积累资金大约为52.9万元。李先生35岁时可以投资一处大约50万元的房产。依此类推，在45岁和55岁时，李先生还可以再投资一处房产。这样，如李先生一直持有这些房产，到退休时就可以拥有三处房产。当然，其中可能有买有卖，或不一定等到10年期再投资另一处房产，都要根据当时的情况而定。可以大概估算李先生投资房产的收益情况，如把投资房产的平均收益率定为

5%，从李先生35岁开始到60岁的25年时间里，李先生投资房产的收益大约为915.1万元。

李先生到60岁时，可获得资产为915.1万元+220.3万元（从55岁到60岁，李先生从工资中积累的资金）=1135.4万元。这就是说，李先生如按该计划投资房产领域，到退休前，李先生至少能获得1135.4万元的自有资产，距离1238.8万元的养老费用已经非常接近。

计算时没有把银行利息计算在内，如加上银行利息，或李先生在退休后继续进行房产投资的话，李先生的养老规划完全可以轻松实现。

**案例资料9-2**

李女士是典型的退休老人家庭，老夫妻俩退休后均有稳定的收入。李女士夫妇退休月收入有5000元，自住房产为70平方米左右的老公房，地处市中心，生活方便，多年的老邻居和睦相处，十分投缘。

李女士育有一女，在某外企工作，独立能干，收入不菲。女儿很孝顺父母，一心想着要改善两老的生活水平，两年前出资10万元把老两口的老房子装修一新；去年年初房价相对低迷时，又为父母买下一套200万元的连体小别墅，乐得李女士合不上嘴。

李女士是家里的“财政部长”，一般理财事宜都由李女士拍板。目前家里有股票市值近10万元，还有38万元的定活期存款。由于两老均已退休，因此平时消费也相对不高，除了家里目前还养着一只宠物小狗外，别无额外消费，一般月均开销3000元，每月结余2000元。

**问题思考：**

眼看别墅即将交房，李女士心里不免打鼓，这20万元装修款该怎么筹集呢？

女儿提出由她来付，但李女士夫妇俩说什么也不愿再要女儿花钱了。李女士自己手头的48万元股票和银行存款，如果用来装修，也是很宽裕的，但她心里总有点虚。老两口总要留着钱以后看看病什么的。如果为装修新房，卖掉现在的这套70平方米老公房，也不情愿。这套房子老两口非常有感情，毕竟看病、购物非常方便，还有相伴了几十年的老邻居，不是说卖就下得了手的。出租的话，刚花了10万元装修的房子又怕租客居住时不爱惜。因此，如何筹集这20万元装修款，成了李阿姨当下的一个心事。另外，李女士夫妇的38万元银行存款也老被女儿拿来开玩笑。如何更好地打理这38万元存款，也是李女士的一个心病。

**分析线索：**

1. 李女士是典型的小康老人，没有家庭负担，自己每月都有稳定的收入和稳定的结余。女儿如此能干，李女士不用为下一代的生计、住房等问题担心。老两口也不用为今后的“意外”过于担心，就算有什么三长两短，老两口也有女儿撑腰。因此，其理财应该以生活为主线，注重老两口的具体想法、性格、喜欢的生活方式等。

2. 如果让老两口搬到别墅，李女士在城里的房子很容易租出去。但是，老两口的生活环境和生活方式必然要发生很大的变化。对于老年人来说，一般不如年轻人可以快速地适应这样生活上的巨大变化。住在别墅，出行不方便，对于在城里面生活了大半辈子的老两口来说，会非常不习惯。别墅区里，生活必然要比城里冷清很多，周围的生活设施没有城里那么方便，平时也没有了可以随时唠唠嗑的老邻居，老两口和宠物小狗住在偌大的别墅里，难免会觉得孤单。住别墅引发的第二个问题是，随之而来的生活成本也高了许多。老两口现在住在城里的房子里，一个月的开销3000元，还能有2000元的结余。如果老两口搬到了别墅，一个月的物业费将是一大笔开支。再加上房子大了，如果再请钟点工，开销又多了一大块。因此，如果李女士搬去郊区，一个月5000元的养老金很可能花得所剩无几。

3. 如果继续住在城里的房子，一切倒都方便了，但别墅却很难出租，老两口的生活也没有得到改善。如果换一个思路，只留下一套房子，便能豁然开朗。郊区的别墅，从去年200万元买进，到目前已经涨到260万元，在国家陆续出台的房产政策的持续打压下，增值潜力已经减少，可以考虑卖出。如果要改善老两口的生活，又尽可能地不改变老人熟悉多年的生活环境，可将城里的老公房也卖掉，在城里老公房的附近，买入一套稍大一些的新房。李女士的老公房地处城区，虽然只有70平方米，但市值已达280万元。用卖掉别墅和老公房的资金540万元，可以在原来李女士住的老公房附近，换一套两室两厅的新房或者二手房，花费500万元可以买到很好的房子，装修花费20万元，余下20万元还可以还给女儿。

4. 房子的问题解决了，其他的财也需要好好地梳理一下。老年人理财有着很多突出的特点。首先，与年轻人相比，老年人的抗风险能力相对较弱，因此老年人理财必须充分重视资产的安全性。从资产的角度讲，老年人的收入一般增长幅度不大，而支出需求却有可能随时增加，一旦投资出现亏损，会影响到生活质量；从心理的角度讲，老年人心理承受能力普遍较弱，投资亏损可能对老年人的健康不利。因此，老年人理财要稳字优先，首选风险较低的投资品种。其次，老年人理财也要重视流动性。老年人的意外支出需求，尤其是医疗需求可能增加，持有相当数量的高流动性资产，才能保证在有需要的时候从容不迫。最后，老年人理财也要兼顾到一定的收益性。对于暂时无需动用的资产，可适当投资于股票及基金，赚取一定的收益，提高日常养老和医疗的保障能力。

5. 目前，李女士拥有38万元的存款、10万元的股票以及每月2000元的现金结余。就目前国内经济形势来看，通货膨胀压力有增无减，过多的银行存款只会让自己的资产快速缩水。因此，减少银行存款，让资产保值并能有适当增值，是李女士理财的目标所在。

6. 就李女士拥有的10万元的股票而言，对于老年人来说，由于股票市场风险较高，变动剧烈，且要求较高的专业知识，一般不建议老年人参与这样的投资，李女士可以逐步逢高将股票卖出。当然，也有相当一部分老年人以此为乐趣，每天泡泡证券营业厅，与街坊邻居聚聚，也是一种退休以后的生活方式。如果李女士老两口也有这个习惯，而且炒股的心态很好，留一些钱炒股也不是一件坏事。但是值得注意的是，相对于李女士的收入来说，10万元的股票资产还是稍多了一些。建议李女士逢高卖出一部分股票，仅留5万元在股市里面，其余的5万元，可以购买基金等收益相对稳定，打理起来也更容易的理财产品。

7. 李女士在银行的38万元的存款，其实仅留10万元便可以应付急用，其余的28万元，以及从股市里抽出的钱，可以选择一些稳定型的理财产品，如债券基金，以对抗通胀。可以考虑的债券型基金有工银瑞信强债、华富增强收益等。这类债券型基金一般不能直接参与二级市场的投资，仅限于投资于债券市场和打新股，风险普遍较小，非常适合长期的稳健投资。公募基金的流动性也较强，申请赎回后三到五个工作日便能到账，可以满足老年人对资产流动性的需求。

8. 像李女士这样的小康老人越来越多，房子不用愁，养老金足够花，儿女有出息，老年人什么都不缺，可以安心地享受幸福晚年。对于这样的小康老人，最重要的，就是提高生活质量，并保持愉悦的心情。在提高生活质量上面，做儿女的，其实没有必要太过于改变老年人的生活习惯和生活环境。能够多陪陪父母，或者让老人每年能有机会出去走走，便是给老人最好的礼物。而老年人理财，更要保持一种快乐平稳的心态。这一点，老年人有时有些老顽固，还需要儿女多多开导。在保证生活质量的前提下，以追求稳妥收益为主，保证资产安全，才能让老年生活更加丰富和充实。

## ※思考与练习

### 一、问答题

1. 什么是社会养老保险？它有哪些特征？

2. 我国养老保险制度的构成体系是怎样的？

3. 商业养老保险的五大关键词是什么？

4. 制定退休养老理财规划常见的误区主要有什么？

5. 退休养老理财有哪些渠道？

6. 如何进行个人退休养老理财规划？

### 二、案例分析题

1. 王先生今年63岁，退休前是中学老师，退休月工资2500元，爱人是同事，60岁，退休月工资2400元，他们有私房一套，价值50万元，儿女已成家，没有负担。他们现在手头上有20万元存款，购买过国债，从来没买过股票和基金，请你为他们这样的退休人员设计一个合适的理财方案。

2. 刘奶奶每月有1000多元退休工资，除了必要的生活开支，闲时出去打打小麻将，每月还有结余。刘奶奶家以前把钱存在银行是最重要的打理财产手段。但是近两年来，刘奶奶忽然觉得钱不够用了。刘奶奶爱美，虽然已经60多岁了，仍然不时要添置新衣，以往100多元就能买套好看又好穿的衣服，现在翻一倍也不一定买得到。刘奶奶还馋嘴，时不时要让家人买点零食，而这些不起眼的小吃、水果，价格也在飞涨。再加上不时出现点小病、小痛，刘奶奶存入银行的钱结余越来越少。请你为刘奶奶做一份养老理财规划。

# 第10章

# 个人所得税收筹划

**本章重点**

1. 个人所得税的计税方法。

2. 个人所得税税收筹划。

**学习目标**

1. 了解税收的基础知识。

2. 了解个人所得税的纳税人，掌握个人所得税的征税范围。

3. 了解个人所得税税率，掌握个人所得税应纳税额的计算方法。

4. 了解个人税收筹划的含义与特征，掌握个人税收筹划的原则。

5. 掌握个人税收筹划的策略，学会综合运用各种避税策略合理避税。

# 1. 个人所得税收基础

**引例：中国税负全球第二　工薪族一生缴税超15万**

据2009年发布的福布斯全球税务负担指数显示，中国老百姓的税务负担排在了全球第二的位置（编者注：排名第一的是法国，卡塔尔、阿联酋和中国香港分列全球税负痛苦最轻地区的一、二、三位）。那么，一个普通的中国工薪族，一辈子大概要缴多少税？对此，税务人员分析说，按照目前的税费标准，一个普通的工薪族，如果购房、买车的话，一生要承担的各种税额将超过15万元。

## 一、税收概述

### （一）税收的定义

税收是国家为实现其职能，凭借政治权力，按照法律规定，通过税收工具强制地、无偿地征收参与国民收入和社会产品的分配和再分配取得财政收入的一种形式。它体现了国家与纳税人在征收、纳税的利益分配上的一种特殊关系，是一定社会制度下的一种特定分配关系。税收同国家取得财政收入的其他方式相比，具有强制性、无偿性和固定性的特征。

**链接〉〉〉〉〉〉**

**税收收入是国家财政收入最主要的来源**

马克思指出：“赋税是政府机器的经济基础，而不是其他任何东西。”“国家存在的经济体现就是捐税”。恩格斯指出：“为了维持这种公共权力，就需要公民缴纳费用——捐税。”19世纪美国法官霍尔姆斯说：“税收是我们为文明社会付出的代价。”这些都说明了税收对于国家经济生活和社会文明的重要作用。

富兰克林：“只有两件事无法避免：一是死亡，二是纳税。”

### （二）税种分类

税收分类是从一定的目的和要求出发，按照一定的标准，对各不同税种隶属税类所做的一种划分。我国的税种分类主要有：

链接〉〉〉〉〉〉

**石油天然气资源税从价计征**

修订后的资源税暂行条例从2011年11月1日起在中国全面实施。根据财政部公布的实施细则，原油、天然气的资源税将从现行的从量计征改为从价计征，税率为5%。

目前，中国资源税的征税范围包括七种产品，这七种产品是原油、天然气、煤炭、黑色金属矿原矿、有色金属矿原矿、其他非金属矿原矿以及盐这7个税目。改革后，煤炭等其他五类税目的资源税则沿袭了原有的从量计征，只有石油和天然气是从价计征的，在剩下的5种中间，焦煤和稀土矿的征收额标准都是有所提高的，以煤炭为例，新公布的税率规定每吨焦煤需要交纳的资源税为8元，其他的根据地区不同也有一定差异，每吨在2元至4元不等。修改之前的煤炭的税额征收率是每吨3角到5元钱之间，因此即使是从量递增，税额也是大幅提高了。

对个人理财而言，涉及的税种主要包括个人所得税、车辆购置税、车船税、契税、印花税、营业税，如果办实业、搞运输或从事其他生产经营活动，根据具体经营内容和场所情况，还涉及增值税、消费税、营业税、资源税、城建税、房产税、城镇土地使用税、印花税等。其中最主要的就是针对个人征收的个人所得税，本章以下内容专门介绍个人所得税。

## 二、个人所得税征收制度

个人所得税是对个人（自然人）取得的各项所得征收的一种所得税，属于直接税。近年来，我国个人所得税实现收入快速增长，2011年实现收入6054亿元，同比增长25.2%，个人所得税收入占税收总收入的比重为6.7%。

**（一）纳税人**

个人所得税的纳税义务人，包括中国公民、个体工商业户、个人独资企业、合伙企业投资者、在中国有所得的外籍人员和香港、澳门、台湾同胞。上述纳税义务人依据住所和居住时间两个标准，区分为居民和非居民，分别承担不同的纳税义务。具体如下表所示：

表10-1 个人所得税纳税人判定标准

<table>
<tr><th>纳税义务人</th><th>判定标准</th><th>征税对象范围</th></tr>
<tr><td rowspan="2">居民纳税人（负无限纳税义务）</td><td>1. 在中国境内有住所的个人</td><td>境内所得<br>境外所得</td></tr>
<tr><td>2. 在中国境内无住所，而在中国境内居住满一年的个人。居住满1年是指在一个纳税年度（即公历1月1日起至12月31日止，下同）内，在中国境内居住满365日。临时离境：一次离境不超过30日，多次离境不超过90日</td><td></td></tr>
<tr><td rowspan="2">非居民纳税人（负有限纳税义务）</td><td>1. 在中国境内无住所且不居住的个人</td><td rowspan="2">境内所得</td></tr>
<tr><td>2. 在中国境内无住所且居住不满一年的个人</td></tr>
</table>

### （二）征税对象

个人所得税的征税对象是纳税人取得的各项应税所得，体现了个人所得税的征税范围。《中华人民共和国个人所得税法》规定，下列11项个人所得，应纳个人所得税：

1. 工资、薪金所得

因任职或受雇而取得的工资、薪金、奖金、年终加薪、劳动分红、津贴、补贴以及任职或受雇有关的其他所得。

2. 个体工商户生产、经营所得

这类所得包括：

（1）个体工商户从事工业、手工业、建筑业、交通运输业、商业、饮食业、服务业、修理业以及其他行业生产、经营取得的所得；

（2）个人经政府有关部门批准、取得执照，从事办学、医疗、咨询以及其他有偿服务活动取得的所得；

（3）上述个体工商户和个人取得的与生产、经营有关的各项应税所得；

（4）其他个人从事个体工商业生产、经营取得的所得。

3. 对企事业单位承包经营、承租经营所得

（1）承包、承租人对企业经营成果不拥有所有权，仅按合同规定取得一定所得的，应按工资、薪金所得项目征税；

（2）承包、承租人按合同规定只向发包方、出租人交纳一定的费用，交纳承包、承租费后的企业经营成果归承包、承租人所有的，其取得的所得，按照对企事业单位承包、承租经营所得项目征税。

4. 劳务报酬所得

独立劳动所得，指个人从事非雇佣的设计、装潢、安装、制图、化验、测试、医疗、法律、会计、咨询、讲学、新闻、广播、翻译、审稿、书画、雕刻、技术服务以及其他劳务取得的所得。

5. 稿酬所得

个人因其作品以图书、报刊形式出版、发表而取得的所得。

6. 特许权使用费所得

指个人提供或转让专利权、商标权、著作权、非专利权以及其他特许权的使用权取得的所得。

7. 利息、股息、红利所得

指个人拥有债权、股权而取得的利息、股息、红利所得。国债和国家发行的金融债券利息除外。2008年10月9日（含）以后的个人存款利息所得，暂免征收个人所得税。

8. 财产租赁所得

指个人出租建筑物、土地使用权、机器设备、车船以及其他财产取得的所得。

9. 财产转让所得

指个人转让有价证券、股权、建筑物、土地使用权、机器设备、车船以及其他财产取得的所得。我国股票转让所得暂不征收个人所得税。对个人出售住房按财产转让所得征税。对个人转让自用5年以上并且是家庭唯一生活用房取得的所得，继续免征个人所得税。

10. 偶然所得

指个人得奖、中奖、中彩以及其他偶然性质的所得，是个人在非正常情况下得到的不确定收入。

11. 国务院、财政部门确定应该征税的其他所得。

链接〉〉〉〉〉〉

### 个人所得税的减免优惠

一、免税项目

1. 省级人民政府、国务院部委和中国人民解放军军以上单位，以及外国组织、国际组织颁发的科学、教育、技术、文化、卫生、体育、环境保护等方面的奖金；

2. 国债和国家发行的金融债券利息；

3. 按照国家统一规定发给的补贴、津贴；

4. 福利费、抚恤金、救济金；

5. 保险赔款；

6. 军人的转业费、复员费；

7. 按照国家统一规定发给干部、职工的安家费、退职费、退休工资、离休工资、离休生活补助费；

8. 依照我国有关法律规定应予免税的各国驻华使馆、领事馆的外交代表、领事官员和其他人员的所得；

9. 中国政府参加的国际公约、签订的协议中规定免税的所得；

10. 经国务院财政部门批准免税的所得。

二、减税项目

1. 残疾、孤老人员和烈属的所得；

2. 因严重自然灾害造成重大损失的；

3. 其他经国务院财政部门批准减税的。

**（三）税率**

个人所得税税率按各应税项目分别采用超额累进税率和比例税率两种形式。十一届全国人大常委会第二十一次会议2011年6月30日通过了关于修改《个人所得税法》的决定，将个税起征点由3000元提高到3500元，于2011年9月1日起施行。

1. 工资、薪金所得税率

工资、薪金所得，适用超额累进税率，税率为3%－45%。

**表10-2 工资、薪金所得税率表**

| 级数 | 全月应纳税所得额 | | 税率（%） | 速算扣除数 |
|---|---|---|---|---|
| | 含税级距 | 不含税级距 | | |
| 1 | 不超过1500元的 | 不超过1455元的 | 3 | 0 |
| 2 | 超过1500至4500元的部分 | 超过1455至4155元的部分 | 10 | 105 |
| 3 | 超过4500至9000元的部分 | 超过4155至7755元的部分 | 20 | 555 |
| 4 | 超过9000至35000元的部分 | 超过7755至27255元的部分 | 25 | 1005 |
| 5 | 超过35000至55000元的部分 | 超过27255至41255元的部分 | 30 | 2755 |
| 6 | 超过55000至80000元的部分 | 超过41255至57505元的部分 | 35 | 5505 |
| 7 | 超过80000元的部分 | 超过57505元的部分 | 45 | 13505 |

注：①本表“含税级距”指以每月收入额减除费用3500元后的余额或者减除附加减除费用后的余额。②含税级距适用于由纳税人负担税款的工资、薪金所得；不含税级距适用于由他人（单位）代付税款的工资、薪金所得。

2. 个体工商户的生产、经营所得和对企事业单位的承包经营、承租经营所得税率

个体工商户的生产、经营所得和对企事业单位的承包经营、承租经营所得，适用5%－35%的超额累进税率。

**表10-3 个体工商户的生产、经营所得和对企事业单位的承包经营、承租经营所得税率表**

| 级数 | 全月应纳税所得额 | | 税率（%） | 速算扣除数 |
|---|---|---|---|---|
| | 含税级距 | 不含税级距 | | |
| 1 | 不超过15000元的 | 不超过14250元的 | 5 | 0 |
| 2 | 超过15000元至30000元的部分 | 超过14250元至27750元的部分 | 10 | 750 |
| 3 | 超过30000元至60000元的部分 | 超过27750元至51750元的部分 | 20 | 3750 |
| 4 | 超过60000元至100000元的部分 | 超过51750元至79750元的部分 | 30 | 9750 |
| 5 | 超过100000元的部分 | 超过79750元的部分 | 35 | 14750 |

注：①本表所列含税级距与不含税级距，均为按照税法规定以每一纳税年度的收入总额减除成本、费用以及损失后的所得额。②含税级距适用于个体工商户的生产、经营所得和由纳税人负担税款的对企事业单位的承包经营、承租经营所得；不含税级距适用于由他人（单位）代付税款的对企事业单位的承包经营、承租经营所得。

3. 劳务报酬所得税税率

劳务报酬所得适用比例税率，税率为20%。对劳务报酬所得一次收入畸高的，可以实行加成征收，具体办法由国务院规定。

**表10-4　劳务报酬所得税率表**

| 级数 | 全月应纳税所得额 | | 税率（%） | 速算扣除数 |
|---|---|---|---|---|
| | 含税级距 | 不含税级距 | | |
| 1 | 不超过20000元的 | 不超过16000元的 | 20 | 0 |
| 2 | 超过20000到50000元的部分 | 超过16000到37000元的部分 | 30 | 2000 |
| 3 | 超过50000元的部分 | 超过37000元的部分 | 40 | 7000 |

注：①本表所列含税级距与不含税级距，均为按照税法规定减除有关费用后的所得额。②含税级距适用于由纳税人负担税款的劳务报酬所得；不含税级距适用于由他人（单位）代付税款的劳务报酬所得。

4. 其他种类所得税率

稿酬所得，适用比例税率，税率为20%，并按应纳税额减征30%。特许权使用费所得，利息、股息、红利所得，财产租赁所得，财产转让所得，偶然所得和其他所得，适用比例税率，税率为20%。

**（四）征收方式**

为了实现有效税收征管，个人所得税实行代扣代缴和纳税人自行申报纳税两种计征办法。此外，一些地方为了提高征管效率，方便纳税人，对个别应税所得项目，采取了委托代征的方式。其中对工资薪金、劳务报酬、稿酬、利息、股息、红利等，由支付所得的单位和个人代扣代缴个人所得税；对在两处以上取得工资薪金所得和没有扣缴义务人的，纳税人应当自行申报纳税。自行申报纳税人，应该在取得所得的所在地税务机关申报纳税；纳税人从中国境外取得所得的，应该在户籍所在地税务机关或指定税务机关申报纳税。

1. 扣缴申报

代扣代缴是指按照税法规定负有扣缴税款义务的单位或个人，在向个人支付应纳税所得时，应计算的应纳税额，从其所得中扣出并缴入国库，同时向税务机关报送扣缴个人所得税报告表。这种方法有利于控管税源、防止漏税和逃税。

2. 自行申报

自行申报纳税，是由纳税人自行在税法规定的纳税期限内，向税务机关申报取得的应税所得项目和数额，如实填写个人所得税纳税申报表，并按照税法规定计算应纳税额，据此缴纳个人所得税的一种方法。

（1）自行申报纳税的纳税义务人

①自2006年1月1日起，年所得12万元以上的；

②从中国境内两处或者两处以上取得工资、薪金所得的；

③从中国境外取得所得的；

④取得应税所得，没有扣缴义务人的；

⑤国务院规定的其他情形。

注意：年所得12万元以上的纳税人，不包括在中国境内无住所，且在一个纳税年度中在中国境内居住不满1年的个人；从中国境外取得所得的纳税人，是指在中国境内有住所，或者无住所而在一个纳税年度中在中国境内居住满1年的个人。

（2）自行申报纳税的申报期限

①年所得12万元以上的纳税人，在纳税年度终了后3个月内向主管税务机关办理纳税申报。

②个体工商户和个人独资、合伙企业投资者取得的生产、经营所得应纳的税款，分月预缴的，纳税人在每月终了后7日内办理纳税申报；分季预缴的，纳税人在每个季度终了后7日内办理纳税申报；纳税年度终了后，纳税人在3个月内进行汇算清缴。

③纳税人年终一次性取得对企事业单位的承包经营、承租经营所得的，自取得所得之日起30日内办理纳税申报；在1个纳税年度内分次取得承包经营、承租经营所得的，在每次取得所得后的次月7日内申报预缴；纳税年度终了后3个月内汇算清缴。

④从中国境外取得所得的纳税人，在纳税年度终了后30日内向中国境内主管税务机关办理纳税申报。

⑤除以上规定的情形外，纳税人取得其他各项所得须申报纳税的，在取得所得的次月7日内向主管税务机关办理纳税申报。

## 三、常见收入的计税方法

### （一）常见收入的计税方法

依照税法规定的适用税率和费用扣除标准，各项所得的应纳税额计算见表10-5。

表10-5　个人所得税计税一览表

| 所得项目 | 收入 | 费用扣除 | 税率 | 应纳税额计算 |
|---|---|---|---|---|
| 工资、薪金 | 月 | －3500或－（3500+1300） | 7级超额累进 | （每月收入－3500或4800）×适用税率－速算扣除数 |
| 个体工商户生产、经营所得 | 年 | 成本+费用+损失 | 5级超额累进 | （全年收入－成本、费用及损失）×适用税率－速算扣除数 |

续表

| 所得项目 | 收入 | 费用扣除 | 税率 | 应纳税额计算 |
|---|---|---|---|---|
| 对企事业单位承包经营、承租经营所得 | 年 | －3500×12 | ①对经营成果拥有所有权：5级超累；②对经营成果不拥有所有权：9级超累 | （全年收入－必要费用）×适用税率－速算扣除数 |
| 劳务报酬所得 | 次 | ①每次收入小于4000元，定额扣除800元<br>②每次收入大于4000元：定率扣除收入的20% | ①20%比例税率<br>②对一次取得的劳务报酬所得20000元以上有加成征收 | ①每次收入小于4000元：（每次收入－800）×20%<br>②每次收入大于4000元：每次收入×（1－20%）×20%<br>③每次劳务报酬所得大于20000元：每次收入×（1－20%）×适用税率－速算扣除数 |
| 稿酬所得 | 次 | | 20%，减征30% | ①每次收入小于4000元：（每次收入－800）×20%×（1－30%）<br>②每次收入大于4000元：每次收入×（1－20%）×20%×（1－30%） |
| 特许权使用费所得 | 次 | | 20% | ①每次收入小于4000元：（每次收入－800）×20%<br>②每次收入大于4000元：每次收入×（1－20%）×20% |
| 财产租赁所得 | 次 | 财产租赁过程中缴纳的税费、修缮费用：800元或20%固定费用 | 20%（房屋租赁按10%） | ①每次收入小于4000元：[每次（月）收入－准予扣除项目－修缮费用（800元为限）－800]×20%<br>②每次收入大于4000元：[每次（月）收入－准予扣除项目－修缮费用（800元为限）]×（1－20%）×20% |
| 财产转让所得 | 次 | 财产原值和合理费用 | 20% | （收入总额－财产原值－合理费用）×20% |
| 利息股息红利所得 | 次 | 无费用扣除 | | 收入×20% |
| 偶然所得 | 次 | | | |
| 其他所得 | | | | |

## （二）部分计算实例

1. 工资、薪金所得应纳税额的计算

**案例资料10-1**

假定某纳税人2012年5月含税工资收入4200元，该纳税人不适用附加减除费用的规定。计算其当月应纳个人所得税税额。

（1）应纳税所得额＝4200－3500＝700元

（2）应纳税额＝700×3%－0＝21元

**案例资料10-2**

假定某外商投资企业中工作的美国专家（假设为非居民纳税人）， 2012年5月份取得由该企业发放的含税工资收入10400元人民币。请计算其应纳个人所得税税额。

（1）应纳税所得额＝10400－4800＝5600元

（2）应纳税额＝5600×20％－555＝565元

2. 对企事业单位的承包经营、承租经营所得应纳税额的计算

**案例资料10-3**

假定2010年3月1日，某人与事业单位签订承包合同经营招待所，承包期为3年。2011年招待所实现承包经营利润150000元，按合同规定承包人每年应从承包经营利润中上缴承包费30000元。计算承包人2011年应纳个人所得税税额。

（1）年应纳税所得额＝承包经营利润－上缴费用－每月必要费用扣减合计

＝150000－30000－（2000×8+3500×4）＝90000元

（2）前8个月应缴纳个人所得税＝（90000×35％－6750）×8/12＝16500元

（3）后4个月应缴纳个人所得税＝（90000×30％－9750）×4/12＝5750元

（4）该承包人2011年应缴个人纳税额＝16500+5750＝22250元

3. 劳务报酬所得应纳税额的计算

**案例资料10-4**

歌星刘某一次取得表演收入40000元，扣除20％的费用后，应纳税所得额为32000元。请计算其应纳个人所得税税额。

应纳税额＝每次收入额×（1－ 20％）×适用税率－速算扣除数

＝40000×（1－20％）×30％－2000＝7600元

4. 稿酬所得应纳税额的计算

**案例资料10-5**

某作家取得一次未扣除个人所得税的稿酬收入20000元，请计算其应缴纳的个人所得税税额。

应纳税额＝应纳税所得额×适用税率×（1－30％）

＝20000×（1－20％）×20％×（1 － 30％）＝2240元

5. 财产租赁所得应纳税额的计算

**案例资料10-6**

刘某于2011年1月将其自有的面积为150平方米的4间房屋按市场价出租给张某居住。刘

某每月取得租金收入2500元，全年租金收入30000元。计算刘某全年租金收入应缴纳的个人所得税。

财产租赁收入以每月内取得的收入为一次，按市场价出租给个人居住适用10％的税率，因此，刘某每月及全年应纳税额为：

（1）每月应纳税额＝（2500－800）×10％＝170元

（2）全年应纳税额＝170×12＝2040元

本例在计算个人所得税时未考虑其他税、费。如果对租金收入计征营业税、城市维护建设税、房产税和教育费附加等，还应将其从税前的收入中先扣除后再计算应缴纳的个人所得税。

假定上例中，当年2月份因下水道堵塞找人修理，发生修理费用500元，有维修部门的正式收据，则2月份和全年的应纳税额为：

（1）2月份应纳税额＝（2500－500－800）×10％＝120元

（2）全年应纳税额＝170×11+120＝1990元

在实际征税过程中，有时会出现财产租赁所得的纳税人不明确的情况。对此，在确定财产租赁所得纳税人时，应以产权凭证为依据。无产权凭证的，由主管税务机关根据实际情况确定纳税人。如果产权所有人死亡，在未办理产权继承手续期间，该财产出租且有租金收入的，以领取租金收入的个人为纳税人。

6. 财产转让所得应纳税额的计算

**案例资料10–7**

某人建房一幢，造价360000元，支付其他费用50000元。该个人建成后将房屋出售，售价600000元，在卖房过程中按规定支付交易费等有关税费35000元，其应纳个人所得税税额的计算过程为：

（1）应纳税所得额＝财产转让收入－财产原值－合理费用

＝600000－（360000+50000）－35000＝155000元

（2）应纳税额＝155000×20％＝31000元

7. 偶然所得应纳税额的计算

**案例资料10–8**

陈某在参加商场的有奖销售过程中，中奖所得共计价值20000元。陈某领奖时告知商场，从中奖收入中拿出4000元通过教育部门向某希望小学捐赠。请按照规定计算商场代扣代缴个人所得税后，陈某实际可得中奖金额。

（1）根据税法有关规定，陈某的捐赠额可以全部从应纳税所得额中扣除（因为4000÷20000＝20％，小于捐赠扣除比例30％）

（2）应纳税所得额＝偶然所得－捐赠额＝20000－4000＝16000元

（3）应纳税额（即商场代扣税款）=应纳税所得额×适用税率＝16000×20％＝3200元

（4）陈某实际可得金额＝20000－4000－3200＝12800元

## 2. 个人所得税收筹划

**引例：**

刘先生是一位知名撰稿人，年收入预计大约60万元。在与报社合作方式上有以下三种方式可供选择：调入报社；兼职专栏作家；自由撰稿人。请分析刘先生采取哪种方式最合算。

对刘先生的60万收入来说，三种合作方式下所适用的税目、税率是完全不同的，因而使其应缴税款会有很大差别，这就为他留下很大的税收筹划空间。三种合作方式的税负比较如下：

第一，调入报社。应缴税款为：134340元

第二，兼职专栏作家。应缴税款为：120000元

第三，自由撰稿人。应缴税款：67200元

由计算结果可知，如果仅从税负的角度考虑，刘先生作为自由撰稿人的身份获得收入所适用的税率最低，应纳税额最少，税负最低。比作为兼职专栏作家节税52800元（120000－67200）；比调入报社节税67140元（134340－67200）。

### 一、个人所得税收筹划概述

#### （一）税收筹划的含义与特点

税收筹划也称纳税筹划，它是纳税人在遵守税法、拥护税法、不违反税法的前提下，针对纳税人自身的特点，规划纳税人的纳税活动，既要依法纳税，又要充分享受税收优惠政策，以达到减轻税负、解除税负或推迟纳税，最终实现利润最大化和价值最大化的一种经济活动。税收筹划与减轻税负的其他形式，如逃税、欠税及避税比较，有以下主要特点：

1. 合法性

税收筹划是在完全符合税法、不违反税法的前提下进行的，是在纳税义务没有确定、存在多种纳税方法可供选择时，纳税人作出缴纳低税负的决策。税收筹划只能在法律许可

的范围内进行，违反法律规定逃避税负是偷税行为，必须加以反对和制止。

2. 超前性

税收筹划不是在纳税义务发生之后想办法减轻税负，而是在应税行为发生之前通过纳税人充分了解现行税法知识和财务知识，结合纳税人全方位的经济活动进行有计划的规划、设计、安排来寻求未来税负相对最轻，经营效益相对最好的决策行为，是一种合理合法的预先筹划。这与避税、偷税等都是在事中、事后进行是根本不同的。

3. 风险性

风险性是指税收筹划由于各种原因而达不到预期效果的可能性。由于税收筹划是根据筹划人的认识进行的事先规划，因此，尽管筹划方案在理论上是可行的，但在实际执行中却可能由于政策、经营状况或经济形势的变化而导致结果与预期产生偏离。

4. 目的性

税收筹划具有明确的目的性，其目的就是为了减少纳税，取得节税收益。通过对筹划、投资活动的调整，使其避开某些特定条款，尽可能地减轻税收负担，最大限度地争取总体长期利益最大化。

5. 专业性

税收筹划具有很强的专业性，涉及税收、法学、财务管理等学科的理论知识，又兼有较强的实践性。所以专业理财师应具有税收筹划的专业技能，在个人收入越来越多元化的情况下，在各国税制越来越复杂的背景下，正确运用税法、财会法规和有关经济法规制定、筛选税收筹划方案。

6. 时效性

税收法律、法规和政策是随着政治、经济形势的不断变化而变化的。因此，纳税人在进行税收筹划时，必须随时把握税收政策所发生的变化，及时作出相应的变动，适时筹划，保证税收筹划的有效性。

**理财小贴士**

**税收筹划的认识误区**

1. 认为税收筹划就是和税务局兜圈子，想尽办法将税收减少到最低；

2. 税收筹划是会计人员做账的事情，与经营无关；

3. 借税收筹划之名，行虚假筹划之实；

4. 税收筹划只与税款的多少有关；

5. 税收筹划无风险；

6. 税收筹划是万能的。

### （二）税收筹划与避税、偷税的区别

避税是纳税人在熟知相关法律法规的基础上，在不直接触犯税法的前提下，利用税法等有关法律法规的疏漏、模糊之处，通过对筹资活动、投资活动、经营活动等涉税事项的精心安排，达到规避或减轻税负的行为。这是纳税人使用一种在表面上遵守税收法律法规，但实质上与立法意图相悖的非违法形式后来达到自己的目的。所以避税被称之为“合法的逃税”。避税具有非违法性、策划性、权利性、规范性和非倡导性的特点。

偷税是指以非法手段逃避纳税负担的行为，包括伪造、变造、隐匿、擅自销毁账簿、记账凭证，在账簿上多列支出或者不列、少列收入，或者经税务机关通知申报而不申报或者进行虚假申报，不缴或者少缴应纳税款。

以上表明，税收筹划属于合法行为，避税属于非违法行为，偷税属于违法行为。

**表10–6　税收筹划与偷税、避税的区别**

| 方式选择 | 偷税 | 避税 | 税收筹划 |
|---|---|---|---|
| 性质 | 违法、犯罪 | 不违法、不合理 | 合法、合理 |
| 纳税义务发生时间 | 发生之后 | 发生之后 | 发生之前 |
| 后果 | 法律制裁 | 破坏公平 | 节约税负、增加利润 |
| 政府态度 | 严厉打击 | 不鼓励 | 鼓励保护 |

## 二、个人所得税收筹划原则

个人理财中进行税收筹划要掌握一些基本的原则，以追求最大效益，同时尽可能降低涉税风险。税收筹划的原则可以归纳为以下几类：

1. 依法性原则

即税收筹划要在税收法规、税收政策、税收征收程序上来选择实施的途径，在国家法律法规及政策许可的范围内降低税负，获取利润。偷逃税收、钻税法漏洞虽然可以减轻纳税人的税收负担，但是违背了税收筹划的合法性和合理性原则。

2. 稳健性原则

一般来说，纳税人的节税收益越大，风险也越大。各种节减税收的方式和方法都有一定的风险，税收筹划要尽量使风险最小化，要在节税收益与节税风险之间进行必要的权衡，以保证能够真正取得财务利益。

3. 便利性原则

纳税人可选择的节减税收的方式和方法很多，税收筹划中在选择各种节税方案时，选择的方案应是越容易操作的越好，越简单的越好，这就是税收筹划的便利性原则。

4. 节约性原则

税收筹划可以使纳税人获得利益，也会耗费一定的人力、物力和财力，应尽量使规划成本费用降低到最低程度，规划效益达到最大程度。

5. 价值原则

即实施税收筹划首先要考虑其可能创造的价值，也就是说要弄清楚这项筹划值不值得筹划，价值越高，筹划的意义就越大。反之，也就失去了筹划的价值。

6. 效益原则

在现实生活中，最优的方案并不一定是税负最轻的方案，税负减少并不一定等于资本总体效益的增加，有时反而会因种种原因导致总体效益的下降，这时我们就要充分考虑利用税收筹划进行方案的最佳设计，来选择总体效益最大的方案。

7. 风险原则

即在筹划时要做好充分的准备，要尽力地去管理风险和控制风险，尽最大可能降低风险的程度，转移风险的几率，分散风险的影响，减少损失的程度。

**理财小贴士**

**税收筹划要注意防范风险**

1. 税收筹划具有主观性

纳税人应努力提高自身的主观判断能力，如果一旦失误，将会使税收筹划演变为偷税、避税行为，轻则补税罚款，重则受到刑事处罚。

2. 税收筹划具有条件性

税收筹划的条件至少包括两个方面的内容：其一是纳税人自身的条件，主要是纳税人的经济活动；其二是外部条件，主要是财务与税收政策。而纳税人的经济活动与税收政策等条件都是不断发展变化的，如果条件发生了变化，那么原来的税收筹划方案可能就不适用了，原本是合法的东西甚至会变成违法的事情，税收筹划也就会失败。

3. 税收筹划存在着征纳双方的认定差异

税收筹划方案究竟是不是符合税法规定，是否会成功，能否给纳税人带来税收上的利益，很大程度上取决于税务机关对纳税人税收筹划方法的认定。

4. 税收筹划本身也是有成本的

税收筹划在可能给纳税人减轻税收负担，带来税收利益的同时，也需要纳税人为之支付相关的费用。纳税人为开展税收筹划，不得不对现行税收法律政策进行研究、组织相关人员的培训或委托税务代理机构等等，所有这些都要发生费用。如果纳税人的税收筹划费用小于实施税收筹划带给他增加的收益，那么，该税收筹划才是成功的；而一旦纳税人税收筹划费用大于筹划收益，即使税收负担降低了很多，该税收筹划仍然是失败的筹划，是得不偿失的。

8. 综合性原则

在进行税收筹划时，不能只注重某一纳税环节中个别税种的税负高低，而要着眼于整体税负的轻重；税收筹划的目的在于降低税收负担，但税收负担的降低并不一定带来企业总体成本的降低和收益水平的提高。因此，进行税收筹划时应考虑财务管理的总体目标，只以税负轻重作为选择纳税方案的唯一标准，就可能影响到财务管理总体目标的实现。

理财小贴士

**税收筹划三境界**

境界一：减少纳税失误——准确计税，正确纳税；

境界二：寻找差异或漏洞——选择性条款；

境界三：设计最优纳税方案。

## 三、个人所得税收筹划策略

如何通过合法手段来实现个人所得税的节税，成为个人理财中的重要技巧。纳税人可以充分利用各项规定，在纳税义务发生前进行筹划以达到节税的目的。

1. 规避纳税义务

规避纳税义务是指纳税人通过避免成为一个税种的纳税人或者征税对象，从而减轻或免除纳税义务。一般有两种途径：一是避免成为纳税人，二是避免成为征税对象。对个人来说，避免成为居民纳税人最好的避税方法就是尽可能利用居住时间规定和避免拥有永久住所。避免成为征税对象也就是说要尽量取得不被税法认定为是应税收入（或所得）的经济收入，这是个人税收筹划的基本方法。如财产的增值部分只要不变现一般就不对其课征所得税，这也是各国所得税法的一个普遍规定。当个人的财产增值以后，如果将其出售转让，则增值部分的变现收入就变成了应税所得，个人要就其缴纳所得税。因此，从税收筹划的角度考虑，个人尽量不要将财产的增值部分变现，如果需要资金，可以用财产作抵押进行信贷融资（当然还要比较税款和利息成本的大小）。

2. 税负转嫁

税负转嫁是纳税人将自己应缴纳的税款，通过各种途径和方式转由他人负担的过程。税负转嫁是纳税筹划的特殊形式。其基本形式可分为税负前转、税负后转、税负散转三种。税负前转是指纳税人通过交易活动增加销售价格，将税款附加在价格之上，转嫁给购买者或最终消费者承担。税负后转是指纳税人通过压低进价，将已纳税款向后逆转给货物的供给者和生产者承担。税负散转也称混合转嫁，即纳税人将其缴纳的税款一部分前转，一部分后转，将其已缴纳的税款分散转嫁给购买者、消费者或货物生产者、供给者的过程。税负转嫁取决于商品的供求弹性、市场结构和税种性质。一般而言，当供给弹性大于需求弹性时，即购买者对价格的反应比销售者的反应强，应该考虑提高商品的售价，通过前转的方法将自己已纳税款转嫁出去；当供给弹性小于需求弹性时，应当优先考虑后转筹划法。

3. 缩小税基

税基是各种税额的计算依据，直接影响应纳税额的多少。计税依据愈小，税额也愈小。缩小税基的方法一般有两种：减少应税收入和增加扣除项。各国税法中都有一些允许纳税人税前扣除的条款，纳税人应当充分利用这些规定，多扣除一些费用，缩小税基，减轻税负。尤其是当纳税人的所得适用超额累进税率时，如果纳税人可以多扣除一些费用，缩小了税基，其所得适用的最高边际税率和实际税负就会下降。例如，个人出租住房，如果不进行装修，租金可能会较低，但如果进行了装修，租金就会提高。而我国个人所得税法规定，房屋装修费每月可以在税前列支800元（上限），按20%的税率计算，列支了这800元的装修费每月可以少纳税160元，每年少纳税1920元。这等于国家每年替该个人负担了1920元的装修费用。如果房屋装修后租金提高得较多，那么房主在房屋出租前进行一定的装修就可能是有利可图的。

4. 适用最低税率

若税基确定，应纳税额的多少取决于税率。许多税种都有多档次税率、优惠税率的规定，纳税人可以主动出击，创造条件，尽量适用低税率。一般来说，纳税人很难通过经营活动来改变定额税率，纳税人进行定额税率的筹划空间很小。与此相反，纳税人可以比较容易地通过经营活动的安排，来选择较低的比例税率、超额累进税率或超率累进税率等。

5. 延迟纳税时间

西方国家纳税理念之一：不多缴一分钱，也不早缴一分钱。许多税种的纳税义务发生时间都有选择性。纳税人可在合法前提下，将纳税时间延迟。因为按照贴现的原理，延迟缴纳的税款现值一定小于当期缴纳的等额税款。税款越晚缴纳，其经济成本就越低。所以推迟纳税义务好处多多，有利于资金周转，节省利息支出，以及由于通货膨胀的影响，延期以后缴纳的税款币值下降，从而降低了实际纳税额。另外，一次性收入较高，纳税时适用的税率也高，自然缴纳的税收多。如果将收入平摊到几个月份，降低每个月的应纳税额，尽可能适用较小的税率，就可以实现少缴税和递延纳税的税收收益。

6. 利用优惠政策

现行个人所得税法规定了一系列的税收优惠政策，如税收豁免、免征额、起征点、税收扣除、优惠退税、加速折旧、优惠税率、盈亏相抵、税收饶让、延期纳税等。能否有效利用这些政策，直接关系到个人缴纳税款的多少。从目前税收政策来看，可以利用进行筹划的政策主要有：首先，通过免纳个人所得税的税收优惠进行筹划。如投资于国债，又如利用福利费免税规定进行奖金福利化筹划；基本养老保险费、基本医疗保险费、失业保险费和住房公积金都免征个人所得税。这三险一金从税前工资中扣除，提高三险一金的缴纳数额可以实现少缴税的税收收益。其次，通过捐赠的税收优惠进行筹划，个人将其所得通过中国境内的社会团体、国家机关向教育和其他社会公益事业以及遭受严重自然灾害地区、贫困地区的捐赠，金额未超过纳税人申报的应纳税所得额30%的部分，可以从应纳税所得额中扣除。

7. 投资免税产品

现在许多领域都要收取利息税，目前有几种投资不收利息税，可达到增加投资收益的目的。如国债，国债属于风险几乎为零的投资品种，国债的利率略高于同期的银行存款，并免征利息税，将较长一段时间不用的存款转为购买国债是比较合算的；投资教育储蓄，对个人所得的教育储蓄存款利息所得，免除个人所得税；投资基金，基金分配中取得的收入暂不收个人所得税和企业所得税，而且还免收分红手续费和再投资手续费；个人投资企业债券应缴纳20%的个人所得税，而投资国债就可以免征个人所得税；还有如居民在购买保险时也可享受三大税收优惠：一是个人按照国家或地方政府规定的比例提取并向指定的金融机构缴付医疗保险金，不计个人当期的工资、薪金收入，免缴个人所得税；二是保险赔款也免缴个人所得税；三是按照国家或省级地方政府规定的比例缴存的医疗保险金、基本养老保险金和失业保险基金如银行个人账户所得取得的利息收入，也免征个人所得税。

8. 选择涉税项目

我国现行个人所得税实行分类课征制度，将个人所得分为11项，分别纳税。这样，当同样一笔收入被归属于不同的所得时，其税收负担是不同的，工资薪金所得与劳务报酬所得在这一方面表现得尤为突出。工资、薪金所得适用3%－45%的七级超额累进税率，劳务报酬所得适用的是20%、30%、40%的三级超额累进税率。显然，相同数额的工资、薪金所得与劳务报酬所得的税收负担是不相同的。这样，在一定条件下，将工资、薪金所得与劳务报酬所得分开、合并或相互转化，就可以达到节税的目的。

9. 均衡分摊收入

由于我国个人所得税对工资、薪金所得适用七级超额累进税率，因此，如果工资薪金所得较高则会适用较高的税率，这时，如果采用分摊规划法，使得每月工资、薪金不超过起征点或者尽量控制在低税率档次，则可能获得更多的实际收益，带来更好的效果。

# 3. 个人所得税收筹划方法及案例分析

## 一、工资、薪金所得税收筹划

### （一）工资均衡法

**案例资料10-9**

张先生每月收入差异很大，1月份的工资为2800元，2月份的工资为20800元。

**问题思考：**

计算张先生两个月应当缴纳的税额。

**分析线索：**

方案一：参照工薪7级累进税制，1月份应纳税额为0，2月份应纳税额为：（20800－3500）×25%－1005=3320元

方案二：如果平均两个月的工资，则每月工资为11800元，纳税额为：

每月纳税：（11800－3500）×25%－1005=1070元；两月合计纳税1070×2=2140元

方案二比方案一节税3320－2140=1180元

**启示：**

在实际生活中，有些行业的工资起伏比较大，故当纳税人在这些行业遇到每月工资变化幅度较大的情况时，就可以将收入平均分摊到其他月，以免多缴税。

### （二）奖金分摊法

**案例资料10-10**

2012年1月，某公司职工一次性获得2011年度奖金1.2万元。

**问题思考：**

计算1月份该职工奖金所得应当缴纳的个人所得税。

**分析线索：**

方案一：参照工资薪金7级累进税制，奖金所需纳税额为：（12000－3500）×25%－1005=1120元

方案二：如果奖金发放方式由年终一次改为每月发放，那么每月发放奖金1000元，该职工奖金应缴纳个税为0

方案二比方案一可以节约个税1120元

**启示：**

按照税法有关规定，个人一次性取得的奖金，单独作为一个月的工作、薪金所得计算纳税。如果数额较大，将适用较高税率。因此采用分摊发放法，就可以降低适用税率，从而减轻税收负担。

### （三）工资福利化

**案例资料10-11**

王经理每月工资收入6000元，每月支付房租1000元，除去房租，王经理可用收入为5000元。

**问题思考：**

王经理应缴纳个人所得税多少?

**分析线索：**

方案一：王经理应缴纳的个人所得税为：（6000－3500）×10%－105=145元

方案二：如果企业为王经理免费提供住房，每月工资下调至5000元，则王经理应缴纳个人所得税为：（5000－3500）×10%－105=45元

方案二比方案一每月可以节约个税100元

**启示：**

我国对工资、薪金适用的是7级超额累进税率，因而工资数额的提高，也意味着上缴税款的比重增加。怎样使自己的工资实际水平保持不变，同时又使所承担的税收款项最小化，是纳税人所共同关心的。一般可行的做法是和单位领导人进行商议，能福利化的尽量福利化，改变自己的工资支付方法。即由单位提供一些必要的福利，如提供住房、提供免费膳食等福利设施。相应地减少自己的工资，并使改变后的工资实际水平和以前保持一致。

## 二、个体工商户生产、经营所得税收筹划

### （一）拆借筹划法

**案例资料10-12**

某个体户甲某纳税年度获得净利润15万元，同年个体户乙某获得净利润12万元。

**问题思考：**

甲、乙两个个体户应如何进行税收筹划？

**分析线索：**

方案一：如果不互相拆借，则：

甲应纳税额=150000×35%－6750=45750元

乙应纳税额=120000×35%－6750=35250元

方案二：如果互相拆借，个体户甲向乙贷款100万，同时乙向甲贷款100万，贷款利息以个人形式支付，年利率为10%，利息均为10万。

甲应纳税额=（150000－100000）×35%－6750=10750元

利息所得应纳税额=100000×20%=20000元

甲可节省税收=45750－10750－20000=15000元

乙应纳税额＝（120000－100000）×20%－1250=2750元

利息所得应纳税额=100000×20%=20000元

乙可节省税收=35250－2750－20000=12500元

**启示：**

个体户与其他经济组织之间的资金拆借可以为企业的纳税筹划提供较为有利的条件，也因为相互之间的资金拆借在利息的计算和资金的回收期上都有较大的弹性和回旋余地，这种弹性和回旋余地常常可以表现为提高利息支付，冲减账面利润，从而相应地减少应纳税额。从纳税筹划角度来说，个体户之间或者是个体户和企业之间相互拆借方式产生的效果最好，金融机构贷款次之，自我积累效果最差。原因便在于拆借涉及的机构较多，容易使纳税利润规模降低，有助于实现“削山头”。

**（二）增加费用法**

**案例资料10-13**

个体工商户向某开了一家电脑零配件批发的小店，第一年经营所得400000元，发生准予扣除的成本费用（不包含业务招待费）150000元，另发生业务招待费4000元；第二年经营所得500000元，发生准予扣除的成本费用（不包含业务招待费）200000元，另发生业务招待费500元。以上业务招待费均取得合法单据。

**问题思考：**

该个体户应如何进行税收筹划？

**分析线索：**

方案一：若向某未进行纳税筹划，则按税法规定第一年可扣除的业务招待费=400000×5‰=2000（元）

但因其实际发生业务招待费4000元>2000元，故第一年实际扣除的业务招待费为2000元，另外2000元由于超出了规定限额，无法扣除

第一年应纳个人所得税额=（400000－150000－2000）×35%－6750=80050元

按税法规定第二年可扣除的业务招待费=500000×5‰=2500（元）

但因其实际发生业务招待费500元<2500元，故第二年实际扣除的业务招待费为500元

第二年应纳个人所得税额=（500000－200000－500）×35%－6750=98075元

两年共纳个人所得税额=80050+98075=178125元

方案二：若向某进行纳税筹划，第一年业务招待费只申报2000元，余下2000元于第二

年申报，则按税法规定第一年可扣除的业务招待费=400000×5‰=2000元。因其实际只申报2000元，故第一年实际扣除的业务招待费为2000元

第一年应纳个人所得税额=（400000－150000－2000）×35%－6750=80050元

按税法规定第二年可扣除的业务招待费=500000×5‰=2500元

因第二年申报的业务招待费=2000（上年转入）+500（本年发生）=2500元，故第二年实际扣除的业务招待费为2500元

第二年应纳个人所得税额=（500000－200000－2500）×35%－6750=97375元

两年共纳个人所得税额=80050+97375=177425元

方案二比方案一共可减轻税负=178125－177425=700元

**启示：**

个体工商户、合伙企业以及个人独资企业的应纳税所得额为收入减去发生的成本、费用。因此，在收入总额既定的前提下，尽可能增加准予扣除项目的金额，合理扩大成本、费用开支，就可以减少应纳税所得额，从而减少企业所得税。个体工商业户利用扩大费用列支节税的方法主要有：1. 尽可能地把一些收入转换成费用开支；2. 如果使用自己的房产进行经营，可以采用收取租金的方法扩大经营费用支出；3. 使用家庭成员或雇佣临时工，扩大工资等费用支出；4. 自己投资建厂和雇佣工人劳动，可以通过成本来减少企业所得税，进而减少个人所得税的支出，达到节税的目的。

**（三）收益分散法**

**案例资料10-14**

陈某开了一家小饭馆，由于经营不善，只得缩小经营规模，空出一间房另行出租。饭馆年经营净收益80000元，房屋出租取得净收益30000元。

**问题思考：**

陈某该如何进行税收筹划？

**分析线索：**

方案一：以小饭馆为出租人，则应纳个税额=（80000+30000）×35%－6750=31750元

方案二：把这个空房产权归到陈某名下，以陈某为出租人

饭馆经营应纳个税额=80000×35%－6750=21250元；出租房屋应纳个税额=30000×（1－20%）×20%=4800元；应纳税合计=21250+4800=26050元

方案二比方案一减轻税负=31750－26050=5700元

**启示：**

个体工商户通过分散收入，可以使其适用较低的税率，从而达到节税的目的。常用的方法一是区分收入的性质，不同性质的收入分别适用不同的税目；二是借助与分支机构和关联机构的交易将收入分散；三是由于我国个人所得税实行的是“新分后税”的原则，将一人投资变更为多人投资，便可以将全年实现的应纳税所得额分散到多个投资人的名下；

四是借助信托公司，将集中的收入分散到信托公司的名下。

**（四）递延收入法**

**案例资料10-15**

个体工商户小于经营一家饰品店。第一年由于小于眼光独特，经营的饰品大受欢迎，虽然价格贵了点，但仍有很多顾客，甚至在圣诞前夕有几个客户订购了20000元的饰品，第一年取得净收益60000元。第二年，在小于店旁又开了2家饰品店，竞争异常激烈，小于只得调低商品售价，即便如此，第二年的生意还是不怎么好，净收益只有20000元。

**问题思考：**

小于应该如何进行税收筹划？

**分析线索：**

方案一：第一年应纳个人所得税额=60000×35%－6750=14250元

第二年应纳个人所得税额=20000×20%－1250=2750元

两年合计应纳个人所得税额=14250+2750=17000元

方案二：假设小于在第一年与其客户商议圣诞前夕的那部分货款20000元延至第二年支付

第一年应纳个税额=40000×30%－4250=7750元；第二年应纳个税额=40000×30%－4250=7750元；两年合计应纳个税额=7750+7750=15500元

方案二比方案一共可减轻税负=17000－15500=1500元

**启示：**

个体工商户缴纳个人所得税，采取的是每月预缴、年终汇算清缴的管理模式。如果个体工商户某一纳税年度的应纳税所得额过高，就要按较高的税率纳税，此时，个体工商户可以通过递延收入的方式来起到延期纳税或使纳税人当期适用较低的税率的作用。一般递延收入的方式有：一是让客户暂缓支付货款和劳务费用；二是改一次性收款销售为分期收款销售。

**（五）贷款筹资法**

**案例资料10-16**

张三欲投资某实业，预计前期投入需要100万元，按照其自身积累速度估计要10年时间，投产经营后可实现每年25万元的收益，投资可实现12年的收益（贷款年利率为7%）。

**问题思考：**

从税收筹划的角度分析张三是靠自身积累还是贷款筹资比较划算。

**分析线索：**

方案一：张三如果靠自身积累，10年后可以每年实现25万元的收益

年应纳税额=250000×35%－6750=80750元

总共应纳税额=80750×12=969000元

方案二：如果张三利用银行贷款进行投资

年应纳税额=（250000－1000000×7%）×35%－6750=56250元

总共应纳税额=56250×12=675000元

方案二比方案一共可节省税收=（969000－675000）=294000元

**启示：**

采用自我积累法筹资，个人要很长的时间才能完成。而且从税收的角度来说，也并不是尽善尽美的。因为自我积累法其资金的所有者和使用者是一致的，税收难以分摊和抵消，投入生产经营活动之后，产生的全部税负由企业自已负担，而且从税负和经营的效益关系看，自我积累资金要经过较长的时间，不利于企业的发展。贷款则不同，它不需要很长时间就可以筹足，而且投资产生效益后，出资机构实际上也要承担一定的税收，即企业归还利息后，企业的利润有所降低，特别是税前还贷政策，其本质就是用财政的钱还贷款，因此，企业实际税负被大大降低了。所以说，利用贷款从事生产经营活动是个人减轻税负，合理避开部分税款的一个很好的途径。

## 三、承包、承租经营所得税收筹划

### （一）修改承包期限

**案例资料10-17**

某纳税人承包经营一家饭店，2011纳税年度承包经营期为5个月，在这期间，共获得收入8万元。

**问题思考：**

其应纳所得税是多少？

**分析线索：**

方案一：如果不经筹划

该纳税人应纳税额=（80000－800×5）×35%－6750=19850元

方案二：如果该纳税人和饭店老板签约时签成承包经营期为12个月

该纳税人应纳税额=（80000－800×12）×35%－6750=17890元

方案二比方案一共可节省税款=（19850－17890）＝1960元

**启示：**

这种方法是专门针对承包、承租不满一年的纳税筹划方法。根据国家税务总局国税法［1994］089号文件规定，对于实行承包、承租经营的纳税义务人，在一个纳税年度内，承包、承租经营不足12个月的，以其实际承包、承租经营的月份数为一个纳税年度计算纳税。在这种情况下，纳税人如果将承包经营、承租经营的合同签为12个月，则可以节省部分税收，因为这时可以多抵扣若干个月的费用支出。

### （二）变更营业执照

**案例资料10-18**

吴天明通过竞标获得新开铺街道办集体企业的经营权（平时不领取工资），租期从2011年1月1日至2011年12月31日。租赁后，该企业主管部门不再为该企业提供管理方面的服务，其经营成果全部归吴天明个人所有，吴天明每年应缴纳租赁费8万元。2011年在未扣除上缴的租赁费情况下，取得利润18万元。

**问题思考：**

吴天明可通过怎样的方式减轻税负?

**分析线索：**

方案一：吴天明将原企业工商登记改变为个体工商户，若吴天明所在省规定的业主费用扣除标准为每月1600元

年应纳个人所得税额=（180000－80000－1600×12）×35％－6750=21530元

吴天明实际收入=180000－80000－21530=78470元

方案二：吴天明仍使用原企业营业执照，假设企业应纳税所得额与会计利润相等

应纳企业所得税额=180000×25％=45000元

吴天明实际取得承包承租应纳税所得额=180000－45000－80000－1600×12=35800元

应纳个人所得税额=35800×30％－4250=6490元

吴天明实际收入=180000－80000－45000－6490=48510元

变更营业执照使吴天明实际收入增加29960元=78470－48510。吴天明若想减轻税负，必须变更营业执照，将原企业营业执照变更为个体营业执照，这样就能免去一道企业所得税，只征一道个人所得税，从而使实际收入增加。

**启示：**

根据有关规定，企业实行个人承包经营、承租经营后，如果工商登记仍为企业的，不管其分配方式如何，均应先按照企业所得税的有关规定缴纳企业所得税。然后根据其利润分配方式对承包、承租经营所得征收个人所得税。也就是说，如果企业在被个人承包后没有改变性质的话，那么，承包、承租经营者除了缴纳个人所得税外，还要缴纳企业所得税。这里就出现了重复征税的问题，使得总体税负增加，从而最后归到个人手中的收入就会大大减少。

所以如果承包、承租者经营有条件的话，可以考虑改变企业的性质为个体户或者其他性质，这样就可以免交企业所得税，节省部分税款，使得总体收益最大化。

## 四、劳务报酬所得税收筹划

### （一）收入转化法

**案例资料10-19**

胡教授在某名牌大学广告系任教，月工资收入4200元，同时应某广告制作公司邀请，每月为该公司广告制作人员讲学一次，每次收入5000元。

**问题思考：**

如何帮胡教授筹划每月应缴纳的个人所得税？

**分析线索：**

根据现行的个人所得税税法规定，工薪所得实行3%－45%的7级超额累进税率，劳务报酬所得实际上相当于实行20%、30%、40%的超额累进税率。而工薪所得和劳务报酬所得的最大区别在于：所得的获得者是否同劳务需求单位之间存在雇佣关系。纳税人可以通过对雇佣关系的处理来安排所得性质，使所获收入被定位于最有利的税收位置，从而达到避税的目的。

方案一：如果胡教授与广告公司存在雇佣关系，两项收入应合并，按工薪所得缴纳个人所得税

应缴纳个人所得税=（4200+5000－3500）×20%－555=585元

方案二：如果不存在固定的雇佣关系，两项收入分开计算缴税

工薪所得应缴纳的个人所得税=（4200－3500）×3%=21元

劳务报酬所得应缴纳的个人所得税=5000×（1－20%）×20%=800元

共计缴纳个人所得税821元

方案一比方案二共可节省税款=800－585=215元

所以胡教授最好与广告公司签订劳动合同，将劳务报酬所得转化为工资所得，这样就可以达到节税的目的。

**启示：**

不同的收入水平下选择以工资薪金的方式或以劳务报酬的方式缴纳个人所得税所承担的个人所得税税负是不同的。一般来说：当工薪所得应纳税所得额较少时，可以考虑在可能的情况下，将劳务报酬所得转化成工资、薪金所得；当两项收入都较大时，将工资、薪金所得和劳务报酬所得分开计算能节税。收入性质的转化必须是真实、合法的。

链接〉〉〉〉〉〉

广州市规定：如果纳税人与用人单位签订一定年限的合同，一般来说都可以按照“工资薪金”扣缴个人所得税。

如果纳税人在法定劳动年龄内与用人单位签订了由劳动局监制的劳动合同，持有劳动就业管理机构确认的《广州市职工劳动手册》或《广东省流动人员就业证》，按国家规定已参加社会保险，当年度连续在本单位工作3个月以上(含3个月)，并能提供完整的劳动考勤记录，也可按照“工资薪金”计算个人所得税。

但如果没与用人单位签订合同，不能提供上述证明，则只能作为“劳务报酬”纳税。

### （二）分项计算法

**案例资料10-20**

纳税人某月给几家公司提供劳务，同时取得多项收入：给某设计院设计了一套工程图纸，获得设计费2万元；给某外资企业当了10天兼职翻译，获得1.5万元的翻译报酬；给民营企业提供技术帮助，获得该公司的3万元报酬。

**问题思考：**

应缴纳的个人所得税是多少？

**分析线索：**

方案一：如果该纳税人不懂税法，将各项所得加总缴纳个人所得税

应纳税所得额=（20000+15000+30000）×（1－20%）=52000元

应纳税额=52000×40%－7000=13800元

方案二：如果分项计算，可节省大量税款

设计费应纳税额=20000×（1－20%）×20%=3200元

翻译费应纳税额=15000×（1－20%）×20%=2400元

技术服务费应纳税额=30000×（1－20%）×30%－2000=5200元

总共应纳税额=3200+2400+5200=10800元

方案二比方案一共可节省税款=13800－10800＝3000元

**启示：**

个人兼有不同的劳务报酬所得，应当分别减除费用，计算缴纳个人所得税。个人在缴纳所得税时应明白并充分利用这一点。

### （三）分次支付法

**案例资料10-21**

张某为某企业职工，业余自学通过考试获得了注册会计师资格，和某会计师事务所商定每年年终到该事务所兼职3个月（由于会计业务的特殊性，到年底会计业务特别多，平时

则很少）。年底3个月每月可能会取得30000元劳务报酬。

**问题思考：**

张某应缴纳的个人所得税是多少？

**分析线索：**

方案一：如果张某和该事务所按实际情况签约

月应纳税额=30000×（1－20％）×30％－2000=5200元

总共应纳税额=5200×3=15600元

方案二：如果张某和该会计师事务所商定，年终的劳务费在以后的一年中分月支付，具体形式不限，每月大约支付7500元

月应纳税额=7500×（1－20％）×20％=1200元

总共应纳税额=1200×12=14400元

方案二比方案一共可节省税款=15600－14400=1200元

**启示：**

某些行业的收入具有阶段性，在某些时期收入可能较多，而另一些时间较少甚至没有收入。这样就有可能在收入较多时适用较高税率，而较少时期的收入可能低于免征额，造成总体税负较高。因此，可通过合理安排，增加支付次数，并且使每次支付金额比较平均，从而适用较低税率。对具体的劳务报酬项目来说，个人举办培训班取得培训收入和董事会收入均可采用此种方法。

**（四）费用转移法**

**案例资料10-22**

周经理受上海市甲企业管理培训机构的邀请讲课，讲课的劳务报酬为6万元，往返交通费、住宿费、伙食费等将花费7000元。

**问题思考：**

请为周经理筹划一种方案使其实际收益最大。

**分析线索：**

方案一：周经理接受企业支付的6万元讲课费，往返各项费用7000元自己负责，那么，这些费用不能从劳务报酬收入中扣除，从而使周经理的税收负担因应纳税所得额的数额高而加重，实际收益较低。

周经理应纳个人所得税额=60000×（1－20％）×30％－2000=12400元

周经理实际收益=60000－7000－12400=40600元

方案二：周经理与甲企业商议，由企业支付周经理讲课费5.3万元，往返交通费、住宿费、伙食费等全部由企业负责，周经理的应纳税所得额减少，税收负担降低，实际收益则会增加。

周经理应纳个人所得税额=53000×（1－20％）×30％－2000=10720元

周经理实际收益=53000－10720=42280元

方案二比方案一使周经理实际收益增加=42280－40600=1680元

**启示：**

为他人提供劳务以取得报酬的个人可以考虑由对方提供一定的福利，将本应由自己承担的费用改为由对方承担，以达到规避个人所得税的目的。如由对方提供餐饮服务、报销交通费、提供办公用品、安排实验设备等，相应减少自己的劳务报酬总额，从而使该项劳务报酬所得适用较低税率。

## 五、稿酬所得税收筹划

### （一）系列丛书法

**案例资料10-23**

某税务专家经过一段时间的辛苦工作，准备出版一本关于税收筹划的著作，预计稿酬所得12000元。

**问题思考：**

试问，该税务专家如何筹划所得？

**分析线索：**

方案一：如果该纳税人以一本书的形式出版该著作

应纳税额=12000×（1－20％）×20％×（1－30％）=1344元

方案二：如果在可能的情况下，该纳税人以4本书为一套系列丛书出版

每本稿酬=12000/4=3000元

每本应纳税额=（3000－800）×20％×（1－30％）=308元

总共应纳税额=308×4=1232元

方案二比方案一共可节省税款=1344－1232=112元

**启示：**

根据个人所得税法的有关规定，个人以图书、报刊方式出版、发表同一作品，无论出版单位是预约还是封闭支付稿酬，或者加印该作品再付稿酬，均应合并稿酬所得，一次计征个人所得税。如果一本书可以分成几个部分，以系列丛书的形式出现，该作品可以被认定为几个单位独立的作品，单独计算纳税，从而扩大免征金额，降低应纳税额。

### （二）集体创作法

**案例资料10-24**

某出版社向某财经院校会计学胡教授约稿，请他编写一本关于基础会计的教材，出版社同意该书出版之后支付稿费21000元。

**问题思考：**

胡教授怎样筹划可以少缴税?

**分析线索:**

方案一：如果采取胡教授独立编写的方式，21 000元稿费收入只允许扣除一次费用

应纳个人所得税额=21000×（1－20%）×20%×（1－30%）=2352元

方案二：如果胡教授将写作任务分配给教研室包括自己在内的7名教师，采取共同创作的方式，每人获稿费3000元。这样21000元稿费收入可以扣除7次费用。

应纳个人所得税额=（3000－800）×20%×（1－0%）×7=2156元

方案二比方案一共可节省税款=2352－2156=196元

**启示:**

如果一项稿酬所得预计数额较大，还可以考虑适用著作组筹划法，即改一本书由一个人写为多个人合作创作。和上种方法一样，该种筹划方法利用的是低于4000元稿酬的800元费用抵扣，该项抵扣的效果是大于20%抵扣标准的。根据个人所得税法的有关规定，两个或两个以上的个人共同取得同一项目收入的，应当对每个人取得的收入分别按照税法规定减除费用后计算纳税，即实行“先分、后扣、再税”的办法。因此在分摊稿酬时应最大限度利用费用扣除。

**（三）费用转移法**

**案例资料10-25**

某著名乡村作家将创作一部关于中国东北农村改革题材的长篇小说，需要到东北农村进行考察和体验生活。根据以往的经验，由于该作家的声誉和文学修养极高，出版社预计这本书的销路会非常好，于是与作家达成协议，全部稿费40万元，预计到西部考察费用支出10万元。

**问题思考:**

该作家应如何筹划所得呢?

**分析线索:**

方案一：如果由该作家自己负担费用，则10万元费用不能从稿酬收入中扣除，应纳税所得额增加，实际收益减少

应纳个人所得税额=400000×（1－20%）×20%×（1－30%）=44800元

实际收益=400000－44800－100000=255200元

方案二：如果由出版社支出费用，限额为10万元，实际支付给该作家的稿费为30万元，作家虽然稿费降低，应纳税所得额也相应减少，因而税负降低，实际收益增加

应纳个人所得税额=300000×（1－20%）×20%×（1－30%）=33600元

实际收益=300000－33600=266400元

方案二比方案一共可增加实际收入= 266400－255200=11200元

**启示:**

如果和出版社商量，让其提供尽可能多的设备或服务，这样就将费用转移给了出版社，自己基本上不负担费用，使得自己的稿酬所得相当于享受到若干次费用抵扣，从而减少应纳税额。

可以考虑由出版社负担的费用有以下几种：资料费、稿纸、绘画工具、作图工具、书写工具、其他材料、交通费、住宿费、实验费、用餐、实践费等，有些行业甚至可以要求提供办公室以及电脑等办公设备。

**（四）拍卖文稿法**

**案例资料10-26**

某著名新锐玄幻小说作家最新创作出一部玄幻小说，估计该书的出版将引起极大关注。某出版社决定出版该部小说，并愿意支付稿酬150万元。有朋友建议作者公开拍卖小说的著作权，根据以往的拍卖情况，估计拍卖价格为170万元，支付拍卖有关费用为拍卖价的3%。

**问题思考：**

该作家应如何选择?

**分析线索：**

方案一：如果将该小说交由出版社出版，作者将获得150万元的稿酬收入，应按稿酬所得项目纳税

应纳个人所得税额=1500000×（1－20%）×20%×（1－30%）=168000元

个人净收入=1500000－168000=1332000元

方案二：如果公开拍卖小说的著作所有权，依据税法，作者将自己的文字作品手稿原件或复印件公开拍卖（竞价）取得的所得，应按特许权使用费所得项目征收个人所得税

作者的应税收入额=1700000×（1－3%）=1649000元

应纳个人所得税额=1649000×（1－20%）×20%=263840元

个人净收入=1649000－263840=1385160元

方案二比方案一共可增加净收入=1385160－1332000=53160元

**启示：**

作者将自己的文字作品手稿原件或复印件公开拍卖（竞价）取得的所得，应按特许权使用费所得项目征收个人所得税。如果一篇作品尚未出版（发表），作者在选择是将其拍卖还是用于出版（发表）之前，应充分考虑两方面的得失。并不是在所有的情况下，拍卖著作权比拿稿费更好。关键是拍卖增加的收入是否能够超过缴税增加的税额。仅从税收负担率来讲，稿酬所得比拍卖所得更轻。

## 六、特许权使用费所得税收筹划

**案例资料10-27**

留美归国的王博士发明了一项新图形显像技术并获得了国家专利，专利权属个人拥有。专利公布后，引起了众多公司的关注，王博士在其中两家条件均非常有吸引力的企业之间无法抉择：甲公司希望王博士转让该专利使用权，提出的转让价格为600万元；另一发展空间很大的乙公司提出让王博士持有该公司600万元的股权，预计每年可获得股息收入60万元，并让王博士在公司中担任副总经理，主管公司技术的研发工作。预计专利使用寿命为10年。

**问题思考：**

面对甲、乙两个公司的条件，王博士该如何选择？

**分析线索：**

方案一：如果选择甲公司，即直接转让专利获取转让费600万元

应纳个人所得税额=600×（1－20%）×20%=96万元

税后实际收益=600－96=504万元

方案二：如果选择乙公司，即将专利折合成股份，拥有股权，则按照营业税有关规定，以无形资产投资入股，参与接受投资方的利润分配，共同承担投资风险的行为，不征收营业税。按照个人所得税法规定，拥有股权所取得的股息、红利，应按20%的比例税率缴纳个人所得税

每年应纳个人所得税额=60×20%=12万元

税后收益=60－12=48万元

10年后税后总收益=48×10=480万元

因此，王博士如果选择乙公司，10年后除了可以收回全部转让收入600万元（60×10）外，税后所得将减少24万元（504－480），但可得到乙公司600万元的股份。

王博士选择甲、乙两个公司的利弊都很明显：

选择甲公司，没有什么风险，缴税之后，就可以实实在在地拥有个人所得，但它是一次性收入，税负太重，而且收入是固定的，没有升值的希望；选择乙公司虽然缴税多一些，风险大些、收入不确定，但属于分期支付，而且股权有很大的升值可能，所以特许权使用费所得的税收筹划应从长远考虑，全方位地进行筹划。

**启示：**

对特许权使用费所得进行筹划的思路就在于对比转让与投资的税费、收益，看哪种行为对纳税人最为有利。如果纳税人不急于获取现金，可以选择投资入股的形式。这样，特许权使用费在相当长的时间内都能带来收益，同时又可以少负担税收。采取投资形式，被投资的企业必须是前景看好的企业。如果企业没有发展潜力或特许权很快就会过时，纳税人采用转让的形式较好。

## 七、利息、股息和红利所得税收筹划

### （一）股息转化为工资法

**案例资料10-28**

某有限责任公司由甲、乙、丙三个自然人投资组建，投资比例各占1/3。甲、乙、丙各月的工资均为800元，年底每人应分股利24000元。

**问题思考：**

请做出相应的筹划方案。

**分析线索：**

方案一：转换前的应纳税款情况

每月的工资所得为800元，未超过免征额，不用计算缴纳个人所得税

每人年股息所得应纳税额=24000×20%=4800

三人合计年应纳税额=4800×3=14400

方案二：转换后的应纳税款情况

工资、薪金所得每人每月增加2000元（即24000/12），每人每月工资为2800元，小于起征额3500元，故每月应纳税额为0

方案二比方案一共可减轻税负14400元

**启示：**

股息所得适用税率为20%的比例税率，而工资、薪金所得适用3%－45%的7级超额累进税率，在某些情况下，当股息转化为工资、薪金所得时会减轻税负。

### （二）所得再投资筹划法

**案例资料10-29**

私人投资者甲2011年以银行存款500万元投资于某私营企业，占该企业股本总额的30%，当年企业获得税后净利润500万元。

**问题思考：**

对税后净利，甲应怎样处理，才能使自己所缴纳的个人所得税较少呢？

**分析线索：**

方案一：企业所获净利润全部用来分配，甲可分回股息150万元

则甲应纳个人所得税税额=150×20%=30万元

税后实际收益为=150－30=120万元

方案二：企业将原来要分配的500万元净利润用来进行扩大再生产的投资，当年甲没有股息收入，无需缴纳个人所得税

方案三：企业税后净利当年不进行股息分配，则当年甲也没有股息收入，不需缴纳个人所得税

第一种方案，甲需要缴纳的个人所得税最多，实不足取；第三种方案，甲可以不必缴纳个人所得税，但利润累积在企业，难以发挥应有的作用；而第二种方案，甲既不需要缴纳个人所得税，又可以壮大企业规模与实力，增加未来的收益，甲经过再三思虑，对公司的发展潜力与前景相当看好，因此选择方案二。

**启示：**

如果个人对企业的前景看好，就可以将本该领取的股息、红利所得留在企业，作为对公司的再投资，而企业则可以将这部分所得以股票或债券的形式记在个人名下，这种做法既可以避免缴纳个人所得税，又可以更好地促进企业的发展，使得自己的股票价值更加可观。但这种方法要求个人对企业的前景比较乐观，如果个人感觉另一公司的发展前景更为乐观，即使缴纳个人所得税后再购买另一公司的股票收益仍然很大，也另当别论。

## 八、财产租赁、转让所得税收筹划

### （一）巧选租赁用途

**案例资料10-30**

曹某在某市区以40万元的价格购置了一套二手房，近两年内因故自己不能在此处居住，于是决定将此房出租。有以下两种方案可供选择：方案一：出租给某从事技术服务的经营公司在此从事商务活动，初步商定每月资金为2100元；方案二：出租给本市市民李某用于生活居住，李某只同意支付每月租金2000元。

**问题思考：**

从税收筹划的角度分析曹某应如何进行决策？

**分析线索：**

方案一：将房屋出租给经营单位的纳税情况分析

1. 房租收入两年应缴纳营业税=2100×5%×24=105×24=2520元
2. 应缴纳城建税及教育费附加=2520×（7%+3%）=252元
3. 应缴纳房产税=2100×24×12%=252×24=6048元
4. 应缴纳个人所得税=（2100－105－10.5－252－800）×20%×24=4476元
5. 两年应缴纳各种税收合计=2520+252+6048+4476=13296元

实际取得租赁净收益=2100×24－13296=37104元

方案二：将房屋出租给李某作为生活用房的纳税情况分析

1. 应缴纳营业税=2000×24×3%=1440元
2. 应缴纳城建税及教育费附加=1440×（7%+3%）=144元
3. 应缴纳房产税=2000×24×4%=1920元
4. 应缴纳个人所得税=（2000－60－6－80－800）×10%×24=2529.6元

5. 两年应缴纳各种税收合计=1440+144+1920+2529.6=6033.6元

6. 实际取得收益=2000×24－6033.6=41966.4元

方案二比方案一共可增加实际收益=41966.4－37104=4862.4元

**启示：**

个人出租房屋涉及的税费比较多。从个人所得税的角度看，在出租房屋时就将纳税负担降到最低，利用上述个人所得税对财产租赁行为的征税规定是完全可以做到的。

**（二）分月收取租金**

**案例资料10-31**

黄先生在某写字楼拥有两间办公室，2012年1月起出租给丙公司办公，租期1年，租金3万元。黄先生希望丙公司于进驻前一次性付清房租，而该公司则希望能按月支付房租。

**问题思考：**

请从税收筹划的角度为黄先生房租收入的取得方式提出建议。

**分析线索：**

方案一：如果黄先生一次性取得房租

应纳个人所得税额=30000×（1－20%）×20%=4800元

方案二：如果黄先生分月取得房租

每月应纳个人所得税额=（30000/12－800）×20%=340元

全年应纳个人所得税额=340×12=4080元

方案二比方案一共可减轻税负= 4800－4080=720元

**启示：**

个人所得税法规定，财产租赁所得一般以个人每次取得的收入，定额或定率减除规定费用后的余额为应纳税所得额。每次收入不超过4000元的，定额扣除800元费用；每次收入在4000元以上的，定率扣除20%的费用。所以要尽可能增加税前财产租赁过程中缴纳的税费和修缮费用的扣除；尽可能分月取得租金，避免一次性取得租金。

**（三）转移所得源泉**

**案例资料10-32**

某个人独资企业2011年度扣除成本费用后的应纳税所得额为100000元，另外，取得财产转让收益41700元（不动产原值30万元，已提折旧20万元，转让收入15万元，转让过程中发生的相关税费8300元）。

**问题思考：**

如何进行税收筹划？

**分析线索：**

方案一：该财产作为企业财产，转让收益并入生产、经营所得统一纳税

应纳税额=（100000+41700）×35%－6750=42845元

方案二：该财产作为投资者个人的其他财产，转让收益按"财产转让所得"项目单独纳税

财产转让所得应纳税额=41700×20%=8340元

生产、经营所得应纳税额=100000×35%－6750=28250元

投资者合计应纳税额=28250+8340=36590元

方案二比方案一减轻税负=42845－36590=6255元

本案例中，如果财产转让收入为60000元，转让税费应为3300元，则转让收益=60000－（300000－200000）－3300=-43300元，两种方案计算的应纳税额如下：

方案一：应纳税额=（100000－43300）×35%－6750=13095元

方案二：财产转让所得应纳税额为零

生产、经营所得应纳税额=100000×35%－6750=28250元

投资者应纳税额合计=（28250+0）=28250元

方案二比方案一增加税负=28250－13095=15155元

**启示：**

纳税人根据需要通过增资或减资，将企业财产与个人财产进行相互转化，可以改变适用税目、税率，从而改变税负。

## ※思考与练习

### 一、问答题

1. 什么是个人所得税？

2. 个人所得税应如何计算？

3. 税收筹划的原则是什么？如何理解税收筹划与偷税、避税的区别？

4. 税收筹划策略有哪些？

5. 针对不同的涉税品种，税收筹划有哪些方法？

### 二、案例分析题

1. 假定朱先生系一高级工程师，2011年11月获得某公司的工资类收入62500元。如果朱先生和该公司存在稳定的雇佣与被雇佣关系，则应按工资、薪金所得缴税，其应纳税额是多少？如果朱先生和该公司不存在稳定的雇佣与被雇佣关系，则应纳所得税额为多少？

2. 歌星李某2011年8月份取得多项劳务收入：参加广播电台的录音获得劳务收入2万元；应邀在电视台录像获得劳务收入3万元；给另一歌星的演唱会做演出嘉宾，获得劳务报酬收入8万元。该歌星应怎样纳税才不会加重税负？

3. 刘某7－9月为一家公司做咨询工作，协议约定该项劳务收入为60000元，预计要支付交通、住宿费9000元。关于该项收入，刘某应如何筹划？

4. 高教授是某大学的英语教师，在考研英语辅导方面颇有心得，许多人建议他编写一本考研英语辅导用书，高教授接受此建议，准备编写一本《英语考研宝典》，包括单词、语法、完型填空、阅读、写作、听力六部分约40万字，将取得稿酬20400元，高教授可通过怎样的筹划减轻个人所得税税负？

5. 刘某于2012年1月份将其位于市区的房屋出租给张某作为商店使用，租期为1年，每月取得租金收入5000元；本月因下水道堵塞找人修理，发生修理费用500元且有维修部门的正式收据，问刘某1月份应缴的个人所得税是多少？

# 参考文献


1. 王斌.财务管理，中央广播电视大学出版社，2005
2. 张中华.投资学，高等教育出版社，2007
3. 陈雪.基于生命周期理论的个人理财策略研究，会计之友(下旬刊)，2010年10期
4. Arthur J.Keown 著，汪涛、郭宁译.个人理财（第四版），中国人民大学出版社，2004
5. 黄祝华，韦耀莹.个人理财（第二版），东北财经大学出版社，2010
6. 柴效武、孟晓苏.个人理财规划，清华大学出版社、北方交通大学出版社，2009
7. 章岩.别让理财毁了你，新世纪出版社，2010
8. 张鹤.成功理财的16堂课，机械工业出版社，2010
9. 梁治.受益一生的理财计划，地震出版社，2008
10. 宋效中，仵凤清，王立国.个人投资理财一本通，机械工业出版社，2009
11. 吕斌，李国秋.个人理财——理论、规划与实务，上海大学出版社，2005
12. 王宇.理财圣经：35岁以前要上的100堂理财课，化学工业出版社，2009
13. 黄卫平，宋晓恒.个人理财，经济日报出版社，2008
14. 张鹍，陈建.我国银行理财产品发展及特点研究，投资研究，2011年第1期
15. 姚江.理财就这么简单，中国建材工业出版社，2011
16. 孙恒.财富新概念——理财就这么简单，清华大学出版社，2010
17. 王陈.理财圣经，中国铁道出版社，2012
18. 吴晓求.证券投资学，中国人民大学出版社，2009
19. 刘伟.个人理财，上海财经大学出版社，2009
20. 苑德军，张颖.个人理财，中央广播电视大学出版社，2007
21. 顾晓安.个人理财原理应用案例，上海财经大学出版社，2007
22. 蔡秋杰，李毅.人寿保险，人人必备，武汉大学出版社，2008
23. 王静.个人理财，科学出版社，2010
24. 张旺军.投资理财——个人理财规划指南及实训教程，科学出版社，2011
25. 勾亦军.漫画信托，中国财政经济出版社，2008

26. 杨林枫，张学银，易晓斌.信托产品概述，中国财政经济出版社，2008
27. 李彦斌.理财有道，中信出版社，2010
28. 许海峰.商品房投资，人民法院出版社，2004
29. 柴效武.个人理财，清华大学出版社，2012
30. 李淑芳.个人理财，中国物资出版社，2007
31. 奥普戴克（美）著，陈述东等译.一个家庭的理财规划，中国发展出版社，2007
32. 黄桦.税收筹划，中央广播电视大学出版社，2011

# 后记

houji

经过全体参与人员的辛勤劳动，《个人理财》一书终于付梓。回想一个个难眠之夜，不胜感慨！

本书是集体合作共同完成的，经多次讨论，在参考大量资料形成合理框架基础上，不仅大大丰富了教材的内容，而且重点加大了对具体方法的运用和相关案例的分析。其写作分工为：第一章由张朝阳（邵阳分校）、彭芳（湘西自治州分校）编写，第二章由严瑞芳（常德分校）、黄明（湖南电大）编写，第三章由杜亚娜（哈工大）、闫宗敏（哈工大）、胡舒予（湖南电大）编写，第四章由王修华（湖南大学）、杨刚（湖南大学）、廖雪芳（湖南大学）、周翼璇（湖南大学）、吕梦阳（湖南大学）、蒋璐嘉（湖南大学）编写，第五章由苏快群（岳阳分校）、肖志斌（湖南电大）编写，第六章由苏晓凤（湖南电大）、严瑞芳、黄明编写，第七章由周勤（哈工大）、肖旭明（郴州分校）编写，第八章由王光辉（湘潭分校）、李泽伟（哈工大）、黄明编写，第九章由周成良（株洲分校）、易政（湖南电大）编写，第十章由匡胜（衡阳分校）、严瑞芳、黄明编写。本书的基本框架和编写体例由张强（湖南大学）、黄明、严瑞芳、苏晓凤拟定，初稿完成后由张强和黄明、严瑞芳协调统稿。陈建民教授、杜纯梓教授、刘演林教授、周宇教授、刘建军教授、彭思毛教授、高宁教授、谢赤教授（湖南大学）、成京联教授、缪富民教授、赵建军教授、苏晓凤教授、凌艳平教授、龙永保教授（衡阳分校）、王宏教授（长沙理工大学）、陈晓斌教授、汤筱飞副教授、欧俊副教授、吴敏副教授、童发明高级经济师（岳阳银监局）、王修华副教授、耿中元副教授（哈工大）、卢海斌副教授、何英桥副教授、张小红副教授、夏惠副教授、赵建茹副教授、刘娟副教授、刘创副研究员、李明辉高级讲师以及何艳平、邓恩、刘丹、李兰香、丰云、张杰老师参与了有关编写工作。

本书的编写得到湖南广播电视大学校领导和教务处、经管教学部、教材服务中心以及各分校的大力支持，使编写工作得以顺利进行，特别是陈萍（益阳分校）、吴芋（娄底分校）、周基升（怀化分校）、陈雄林（永州分校）、涂国斌（张家界分校）、蔡余生（衡阳分校）、刘智勇（长沙分校）、徐新新、肖笛老师，给予了大力协助。本书的出版还得到湖南人民出版社李雄伟副社长特别是黎晓慧女士的大力协助和指导，不仅为本书的出版提供了便利，而且亲自设计出版方案，并为此付出了辛勤劳动，没有他们的支持，本书是难以如期出版的。在此，全体作者对所有帮助、关心和支持本书写作和出版的各位专家和朋友致以衷心的感谢。

编写本书时，我们参阅了大量的资料文件，很难一一列出，只能在此表示我们深深的谢意。虽然我们作出了较大的努力，但本书中肯定还存在不少的问题，需要继续提高。特别是本书由多人分工撰写，且历经年余，协调不易。出版这个尚不够完善的版本就是希望能得到专家、读者的指正批评，以便进一步修订完善。特附上课程电子邮箱：gerenlicai@yeah.net。我们拟在适当时间举办一些相关研讨会，听取有关意见，以便继续调整体例，改正完善，提高本书编写水平。

编 者

**图书在版编目（CIP）数据**

个人理财 / 张强，黄明主编. —长沙：湖南人民出版社，2012. 9（2018. 10）
ISBN 978-7-5438-8782-4

I. ①个… II. ①张… ②黄… III. ①私人投资—教材 IV. ①F830.59

中国版本图书馆CIP数据核字（2012）第218442号

**个人理财**

主　　编　张　强　黄　明
责任编辑　黎晓慧
装帧设计　舒琳媛

出版发行　湖南人民出版社［http://www.hnppp.com］
地　　址　长沙市营盘东路3号
邮　　编　410005

印　　刷　湖南贝特尔印务有限公司
版　　次　2012年9月第1版
　　　　　2018年10月第15次印刷
开　　本　787 mm × 1092 mm　1/16
印　　张　20.75
字　　数　450千字
书　　号　ISBN 978-7-5438-8782-4
定　　价　43.00元

营销电话：0731-82683348　（如发现印装质量问题请与出版社调换）